"南开史学百年文存"丛书

南开史学百年文存

中国现代史卷

贺江枫 主编

天津出版传媒集团

天津古籍出版社

天津人民出版社

图书在版编目（CIP）数据

南开史学百年文存. 中国现代史卷/贺江枫主编
. –– 天津：天津古籍出版社：天津人民出版社，
2023.9
ISBN 978-7-5528-1381-4

Ⅰ.①南… Ⅱ.①贺… Ⅲ.①史学–文集②中国历史
—现代史—文集 Ⅳ.①K0-53②K270.7-53

中国国家版本馆CIP数据核字(2023)第155632号

南开史学百年文存·中国现代史卷
NANKAI SHIXUE BAINIAN WENCUN ZHONGGUO XIANDAISHI JUAN

出　　版	天津古籍出版社　天津人民出版社
出 版 人	张　玮
地　　址	天津市和平区西康路35号康岳大厦
邮政编码	300051
邮购电话	（022）23332469
电子信箱	reader@tjrmcbs.com
策划编辑	刘　庆　王　康　沈海涛
责任编辑	王雅贞
封面设计	汤　磊
印　　刷	河北鹏润印刷有限公司
经　　销	新华书店
开　　本	710毫米×1000毫米　1/16
印　　张	28.25
插　　页	2
字　　数	418千字
版次印次	2023年9月第1版　　2023年9月第1次印刷
定　　价	148.00元

总　序

　　南开史学诞生于风云激荡的五四运动时期。1919年南开大学创建伊始,即设有历史学一门。从1923年正式创系,2000年改组为学院,至今南开史学走过了漫长而绚烂的峥嵘岁月。百年以来,先贤硕学筚路蓝缕,后继者恢弘开拓,逐渐形成了"中外交融,古今贯通"的学科特色和"惟真惟新,求通致用"的史学传统,从而奠定了南开史学在海内外学术界的重镇地位。

　　20世纪20年代初,应张伯苓校长的邀请,"史界革命"巨擘梁启超欣然来校,主讲"中国历史研究法",揭橥现代新史学的两大要义,即改造中国史学和重写中国历史。梁氏对于人类文明视野下的中华民族史寄予无穷之期待,并有在南开筹设"东方文化学院"、切实推进文化传统研究的非凡构想。1923年秋,南开大学迁入八里台新址,正式建立历史系,聘请"近代化史观"的先驱蒋廷黻为创系主任,兼文科主任。不久,刘崇鋐、蔡维藩接踵而至。蒋廷黻前后执教六载,系统构建了南开世界史的课程体系。南开文科还有李济、范文澜、汤用彤、萧公权、何廉、刘节、吴其昌、余协中等一批名家执教。

　　1937年7月全国抗战爆发,南开大学与北京大学、清华大学奉命南迁,先组"长沙临时大学",后移昆明,定名为"西南联合大学"。三校史学系融为一家,弦歌不辍。史界翘楚如北大的姚从吾、毛准、郑天挺、向达、钱穆,清华的刘崇鋐、雷海宗、陈寅恪、噶邦福、王信忠、邵循正、张荫麟,南开的皮名举、蔡维藩,以及联大的吴晗等,春风化雨,哺育一大批后起之秀。民族精魂、现代史学赖以延续和阐扬,功在不朽。

抗战胜利以后,历史系随校重返天津,文学院院长冯文潜代理系务。文学院的规模原本不大,历史系更是小中之小,冯氏苦心擘画历史系的发展事宜。1952年全国院系调整之际,北大历史系主任郑天挺、清华历史系主任雷海宗联袂赴津,转任南开历史系主任和世界史教研室主任。杨志玖、黎国彬、杨生茂、王玉哲、吴廷璆、谢国桢、辜燮高、杨翼骧、魏宏运、来新夏等卓越史家,云集景从,历史系获得突破性发展,成为名家云集的一流重镇,一时有"小西南联大"的戏称。

20世纪五六十年代,历史系除设有中国古代史、中国近现代史和世界史三个教研室外,又经教育部批准,陆续成立明清史、美国史、日本史和拉丁美洲史四个研究室,基本确立了布局合理、学术特色鲜明的学科结构。改革开放以后,南开史学更是焕发了勃勃生机。依托历史系学科及人才的优势,南开大学先后成立历史研究所(1979年)、古籍整理研究所(1983年)、日本研究中心(1988年)和拉丁美洲研究中心(1993年),在国内高校中率先创建博物馆学专业(1980年)。在1988年公布的国家重点学科名单中,中国古代史、中国近现代史和地区国别史三个二级学科全部入选。

2000年10月,历史系、历史研究所、古籍整理研究所和拉丁美洲研究中心合并组建历史学院,南开史学步入任重致远的发展新阶段。2007年,历史学入选国家一级重点学科,拥有中国史、世界史、考古学三个一级学科博士及硕士学位的授予权及博士后流动站。日本研究中心于2012年经教育部批准成为国别和区域研究基地,美国研究中心、拉丁美洲研究中心和希腊研究中心相继成为教育部国别和区域研究备案中心,同时设有中外文明交叉科学中心、科学技术史研究中心、生态文明研究院、古籍与文化研究所、美国历史与文化研究中心等科研机构。2017、2021年,世界史学科两次入选教育部一流学科建设名单,历史学院编制通过了以世界史为龙头、中国史和考古学为支撑及协同的历史学一流学科建设规划。

从梁启超、蒋廷黻、郑天挺和雷海宗开始,南开史学历经孕育(1919—1923

年）、创业（1923—1952年）、开拓（1952—1978年）、发展（1978—2000年）和持续深化（2000年迄今）五个发展阶段。每一代的南开学人坚持与时代同行，和衷共济，在中国史、世界史、考古文博的学科体系、知识体系和理论体系方面踔厉风发，取得一系列卓越的学术创获。正所谓："百年风雅未销歇，犹有胜流播佳咏。"试举其荦荦大端者，分列三项，略述于下。

第一，立足学术传统，彰显史学重镇之本色。南开的中国古代史研究积淀深厚，成就斐然。20世纪60年代，郑天挺参与全国高等学校文科教材编选计划，主编《中国史学名著选》《中国通史参考资料》，成为全国历史学子的必读著作。郑天挺、杨志玖等主编的《中国历史大辞典》和刘泽华等撰写的《中国古代史》，被视为20世纪末学界标志性的学术成果。在郑天挺、杨志玖、王玉哲、刘泽华、冯尔康、郑克晟、南炳文、白新良、朱凤瀚、张国刚、李治安、杜家骥、刘晓、陈絜、张荣强、夏炎和马晓林等几代学人的努力下，南开古代史研究在多个基础性领域内佳作迭出，长期处于领先地位。譬如，先秦部族、家族、地理考订，汉魏户籍简帛，唐代藩镇，元代军政制度、宗教和马可·波罗，明代政治文化、典籍和佛教，清代幕府、八旗、满蒙联姻和区域经济等。不仅上下贯通，形成若干断代史学术重镇，而且薪火相传、代不乏人。

南开世界古史研究亦是源远流长。雷海宗、辜燮高、黎国彬、周基堃、王敦书和于可等前辈史家开辟荆榛，在古希腊、罗马帝国、拜占庭帝国、基督教史等领域取得丰硕成果。陈志强领衔的拜占庭学团队致力于探寻历史唯物论指导下的拜占庭史宏观理论，其重大成果颇受国际同行之认可。杨巨平首次将亚历山大帝国、希腊化世界与丝绸之路开通综合考察，为"一带一路"的建设提供学理借鉴。

史学史是对人们研究历史的过程及其思维成果的反思，是对一切历史知识的再批判。以杨翼骧、乔治忠、姜胜利和孙卫国为代表的南开学人，不仅系统构建了中国史学史的资料体系，而且突破传统的"名家名著"的研究范式，着眼于探索史学发展的社会机制、古典史学的理论体系和东亚文明视野下的比较史学，极大地拓展了史学史的视野、理念及方法。

　　第二,把握时代脉搏,求通致用发南开之声。地区国别史是南开传统的优势学科。在美洲史领域,杨生茂、张友伦、梁卓生和洪国起等史学前辈着人先鞭,王晓德、李剑鸣、赵学功、韩琦、付成双和董瑜等接续推进,使其成为国内实力最强的研究团队。日本史在吴廷璆、俞辛焞、杨栋梁、李卓、宋志勇、刘岳兵及王美平的带领下,风起云涌,在国内独树一帜,担当领军者角色。南开大学世界近现代史研究中心依托地区国别史的雄厚底蕴,以"世界现代化进程中的社会转型"为主攻方向,超越西方现代化理论视野,以国际视野、比较视角在政治史、经济史、社会史以及环境史、医疗史等领域,致力于建构新时代中国特色的现代化史理论,成果迭出,反响巨大。

　　20世纪60年代以来,在著名历史学家魏宏运、来新夏、陈振江和李喜所等带领下,南开在全国高校中较早开展"四史"研究,确立深厚的学术传统和研究特色。来新夏的北洋军阀史、陈振江的义和团等研究,学术影响很大。魏宏运开辟了社会经济史视野下的抗日根据地研究,出版了学界最具影响的抗日根据地资料汇编和抗日根据地史专著。结合"乡村振兴"国家战略,王先明悉心探究20世纪中国乡村的发展历程,《乡路漫漫——20世纪之中国乡村(1901—1949)》被译为英文在国外出版。李金铮提出原创性的"新革命史"理念和方法,江沛倡导近现代交通史的研究,李喜所、元青等的近代留学生史研究,受到海内外学界的高度重视。

　　南开大学是全国第一家开设博物馆学专业的高校,为我国博物馆事业发展培养了大批人才。博物馆学研究团队在博物馆数字化、文化遗产活化利用、文旅融合等具有战略性、紧迫性、前瞻性的研究方向持续发力,有力提升了中国博物馆与文化遗产领域的国际学术话语权。王玉哲主编的《中国古代物质文化》是国内物质文化史研究领域的第一本专著。朱凤瀚的《古代中国青铜器》是国内青铜器研究的扛鼎之作。刘毅在明代陵寝制度研究方面的成就国内首屈一指,主编马克思主义理论研究和建设工程教材《文物学概论》,彰显南开考古文博在国内学界的影响力。刘尊志和袁胜文等在汉唐宋元考古领域取得了良好的成就。

科技史与国家战略密切相关,南开史学顺应国内外学术发展新态势,通过人才引进和学术重组,成立了科技史研究中心,在张柏春的带领下,目前正在加强对工程技术、疾病医疗、生态环境、水利灾害等方面的科技史研究,运用生态学思想理论方法探询众多科技领域之间的广泛联系、相互作用和协同演进关系。

第三,聚焦学术前沿,引领历史学科之新潮。社会史是改革开放以来中国史学界最具标志性和学术活力的研究领域。南开史学在冯尔康、常建华的引领下,成为这一领域最重要的首创者和推动者,形成了社会结构与社会生活并重嵌合的学科体系,出版《中国社会结构演变》《中国社会史概论》等著作;提出“从社会生活到日常生活”“生活与制度”等学术理念,出版《日常生活的历史学》《追寻生命史》等重要学术成果;在宗族史、家庭史研究方面做出开创性贡献,形成了南开社会史的研究特色。明清以来的华北区域社会经济研究,也是南开社会史的一大重要特色,许檀、王先明、李金铮和张思等人的研究颇具学术影响力。

21世纪以来,在南开社会史丰厚的学术土壤中,医疗社会史研究破土而出,成为南开史学颇具亮色的学术增长点。余新忠、丁见民等南开学人,从中外疾病医疗史研究出发,立足中国视角和中国经验,融汇新文化史、知识史等新兴前沿理念和方法,提出“生命史学”之标识性学术理念,在国际学术舞台上发出响亮的南开声音。

以刘泽华和张分田等为代表的“王权主义反思学派”,立足于中国政治思想史的深刻研究,提出“王权支配社会”等一系列重要的命题和论断,对于把握传统政治文化与政治实践的特点,具有极高的理论创新性。刘泽华所著《中国传统政治思想反思》及主编的三卷本《中国政治思想史》被译成韩文在韩国出版,《中国的王权主义》一书正在西方学者的译介之中。“王权主义反思学派”前后出版专著四十余种,在海内外学术界产生巨大的影响。

南开史学是中国环境史研究的主要倡导者和引领者。王利华和付成双领衔的南开中外环境史团队开展多项在全国具有首创性的工作:先后组织举办中国和亚洲规模最大、层次最高的国际学术会议,主持成立第一个全国性环境史研究学术团体——中国环境科学学会环境史专业委员会。2015年,历史学院联合相关学科共同创建南开大学生态文明研究院,开展文理学科交叉的生态文明基础理论研究和教育,由十多位院士、长江学者和权威学者共同开设《生态文明》大型慕课,获得多项国家和部省级建设支持或荣誉,南开环境史在全国产生了广泛的影响力。

南开史学创系百年来,秉持南开"知中国""服务中国"的教育理念,追求"做一流学术,育卓越人才"的教育目标,以培养品德高尚、学识卓越、兼具科学精神和人文情怀的优秀人才为己任。迄今已培养数万名合格人才,桃李遍及海内外。毕业生多数工作在高教、科研、新闻、出版、文化、文物考古及博物馆等部门,成为教育文化领域的著名学者和专家,还有一大批活跃在行政、经济、军事等各类管理部门,成为各个行业的领导和骨干力量。

值此百年重逢的历史节点,历史学院决定编纂一套"南开史学百年文存"丛书,以彰显南开史家群体艰辛扎实的学术探索和丰硕厚重的治史业绩,为这不平凡的世纪光影"立此存照"。凡曾执教于南开历史学科的学者均在网罗之列,择其代表性论文一篇,难免疏漏或选择不当,望读者谅解。本套书总计十卷,包括《先秦至隋唐卷》《宋元明清卷》《中国近代史卷》《中国现代史卷》《专门史卷》《世界上古中古史卷》《亚非拉卷》《欧美卷》《日本卷》《文博考古卷》。

南开史学百年来取得的累累硕果,离不开历代南开学人的辛勤耕耘和学界同人的长期扶持。述往事,思来者。新一代的南开学人将一如既往地秉持南开的"大学之道",弘扬"新史学"的创造精神,胸怀时代发展全局,引领中国史学发展的新潮流,为创立中国自己的学科体系、知识体系和理论体系不懈奋进!

"南开史学百年文存"丛书的编辑工作及其顺利付梓,首先需要向南开史学的先辈致以崇高的敬意。特别要提到的是,确定已故史家的入选论文,得到他们的家人、弟子的热心支持,在此一并表达谢忱。其次,要向惠赐大作的诸位师友致以诚挚的感激。尤其是不少已荣退或调离的教师,对于这一项工作极为关心,慨然提交了自己的精心之作。再次,也要感谢南开大学中外文明交叉科学中心对文存出版的慷慨资助。最后,还要感谢天津人民出版社、天津古籍出版社的各级领导和各位编辑,他们对于文存的编辑和出版等各方面,给予了细致、有力的指导和帮助。

因编辑时间短促,编者学术水平的限制,文集中会有疏漏之处,凡此,均由文存编委会负责,恳请各位师友不吝赐正。

编委会

2023年6月

出版说明

1."南开史学百年文存"包含十卷，即《先秦至隋唐卷》《宋元明清卷》《中国近代史卷》《中国现代史卷》《专门史卷》《世界上古中古史卷》《亚非拉卷》《欧美卷》《日本卷》《文博考古卷》，每卷由各个领域相关教研室的负责人担任主编，所选取的文章为曾全职在南开大学历史学科任教的学者具有代表性的论文。在遴选的过程中，各卷均根据实际情况有所取舍，疏漏和不当之处，敬请广大学人和读者包涵。

2.每卷文章按照发表时间依次排列。

3.有些文章因撰写和发表的时间较早，有些引文一时难以核查到准确的出处，无法按照现行规范的方式标注，故这次发表保留了刊发时的原貌。

4.本文存由南开大学历史学科学术委员会策划并统筹相关学术事宜，委托各个领域相应的教研室负责人联合教研室力量开展具体编纂工作，是历史学科全体同人的集体成果。

5.在全书编校的过程中，为保持作品原貌，对文章的修改原则上仅限于体例上、错别字的勘误等，不过也有部分作品依据作者意愿，进行了增补，或依据最新出版规范，进行了删改。

编委会

2023年6月

目　录

试论国民党政府的关税自主政策

高德福

　　关税自主是南京国民政府建立初期在财政事务中所采取的一项重要政策，其目的是为了扩大税源，增加收入，解决内战急需的军事费用和其他庞大开支。关于南京政府所谓"关税自主"只不过是欺骗宣传的看法，有悖于历史的真实，因此提出来讨论。

　　众所周知，中国关税自主权的丧失开始于1842年的中英《南京条约》，主要表现在两个方面，一是制定关税税率自主权的丧失，一是海关行政权被外国帝国主义所控制。鸦片战争之后，中国被迫开放五处通商口岸，进出口货物的税率必须同英国协定。1843年签订的《中英五口通商章程》"海关税则"，其出口货物为12类，进口货物14类，课税标准实际上则是从价5%。"值百抽五"的协定进口货税率，比过去的税率减少了16%~90%。[1]中国的进口税比任何一个同英国通商的国家都低。直到1926年，中国的进口税实际水准仅是3.8%。[2]在海关行政方面，五处通商口岸开放不久，英、美、法三国即利用上海小刀会起义的机会，夺取了上海海关行政权，并于1854年7月组织上海关税管理委员会。从此海关被帝国主义所控制，成了帝国主义侵略中国的工具。据1925年统计，不仅总税务司为英国人霸占，而且在43个税务司和30个副税务司中，无一华人，[3]海关全权为外人所把持。另外，自第二次鸦片战争开始，海关收入与赔款发生了联系，此后中日甲午战争中对日赔款而举借的外债和庚子赔款转化为外债，都以关税为担保，于是海关成为外债的抵押品，彻底丧失了自主

---

　　① 莱特：《中国关税沿革史》，姚曾廙译，生活·读书·新知三联书店，1963年，第11页。
　　② 严中平等编：《中国近代经济史统计资料选辑》，科学出版社，1955年，第61页。
　　③ 吴兆莘：《中国税制史》（下册），商务印书馆，1937年，第215页。

权。"中国经济生命的神经系已落在帝国主义的巨掌之中了"。①随着中外贸易的日益扩大，关税逐渐成为一笔重要收入。然而中日甲午战争以后，海关的收入作为外债担保存入外国在华银行，中国政府所得无几。据1912年至1927年的统计，中国政府仅得关余13000余万两，不及总数的18%。因此历届中国反动政府也都曾想解决关税自主问题，以缓和其经济危机。在人民的压力下，中国政府向国际会议正式提出关税自主要求，始于1919年1月的"巴黎和会"，此后又向华盛顿会议提出，俱遭失败。

1924年的国共合作，把反映中国人民反帝反封建愿望的国民革命推向了高潮。废除一切不平等条约，成了全国人民的共同呼声。1925年10月，在五卅运动的影响下，北洋军阀政府在北京召开关税特别会议，向与会列强再次提出关税自主问题，并于11月29日第二次委员会议决缔约国承认中国享有关税自主之权利，同意撤废中国与缔约各国间现行条约中所包含之关税上的限制。但这只是一种口惠而已，并未做出有效的具体决议。

1925年10月7日，中国共产党北方区委和共产主义青年团北方区委曾联合发布了《告工农学生军士书》，揭露帝国主义的欺骗行为，明确提出"关税自主"口号，并把实行关税自主和废除一切不平等条约结合起来。会议期间，北京各界连续举行要求关税自主的大规模游行示威。上海、南京、武汉、长沙等地群众纷纷响应。这正是迫使南京国民党政权建立后急切地宣布废除不平等条约，实行关税自主和帝国主义不得不做出一些让步的重要原因之一。

1927年南京国民政府建立不久，即于7月20日宣布，自9月1日起实行关税自主，裁厘加税，并颁布了《国定进口关税暂行条例》，规定外国货物运进中国通商口岸时，除按照现行税则值百抽五外，另征：普通品，值百抽七点五；甲种奢侈品，值百抽十五；乙种奢侈品，值百抽二十五；丙种奢侈品，值百抽五十七点五。②但因日本等各国列强群起反对新税则，复因上海总商会于8月25日胪举五理由向财政部请愿，要求延期实施裁厘加税，国民政府只好声

---

① 《中共党史教学参考资料》(一)，人民出版社，1979年，第6页。

② 国民党外交部编纂委员会编：《中国恢复关税主权之经过》(下编)，外交部编纂委员会，1929年，第83页。

明暂缓实施。

1928年6月15日，国民政府外交部发表"修约宣言"，内称："（一）、中华民国与各国间条约之已届满期者，当然废除，另订新约。（二）、其尚未满期者，国民政府应即以相当之手续解除而重订之。（三）、其旧约业已期满，而新约尚未订定者，应由国民政府另订适当临时办法，处理一切。"①当时条约已满期的国家有意大利、西班牙、比利时、葡萄牙、丹麦、日本等；尚未满期的有美国、法国、荷兰、瑞典、挪威等。9月，国民政府再次宣布，自1929年2月1日起，实行关税自主，并令外交部、财政部与各国商定新约。实际上与各国的谈判在这之前已经开始。最初国民政府准备与列强各国集体谈判解决，但遭到拒绝后，转而寻求个别谈判，首先是跟美国。美国在侵华列强中是后来者，为了取得在华的优势地位，首先响应国民政府的"修约宣言"，并抢先承认中国关税自主权。7月25日，美国驻华公使马克谟与国民政府财政部长宋子文在北京签订了《整理中美两国关税关系之条约》。由于美国开了头，与其他各国谈判进展很快，至12月底，国民政府即先后与德国、挪威、比利时、意大利、丹麦、葡萄牙、荷兰、瑞典、英国、法国、西班牙11个国家签订了关税条约。

与上述12个国家签订的关税条约，有两个明显的共同特点：第一，列强各国都承认了中国关税自主权。如《整理中美两国关税关系之条约》第一条："历来中、美两国所订立有效之条约内所载关于在中国进出口货物之税率、存票、子口税并船钞等项之各条款，应即撤销作废，而应适用国家关税完全自主之原则。"②又如1928年11月27日同意大利签订的《友好通商条约》第一条："两缔约国约定，关于关税及其关系事项，完全以各本国国内法规定之。"③同其他各国所签订的关税条约中，都有类似的条款。用正式条约的形式承认中国关税自主权，这是中国沦为半殖民地以来关税史上的第一次。第二，列强各国在条约中都写进了"应与任何其他国享受之待遇毫无区别"或"其所受待遇不

---

① 洪钧培：《国民政府外交史》（第1集），华通书局，1930年，第240页。
② 王铁崖编：《中外旧约章汇编》（第3册），生活·读书·新知三联书店，1962年，第628~629页。
③ 王铁崖编：《中外旧约章汇编》（第3册），生活·读书·新知三联书店，1962年，第646页。

得次于任何他国"的最惠国待遇。这表明帝国主义列强并没有，也不愿意完全放弃殖民主义对中国关税的特权。把最惠国待遇的条款写进新的关税条约，也是美国开的头，而且是精心予谋的。当时参与斟酌条约文字工作的美国国务院经济顾问阿瑟·恩·杨格说："1928年7月间的一个问题是如何想办法不使用中国所反对的'最惠国'字样而保持美国的权利。我们在国务院想到在这个和以后的条约中使用'待遇不得有无差别'这一字句的办法。"[1]另外，国民政府在同英国签订的关税条约之附件中又规定，"在国民政府采用之国定海关税则中所有按值征收或根据于该税则之特定税率，与1926年关税会议所讨论及暂时议定之税率系属相同，而为对于英国货物所课最高之税率。且此项税率从该税则实施之日起，至少于一年内应继续为该项货物之最高税率"。[2]对于英国的这一允诺，按照最惠国原则，当然其他各国同样可以享受。

日本因害怕美国独占中国，而以债权人身份，坚决不同意中国关税自立，使谈判陷入僵局，虽然国民政府答应每年另拨500万元作为偿还债务之费用，两年内废除厘金，新税则大部采取1925年北京关税会议所讨论的税率等，[3]日本还是不满意。国民政府慑于日本的压力，不敢遽然大幅度提高进口税。

由于上述种种原因，1929年2月1日国民政府实行的关税新税则，还不是完全自主的国定税则，实际上是实施1925年北京关税会议各国专门会议所讨论的等差税率。此等差税率系按商品的种类及品质，课以2.5%~22.5%的7级附加税。这样，1929年的关税税则虽然还未实现自主，但却使80年来几乎是一律值百抽五的进口税发生了变化，从此，最低为7.5%，最高为27.5%。

一些论著认为，1930年5月中国即完全恢复关税自主权，[4]始制定国定海关新税则，于12月7日公布，自1931年1月1日起实施，事实并非如此。1931

---

[1] 阿瑟·恩·杨格：《1927至1937年中国财政经济情况》，陈泽宪、陈霞飞译，中国社会科学出版社，1981年。

[2] 王铁崖编：《中外旧约章汇编》（第3册），生活·读书·新知三联书店，1962年，第665页。

[3]《中国年鉴》，1928年，第616~618页，版本信息不全。

[4] 吴兆莘：《中国税制史》（下册），商务印书馆，1937年；张玉法：《中国现代史》（下册），东华书局；阿瑟·恩·杨格：《1927至1937年中国财政经济情况》，陈泽宪、陈霞飞译，中国社会科学出版社，1981年。

年的新税则，进口税共分16类647目，除米、麦、书籍等免税外，税率从5%~50%，分为12级，从价从量并用。此新税则与1929年税则比较，未改变税率的占43%，减少的占近10%；从价税率中，提高2.5%的占20%，提高5%或7.5%的占9%；提高10%或更多的占17%。主要增加在火柴、磁器、糖、水泥、玻璃、肥皂、化妆品、人造丝和毛织品上，[1]平均实际水准为14%。[2]这个关税税则的税率水准，突破了1925年北京关税会议所限制的最高限额，确实比1929年税则的自主权大大前进了一步。而且这个新税则含有一定的保护成分，它把某些工业原料的税率降低，而提高另一些税率以保护本国工业；与此同时，出口税则经过修订后也于同年6月1日实施。老出口税则税率是根据1858年所估的物价计征的，新税则是根据货物的时价计征的，一部分税率是5%，另一部分是7.5%，此外，还有很多货物免征出口税。1930年初内战加剧，国民政府收支严重失衡，迫切需要从关税收入中解决燃眉之急，于是再次与日本谈判。5月6日签订了《中日关税协定》，日本虽然承认了中国关税自主权，但在附件中规定中国进口日本之大部棉货、鱼介及海产品、麦粉之税率3年内不能增加（即仍按1929年税则），其中有40个号列中国政府保留增加税率权，但其增加不得超过从价25%；杂品大部一年内不能增加税率，其中有11个号列中国政府保留增加税率权，但增加也不得超过从价25%。[3]《中日关税协定》为期3年，1931年1月1日新税则实施时，此协定仍在有效期内，根据最惠国待遇条款，各国均得沾其利。所以说1931年的关税税则，仍不是一个完全自主的税则。

1933年5月，情况发生了很大变化，一方面中日关税协定期满，中国完全摆脱了《中日关税协定》的束缚；另一方面，自九一八事变日本武装占领东北后，完全控制那里的关税，盐税收入失去15%，每年关、盐税损失达5000万，加之华北等地走私猖獗，使国民政府的税收大减，财政赤字大增。为谋求财

---

① 阿瑟·恩·杨格：《1927至1937年中国财政经济情况》，陈泽宪、陈霞飞译，中国社会科学出版社，1981年，第52页。

② 严中平等编：《中国近代经济史统计资料选辑》，科学出版社，1955年，第61页。

③ 王铁崖编：《中外旧约章汇编》（第3册），生活·读书·新知三联书店，1962年，第799~801页。

政上的补偿，国民政府对关税税则进行了全面修改，5月22日宣布实施。1933年的新税则，将进口税大幅度提高，税率为5%~80%，从价从量并用。特别是对《中日关税协定》中规定的中国不得增加税率的棉货、鱼介及海产品、麦粉、杂货等，几乎全部提高了税率。此新税则平均税率水准达到25.4%（包括附加税），实际水准为21.7%。这与当时世界各国进口税率相比，已不算低（当时法国为15%左右，德国和意大利为25%左右，美国为17%）。1934年7月1日，国民政府再次修改关税税则，仍为5%~80%的14级税率，平均税率水准为34.3%，实际为27.8%。

笔者认为，1933年是南京国民政府真正行使关税自主权的开始，其主要表现是：

第一，1933年的关税税则，真正成为国定税则，不再受任何外国条约、协定的束缚，因此可以根据自己的意愿和需要确定税率。1933年的国定税则税率比1931年税则的税率提高了30%，比1929年最初的新税则提高了52.5%。在短短几年之内税率有了成倍提高，从协定关税改变为真正的国定关税，这是中国沦为半殖民地后80余年来关税史上的一个飞跃。

第二，国民政府基本上掌握和控制了海关行政权。国民政府成立之初，鉴于"政府和公众对于海关都啧有烦言，诸多不满，指责海关已成为国中之国，是使馆街（指东交民巷）的走卒，总税务司的话成为国家财政上的法律……"[①]的情况，对海关行政进行了改革：一是改变海关所有高级职务全为外人独占的局面。1928年南京政府曾下令停招普通洋员，使海关外籍人员逐渐减少；同时从海关华员中选派一批人出国受训。对于洋员的雇用，只限于在确有专门技术上的需要，并需经财政部批准。海关人员的晋升，主要根据其工作能力和表现。二是在财政部设立海关总税务司署，专司海关行政管理。这是中国近代第一次把海关作为财政部的一个组成部分而纳入自己的管辖之下。这些措施收到了良好的效果，基本上改变了外人把持中国海关的局面。如1916年时，海关洋人达1321人，华人6325人，但洋人占据着重要位置，直到南京国民政府成

---

① 《字林西报》1933年11月9日。

立时，从没有一个华人升任海关税务司。而到1930年，洋人减为995人，华员为7677人，[①]并且有一部分华人担任高级职务。至1937年，各口岸的税务司已有1/3由中国人自己担任。[②]经过改革后的海关，已不再是"国中之国"，"总税务司的话成为国家财政上的法律"的情形已经改变，海关成了一个只掌管关税税收的业务机关。由此可见，这时候中国海关的行政管理权已基本上掌握在国民政府手中了。

第三，关税税款储入中央银行，国民政府可以自由支配。关税税款的存放，是海关行政管理权的重要体现。如前所述，多年来中国关税税款一直由外国在华银行（主要是汇丰银行）储存和保管，听命于总税务司的支配，并由外国银行经手办理外债偿还事宜。这就助长了外国银行的势力，使其间接压迫中国银行，并成为本国金融受外人控制的重要原因。自1932年3月1日起，国民政府将海关税收全部集中存入中央银行，并由中央银行办理外债偿还业务。下余税款，全归国民政府自由支配。关税是国民政府最大的税源，超过总收入的一半，虽然大部分用去偿还外债，但是余下来能够自由支配运用的款额也相当可观，与盐税和其他内地税等的数额大致相等。可见将关税税款收归本国银行，是一件有重要意义的举措。

那么，南京国民政府建立初期为什么能够实现关税自主呢？就南京国民政府来说，毫无疑问在历史上是一个反动政府，是投靠帝国主义的。但是我们不能认为反动政府的一切政策都是卖国的。他们在同帝国主义勾结的同时，为了自身的统治利益，又有同帝国主义相矛盾的一面。中国又是半殖民地半封建国家，各列强的在华利益存在着严重的矛盾和冲突。特别是中国人民为实现国家独立自主的斗争，就成为影响和推动国民政府实现关税自主的基本原因。

当然，我们说国民政府建立初期实现了关税自主，只是基本的，而不可能真正完全实现关税的自主权。这不只是因为在国民党的海关税务机关中始终有大批洋员，直到1945年，不仅总税务司被外国人占据，而且在税务司和副税

---

① 李权时：《现代问题丛书·中国关税问题》，商务印书馆，1936年，第460页。

② 阿瑟·恩·杨格：《1927至1937年中国财政经济情况》，陈泽宪、陈霞飞译，中国社会科学出版社，1981年，第41页。

务司高级职位中仍有1/4洋人，他们在重大问题上不可能不代表帝国主义的利益。而且由于国民政府的反动性质所致，一方面其在关税问题上往往屈服于帝国主义的压力，如1934年国民政府第四次修改关税税则时，在日本帝国主义的压力下，就降低了一部分从日本进口的轻工业品的税率；另一方面，国民政府的关税政策，又往往随其政治上的需要而变动，这种变动使关税主权得而复失。如解放战争开始后，国民政府为了取得美帝国主义的援助，1947年10月，中美两国在哈瓦那订立了《国际关税与贸易一般协定》，规定中国允许美国"最重要的"110项物品减免进口税输入，[①]加之1946年11月的《中美友好通商航海条约》，使中国的关税主权丧失殆尽。所以说，在国民党统治下的半殖民地的中国，不可能真正彻底实现关税的自主权。

总之，不管其主观意图如何，南京国民政府建立初期，曾基本上实现过关税自主的事实不能否认。这就在一定时期和一定程度上摆脱了80余年来不平等条约加给中国的压迫之一，并使中国的此项主权得到了承认，反映了中华民族的利益和中国人民的愿望，产生了一定的积极影响，主要表现如下：

第一，关税自主，较大幅度地提高进口税和减免出口税，对于鼓励中国商品在国际市场上的竞争，保护中国的工商业起了一定作用。首先应该指出，国民政府的进出口税则，主要的是财政税则。但是国民政府从维护自己的统治利益出发，运用关税这个"壁垒"，较大幅度地提高进口税率，这就发挥了阻挡外国商品在中国倾销和保护民族工业的作用。如中国的丝绸业，本来是中国传统的出口商品，在国际上享有盛名，但因遭到日本压价倾销的竞争，不仅在国际市场上地位低落，而且国内丝价也大幅度下降。鉴于这种情况，1933年修改后的国定税则，增加丝及其制品的进口税率高达80%，并已于前一年免征出口税。另外，提高火柴、磁器、糖、水泥、玻璃、肥皂、毛织品和人造丝等商品的进口税，使这些商品的进口大为减少。仅水泥一项进口价值就由1929年的530万元，减少到1934年的200万元，5年内减少了60%。[②]其他轻工业品，

---

① 孟宪章：《中国近代经济史教程》，中华书局，1951年，第321页。
②《中国现代政治史资料汇编》（第二辑·第17册），中国科学院历史研究所第三所南京史料整理处油印本，1958年，第4932页。

都有不同程度的减少；而丝、茶叶、绸缎、地毯、棉布、抽纱品、绣花品、磁器、陶器及"运销外洋之机制洋式货物大都准予免税出口"。[1]1932年中国出口贸易额为56900万元，1936年上升为70600万元；进口则从1932年的152400万元，减少为1936年的94100万元。[2]这不仅为中国民族工业的发展创造了条件，而且对于改变中国对外贸易的严重入超局面起了一定作用。1932年中国对外贸易入超为86719.1万元，1936年下降为23581万元。[3]

第二，独立自主地制定关税税则后，也多少改变了中国进口货物的结构，最明显的是各类棉布进口数量大为减少。本来棉布进口量向来都占中国进口货物的第一位，但到1936年，在短短的四五年中，进口量下降了90%，绝对数字达4亿码以上。[4]而重工业品、化学工业品的进口则大为增加，至1936年，生产资料、生产工具、交通工业和国内无生产的必需品的进口额在进口总值中所占的比重，则由1929年的20%，增长为37.3%。[5]进口商品结构的这种变化，对于国民经济的发展是有益的。

第三，增加了国民政府的收入，增强了其统治实力。关税自主以后，在短短的几年内，关税税率大幅度提高，从5%增加至80%，税收也跟着迅速增长。据统计，1924年至1928年平均每年的海关收入为12100万元，1929年上升为24400万元，1930年为29000万元，1931年为38500万元。[6]在以后的几年中，虽因日本占领东北关税被夺，华北等地走私猖獗，使国民政府的关税收入有所减少，但每年都保持在3亿元以上。由于关税收入的成倍增长，关税就成了国民政府财政收入的主要部分。如1932年国民政府总收入的比例是：关

①《中国现代政治史资料汇编》(第二辑·第17册)，中国科学院历史研究所第三所南京史料整理处油印本，1958年，第4932页。

②《1936年的中国贸易》，第49页，版本信息不全。

③ 中国人民大学政治经济系编：《中国近代经济史》(下册)，人民出版社，1978年，第3页。

④ 严中平：《中国棉纺织史稿》，科学出版社，1955年，第234页。

⑤ 郑发揆：《我国关税自主后进口税率水准之变迁》，商务印书馆，1939年，附表3。

⑥ 阿瑟·恩·杨格：《1927至1937年中国财政经济情况》，陈译宪、陈霞飞译，中国社会科学出版社，1981年，第20页。

税占59.8%，盐税占23.2%，其他税收占16.5%，杂项收入占0.6%。[1]这对于解决国民政府的财政危机，加强其反动统治起了很大作用。它增强了蒋介石集团进行反革命内战和与各派军阀进行斗争的物质基础，也是其能够操纵各派系及旁系军队的重要原因之一。

最后应该指出，实现关税自主后，国民政府大幅度提高进口关税，这对于广大人民来说是一种间接税，这种"间接税是最不公道的税"，"是向穷人抽的税"。[2]因为关税税率的提高主要集中在轻工业品和日用生活品方面，其结果仍然是落在广大消费者身上。

本文原刊载于《史学月刊》1987年第1期。

作者简介：

高德福（1937—2018年），河北魏县人。天津理工大学教授、社科部主任，1963年毕业于河北大学历史系，曾任教于河北大学历史系、南开大学历史系、天津理工大学社科部（现马克思主义学院）。他长期从事中国近现代史的教学和科学研究，在《史学月刊》《天津社会科学》《南开史学》《历史教学》等多个杂志发表了30余篇学术论文，并参编和主编了多部学术著作及教材，有多篇论文获市级、局级奖励。

---

① 阿瑟·恩·杨格：《1927至1937年中国财政经济情况》，陈译宪、陈霞飞译，中国社会科学出版社，1981年，第80页表4。

② 《列宁全集》（第6卷），人民出版社，1986年，第363页。

戊戌时期的科技近代化趋势

李恩民

科技近代化，即建立完整的近代科学技术体系。这是人类社会文明与进步的一个重要内容，是整个社会近代化的一个标尺。中国的科技近代化，经历了与西方资本主义国家不同的发展历程，它首先是引进西方先进国家的近代科技成果，在引进的基础上发展形成了中国的近代科技体系。这个近代科技体系的初步形成时期，在19世纪末20世纪初，大体上也就是史学界通常称为戊戌时期的一段时间，[①]而此前是一个漫长的准备阶段。

这个准备阶段可以追溯到300余年前的明末清初时期，而特别值得注意的是洋务运动时期。鸦片战争以后，列强入侵和西方资本主义文明的传布，迫使中国不得不开始逐步走向近代化。科技近代化首当其冲，于是有洋务运动。洋务运动期间，中国社会的某些领域，主要是部分生产行业，初步采用了近代技术科学的成果，西方的应用科学和部分基础科学的理论得到一定的传播，出现了一些新的科学技术概念和观念。但总的说来，这个时期还没有开始形成近代科学技术的体系。所以洋务运动可以称为科技近代化的先声，还属于准备的阶段。

到了19世纪末20世纪初的戊戌时期，中国科学的许多方面都已经表现出近代化的基本趋势，初步具备了近代科学技术体系的形态与实质，因此，我认为这个时期是中国近代科技体系初步形成的时期。

一、基础科学新成果的引进和传播

一般说来，自然科学包括两大部分，一是技术科学即应用科学，一是基础

---

① 史学界一般把戊戌时期界定为1895—1903年，这是依据变法维新运动的兴衰划分的。本文所谓戊戌时期与通常界定的时间不完全相同。

科学即自然科学的基础理论。洋务运动时期，由于人们对西方和西方文化的认识还停留在表层的器物阶段，因此，引进西方科技的主流是输入发展近代企业尤其是军事工业必需的各种实用技术。当时虽然翻译过一些算学、电学、化学等方面的理论书籍，但目的仍然是"资以制造，以为强兵之用"。[1]到戊戌时期，人们已认识到"泰西所以富强，在于有学"，[2]技术的进步需要以科学理论的发展为基础，因而科技引进的重点转移到自然科学的基础理论方面，同时兼及实用技术。这是戊戌时期科技引进不同于洋务时期的一个方面。

这种不同的另一个方面表现在引进成果的质量上。洋务时期，由于各种客观条件的限制，人们所引进的科技成果往往比较零散和陈旧。对此，有人评论说："中国译出各西书，半皆彼中二十年前之著作，西人政学日出日新，新者出而旧者废，然则当时所译虽有善本，至今亦率为彼所吐弃矣。唯算学一门，西人之法无更新于微积者，而当时笔受诸君又皆深于此学，不让彼中人士，故诸西书中以算书为最良也。"[3]戊戌时期的译介则基本避免了这种缺憾，注意翻译新书和及时引进最新成果。当时从事翻译的人很多，有科学家、教师、工程师、记者、编辑、传教士，以及一些政治家、思想家。1897年恽积勋等人在上海创办了译书公会，延聘高手，及时译介包括天文、舆地、光化、农矿之学在内的西学书籍，并发行《译书公会》周刊，连载西学论著译文。通过有志之士的译述，戊戌时期西方近代科学的大部分基础理论，包括现代科学的某些重要成果，基本上被引进到中国来了。

近代数学的主要成就是出现了解析几何学、微积分学、概率论和对数，戊戌时期，后两者被引进了中国。早在1880年华蘅芳就和傅兰雅开始合译概率论专著《决疑数学》，但至1896年才由周学熙首次刊刻。此书介绍了概率论的基本理论、计算方法，以及被广泛应用的历史，叙述了概率论的发展情况，从它的产生一直谈到拉普拉斯、拉格朗日、棣美弗、泊松等人的研究成果。书中的一些重要内容，如著名的斯特林公式、欧拉定理、二重积分、无穷积分等也

---

① 梁启超:《论学校七·译书》,《时务报》(第27册)1897年5月22日。
② 康有为:《请开局译日本书折》,汤志钧编:《康有为政论集》(上),中华书局,1981年,第254页。
③ 梁启超:《读西学书法》,氏著:《中西学门径书七种》,上海大同译书局,1898年石印本,第1页。

随之首次传入我国。1899年贾步纬译出《弦切对数表》一书，把当时最精确的三角函数对数表引进中国。随着这两大成果的引进，人们对国外数学的发展越来越重视。

从世界科技史的角度来看，中国的戊戌时期正处于西方现代科学的诞生之际。X射线、天然放射性和电子的发现标志着现代物理学的正式建立。X射线在德国发现后两年，中国的《时务报》在1897年就以《葛格司射光》为题对此做了报道，①这是中国人对这一成果的首次介绍。随后，各大报刊和《光学揭要》《通物电光》等书又分别详述了X光的发现、特性、实验研究、X光的照像方法及其在医学上的应用。中国人对天然放射性镭的了解也比较及时。1902年居里夫人成功地提取了纯镭，次年留日学生自树就撰写了《说钋》一文，首次介绍了她的研究成果。②至于近代物理学，它的一些重要内容如伽利略的自由落体定律、牛顿三大定律等在洋务时期已被引入中国，这时中国科学界对近代物理学的研究对象和方法，以及重学、声学、光学、热学、电磁学等分支科学的研究内容，基本上都有了正确的了解，"物理学"这一科学名词也开始正式使用。③

近代化学的标志主要是化学元素概念与原子、分子学说的提出，以及元素周期律和尿素的发现等方面。在洋务时期中国人就已经知道了化学元素概念，但很不完全。1900年杜亚泉在《亚泉杂志》④上发表译文，介绍了当时已经确认的76种元素概念（比洋务时期增加了11种），旋又发表了《钙之制法及性质》等文，分别详述了钙、氩、氦等元素的发现过程及其特性。次年，虞和钦也在该杂志上著文，⑤介绍了1869年俄国科学家门捷列夫首先提出的元素周期律。中国化学出现了有机化学与无机化学之分。

哥白尼的日心说和开普勒的行星运动三大定律是近代天文学最重要的宏观

---

① 《葛格司射光》，《时务报》(第38册)1897年9月7日。

② 自树：《说钋》，《浙江潮》(第8期)1903年10月10日(东京)。

③ 王季烈等人译编的《物理学》一书首次使用，此书1900年由江南制造局出版。

④ 杜亚泉：《化学原质新表》，《亚泉杂志》(第1册)1900年11月。

⑤ 虞和钦：《化学周期律》，《亚泉杂志》(第6册)1901年2月。

理论。洋务时期，通过李善兰和伟烈亚力合译的《谈天》一书，以及徐建寅后来根据最新研究成果对此书的补充续译，上述理论和太阳黑子理论、行星摄动理论，以及有关星团、星云、双星、变星、彗星的知识都已基本完整地被引进到中国。戊戌时期，这些天文学理论则得到较广泛的传播。如关于太阳系的理论，有人曾在1897年编成歌谣俾其易于流传："万球回转，对地曰天。日体发光，遥摄大千。地与行星，绕日而旋。地体扁圆，亦一行星。绕日轨道，椭圆之形。同绕日者，侧有八星。"[1]康有为、严复、谭嗣同等人曾将哥白尼的日心说和康德、拉普拉斯的天体演化学说作为批判封建主义的思想武器，为革新变法制造舆论。这可以说明，天文学的新知识已经被比较多的人所了解和接受。

近代生物学的主要成就包括哈维的血液循环学说、林耐的植物分类体系、施莱登和施旺的细胞学说，以及达尔文完成的生物进化论四个方面。其中后二者最为重要，属于恩格斯所说的19世纪三大发现之列。戊戌时期，以改良派为主的中国人，为了变革政治，曾经着力介绍和宣传生物进化论。1895年严复发表《原强》，第一次比较准确地把达尔文学说介绍给国人，并强调其核心内容是"物竞天择，适者生存"。随后他在翻译《天演论》中又把这一生物界的规律应用于人类社会，用以激励国人救亡图存。当时，生物进化论主要不是作为一种科学知识，而是作为救国的政治武器被引进的，所以，它对中国的生物学影响不大，但却整整影响了一代中国人的思想。

此外，人们对于西方技术科学领域的新发明和新创造也特别注意。1896年奥国发明来复枪、[2]丹麦为俄国制成破冰船、[3]1897年德研制巨型望远镜、[4]法国医生创彩色照相法、[5]美国试制成功电力机车[6]等重大技术成果，当时的《时务报》《知新报》上都曾做了详细的报道。不过就实用技术的引进而言，戊

---

① 叶澜：《天文歌略》，中国天文学史整理研究小组编著：《中国天文学史》，科学出版社，1981年，第247页。

② 《奥国新枪》，《时务报》（第11册）1896年11月15日。

③ 《俄国造碎冰船》，《时务报》（第6册）1896年9月27日。

④ 《天文新镜》，《知新报》（第3册）1897年3月3日。

⑤ 《照相如生》，《知新报》（第8册）1897年3月28日。

⑥ 《电气火车》，《知新报》（第11册）1897年4月12日。

戌时期尚未超过洋务时期。

最后值得一提的是当时"科学"一词已经从日本被引入中国，并逐渐流行，一些报刊书籍和研究机构开始以此命名，如《科学入门》《科学之原理》《科学丛书》《科学世界》和上海科学仪器馆。从此，此前沿用的不太确切的"格致"一词逐渐为"科学"所代替。这说明无论是在实质还是在形态方面中国科学都已经越来越具有近代科学的特征了。

上述情况表明，在戊戌时期，西方近代科学的大部分基础理论方面的成果已经被引入了中国，这就使中国近代基础科学的研究可以在一个较高的层次上起步。但我们也应当看到，当时一些非常重要的理论，如能量守恒和转化定律、电磁理论、细胞学说、原子学说等还没有被引进，这不能不说是这个时期的一大缺憾。

二、研究方法的引进与应用

科学的兴起是同科学方法的运用偕与俱来的。古代科学落后于近代科学的地方就在于，前者基本上处于现象的描述、经验的总结和猜测性的思辨阶段，主要是以直觉的和零散的形式出现；后者则是一个以系统的实验为基础，通过严密的逻辑推理并用数学形式进行概括描述的完整的理论体系。因而，科学史家一般都把实验方法、逻辑方法和数学方法看作是奠定了近代科学的三大支柱，视为科学技术能否近代化的关键所在。洋务时期，人们还没有意识到，不突破旧的思维方式和研究方法，传统科学就只能在传统的规范内徘徊，所以在借鉴新方法方面尚无建树。戊戌时期，人们意识到了这一点，开始引进近代科学的方法论。这可以说是这个时期科技引进的最高成就，也是不同于洋务时期的又一个重要方面。

（一）实验方法

这是近代科学取得经验知识的最基本的科学方法，但这种方法在中国古代却一直没有得到很好的发展。爱因斯坦以其特有的犀利目光洞见了这一事实并尖锐地指出，这是中国没有产生近代科学的一个重要原因。①戊戌时期，人们虽然不能做出如此深刻的分析，但却实实在在地发现"泰西各种实学，多籍实验始能发明"，②"政学以博考而乃精，艺学以实验而获益"。③严复在讲学时曾说，由于中西古学即物穷理的方法大抵不出"考订"和"贯通"二层，"故所得之大法公例，往往多误，于是近世格致家乃救之以第三层，谓之试验"，"试验愈周，理愈靠实"。④他对实验方法在科学研究中的重要性看得还是比较准确的，这正是严复一代人热情提倡实验方法的主要原因。

戊戌时期人们比较普遍地认为，试验当以"置器为第一义"。为此，当时人们对购置科学仪器都很重视，如谭嗣同组织金陵测量会时，会员凑集了天文镜、子午仪、经纬仪、纪限仪、叠测仪、地平仪、测向仪、罗盘、陆地记里轮、水银风雨表、量风器、量雨器、量潮器等二十多种科学仪器。管学大臣张百熙在创办京师大学堂时，曾请求光绪帝批准从日本欧美进口大量试验仪器。⑤总理衙门也拟设立"仪器院"，集中天算、声光、化电、农矿、机器制造、动植物诸学所必需的各种仪器，"以为实力考求之助"。⑥1900年虞辉祖、钟观光和虞和钦创办星光造磷厂，因为缺乏科学仪器设备和药品而停办，有感于此，他们遂于次年创办了上海科学仪器馆，专门销售从日本进口的科学仪器和药品，此馆为扩大影响，方便用户购买，还分别于1904年和1905年在奉天、汉口开设了分馆。他们的实验仪器在京、津、沪地区销量很大，可以推知当时科学实验的风气正在逐渐形成。

当时农业科学方面的试验进展较快。1898年我国出现了第一个农业试验

---

① 爱因斯坦：《爱因斯坦文集》（第1卷），许良英、范岱年编译，商务印书馆，1976年，第574页。

② 《总理衙门筹议京师大学堂章程》，朱有瓛主编：《中国近代学制史料》（第1辑·下册），华东师范大学出版社，1986年，第655页。

③ 张百熙：《奏办京师大学堂情形疏》，陈学恂主编：《中国近代教育文选》，人民教育出版社，1983年，第272页。

④ 严复：《西学通门径功用说》，王栻主编：《严复集》（第1册），中华书局，1986年，第93页。

⑤ 张百熙：《奏办京师大学堂情形疏》，陈学恂主编：《中国近代教育文选》，人民教育出版社，1983年，第272页。

⑥ 《总理衙门筹议京师大学堂章程》，朱有瓛主编：《中国近代学制史料》（第1辑·下册），华东师范大学出版社，1986年，第655页。

机构——上海育蚕试验场。该场聘日本蚕业专家，取绍兴、湖州一带蚕种，用日本新法饲养，以培育优良蚕种。此后相继成立了淮安饲蚕试验场（1899年）、直隶农事试验场（1902年）、山东农事试验场（1903年）等，至1906年农工商部又设立了中央农事试验场，具体负责近代农业技术的推广和试验。

就实验方法而言，最重要的不是实验的仪器和设备，而是实验本身，即实验目的选择、实验过程的构思和设计，以及实验结果的理论分析。戊戌时期人们注重了前者而忽视了后者，因此虽然进口了大量的实验设备，但西方实验方法的权威著作却没有译介到中国。当时有人进行过枪弹飞行抛物线试验、物质不灭试验、电离说平衡论、速度论试验、植物吸收氮气试验和钙养磷用量试验等，却没有把这些实验结果理论化和系统化。从这个意义上说，当时国人所引进的主要是一种要求实验的求实精神，而不是方法论本身。

（二）逻辑方法

这是对实验结果进行分析、综合、比较、推广的一种方法。古代中国没有建立起近代科学体系，一个重要原因是缺乏逻辑方法。但戊戌时期人们不是从分析中国传统科学的缺陷中发现逻辑方法重要性的，而是在寻求西方富强和学术昌明的原因时得出这一结论的。严复是这方面的主要代表。1895年他在《论世变之亟》一文中尖锐地指出：人们津津乐道的汽机兵械、天算格致诸自然科学都还仅仅是西学中的"形下之粗迹"，而非其命脉之所在；只有"于学术则黜伪而崇真"的逻辑学和"于刑政则屈私以为公"的资产阶级民主制度才是西方成功的奥妙。[1]他深受斯宾塞和培根的影响，认为逻辑学是社会科学和自然科学的必要基础，是"一切法之法，一切学之学"，[2]因而也是"革新中国学术最要的关键"。[3]这虽然有些言过其实，却真实地反映了他对逻辑方法重要意义的深刻了解。

---

① 严复：《论世变之亟》，王栻主编：《严复集》（第1册），中华书局，1986年，第2页。

② 约翰·穆勒：《穆勒名学》，严复译，商务印书馆，1981年，第2页。

③ 蔡元培：《五十年来中国之哲学》，高叔平编：《蔡元培全集》（第4卷），中华书局，1984年，第352页。

基于这样的认识，戊戌时期以及稍后的一段时间，许多有志之士开始译介西方的逻辑学著作，①主要有以下5种：田吴炤的《论理学纲要》（日本十时弥著，1902年出版），王国维的《辨学》（英人耶方斯著，1909年出版），汤祖武译的《论理学解剖图说》（1906年出版），严复译的《穆勒名学》（英人穆勒著，1905年出版）和《名学浅说》（英人耶方斯著，1909年出版）。前三种译著主要流行于当时的教育系统，是比较通俗的逻辑读物和教学参考书，对近代逻辑学在中国的创立有积极的作用。在科学界影响较大的则是严复的两个译本，因为这两本书本身就不只是一般意义上的逻辑学名著，还是探讨科学研究中逻辑方法，尤其是归纳方法的非常特殊的方法论专著。正如美国历史学家史华慈所言，严复之所以精心译介这两部书，"并不单纯是给在逻辑学领域力量特别薄弱的中国引进一门必不可少的科学"，而在于他已意识到了"归纳法的诞生是科学革命的前提"；他从这两部书中"得到的是一个行动纲领——一个用归纳法来征服自然（包括体现在社会史中的人类自然）的计划。……归纳法本身就是为富强而斗争的基本武器"。②

严复认为科学的许多基本原理都是由归纳法获得的。广泛运用归纳法，将会"新理日出，而人伦乃有进步之期"。③为使人们在具体的科学研究中易于把握，他把归纳法的具体程序和规则以及穆勒首创的归纳五法，即契合法、差异法、同异法、剩余法和共变法，都详尽细致地译介了过来。同时，严复也比较重视演绎法，认为"科学正鹄在成外籀（演绎）"，只要掌握了规律、发现了公理，就"可执一以御其余"。④在《穆勒名学》和《名学浅说》中，他以18章的篇幅基本完整地介绍了演绎方法。除了翻译之外，严复还在自己的论著如《译天演论自序》《救亡决论》《原强》《民约评议》《西学通门径功用说》

---

① 我国译介西方逻辑学著作虽早始于明末，但直至戊戌时期之前的250年间却只有两部著作，即1631年明朝李之藻所译《名理探》和光绪初年赫德所译《辨学启蒙》。两者在中国科学界的影响都很有限。

② Benjamin Schwartz, *In Search of the Wealth and Power—Yen Fu and the West*, The Belknap Press of Harvard University Press, 1983, pp.189-190, 196.

③ 耶方斯：《名学浅说》，严复译，商务印书馆，1931年，第82页。

④ 约翰·穆勒：《穆勒名学》，严复译，商务印书馆，1981年，第199页。

和《政治讲义》中大力介绍和具体运用逻辑方法。1900年他又在上海创设了我国第一个逻辑学团体——名学会，系统讲演名学，"一时风靡，学者闻所未闻，吾国政论之根抵名学理论者，自此始矣"。①

通过严复等人多年不懈的努力，包括归纳和演绎在内的逻辑方法最终在戊戌时期比较系统、全面地被引进到中国，自此以后，"论理学始风行国内，一方学校设为课程，一方学者用为致学方法"，②可以说，逻辑方法是此期传入中国的最完整的一种科学研究方法。

（三）数学方法

戊戌时期，虽然也有人认识到"算法为格致入门之始"，③虽然康有为在著《人类公理》时曾模仿欧几里得《几何原本》的方法和编写形式来构造自己的理论，力图用数学方法来推导人类社会的准则，但由于没有专业科学家的介入，而数学又颇为深奥难解，因此，当时还没有人能够把西方的数学方法专著译介到中国。

总的看来，戊戌时期人们对近代科学的主要研究方法都给予了特别的关注，但限于当时的条件，这些方法只有逻辑方法较为系统地被引进中国，其他两种方法的引进则或刚刚起步，或正处于了解阶段。而且，真正能够应用这些方法进行科学研究的人很少。因此，我们还不能说此时的中国科学研究已经有了新方法的指导，而只能说开始出现了这样的意向。

三、科学精神的倡行

科学精神即人们对待科学活动的意识和态度，是科学研究取得成绩的重要条件。它的内涵相当丰富，戊戌时期在中国兴起的主要是其中的实践精神、锲而不舍的探索精神和科学的功利精神。

---

① 王遽常：《严几道年谱》，上海商务印书馆，1936年，第55页。
② 郭湛波：《近五十年中国思想史》，北平人文书店，1936年，第246页。
③ 谭嗣同：《浏阳算学馆原定章程》，《湘学新报》（第17册）1897年9月26日。

（一）实践的精神

科学活动首先是一种包括实验观测和实地调查的实践活动。戊戌时期，严复特别强调：在西方，"一理之明，一法之立，必验之物物事事而皆然，而后定之为不易。其所验也贵多，故博大；其收效也必恒，故悠久；其究极也，必道通为一，左右逢原，故高明"。①有感于此，严复引用赫胥黎的话，提倡崇尚实践："吾人为学穷理，志求登峰造极，第一要读无字之书"，"读大地原本之书"，②号召人们在薪求真理时，要像赫胥黎那样"以宇宙为我简编，民物为我文字"，③把客观的自然现象作为自己的研究对象。

在严复等人的大力倡导下，戊戌时期许多人都重视科学实践。创办上海农学会的一帮读书人，为了把书本知识与具体实践相结合，一开始就准备在江浙两省地方购田，试办新式农场，试种新植物，饲养优种牲鱼，仿造并推广西方各种灵捷合宜的农业机具。该会还计划开辟秦晋川粤未辟之利和江皖湘鄂已弃之地，"俾中国士夫咸知以化学考地质，改土壤，求光热，以机器资灌溉，精制造之法之理"，并期望人们仿行效法。④谭嗣同在创建金陵测量会时要求会员首先精熟各种仪器，开展测天测地活动，还准备派人赴吴淞口，溯江而上，递测长江下游沿岸的山川地势、险要扼塞，天地风雨和经度纬度，并绘制粗图，附以略说，以增益读者、利于国防。⑤当时的科技报刊曾经积极提倡科学实践活动。《时务报》馆从1896年开始主办"时务会课"，这是一项倡导科学调查的活动。报馆在谈到第一次征文题目《论农学》的主旨和办法时，要求"同志诸君考求各地之土宜物产，著为论说，俾得列诸报内，使有志于务农者知所效法也。海内作者倘其就见闻所及，详细条列，但求切用，毋取具文，即

---

① 严复：《救亡决论》，王栻主编：《严复集》（第1册），中华书局，1986年，第45页。
② 严复：《西学通门径功用说》，王栻主编：《严复集》（第1册），中华书局，1986年，第93页。
③ 严复：《原强》，王栻主编：《严复集》（第1册），中华书局，1986年，第29页。
④《务农会公启》，《时务报》（第13册）1896年12月5日；《务农会章》，《知新报》（第13册）1897年4月22日。
⑤ 谭嗣同：《金陵测量会章程》，蔡尚思、方行编：《谭嗣同全集》（上册），中华书局，1981年，第255~257页。

下至一邑一乡之所有，一草一木之所宜及凡附隶于农事者，苟能遵其窾窍，详其功用，俾人知何利之可兴，何弊之当除，即为不朽之作，幸勿繁征博引，过求高深"。[①]他们评价论文的标准已不是旧式士大夫所器重的虚文丽辞，而是实地调查的真确性和有益于生产的可用性。据统计，这样的活动当时至少举行过三次，在社会上引起了较大的反响。[②]

（二）锲而不舍的探索精神

科学研究是一种永无止境而又实实在在的事业，戊戌时期，人们已经认识到"苦于研精覃思，用心过躁，卒无所成"的做法和"二敖八足，唯寄蛇穴"的精神是"可惧"的，[③]他们认为："格致盛而愈多难穷之理，化电盛而愈多难分之质，医学盛而愈多难治之症，算学盛而愈多难解之题。……道高一尺，魔高一丈，愈进愈阻，永无止息"，[④]因此，科学家"非终身执业，聚众讲术，不能致精"。[⑤]严复强调研究自然科学必须不避利害，不畏艰难，"锲而不舍，积渐扩充"。[⑥]唐才常注意到中西学问的不同，认为研究自然科学必须长期坚持不懈地进行专业科学研究，"学问之道，不专不成"，"然经史词章，其质性聪颖者，倡涉藩篱，尚能貌袭其华以盗名欺世"，"唯泰西格致之学……则断不能剽窃绪余"，[⑦]而唯贵乎专心致志。梁启超等人则从灵感的产生强调锲而不舍的探索精神，他认为，获得科学发现灵感的唯一办法就是"至诚而已矣。更详言之，则捐弃百事，而专注于一目的，忠纯专一，终身以之事也"。[⑧]

这种锲而不舍的精神，逐渐被更多的人接受了。科学家杜亚泉自甲午战败

---

①《本馆告白》，《时务报》(第19册)1897年3月3日。

②《时务会课卷次第姓氏》，《时务报》(第38册)1897年9月7日；《告白》，《时务报》(第62册)1898年5月30日。

③ 章太炎：《兴浙会序之兴浙会章程》，朱维铮、姜义华编注：《章太炎选集》，上海人民出版社，1981年，第17页。

④ 谭嗣同：《仁学》(卷下)，中华书局，1958年，第43节。

⑤《李侍郎端棻请推广学校折》，《时务报》(第6册)1896年9月27日。

⑥ 严复：《论中迫之阻力与离心力》，《国闻报》1898年1月2日。

⑦ 唐才常：《尊专》，湖南省哲学社会科学研究所编：《唐才常集》，中华书局，1986年，第33页。

⑧ 梁启超：《烟士披里纯》，《清议报》(第99册)1901年12月1日。

之后，即幡然弃绝考据辞章之学，改志研习化学，"穷日力以研究之，购造粗拙之瓶钵，搜罗纷杂之材料，水溶火煅，昏瞀终日，丧财耗精，千失一得"，在他的带动下，"同志渐多，颇得研究之乐"。[1]他"于修业之暇，携器具药品赴市场名胜大众聚集之所，演说试验……借以为开通风气之助"。[2]数学家周达长期专门研究不定方程$\sqrt{2x^2+1}=Y$，1900年，他用非常奇特的办法得出答案，并称其为丢番图方程（Diophantine equation），这在今天仍有价值，但他当时还没有信心，直到1924年确认了这一成果的合理性之后才公开发表出来。[3]前后坚持研究了24年之久。

（三）科学的功利精神

近代实验科学的创始人培根指出，"科学的、真正的、合法的目标说来不外是这样：把新的发现和新的力量惠赠给人类生活"，[4]科学家应当有为人类谋利益的功利主义精神。戊戌时期人们之所以致力于发展中国科学，就在于他们认识到了科学有潜在的和现实的应用价值。科学救国是当时科学功利精神的集中体现。人们认为，当时的世界已是"生产竞争最激烈之时代"，一个国家或民族要想自立、自存，就必须大力发展生产力，而"欲图生产力之发达，必致力于实业。欲求实业之飞扬跋扈，又必乞灵于理科（自然科学）"。[5]由此他们推论说，科学是"无形之军队，安全之爆弹"，"凡国于斯土者，能战胜于斯，则其国强，其民富；不能战胜于斯，则其国弱，其民贫。生存竞争将于斯卜之，优胜劣败将于斯观之"，[6]这可以看作是后来的"科学救国"思想的早期阐发。科学何以可以救国，人们的认识主要表现在两个方面。其一，当时的科学家认为，只有近代科学才能提高劳动生产率，从而促进农、工、商和交通

---

① 杜亚泉：《定性分析后记》，《亚泉杂志》（第10册）1901年6月。
② 杜亚泉：《化学奇观》，《亚泉杂志》（第3册）1900年12月。
③ 周达：《造整数之一题》，《科学》1924年第9卷第1期。
④ 培根：《新工具》，许宝骙译，商务印书馆，1984年，第58页。
⑤ 王本祥：《汽机大发明家瓦特传》，《科学世界》1904年第9期。
⑥ 王本祥：《论理科与群治之关系》，《科学世界》1903年第7期。

运输等行业大力发展，进而达到国富兵强。其二，当时的维新派认为，实行君主立宪制度，可以救中国，但其前提条件则是涤荡封建蒙昧，提高民众知识程度，而科学能够实现这样的条件。对于科学救国的这种认识，显然推动了科学发展，可以说，科学功利精神的兴起对于戊戌时期中国科技的近代化趋势而言，既是它的表现，又是它的原因之一。

科学的生命是创新，科学活动的灵魂是创造精神。戊戌时期，人们虽极力倡行科学精神，但却忽视了其中本质性的创造精神，这与当时中国新一代科学家还没有完全成长起来有关。

四、科技体制化的初步探索

戊戌时期人们开始探索建立中国科技的新体制，这是中国科技近代化的一个重要方面。根据科技发展史的一般理解，所谓科技体制化就是从科学技术活动是社会活动整体的特定组成部分着眼，强调科学技术活动的组织、管理与制度。在西方它主要表现为科学技术学会的普遍建立和自然科学专业报刊的出版、全国性科学研究机构的设立、保护和鼓励科技发明的法制建设。戊戌时期中国人在这方面的探索是很有成绩的。

(一) 设立学会、创办报刊

建立自然科学学会是英法等国科技体制化的开端，中国最早大批地出现这类组织始于戊戌时期。1895年欧阳中鹄和谭嗣同等人在湖南浏阳创办算学社，又称算学格致馆，以"师生精研算学"为宗旨，这是我国历史上第一个自然科学团体。1896年，罗振玉、徐树兰在上海创办了务农总会（又称农学会或务农会），意在兼采中西各法搞农业研究和实地实验，提倡新农业。同年，邹代钧得陈三立、汪康年赞助，在湖南长沙创办地图公会，又称舆地社，译印英、德诸国所绘中外地图600幅，希望"天下凡有志舆地学者"，"入社共相切磋"，以求"推广此学"。①不久,邹代钧又将此会分设于上海。②1897年,杨文会和谭嗣同设金陵测量会于南京,龙泽厚、吴仲弢设医学善会于上海,前者重测量天文、地理、气象,后者专研医学上中法西法之美善。③1898年,江瑞清在湖南龙南办致用学会,专习算学;罗辉山、何盛林等在湖南郴州创舆算学会,讲求舆算、兵略、农矿之学。当时比较有名的自然科学学会还有浙江、温州的农学会(1896年)、奉化的农艺学社(1903年)、上海算学会(1897年)、长沙地学公会(1898年)、福州算学会(1898年)和严复在上海创办的名学会(1900年)等。这些学会一般都以研习具体的自然科学基础理论为目标,在科学精神与爱国主义的基础上认同,不同程度地具有以某一门科学救中国的思想,这是由中国当时的政治经济危机和中国知识分子的民族意识所决定的。

在组织学会的同时,人们又创办了一些纯自然科学的杂志。1897年1月,浙江瑞安利济医院学堂创办《利济学堂报》半月刊,院长陈虬主笔,这是我国创办的第一种医学杂志。5月,上海务农总会创办《农学报》半月刊(后改旬刊),为我国第一种农业科技杂志。④7月,黄庆澄又在浙江温州(后迁上海)创我国自办的第一种数学杂志《算学报》月刊。同年,谭嗣同、徐乃昌聘刘世珩为总理,拟办一份地质学刊物《矿学报》,⑤但没有成功。1900年11月,杜亚泉创办并主编《亚泉杂志》半月刊于上海,主要刊载数学、化学、物理学、生物学、地学等科论文,这是我国自办的第一种综合性自然科学杂志。次年他又编发了《中外算报》月刊,着重介绍数理知识。1903年3月,上海科学仪器馆主办了《科学世界》月刊,刊登数学、物理学、地学、气象学、生物学、化学等方面的重要论文。此外尚有朱宪章、朱成章兄弟和严杏林、严愧(按:原文如此,应为槐)林兄弟在广东、浙江创办的《算学报》月刊(1899年)等。

---

① 《译印西文地图招股章程》,《时务报》(第1册)1896年8月9日。
② 《译印西文地图公会告白》,《时务报》(第3册)1896年8月29日。
③ 梁启超:《医学善会序》,《时务报》(第38册)1897年9月7日。
④ 《农会报馆略例》,《时务报》(第22册)1897年4月2日。
⑤ 谭嗣同:《创办矿学报公启》,蔡尚思、方行编:《谭嗣同全集》(上册),中华书局,1981年,第266~268页。

这些杂志与前面提到的自然科学学会互为犄角，彼此补充，它们在科学研究、交流成果、传播科学知识和培养科技人才方面发挥过不小的作用。

据时人记述，这些学会报刊当时深受社会欢迎。如1896年罗振玉等人筹建上海农学会时，曾在《时务报》刊登征求会友启事，反应十分踊跃。江浙一带人士表现尤为积极，他们竞相要求加入总会，并自发地在当地设立分会，如海宁成立了"树艺会"，①瑞安成立了"务农支会"，江苏如皋建立了"农桑公社"，②讲求农艺之学一时蔚然成风。

（二）试办科学研究机构

地区性学会组织普遍出现之后，学术团体发展的必然趋势就是建立全国性学术团体或研究机构。戊戌时期，虽然还没有条件成立全国性的学术团体和研究机构，但人们已意识到科学家之间或学科之间的有效协作的重要性，开始倡导有组织的研究。1900年罗振玉倡议在上海建立昆虫研究所，搜集标本，研究生物，可惜因为经费困难没有成功。同年，杜亚泉在上海开办亚泉学馆，原来的设想是作为专门研究科学的机构，不过后来他的主要活动是编发《亚泉杂志》。1903年，周达改良了扬州知新算社1900年的创办章程，规定其宗旨是"研究学理，联络声气，切磋讨论，以辅斯学之进化"，③在该社下设四个科，组织专人分门研习：其一是普通研究科，研究数学、代数、几何、三角；其二是高等研究科，研究近代几何、高等代数、弧三角及圆函数、圆锥曲线、平面及立体解析几何、微分积分、微分方程式；其三是特别研究科，研究整数论、决疑论、变分法、定纪法、最小二乘法、有限较数法、动量法；其四是应用研究科，研究测量学、星学、动静力学、物理计算学。这在当时确实是一种了不起的成绩。以上这些科学研究机构虽然由于各种条件的限制没有在科学研究方面取得显著的成就，但却使中国科学从个人单独研究阶段进入了集体协作研究阶段，为此后中央观象台（1912年）、地质研究所（1913年）、生物研究所

---

① 《海宁绅士请创树艺会禀》，《农学报》（第26册）1898年4月（光绪二十四年三月中）。

② 《蚕麦成迹》，《农学报》（第37册）1898年7月（光绪二十四年六月上）。

③ 周美权：《扬州知新算社改良章程》，《科学世界》1903年第2期。

（1922年）和中央研究院（1928年）等全国性研究机构的建立开了先河。

（三）奖励发明创造，实行科技立法

由国家来组织和管理科学研究事业，特别是制定一套合理的科技政策，用法律的形式来确保科学研究人员的正当权益，这是科学发展的根本保证。戊戌时期，人们对此有所认识，曾经要求政府实行科技立法。1896年元旦的《申报》曾经介绍西方专利制度，认为中国工艺不发达，科学不发展，以至利权旁落，一个重要原因是没有专利保护制度，[1]当时多有人要求政府速定"专利之法，使创造者不致有徒费之虞"。[2]百日维新开始后，光绪帝发布了一系列奖励科学发明创造的法令，其中比较系统、完备的是7月13日颁布的《振兴工艺给奖章程》。[3]这个章程共12款，主要特点有二：首先，章程奖励的对象主要是工程技术专家和自然科学家。这说明它的核心内容是奖励科学技术领域的新发明、新发现和新创造，因而可以看作是一部科技法。其次，章程规定奖励科技人员的具体办法一般是给予世职、实官、虚衔，或颁给匾额，但最主要的还是给予专利权，即据其功用大小，准予专利50年、30年、20年或10年不等。这是西方国家的专利法观念正式引入我国的开始。[4]

《振兴工艺给奖章程》的颁行标志着以制定专利法规为核心内容的科技立法的正式实现。这是戊戌时期中国科技体制化的一大收获，当时受到国内舆论的欢迎。[5]《申报》曾经全文刊载这个章程并不断报道各地申请和获得专利的情况。据查，此时福州人陈紫绥自创纺纱机器，经有关专家检验，认为灵捷便

---

① 《论制造新器物例准保其专利》，《申报》1896年1月1日。
② 汪康年：《论中国求富强宜筹易行之法》，《时务报》（第13册）1896年12月5日；康有为：《请厉工艺奖创新折》，汤志钧编：《康有为政论集》（上），中华书局，1981年，第288~290页。
③ 《遵议优奖开物成务人才折》，中国史学会主编：《中国近代史资料丛刊·戊戌变法》（第2册），上海人民出版社，1957年，第413~417页。
④ 早在1881年郑观应创办上海机器织布局时，曾向李鸿章请求给予织布专利权。旋李据以奏准："酌定十年内只准华商附股搭办，不准另行设局。"这是我国实行专利的开始，但当时并无专利法和专利制度可言。
⑤ 《论中国商务有振兴之机》，《申报》1898年7月14日。

利，"实足以省民力而为当世合用之新法"，①遂发给执照，准其专利15年。这可能是我国个人获得创造发明权的最早记录。

19世纪末20世纪初的戊戌时期，中国的科学技术已经形成了近代体系的雏形，或者说，表现了近代化的基本趋势。因此，我们认为把戊戌时期作为中国古代科学与近代科学的分界线较为适宜，戊戌时期可以说是中国科技近代化初步成型的时期。

科学活动犹如阶梯式攀登。戊戌时期，中国科技近代化的基本趋势，是在洋务时期科技引进与发展的基础上形成的，并在本质上超过了洋务时期，但其本身仍不可避免地存在许多不足。此后，人们又以戊戌时期的成就为基础，继续努力多年，终于在20世纪20至30年代基本实现了中国科技的近代化。

本文原刊载于《历史研究》1990年第6期。

作者简介：

李恩民，1961年生，1985—1996年在南开大学历史学系就读并执教，1996年获南开大学历史学博士学位，1999年获一桥大学社会学博士学位，现任日本樱美林大学国际学系教授，曾担任斯坦福大学访问教授。主要中文著作有《中日民间经济外交1945—1972》（人民出版社）；日文著作有《转型期的中国·日本与台湾问题》《〈中日和平友好条约〉交涉的政治过程》《中国华北农民的生活志》；合著《历史与和解》《对立与共存的历史认识》《日本政府的两岸政策》等。

---

① 《论创造新器给札专利之善》，《申报》1898年8月28日。

对和平解决西安事变条件的再认识

左志远

1936 年 12 月 12 日凌晨，国民党东北军将领张学良、西北军将领杨虎城，在西安临潼华清池逮捕蒋介石，并扣押蒋系军政要员十余人，发动了震惊中外的西安事变。蒋介石在国内外各种势力的逼迫下，接受中国共产党所倡六项条件，获得人身自由，12 月 25 日，在张学良的陪同下，飞抵南京，西安事变和平解决。从此，中国的政治形势出现了新的局面。

这一关系国家民族前途和命运的重大事件，在当时极其紧张和复杂的局势中能顺利求得和平解决，是和以下诸方面的条件分不开的。

一、西安事变的直接发动者，在和平解决事变中发挥了决定性作用

关于张学良和杨虎城在和平解决西安事变中的作用，以往的教科书和著述里，虽有论述，但笔者认为仍有再认识的必要。张、杨两位将军作为事变的直接发动者，在和平解决事变中发挥了决定性的作用。他们发动西安事变的本意，在于迫使蒋介石停止内战，联共抗日。因为日本帝国主义自九一八事变后，1935 年又将其魔爪进一步伸向华北，使中国陷入了严重的民族危机之中。此时，张、杨深感大敌当前，中华国土不断沦丧，而内战的炮火却连绵不断。以蒋介石为代表的国民党南京政府，仍把发动对红军的"围剿"，视为唯一重大的使命，继续奉行"攘外必先安内"的错误方针。在对外采取退让的同时，对内却加紧推行镇压政策，大肆破坏和取缔抗日民主运动，甚至大批抗日志士惨遭逮捕。这种"宁赠友邦，不予家奴"的行径，激起了全国人民的强烈不满与反抗。广大民众强烈要求国民党南京政府立即"改弦更张"，停止内战，一

致对外。同时国民党内具有爱国思想的将领也为之触动，力主抗战。从1931年到1936年，先后有马占山等在东北率先抗日，十九路军在淞沪浴血奋战，冯玉祥等抗敌于塞北察绥，以及傅作义在绥远揭起抗日的旗帜等。这一切，对于素具民族意识、集国仇家恨于一身的张学良将军和素有民主思想、具有强烈爱国精神的杨虎城将军，无疑将产生极大的影响。他们在中共政策的感召和各种力量推动下，终于走上了放弃"剿共"，联共抗日的道路。

可是，蒋介石错误估计了形势，他一意孤行，依然故我，坐镇西安，逼迫张学良、杨虎城执行"剿共"命令，否则即将东北军、西北军分别调往福建和安徽。正是在这种严峻的形势面前，在中华古国危难之际，他们以民族大义为重，不忍骨肉相残，决心既不再参加内战，又不离开西北，多次劝说蒋介石放弃内战政策。可是，蒋介石毫无悔悟之意，反而斥张、杨为"犯上作乱"。张学良为情势所迫，与杨虎城共商决定，于善劝无效后，毅然采取对蒋介石实行"兵谏"，迫使南京政府改变"攘外必先安内"的误国政策。

当西安事变爆发后，国内外掀起轩然大波，反响莫衷一是，但最终还是获得和平解决，这是和张、杨两位将军的义举初衷分不开的。早在红军到达陕北时，张、杨所部在与红军作战中受到过沉重打击，他们已深感"剿共"没有出路。6月，两广事变发生后，张、杨分别致电蒋介石，提出"日寇进逼，国亡无日，举全国之力以抗敌，尚感力弱，若内战不止，更是手足自残，长敌气焰"。[①]此后，张、杨两位将军与中共在抗日认识上趋于一致，使其所属部队与红军建立了合作关系，其中相当一部分力量取得了停止内战一致抗日的谅解，从而在西北形成了三方密切合作的局面。

由此可见，张学良、杨虎城发动西安事变的目的，完全出自逼蒋放弃内战，联共抗日。所以，事变发生的当天，张学良致电毛泽东，说明他们扣留蒋介石及其重要将领，别无他求，只是为了中华民族及抗日前途利益计。同时要求红军速集环县一带，企望中共成为和平解决西安事变的可靠力量。次日，

---

① 王菊人：《双十二事变回忆片断》，西北大学历史系中国现代史教研室等编：《西安事变资料选辑》，出版社不详，1979年，第370页。

张、杨在时局通电中，再次陈述事变动机完全出于抗日救国，对蒋介石本人必定"保其安全，促其反省"。并提出了改组南京政府、容纳各党各派共同负责救国，停止一切内战，立即释放全国一切政治犯，开放民众爱国运动，立即召开救国会议等八项抗日救国主张。与此同时，张学良在对其所属总部官员的训词中讲到，"我们这次举动，把个人的荣辱生死完全抛开，一切都是为了国家民族"，我们反对的是"蒋委员长的主张和办法"，"绝没有私仇私怨"；[1]杨虎城亦表示"只要我们提出的救国主张，蒋能接受并保证实现，中央军能退出潼关，我们便放他"。[2]随后，张，杨发表的广播词（14日）、在市民大会上的讲演（16日）、《告将士书》（22日），以及和蒋介石的多次晤谈，无不反映了两位将军出自谋图国内和平，挽救民族危亡之宗旨。

由于各种力量的推动，24日，蒋介石终于被迫接受抗日条件，允诺："（一）改组国民党与国民政府，驱逐亲日派，容纳抗日分子；（二）释放上海爱国领袖，释放一切政治犯，保证人民的自由权利；（三）停止'剿共'政策，联合红军抗日；（四）召集各党各派各界各军的救国会议，决定抗日救亡方针；（五）与同情中国抗日的国家建立合作关系；（六）其他具体的救国办法。"[3]蒋介石在历史转折的最后关头，能正视现实，最终放弃"剿共"到联共抗日，使事变终于获得了和平解决。25日，张学良陪送蒋介石回南京。此举如何评价，虽国人说法不一，但有一点是明确的，即他为了民族的利益，置个人安危而不顾，足以表明其动机之纯洁，愿望之善良。所以说西安事变的和平解决，首先取决于发动者的爱国诚意，以及他们为实现其初衷而采取的一系列行动。

---

① 《张学良对总部全体职员训词》(1936年12月13日)，西北大学历史系中国现代史教研室等编：《西安事变资料选辑》，出版社不详，1979年，第112页。

② 中国人民政治协商会议陕西省委员会文史资料征集研究委员会编：《陕西文史资料》(第15辑)，陕西人民出版社，1983年。

③ 《毛泽东选集》(一卷本)，人民出版社，1964年，第238页。

二、中国共产党的抗日民族统一战线政策，是和平解决西安事变的重要因素

中国共产党主张和平解决西安事变，是其政治主张的必然结果。1935年"华北事变"发生后，中共鉴于民族危机的新形势，改变了单纯进行下层统一战线的方针，首次提出建立"上层统一战线"的策略，并要"在上层统一基础上开辟与扩展其下层的联合工作；又在下层统一基础上，以加强和巩固上层的统一"。[1]

根据上述变化了的情况，1935年底，中国共产党在陕北瓦窑堡召开了政治局会议，正确分析了当时的国际形势和自九一八事变以来的国内阶级关系的变化，尤其是正确分析了中国资产阶级的特点以及参加抗日民族统一战线的可能性，对大地主大资产阶级之间的矛盾及其利用做了科学的预见。会议纠正了长期以来危害革命的"左"倾关门主义错误，确定了建立抗日民族统一战线的策略方针。

为了实现与国民党再次合作的真诚愿望，中国共产党不仅在政治上、军事上做出了必要的妥协和让步，并且自1935年秋开始，中共代表与国民党代表进行了一系列的谈判，商谈国共第二次合作问题。这一时期，中共中央多次电告谈判代表，"因为南京已开始了切实转变，我们政策重心在联蒋抗日"。[2]虽然谈判双方的条件相差甚远，但是，这种接触对于双方的相互了解，减轻敌对情绪是十分有益的，它成为国共两党再次合作谈判的良好开端。

中国共产党抗日民族统一战线方针的确立为和平解决西安事变奠定了基础。当张学良、杨虎城发动西安事变之后，电邀中国共产党前去西安共商大计之时，中国共产党正确分析了当时的形势，从民族的长远利益出发，提出了和平解决西安事变的基本方针：坚决反对新的内战，主张南京和西安之间在团结

---

①《中央为目前反日讨蒋的秘密指示信》(1935年10月)，中央档案馆编：《中共中央文件选集》(第10册)，中共中央党校出版社，1991年，第567页。

②《毛泽东关于联蒋抗日问题致潘汉年电》(1936年8月26日)，中共中央党史资料征集委员会编：《中国共产党历史资料丛书·第二次国共合作的形成》，中共党史资料出版社，1989年，第117页。

抗日的基础上和平解决，以推动南京政府走上抗日的道路。因为西安事变发生后，中国革命形势进入一个新的阶段。一方面，是日本和亲日派企图乘机反共，挑动大规模内战，欲置蒋介石于死地，以便取而代之；另一方面，是革命人民和革命军队联合起来，争取国民党统治集团内亲英美的主和派，共同反对内战实现抗日。

就在南京政府内"讨伐"与"主和"两派的争论相持不下时，张冲遂约见中国共产党秘密谈判代表潘汉年，请求中国共产党出面调停。[①]16日，中国共产党派出以周恩来为首的代表团，前往西安，向张、杨阐明我党力主和平解决西安事变的立场。18日，中共中央正式致电国民党中央，在重申停止内战一致抗日的原则基础上，提出：国民党如能实现全国人民的迫切要求，不但国家民族从此得救，即蒋氏的安全自由亦不成问题。[②]

所有这一切，都说明了中国共产党有关处理事变的主张，是服从于停止内战、一致抗日，和平解决这一基本方针。假如中国共产党当时依然采取"关门主义"的过"左"政策，对当年曾耀武扬威，"围剿"红军十年之久的祸首，而今沦为阶下囚的蒋介石，采取极端措施，那西安事变的解决和抗战的前途必然会是另一种情景。可见，西安事变的和平解决，是与中国共产党建立抗日民族统一战线的政治主张紧密联系着的。所以说，中国共产党的一贯政治主张，团结一切可以团结的力量共同抗日，是和平解决西安事变的一个极其重要的条件。

三、蒋介石采纳中共所倡六项条件，是西安事变和平解决不可缺少的因素

如上所述，西安事变以和平方式得到解决，最关键和首要的是张、杨及中共所实行的和平方针，这是毫无疑义的。但是仅仅承认这方面的因素还是不够的，因为西安事变之所以能获得和平解决，蒋介石的态度也是一个不可忽视的因素。任何事物都是矛盾的统一体，都存在着相互依存和斗争的两个方面，失

---

①《第二次国共合作的牵线人张冲》，《浙江日报》1985年9月12日。

②《中共中央关于西安事变致国民党中央电》(1936年12月18日)，中央统战部、中央档案馆编：《中共中央抗日民族统一战线文件选编》(中)，档案出版社，1985年，第322页。

去任何一方，矛盾就不复存在。西安事变亦然。作为国民党的东北军、西北军和中国共产党为一方，而蒋介石为另一方，这两个方面因在抗日问题上的见解不同，方有事变的发生。同样，事变的和平解决也必须有两个方面或诸方面的统一，才能实现。如果只有我方合作的诚意，而无蒋介石的响应，那么，中国共产党再好的方针，张、杨团结抗日再好的愿望，也无济于事。当然，"西安事变是蒋介石自己逼成的，蒋先生抗战是张、杨两将军顺应人民公意逼成的"。①这一论断是完全符合事实的。然而，这种逼迫也可能出现另一种情况，即蒋介石孤注一掷，不接受和平解决的六项条件，那样，事态的发展就会呈现另一种前景：内战扩大、国防力量削弱，投降派引狼入室，国家民族遭受蹂躏，中国也许因此"兵连祸结，不知要弄到何种地步"。②因此说，蒋介石的作用是不可忽视的。

蒋介石之所以逼而受之，是有其主客观原因的。从客观上讲，他身陷囹圄，已失去了自由，为挣脱束缚，求得生存，只有好自为之，这样的理解也是合乎情理的。但是，如果仅视蒋为贪生怕死之徒，还是不够的。南京政府内部亲日派的"讨逆"活动，妄图取代蒋氏政权的阴谋，使其权衡接受和平条件与失掉政权之得失，蒋介石必然把砝码放在接受和平条件，维护其统治，抑制亲日派一方。在这个问题上，宋美龄给蒋介石的信中所透露的南京"剧中有剧"的内情，成为蒋氏这一抉择的重要原因。国民党内以宋子文、宋美龄为代表的"主和派"的劝说，对蒋起了促进作用。全国人民要求停止内战，共同对外的强烈呼声和抗日救亡运动高潮的崛起，国际上英、美、苏等国的压力，以及张、杨与中共三位一体的正确方针，都是蒋介石接受和平条件的外因。在主观上，蒋介石和国民党内亲日投降派还是有区别的。因此，事变的和平解决是与蒋介石在一定程度上的民族爱国思想，以及南京政府对日政策的发展变化分不开的。作为国民党南京政府的政治代表蒋介石，他所爱的当然是大地主大资产阶级专政的国家，因此他的爱国思想带有阶级的局限性。这种局限

---

① 中共中央文献编辑委员会编：《周恩来选集》（上册），人民出版社，1980年，第248页。

② 《毛泽东同志与美国作家史沫特莱谈西安事变》（1937年3月1日），西北大学历史系中国现代史教研室等编：《西安事变资料选辑》，出版社不详，1979年，第1页。

性常常表现为，在帝国主义侵略面前妥协退让。然而当帝国主义的侵略威胁其利益、动摇其统治地位时，就有可能起来保卫国家的利益，实行较强硬的外交手段。1935年华北事变前后，南京政府奉行的不同对日政策，就是这一特征的具体表现。

如前所述，九一八事变日本侵占东北时，南京政府采取不抵抗主义，幻想通过国联向日本施加压力，以迫使日本停止对中国的进攻，其结果造成南京政府外交的失败。随后，南京政府继续采取妥协政策，不仅未能换取日本停止对中国的进攻，反而愈加助长其吞并中国称霸东南亚的野心。日本在华势力的迅速扩张，严重地损害了国民党政府和四大家族的基本利益。在这种情况下，南京政府的对日政策发生了新变化。这一变化的标志即是1935年11月，国民党第五次全国代表大会上的外交报告提出了"在主权问题上断不容任何国家以任何借口"，"稍加干预与损害"，"尤不能容受任何国家之单独束缚势力"。[1]与此同时，蒋介石对内政策也进行了调整，他通过各种渠道与中共对话，到1936年10月，国民党提出的谈判条件较前有了很大的松动，开始同意"（一）苏维埃区域可以存在。（二）红军名义不要改联军。（三）待遇与国军同，共产党代表公开参加国民大会"，等等。[2]

南京政府对日妥协政策的开始转变，和对内政策的调整及其初步实施，虽然是有限的和局部的，但是这一变化为国民党爱国人士和要求抗日的军队提供了依据，也是蒋介石在西安事变中，能够被迫接受联共抗日思想的原因之一。

四、全国各界人民要求结束内战，救亡图存的呼声，成为和平解决事变的强大推动力

随着日本帝国主义侵略的步步深入，中共关于建立抗日民族统一战线的主张，愈加成为全国人民的共同呼声，并且指引着日益高涨的反帝爱国运动。西

---

① 秦孝仪主编：《革命文献——抗战前国家建设史料:外交方面》(第72辑)，中国国民党"党史会"，1977年，第374页。

②《国民党提出的谈判条件》(1936年10月17日)，中共中央党史资料征集委员会编：《中国共产党历史资料丛书·第二次国共合作的形成》，中共党史资料出版社，1989年，第145页。

安事变这一爆炸性政治事件的发生，更加推动了正在高涨的反帝运动，成为和平解决西安事变的群众基础。

事变发生后，全国许多救亡团体纷纷通电，斥责蒋介石的误国政策，拥护张、杨的八项主张，支持张、杨的爱国壮举。据统计，在事变发生后的三天时间内，仅山西、湖南、贵州、四川、广西五省的民众团体和救亡组织发往西安的电报就有1000余件。事变发生的当天，全国各界救国联合会代表团、全国学生救国联合会代表团、全国华侨抗日救国协会代表团等18个救亡团体发出通电，拥护张、杨主张，呼吁"全国同胞，万众一心，坚城团结，共赴国难，藉挽危亡"。①同时，西北各界救国会、东北民众救国会、西北民报社和西北文化日报社等14个团体，在西安市举行紧急大会，一致拥护张、杨两将军的救国主张，通电全国，得到了强烈的反响。

西安事变，也振奋了民族资产阶级，激发了他们自九一八事变以来的爱国热情，广西商会联合会，得悉事变的消息后，立即发出通电，表示"本会同人誓为后盾"。《申报》《大公报》《立报》等报纸，纷纷报道西安事变的消息或发表社论。《申报》社论称："西安事变明显地表示了民众的力量，这种力量是不容忽视的。吾人希望蒋委员长从此更加从公，力赴国难，以尊国基于磐石，勿负国人之愿望。"著名爱国人士马相伯，在西安事变后，以"耻莫大于亡国，战虽死犹生"的题词给全国各界救国联合会执委，②以示自己坚定的爱国决心，并激励全国联合会支持张、杨西安事变的正义行动。

西安事变在工人阶级队伍中，也引起了巨大反响。如青岛市10万纱厂工人派出代表携带全市各纱厂工人联合会致张、杨的敬意信，专程奔赴西安，向张、杨和西北爱国军民表示支持。他们在信中说："听到你们十二月十二日的消息和你们的八大原则，我们真是万分高兴。日本帝国主义近来侵略中国更加疯狂了，眼睁睁中华民族就要变成他们的奴隶，听到你们抗日救亡的吼声，相信中华民族一定能跟着你们走，民族解放的曙光已经出现在我们的眼前"，"全

①《全国救亡团体通电拥护张杨主张》，西北大学历史系中国现代史教研室等编：《西安事变资料选辑》，出版社不详，1979年，第136页。
②《救国日报》1936年12月28日。

国最大多数的大众们都翘望着你们，准备接应你们呢！最后的光明和胜利一定属于我们"。[1]旅居海外爱国侨胞和中国留学生，也时刻关怀自己的祖国，西安事变后，美国伊利诺和米诺中国学生会、学生联合会分别致电张学良，拥护其抗日运动，深赞联合战线主张。张、杨两将军的救亡与行动，也博得蒋介石嫡系军队内部部分将士的响应，胡宗南军骑兵团1000余人，全部反正，走向抗日战线。全国各界人民的呼声，有力地推动了西安事变的和平解决。

五、国民党地方军支持张、杨通电和南京政府主和派，对事态的顺利发展起了积极的作用

在西安事变中，国民党地方军阀由于各自的立场和目的不同，反应各异。有同情张、杨"兵谏"义举，支持其八项主张，冀希中国早日走上共同抗日道路者；有对张、杨发动事变表示震惊，指责张、杨，向蒋介石献媚取宠，以抬高自己地位者；也有表里不一，明则支持，暗则怂恿张、杨杀蒋，以泄私愤者，等等。尽管如此，但他们的大多数在一点上是相同的，这就是：主张南京和西安双方都做出让步，停止内战，团结抗日，释放蒋介石，以和平方式解决事变，这是最基本的。

山西军阀阎锡山，在中原大战中受挫后，曾得到张学良之助而复得山西，因此，二人关系较近。1936年7至8月，二人曾在抗日和停战问题上达成谅解，阎并表示对蒋"在适当时机采取慎重的行动"。西安事变爆发后，张学良寄希望于阎锡山予以有力支持。然而，出乎张学良意料的是，阎不但不予支持，反而指责张、杨的"兵谏"行动"与国不利"，"增加国人之忧虑"，对义举表示"惊痛"。[2]

两广方面，李宗仁、白崇禧、黄琪翔等，历来与蒋介石矛盾重重，在1936年6月间发生的战事冲突中，因遭蒋弹压而败北。西安事变发生后，两广实力派都派出代表赴西安向张表示好意。12月16日，李宗仁、白崇

---

[1] 应德田：《张学良与西安事变》，中华书局，1980年，第106页。
[2] 《阎锡山电规张学良、杨虎城的复电》，《国闻周报》1936年第13卷第50期。

禧、李济深等提出用政治方法解决，统一抗日战线，立即对日宣战，反对独裁政治，确立举国一致之政府等五项建议，并于17日通电全国。[①]

在四川，刘湘的地方军，一贯遭蒋介石排斥、不信任，当获悉张、杨在西安拘捕蒋介石后，刘氏甚为兴奋，认为这是其在川重新树立优势的极好时机，但迫于日益增长的民族危机，乃于19日发出通电，表示支持西安的抗日救国政策，力主张、杨释放蒋介石。

山东的韩复榘、察哈尔的宋哲元等，原属西北军，同杨虎城有旧交，与张学良的关系也较密切，所以他们对西安事变表示了应有的热情。

在南京的冯玉祥等，也主张避免内战，用政治方式解决西安问题。他在南京政府要员间关于如何处置张、杨的争论中，坚决反对亲日派明为讨张，实为取代蒋氏政权的所谓"讨逆"主张，同时电劝张学良，恢复蒋介石自由。[②]

总之，国民党各派地方军对张、杨发动西安事变的态度不同，主张各异，用心不一，但他们在表面几乎一致主张团结抗日、释放蒋介石，这在客观上也有助于西安事变的和平解决。

除上述国内条件外，也有国际上的原因。

共产国际和苏联认为，此事变将酿成中国长期内战，抵消抗日力量，而中国急务为抗日，领导之责，非蒋委员长莫属。当时，苏联正号召建立国际反法西斯统一战线，希望中国共产党同国民党联合，抗击日本，以减轻东方法西斯对它的压力。因此，共产国际指示中国共产党在"改组南京政府，保障人民的民主权利，停止消灭红军政策并与红军联合抗日等条件的基础上，释放蒋介石，坚决使用和平方法解决这一冲突"。[③]

英、美、法等国，也极力主张和平解决西安事变问题，日本侵略并企图独占中国，直接损害了他们的在华利益，因而主张蒋介石政府团结国内抗日力量，并企图把战火引向苏联，以保其在远东的殖民体系。同时也因为这些国家

---

①《李宗仁、白崇禧通电》，《西北文化日报》1936年12月25日。

②《冯玉祥电劝张学良恢复军事委员会委员长自由》，西北大学历史系中国现代史教研室等编：《西安事变资料选辑》，出版社不详，1979年，第149页。

③《国际来电主张和平解决西安事变》（1936年12月20日），出版信息不全。

在华都有大量投资，只有中国政局的稳定，才能保其投资利益的实现。因此，保住蒋介石的统治地位对英、法、美等国来说至关重要。为此，他们积极支持宋美龄、宋子文营救蒋介石的活动，反对亲日派讨伐张、杨，主张蒋介石向张、杨妥协，英国甚至表示，只要蒋介石能继续统治下去，就不妨和"共产党采取某种形式的联合"。所有这些，都促进了国内和平方针的顺利实现。

半个世纪前，西安事变的和平解决，对国共两党再次合作、团结抗日，起了重大的推动作用，成为由国内战争走向抗日民族战争的转折点，为夺取民族解放的胜利创造了极为有利的条件。今天，我们重新回顾和认识这段历史，必将给予一切拥护和关心实现祖国统一大业和第三次国共合作的人们以深刻的启迪。

本文原刊载于《历史教学》1991年第10期。

作者简介：

左志远，1932年生，江苏滨海人。1961年毕业于南开大学历史系并留校任教，1990年晋升教授，曾两次赴日本访问与学术交流。长期从事中国现代史的教学和研究，编著《中国现代史稿》（合编）、《华北抗日根据地纪事》等五部专著，并在《南开学报》《中共党史研究》等学术刊物发表论文30余篇，其中与魏宏运教授主编的《晋察冀豫边区财政经济史资料选编》曾获天津市第五届社科优秀成果一等奖，论文《论党在土地革命时期的地权思想》曾获1991年全国党史优秀论文二等奖。

评蒋胡"约法"之争

刘健清

　　1927年国民党反共分共后，以蒋介石、胡汉民、汪精卫为首的各派系为争夺中央权力明争暗斗，大动干戈。他们都不敢公开放弃孙中山的旗帜，无不指斥对方违背"总理遗教"，无不标榜自己是三民主义的"忠实信徒"。蒋、胡"约法"之争就是其中重要的一次斗争。

　　"约法"之争本质上虽属统治阶级内部的权力争夺，但蒋、胡在国民党一党专政体制上，在党、政、军等最高权力关系上，在人治与法治、集权与分权，以及"遗教"的应用等许多问题上暴露出明显的分歧。胡汉民反蒋虽未能阻止蒋介石的军事独裁统治，但却反映出胡氏政治思想中的某些积极因素。

一、蒋、胡关系的离合与"约法"问题的爆发

　　孙中山在世时，蒋、胡没有明显的裂痕。1924年，孙中山北上，将广东党、政、军大权交给胡汉民。孙中山去世后，因胡与汪精卫历来有隙，汪从北方回粤，联络蒋介石，在建立广州国民政府时，夺了胡汉民代理大元帅之权，汪成为国民政府主席，这是汪、蒋互相利用，合力排胡的一着。不久，又因廖仲恺被刺案涉嫌胡氏，蒋、汪迫使胡汉民离粤，到苏联去"考察"党务。1926年3月，蒋介石发动中山舰事件，旨在排共和攫权，汪精卫因此也被撵走，去了欧洲。消息传出，胡迅速回国，欲取汪位。广东胡派亦作迎胡复职准备，但蒋氏不表欢迎，胡只好暂时隐居上海译书，静观时变。应该说，以胡汉民的资历和威望，远非蒋介石所及，胡虽对蒋不满，但他认为自己的政敌主要是汪精卫，且蒋氏羽毛未丰，对胡不能不表示"敬重"，而且二人在反共思想上，也有某种共识。

　　蒋、胡合作开始于1927年4月国民党蒋记南京政府的建立。北伐途中，蒋

介石一路扩充兵力，控制党权，直到"四·一二"反共大屠杀，这一切都引起武汉国民党的反对。而这正是胡汉民所希望的，既反了共，又打击了汪派，胡氏虽然在这一过程中未替蒋介石说过一句话，心却与蒋相通了。而蒋自知一介武夫，没有文人岂能安邦定国，故一到上海，即登门访胡，恭请"先生"出山助力。胡竟在血泪中为蒋拼成了南京国民政府，胡出任蒋记国民党中央常委、中央政治会议主席、国民政府主席等要职。旋即，胡便以国民政府主席名义发布一号令，通缉鲍罗廷、陈独秀等197名共产党员。蒋、胡是在反共旗帜下合作的，但二人反共手段不尽相同，蒋侧重刀枪屠杀，胡则重在思想之清除。胡主张不只是将共产党清出党外，"死灰都要送还俄罗斯，不能让它遗留在中国"，"清党就是要消灭中国共产党"。①共同反共是蒋、胡合作的主要政治基础，而同武汉国民党及其政府抗衡又是他们共同的急切需要。在宁汉对立与合流过程中，蒋、汪、胡三头角逐，蒋以退为进，上台后又利用汪打击胡。1928年初，胡再次下台，出走欧洲，到土耳其作考察。9月回国，表示还要进入南京政权，辅佐蒋介石使之成为"中国的凯末尔"（凯末尔——土耳其军人出身的不掌握实权的总统）。有人劝胡不要去。胡认为，我不去，汪精卫就会去。他希望蒋介石是凯末尔，不是袁世凯。②而蒋需要胡的资望、理论和才干，国民党二届四中全会还为胡留下了中央常委的位子。8月的五中全会，蒋在强调"军令政令必须统一"的前提下，通过《训政时期颁布约法案》《训政开始应否设立五院案》等，举起孙中山《建国大纲》《五权宪法》的旗子以示继承"遗教"，招引胡派入阁。

蒋、胡这次从合作到分裂，时间近两年半。胡入南京政权后，抱着帮助蒋介石做凯末尔不做袁世凯的一厢情愿，日夜操劳。他起草了《中华民国训政纲领》《国民政府组织法》等重要法律、条例，设立"五院"，实行"训政"。他推荐蒋介石做国民政府主席，自己当了立法院长，并掌握中央政治会议实权。为使训政制度的建立经过合法程序，1929年3月，蒋、胡包办了国民党第三次

---

① 胡汉民：《清党之意义》，郎醒石编：《革命与反革命》，民智书局，1928年，第163页。
② 存萃学社编集：《反蒋运动史》，大东图书公司，1978年，第252页。

全国代表大会，并通过《训政纲领追认案》，制定了《确立训政时期党、政府、人民行使政权、治权之分际及方略等》。此案要点有二：其一，遵照“总理遗教”，认定“国民革命所产生的中华民国人民，在政治知识与经验之幼稚上，实等于初生之婴儿，中国国民党者，即产生婴儿之母”，必须由国民党对人民实行“保养、教育、训政”以后，才能行使国民的权利。其二，“中国国民党独负全责，领导国民，扶植中华民国之政权治权，而使之发展，以入宪政之域”，①即政权、治权全归国民党。胡汉民的“党外无政，政外无党”，“训政保姆论”等思想集中表现在这些决议以及其他有关条例法令中，为使蒋记南京政权穿上合法外衣，有充分的“遗教”根据，胡任立法院长期间，完成重要法典20多种。其时，蒋正忙于军阀战争，胡在南京坐镇，前方后方配合，通力“合作”，踌躇满志。胡系人物进入中枢，元老派地位提高，胡汉民个人在党政方面的实际权力也大为扩展。

胡汉民的政体设计是否符合“总理遗教”另当别论，但有一点是十分清楚的，他认为在训政时期，以孙中山的“以党治国”理论为依据，以建国大纲为根本大法，集权于国民党中央的“党治政府”，就可以限制蒋介石个人军事独裁，促使蒋成为“中国之凯末尔”。蒋介石深知胡意，却暂时容忍。这是因为，第一，胡氏口不离遗教，他无法反对；第二，国民党“三大”以后，冯、阎、桂各系军阀，以及改组派、西山会议派联合起来的反蒋声浪，远远超出了蒋、胡在中央权力和政体上的矛盾。

二、蒋、胡矛盾终于在“约法”问题上爆发

蒋介石重提“约法”问题是在中原大战胜负已成定局之时，蒋系因奉军入关稳操胜券。1930年10月3日，蒋从开封前线电告南京国民党中央，要求召开三届四中全会，确定开国民会议制定训政时期适用的“约法”。胡未置可否，蒋即将原电寄上海发表。胡大为不满，指斥这样重大的问题，不经中央讨论，

---

① 荣孟源主编：《中国国民党历次代表大会和中央全会资料》（上册），光明日报出版社，1985年，第658页。

竟以个人名义对外发表,违背了"党治精神";且"三大"决议已将"总理遗教"定为效力等于约法的根本大法,现在又提约法,"岂非将总理遗教搁开而另寻别径"?①胡用"遗教"公开打击蒋介石,蒋岂能容忍?蒋胡矛盾由此一触而发。

蒋介石为什么提出国民会议和"约法"问题?他也是采用胡汉民举起"遗教"的办法,只是各自应用不同。蒋在1928年8月的国民党二届五中全会决议中,就有"训政时期,应遵总理遗教,颁布约法"之议。胡未参加此会,他认为训政时期不必另定约法,孙中山在民国成立以前提过约法,只适用于当时,而后并未提制定约法。《建国大纲》中也已不再提"约法"二字,仅讲训政,《建国大纲》本身就是约法。蒋则认为:孙中山后来未提约法不等于不可制定约法,如《建国大纲》中规定:在宪政开始时期,中央政府当完成设立五院。现在,训政时期已设五院,这也是胡汉民主张的。为什么不可以通过国民会议制订约法呢?另外,蒋还感到北平扩大会议的反蒋同盟虽已瓦解,但汪精卫等发布的"太原约法",在社会上产生了影响,资产阶级人权派也要求尽快制订约法,这使蒋介石十分被动,他接过反对派的旗帜进行反攻,以掌握主动权。这样,便可乘军事胜利之机,经法定手续,集大权于一身,登总统宝座。如反蒋派所说的:"借此粉饰太平,装点门面,欺骗人民,解除党的束缚,谋为总统。"②这是蒋的主要目的。

此时的胡汉民也是权大、势大、气大,决不容蒋肆意横行。无论在和蒋以及党国要人私下谈话或公开言论中,胡都表示自己懂得约法、宪法之重要。胡曾说,我在立法院,何尝不可以立出一个约法、宪法来大出风头,只是不愿滥唱高调。现在,各项法律还没有完备,已有的,又因为军权高于一切,无从发挥其效用,徒然定出根本大法来而不行,或政与法违,又有什么价值。蒋介石没有同胡正面辩论,反而表示"照胡先生的话去做,不要约法"。③而另一方面,却暗施诡计,诉诸武力,1931年2月28日晚,蒋以设宴为名,将胡扣押,

---

① 胡汉民:《国家统一与国民会议的召集》,《中央日报》1930年10月13日。
② 存萃学社编集:《反蒋运动史》,大东图书公司,1978年,第267页。
③ 胡汉民:《革命过程中之几件史实》,《三民主义月刊》1933年第2卷第6期。

送往汤山囚禁。罪名是"反对约法"、勾结许崇智、运动军队、破坏行政等，并极力封锁消息。但当立法院长被扣新闻一经披露，立刻舆论大哗。蒋匆忙做解释，掩盖真相，谎称胡因病辞职。结果，引起了西南方面反蒋大联合，广州另立国民党中央非常会议，国民党再次大分裂，大内战又将一触即发。

三、"约法"之争评析

蒋胡"约法"之争，历来论者以本质上"狗咬狗"，是同一反动统治阶级内部权力争夺为结论，这显然是不够的。透过这场权力之争，我们至少可以看到：人治与法治，专治与民主，集权与分权等，在国民党统治层的政见分歧，这种分歧有是非之分，有积极与消极二重意义。

胡汉民早年追随孙中山，在三民主义理论体系的形成中做出过重要贡献。在民权主义方面，他根据孙中山的"主权在民"思想，阐述了实现民主政治的三个环节：第一是创建一种新国家制度，人民有权，政府有能，按五权分立设五院，互相牵制，"使政府成为一架机器"，[①]从根本上推翻旧法所维护的专制制度，同时也打破数千年的因袭体系。第二，建立法治，反对人治。他认为中国过去的政治都是对人负责，不是对法负责。要依据三民主义精神立法，以多数人的自由来取代少数人的自由，是法律的最大的要求。第三，根据孙中山的革命程序论和"以党治国"主张，他主张"以党统一，以党训政"，"党外无政，政外无党"。另外，胡汉民1934年2月15日写《论均权制》一文，认为外国政权都不适合中国，只有均权制适合，明确反对集权制。胡汉民的政治理论是试图用资产阶级的三权分立式政体代替中国封建专制制度，实现民权主义，但必须经过训政阶段的"以党治国"。蒋胡合作中胡汉民所做的工作，就是把这一理想付诸实践。他设计的政体是，以国民党中央政治会议为最高权力机关（代表大会闭幕后），以立法院为立法机关，以行政院为责任内阁。立法院和行政院平行对中央政治会议负责，即对国民党中央负责。这实际上是国民党一党

---

① 《国闻周报》1931年第11卷第8期。

专政下的三权分立制。其实，这些并不尽符合"总理遗教"，按孙中山的《建国大纲》，训政时期本无五院制，胡汉民为什么急于实行，主要原因在于这一体制是党内集权、政府分权，有利于限制个人专权，限制蒋介石的"以军制党"。胡认为到了训政时期，以武力对武力的口号，不过是"造成个人的专制而已，没有其他要求"。[①]1928年，胡就提出由军政时期转入训政时期，并竭力协助蒋开编遣会议，大加裁兵。蒋介石的裁兵是裁人不裁己，假中央以消灭异己。胡汉民则提出中央地方"一齐觉悟，大家牺牲"。[②]胡氏政体核心是"以党制军"，军队若不党化，则变成军阀，如果像中原大战那样，各派互以武力相争，"军人本身固然自掘坟墓，国家民族也一定常在飘摇震荡中了"，[③]他认为民主政治的先决条件，在于使武力受政治支配。一介书生和资产阶级理论家兼政客的胡汉民，凭借他的历史知识和政治权力，幻想左右实际上已成为新军阀的蒋介石。自从胡1928年9月回南京入阁到1930年10月蒋介石提出约法问题，胡汉民从事的"党治"和"法治"建设，把蒋介石推到国家元首地位（国民政府主席），梦想"约束"蒋介石的行动，结果是与虎谋皮。蒋介石的枪是指挥一切的，他要当有名有实的总统。胡汉民阻止他，他同样诉诸武力。

　　蒋介石靠军事起家，跟随孙中山走了一段革命的路，后来在帝国主义和封建势力帮助下，走上了新军阀的道路。他主张人治为主、法制为辅，立国之要，在于仁德以深结人心，法度处置不可为之辅耳。人事无穷，法律有限，以生人而用死法，危险熟甚。蒋实行的是在"党治"名义下，依靠武力和特务组织建立"最有效能的统治权"。他明确反对欧美式的"自由民治主义"，认为"主张民治、高唱自由者，各据议席，任其论安言计，动引西人，亦不过群凝满腹，众难塞胸。今岁不征，明年不战，使共产党军阀坐大于中原也"。[④]但是，蒋介石要建立个人独裁制，一不能没有民主与法制的程序，二不敢放弃

---

① 《今后同志怎样努力》，《胡汉民先生讲演集》（第四集），民智书局，1927年，出版信息不全。

② 《怎样应付外交，如何去实行编遣》，《胡汉民先生讲演集》（第五集），民智书局，1927年。

③ 蒋永敬编：《民国胡展堂先生汉民年谱》，台湾商务印书馆，1981年，出版信息不全。

④ 蒋介石：《国民会议开幕词》，国民会议选举总事务所编：《国民会议实录》，国民会议选举总事务所，出版信息不全。

"遗教"。他以"国民会议"通过的《训政约法》作为民主程序，使"约法"条文集大权于一身；又在国民党三届五中全会上批准国民会议的各项决议案，以示符合"总理遗教"。胡汉民反对蒋氏"约法"，引起了蒋系的反对。蒋依靠吴稚晖、戴季陶等拉拢孙科起草了约法，召开"国民会议"通过并实行之。对于蒋介石的"约法"及其炮制方式，广州的"非常会议"派再次举起胡汉民"均权""共治"的旗帜，以"救党护国""打倒独裁"为号召反蒋。虽然蒋介石又一次被赶下台，但当他卷土重来的时候，却在中国建立了一整套封建法西斯独裁统治机构。这就是1932年2月以后的，以蒋介石为核心的蒋汪合作的国民党南京统治中心。这个政权的特征就是三民主义和孙中山"遗教"只剩下了外壳，其指导思想完全是封建法西斯主义。从中央到地方，从军队到机关、学校、团体，国民党组织均为中央俱乐部和复兴社所控制，推行"使各级党部法西斯化"的政策。国民政府的五院，实际置于军事委员会委员长领导之下，地方政府多为军人兼省长，地方豪绅为县长，乡村重建保甲民团，形成自上而下的专制独裁统治。

蒋胡从合作到分裂，其结局是，蒋介石派以"集中"反"分裂"，以"统一"反"分散"，以"集权"反"均权"，达到了"专制"反"民主"的目的。尽管胡汉民主张的并非纯粹的西方民主，也非绝对的"总理遗教"，然也不为蒋介石所容。蒋介石的南京统治中心的形成，靠的是武力统一，中央集权。对于一切呼吁民主政治者，"以建设求统一，以均权求共治"者，[①]若不就范，则以武力对付之。蒋介石造成的这种封建军事独裁统治，绝不是其个人好恶所致，20世纪30年代的中国的确有着产生专制政治的土壤和气候。

首先，封建经济（分散的，以家族为单位的小农经济）是个人独裁的社会基础。中国民主革命历经辛亥、五四、大革命都没有使农村发生根本变动。封建地主阶级的土地所有制，落后的生产方式，强制性的封建超经济剥削，政权、族权、神权、地权结合，像绳索一样，束缚着占人口80%以上的农民。不解放农民，不解决农民的土地问题，不可能有民主政治的出现。而国民党南

---

①《国闻周报》1931年第8卷第24期。

京政权恰是建立在对大革命时期农民运动进行反攻倒算基础上的。1930年国民党中央制定"土地法"，曾有若干开明人士主张用改良主义实行"耕者有其田"，如提出"计口授田"等，但蒋介石不许实行。蒋在土地问题上的主张是："其要旨在承认业主地权，保持农村秩序。"[1]这个秩序的要害是地权的封建所有制和血缘家族制的结合，它是中国皇权牢固的社会基础。蒋介石十分赏识这个基础，因而要保护它。所以蒋介石的统一不过是秦以后帝王"大一统"的延续，同民主革命背道而驰，同农民愿望完全相悖。他的政权，尽管有"党治"和"国民会议"的形式，实质与封建专制政治无异。其基本职能是从农民身上榨取苛捐杂税，把资金转化为官僚垄断资本，民族资本主义得不到发展，国家得不到富强，所以无力抵抗外侮。

其次，九一八事变后的民族危机加剧，客观上推进了国民党内的"统一"。本来人民起而救亡，要求国家统一安定，目的是团结对外。当局应该开放政权，发扬民主，容纳一切抗日力量。蒋介石虽然也讲"统一方能御侮"，[2]但他却借助法西斯主义实行反民主的"统一"。法西斯舆论指责国民党"建都南京，专政七年，毫无成绩"，"病入膏肓，奄奄一息"，只有"注入法西斯之急救针"，才能使国民党"起死回生"。[3]它们指出了国民党分裂造成民族危机的原因，却否认分裂原因的根本所在，不谴责个人专制和军事独裁，反而集中攻击民主制、"委员制"。"数十个中央委员，各自凝聚一部分党员群众，义务可逃，权利必争"。[4]委员制"种下了中国革命最大的致命伤，组织涣散"，"政府懦弱无能"，[5]他们要求建立法西斯式领袖独裁制，狂呼中国"铁和血的领袖和组织出现的时候，就是中华民族复兴的时光"。[6]法西斯报刊大肆渲染民族危机需要有铁血领袖，奉蒋介石为中国的墨索里尼和希特勒。蒋介石面对四

---

[1] 蒋介石：《对解决土地问题的意见》，《地政月刊》1933年第1卷第8期。

[2] 蒋介石：《外交为无形之战争》（节选），《中央周报》1931年12月7日（第183期）。

[3] 陈署木：《万能的政府，强力的政治》，《人民评论》1933年第1卷第15号。

[4] 方正庵：《中国急需建立独裁领袖》，《前途》1934年第2卷第1号。

[5] S. W.：《国民党恢复总理制与中国法西斯蒂的组织问题》，《社会主义月刊》1934年第1卷第12期。

[6] 琳初：《法西斯蒂在中国社会之基础》，《社会主义月刊》1933年第1卷第3期。

分五裂的局面，本来于1931年底再次下台，由于法西斯的推动，国民党的危机，及国人要求统一御侮的呼吁，给了蒋介石一次机遇，他借助形势重建军事独裁统治。而后，又同汪精卫派联合，推行"攘外必先安内"的反动政策，使中国陷入更加深重的民族灾难之中。

胡汉民所追求的西方式的民主政体制，在中国缺乏足够的土壤，又无兵权，何以制蒋？然而，胡汉民依靠"遗教"，以"党制""法制"反对军事独裁，在理论上比较符合民权主义，在实际上，使蒋独裁行动步骤上不得不有所约束。随后，胡氏提出的"抗日""反蒋""剿共"三位一体，"抗日重于剿共"的路线，对从国民党上层统治集团中分化出的一部分抗日反蒋势力，有着重大影响和积极意义。蒋胡分裂后，胡汉民发表了大量抗日反蒋的言论，终其一生。这也是约法之争的结果。

本文原载刊于《历史教学》1991年第1期。

作者简介：

刘健清（1932—2014年），湖南省长沙人。1948年参加革命，1949年6月加入中国共产党，在湖南湘潭地区从事地下工作。1956年9月考入南开大学历史系，1960年毕业留校任教，历任《南开学报》副总编、中共南开大学党委宣传部副部长，1993年离休。长期从事中国近现代史、国民党史、民国史的教学与研究工作，培养了一批相关专业人才，曾兼任中国现代史学会现代人物研究会理事，主编《中国国民党史》《中国近现代史政治思想史》《中国法西斯主义资料选编》等；著有《中华文化通志（社团志）》《蒋介石与胡适》等，在国内外发表学术论文50余篇。

"满铁调查部"《中国抗战力调查报告》及其根据地认识

祁建民

"满铁调查部"①创建于1907年4月，到1945年日本战败时解散，在其存在的近40年间，为日本军国主义侵华政策服务，在中国进行了十分广泛的调查，积累了大量的资料。由于其同日本军部和政府联系密切，"在进行十五年战争的巨大侵略机构中，作为东亚的'经济参谋本部'发挥了重要作用"，被称为"国策公司"。它"一直活跃在战场的第一线为军方的活动和调查而献身"。②《中国抗战力调查报告》③是日本侵华战争中的一次重要调查，研究这一调查过程和报告内容，对于了解侵华政策内幕具有重要作用。

一

关于中国抗战力的调查，是在日本面临对华政策需要调整时而进行的。1938年1月，日本宣布不以国民党政府为对手，但事实上，靠军事一举解决中国已成为不可能。日本占领武汉三镇后，国民党政府非但没有投降，反而使战线延长，虽然期待依靠汪精卫建立伪政府打开局面，但又不尽人意；同时在国际上，虽然与德意结为三国同盟，但因《苏德互不侵犯条约》的签订而使之大打折扣，日本的国际条件趋于恶化。日本国内也面临着"物资不足和恶性的通货膨胀，劳资关系紧张的世界局势在今年（1940年）夏秋有剧变的

---

① 该机构历史上多次易名，先后有调查课、情报科、经济调查会、产业部、调查部和调查局，一般统称为调查部。

② 石堂清伦等：《十五年战争和满铁调查部》，原书房，1986年，序言。

③《中国抗战力调查报告》全文于1970年由三一书房出版。本文凡未注明出处的引文均引自此报告。

征候，国内问题和外交问题也到了最重要的时期"。①

　　同时，这项调查也是在"满铁调查部"大规模扩充之后进行的。为适应战争需要，1939年4月，"满铁"总裁松冈洋右发表了调查部扩大实施计划。松冈要使"满铁调查部"成为日本在中国大陆包括了政治、经济、军事三方面的参谋本部。其人员由1939年4月的1731人增加到1940年1月的2345人，经费年预算超过800万元，形成了空前的"大调查部"。另外，调查部这时也认识到其对于中国社会的基础性研究比英、美、法、俄等国落后，需加强基础性调查研究。

　　由此，大规模综合性的调查活动开始了。在这期间，除中国抗战力调查外，还进行了"日满中通货膨胀调查"和"战时经济调查"等活动。

　　早在1938年4月，大连的调查部本部就提出"由于在业务计划中涉及中国抗战力判断的调查项目很多，与其一个一个地分散进行研究，不如组织一研究会统一研究效率高"。首先产生这种想法的是当时综合科的具岛兼三郎和野间清。②大约在这前后，"满铁"上海事务所也在考虑这个问题。1939年5月，上海事务所"时局对策委员会"设立，其中有"抗战能力调查分科会"。开始所拟调查项目为"中国事变对中国内地引起的政治经济变革过程的调查"。根据伊藤武雄所长的意见改为"重庆政权抗战力调查"。最后，中西功提出，在中国抗战力中必须考虑作为重要一方的中国共产党领导下的民众动员活动，仅调查重庆政权抗战力是不恰当的。该调查遂由大连和东京方面参加后定名为"中国抗战力调查"。

　　《中国抗战力调查委员会成立经过报告》中提道："我们'满铁调查部'的使命就是为东亚新秩序的建设而进行的，为不辱使命目前只有对东亚新秩序建设的诸要素分析不够，因为在建设东亚新秩序上既有促进因素也有反抗因素……所以应在研究东亚新秩序建设上的促进因素的同时，还应研究其不利的反抗的一面……这就是研究建立东亚新秩序中反抗因素的中国抗战力调查

---

　　① 内务省警保局：《特高月报》1943年10月（复刻）。
　　② 野野村一雄：《回满铁调查部》，劲草书房，1986年，第118页。

的直接目的。"①该调查委员会委员长伊藤武雄也说："当此东亚重大变化之秋，对于调查活动来说，新体制是重要问题，我们在建立新体制的同时，必须要使之面向调查对象。"②

1939年6月，"中国抗战力调查委员会"正式建立。其成员以上海事务所调查室为主，参加部门还有华北经济调查室、东京支社调查室、大连调查部本部第一、三调查室，以及在南京、汉口、广东、香港的派出机关，共有30余人。其骨干为具岛兼三郎（大连）、中西功（上海）和尾崎秀实（东京），被称为该调查的"三根支柱"。

调查委员会先后于1939年10月和1940年3月、5月进行了三次中间报告会，整个调查于1940年6月完成，将专题资料整理为五篇十分册。目录为：

第一分册 总篇　　（一）中国抗战力的调查方法及结论

第二分册 政治篇　（二之Ⅰ）战时中国内政

第三分册 政治篇　（二之Ⅱ）八路军及新四军

第四分册 战时经济政策篇　（三之Ⅰ）　交通

第五分册 战时经济政策篇　（三之Ⅱ）　商业贸易

第六分册 战时经济政策篇　（三之Ⅲ）　通货、金融

第七分册 战时经济政策篇　（三之Ⅳ）　财政

第八分册 内地经济篇　　（四之Ⅰ）　农业

第九分册 内地经济篇　　（四之Ⅱ）　工矿业

第十分册 外援篇　　（五）　　列国对华援助

报告完成后受到日本军部及其他侵略机关的高度重视。报告中通过对于重庆外援供给力及作用的分析，提出欲使中国投降只有切断其南方运输线的意见，为坚决主张南进论的中国派遣军司令部提供了极好的材料，因而大受欢

---

① "满铁调查部"：《中国抗战力调查报告》，三一书房，1970年，第92页。

② "满铁调查部"：《中国抗战力调查报告》，三一书房，1970年，序第3页。

迎。中国派遣军司令部建议"满铁调查部"到日本国内及中国各地举行"流行报告会",以使各方面接受其观点。于是,1940年6至7月,调查部派员先后在长春、东京、上海、南京和北京开展巡回报告,先后有"满铁"总裁以下的重要干部、关东军司令部、陆军部参谋本部、"对满事务局"、大藏、外务、商工、铁道、递信等省,企画院、内阁情报部、兴亚院、海军部、军令部、陆军经济研究班、东亚研究所、"满铁东京支社"、陆军部经理局、中国派遣军总司令部、中国派遣舰队、上海海军武官府、南京日本大使馆、"华北交通资业局"、华北派遣军司令部等重要部门听取了报告。报告中的许多观点为各方面接受,对日本侵华政策产生了影响。

二

《中国抗战力调查报告》的主导观点是要从考察中国社会的本质入手,全面了解中国抗战力的产生、发展及制约因素。伊藤武雄说:"在本调查开始之前,经常萦绕在我们头脑中的一个问题就是要把对中国社会自身基础性调查和对中国社会目前实际情况的把握统一起来。诸如,本委员会首先要从中国社会构造的特点中引出抗战力究竟是什么这一本质问题。"[1]中西功曾有进一步说明,他认为日中双方的力量在战争初期差距相当之大,这是这次战争的一大特点,而且这种强弱的差别不仅仅是由于量的原因,而且还有质的原因,这是考察日中双方抗战力时最重要的一点。因为在战争机制上不同质的国家,其战争活动上的因果律是不同的。要了解中国的战争机制必须了解中国社会的本质。[2]报告认为,中国是一个半殖民地半封建的国家。关于中国社会性质的认识,在"满铁调查部"中曾展开过争论,其争论和研究的成果有许多被吸收到这个报告中来。报告的另一重要参加者尾崎秀实在此前就明确指出:"现在中国社会一般地可归结为半封建半殖民地社会性质。"[3]然后,报告认为目前的日中战争对中国社会有三方面的影响。第一,在近代化的进攻面前,中国社会

---

① "满铁调查部":《中国抗战力调查报告》,三一书房,1970年,序第10页。
② "满铁调查部":《中国抗战力调查报告》,三一书房,1970年,序第10页。
③ 尾崎秀实:《现代中国论》,岩波书店,1939年,第6页。

各阶层都出现了要求抗战的态势。第二，这场战争同中国以往的军阀混战不同，是激烈的战争，为了对抗日本的强大进攻，需要对传统的旧中国社会进行重新编组。第三，在战争初期，中国丧失了大片领土，而且丧失的这些地方是当时中国社会经济最发达的地区，这些地区的丧失将对中国社会政治、经济带来重大影响，因而出现了复杂的政治战和经济战。在这样的局势下，中国要想取得政治战和经济战的胜利，其最有效的方法就是动员民众投身抗战，调动各种因素为战争服务，"特别是在政治、经济的进攻面前，民众动员显得更为必要"。①

那么，中国在这场战争面前将会怎样变化呢？报告从分析中国社会的本质入手，提出了以下4种主要因素：

第一，作为半殖民地半封建国家的弱点。中国是列强的半殖民地，同时又基本上是一个农业社会，虽然有两三个近代化大城市，但大部分商业城市寄生于农村经济。其基础性产业都为外国资本所有，民族资本虽然在沿海一带存在，但却以轻工业为主，与军事工业有关的重工业非常薄弱。这样，中国对抗外来侵略的力量非常之低。而且军队大多不是近代化军队，很多属于私兵，兵源主要为破产农民，士兵逃亡是常见的。

第二，百年来民族的发展。自从鸦片战争后，中国也渐渐地向着近代化发展，产生了民族资本家，这便出现了1925年的革命，使政治、经济趋于统一，这也就形成了产生抗战力的母体。经过十年间国共激烈对抗，已有了动员民众参加战争的经验。国共合作也有可能，预计经过曲折过程之后，抗战力可以生成。

第三，地大物博的农业社会。中国绝大部分生产活动在农村。由于中国领土广大，人口众多，所以物资的集聚能量极大。这样，城市虽然被占领，但农村却可以成为对日抗战的根据地。在近代社会里，农村与城市关系极为密切，城市丧失，农村不能自存，无法进行"长期抗战"和"持久战"。而中国却不同。但在目前，中国抗战必须依靠基础性经济建设提供物资和依靠外援提供武器。

第四，国外条件。国外条件包括两方面。首先，因为中国是列强的半殖民

① "满铁调查部"：《中国抗战力调查报告》，三一书房，1970年，第11页。

地，列强为防止被日本排挤出中国而要对日本进行牵制，故对中国进行援助。但列强对华援助的本质是为了统治中国，主要是支持中国的半殖民地因素，而不会支持所有抗战派。其次，是因为中国抗战力量中包含有中国革命是世界革命一环的因素，同时，苏联出于牵制日本也要对华进行援助，但是，中国社会中又有不希望苏联进行援助的因素。

报告通过以上分析提出。如果中国包括外援在内的抗战力有利因素增加，那么可以坚持长期抗战，如果不利因素大于有利因素就会迅速失败。对于中国社会的这种战争机制，必须把政治战放在首位，然后是经济战，最后才是军事进攻。

三

该报告在对抗日根据地的认识上包括三方面。首先，从中国以分散落后的农业经济为主的特点入手，提出农村可以不依赖于大城市而独立存在及建立农村抗日根据地的可能性。其次，提出根据地的重要性，即八路军的作战方针是持久战，因此其最基本的问题就是根据地问题。然而，报告最大篇幅是从抗战力的角度来论述根据地的。

在报告中的结论部分对抗战力下了定义，抗战力就是政治力量的中心即政党和依靠政党领导而结成的民众力量。政党是抗战力的核心。在当时中国的两大政党中，共产党在民众动员上进行早、效果大。

报告称，抗战中的这种民众动员是将民众的日常利益和战争结合起来，对民众进行再组织，依靠民众的创造力和组织力克服困难，所以作为其手段最重要的是给以民众运动以自由的民主化问题和政治的统一问题。在抗战初期，八路军把在延安教育好的许多政治工作人员派往国民党撤退后混乱的河北、山东，宣传民众，鼓励并组织他们参加抗战……将土匪、地方武装和游散兵勇进行改编，在平原上建立了许多根据地和政权组织。报告惊呼：中共的组织目前已延伸到整个中国，采取巧妙的方法，运用各种手段在各地领导民众运动和民众武装。

国民党在民众动员上落后于共产党，在上海、南京战役时，中国的民众动员大多尚未开展，只有以五台山为中心的中共抗日根据地正在形成。国民党和共产党在理解民众动员上有明显差异，国民党是依靠政府的命令强制动员民众从军和从事生产，而共产党则是把民众动员当成民众自身的运动来理解。也就是，根据民众的直接利益来组织民众，并依靠这种组织力来动员民众进行抗日活动、搞游击战和从事生产。

正是由于这种"独特的民众动员"使八路军和新四军得到民众的支持，克服了困难。八路军每月只能从中央得到60万元军费，大部分军费靠当地和陕北的红区解决，即使主要作战形式是游击战，其必要的还有被服、粮食及子弹和手榴弹，制造这些的小工场在根据地各地建立，基本得到自给。在新四军活动地区，虽然"传说民众受到重税的痛苦"，但"比起国民政府时代为好"。还有说"由于新四军没收地主土地维护民众利益而同地主阶层深刻对立"，其实没收的只是"汉奸的土地"。对于民众在多大程度上支持新四军难以断定，但新四军把民众动员作为主要任务，不能轻视其在这方面的长期经验和技术。

民众的直接利益除包括民族利益外还包括阶级利益，报告认为在抗日根据地中阶级关系和社会性质已有一些变化。报告指出，河北省的三个主要根据地：冀南、冀中和冀东在历史上是三大农业区，农民一直受着封建地主和军阀、官僚的压迫。双方斗争历史由来已久，这种民众的斗争力量"也就是八路军发展的主要基础"。在根据地，八路军进入以前的官僚、豪绅、地主资本家结合的统治机构遭到破坏，取而代之的是农工及小资产阶级的民主专政，伴随着这种地方政治的急骤转变，在社会生活上发生了深远影响。这就是，在八路军的鼓动下农民群众已具备了对地主资产阶级进行坚决斗争的力量，在八路军"改善生活，实行民主"的口号之下，地主阶级的统治力被削弱，而民众的反抗性增强。华北游击根据地的发展，已由对日作战的意义向对内革命的意义逐渐转化。

该调查的这些认识，对于日本制定进一步对华作战的政策有重要影响。

首先，通过这次调查，使日本对于中国共产党及其根据地的性质及作用有了重新评估。1939年3月，日本华北方面军在拟定"治安肃正要纲"时认为："对于中国共产党的认识，从治安肃清的对象的观点来说，不能说彻底。当时我们还没重视中共军，对他们只是视为在我占据地域内残存和潜在的蒋系败兵一样的残兵，或是抗日匪团之类，我们轻视他们，当时我们以为他们早晚被扫荡或灭亡，想不到他们那么大的力量。"①日军对于中国共产党及根据地的新认识有两方面原因，一是百团大战所给予的沉重打击，另一个就是通过该项调查认识到为什么中国共产党军队会有那么大的力量。由此，华北方面军提出"一切施策要集中于剿灭共产党，进行积极果敢的肃正讨伐"。②日军将作战重点放在了敌后战斗的八路军、新四军上。

通过对八路军民众动员的分析，报告提出要实行包括了思想、政治、经济和军事的综合性攻击，仅仅依靠军事进攻是不能消灭根据地的。因而日本华北方面军从1941年3月开始，进行了作为所谓"军事、政治、经济三位一体的总力战"的五次"治安强化运动"。加强帝国主义侵略"合法性"的宣传，组织汉奸，强化伪组织，对根据地实行"蚕食"。

在对中国抗战力的分析上，报告特别重视国共两党的矛盾问题，认为中国抗战力以国共两大政党为政治核心，由于所代表阶级不同，如果中国抗战力内部本身的矛盾激化，这种政治就不能承担起抗战的任务，如果不能领导抗战，中国抗战力的大部分就会丧失。这关系到中国能否坚持抗战的问题。对于1939年以来国民党所制造的摩擦和我们的反击冲突，报告认为这绝不是传说中那样的地盘之争，而是代表了不同阶级的两大政党基本政策逐渐分裂的结果，这具有全国的性质。八路军有独特的民众动员方法，这种民众动员就是"复杂的阶级对立的激化"。在华北地区，八路军得到了势如破竹的发展，国民党要加以限制，这是"抗战阵营中两个方向的强烈摩擦"。这就涉及对日态度和对将来政权性质的态度上。既然国共矛盾如此深刻和不可避免，那么日本就要加以利用。1940年11月日本陆军参谋总长说，在中国抗战阵营内部的暗斗和基层的相克依然在激化。蒋努力压制共产党，甚至宁肯一时停止对日军的作战，也要加强对共产党的部署。1940年华北方面军在《华

①《北支的治安战》(1)，朝云出版社，1968年，第128页。
②《华北方面军状况报告》，江口奎一：《中国战线的日本军》，《十五年战争》(2)，青木书店，1989年，第60页。

北地区思想指导纲要附录》中提出，利用国共合作中的矛盾，尽量采用宣传、谋略等各种手段，煽动两党之间的摩擦，破坏两者的合作，以便导致"抗日救国"统一战线的崩溃。

可以说，"满铁调查部"《中国抗战力调查报告》在比较广泛和深入的调查的基础上，对于中国抗战阵营有了一些客观的认识，但由于其所从事的是非正义的侵略战争，所有这些大规模的调查都不能挽救其最终失败的命运。至于调查部内的不同意见和个别人的政治倾向问题恕不在本文范围之内。

本文原刊载于《历史教学》1992年第8期。

作者简介：

祁建民，南开大学历史学博士，东京大学哲学博士，南开大学历史学院副教授，日本学术振兴会特别研究员。现任日本长崎县立大学国际社会学部教授、博士生导师。主要研究领域为近现代华北农村社会和抗日战争史。著有《中国における社会結合と国家権力——近現代華北農村の政治社会構造》等专著，在海内外发表论文100余篇。主持完成"水利与权力"等多项日本学术振兴会项目。

关于中条山战役研究中的几个问题

杨圣清

一、如何正确评价中条山战役？

中条山战役，又叫中条山会战或晋南会战。它是抗日战争时期正面战场上所进行的22次较大战役中的一次，也是国民政府军在华北地区进行的最后一次大的战役。1941年全年正面战场上共进行了4次较大的战役，即豫南战役、上高战役、中条山战役和第二次长沙战役。其中除上高战役外，其余皆失败，尤以中条山战役损失最大，失败最惨。当时国民政府在山西南部这个南北仅100公里、东西仅170公里中条山地区屯下近20万人的大军。而日军调兵10万人，于5月7日兵分4路向中条山发动大规模进攻，3个星期时间就打垮了国民党的20万军队。国民政府军牺牲和被俘者达7.7万余人，仅少将以上军官牺牲和被俘者就达10多人。国民政府军败退黄河以南，丢失它在华北的最大一块抗日前哨阵地，中条山的重要城镇和交通要道被日军占领达4年之久。这次战役失败之快、损失之惨可说在正面战场上是少见的。

中条山战役结束后，各方都做出了评价。日本方面说："中条山会战以赫赫战果胜利结束"，"收到事变以来罕见的成果"。①蒋介石在1941年5月28日《对于中条山战役失败之检讨》中说：中条山战役"为最大之错误，亦为抗战中最之大耻辱"。②毛泽东在同年6月9日给周恩来一个电报中指出，此次中条山损失，为上海战役以来最大损失。有一个叫格兰姆·贝克的美国人写了一本

---

① 日本防卫厅防卫研究所战史室：《中国事变陆军作战史》（第3卷第2分册），中华书局，1980年，第135页。

② 蒋介石：《对于中条山战役失败之检讨》，《中国现代政治史资料汇编》（第3辑第36册），第二历史馆油印本，第6182页。

名为《一个美国人看旧中国》的书，专有一章详细描绘了中条山战役后他在洛阳的所见所闻。

近几年出版的一些抗日战争史的著述中有关对中条山战役的一些评价，我认为不大符合历史实际，须提出加以讨论。

有人认为，"在中条山作战的广大爱国官兵，作战还是比较努力的，他们以自己的血肉之躯和比较低劣的武器装备，英勇苦战……进行了一定的抵抗"，"给日军一定的杀伤，削弱了侵华日军的力量"，"计毙伤敌官兵九千九百余名，获步枪七百四十二支，重机枪四十挺……无疑是对日军的重大打击"。[①]甚至有人认为中条山守军进行了"顽强抵抗"。上面的论断并不完全符合历史实际。当时，由于中条山多数守军官兵骄急，对日军进攻缺乏警觉，麻痹大意，疏于防守，上层指挥机关缺乏明确的作战方针，加上日军运用了多路围攻，中间突破，穿插包围等战略战术，使守军在战役一开始就陷入被动挨打的局面。多数阵地被日军迅速突破，上下级指挥机关联系被截断，造成部队的极度混乱。一些部队见敌军攻势强大，稍做抵抗，即丢弃阵地逃窜。还有一些军长、师长和团长，见敌人攻来，即丢弃部队不管独自逃命去了。这样，不少部队失去指挥自行溃散，或被敌杀害，或被敌俘虏。当时也确实有部队对日军进行了顽强抵抗，如武士敏率九十八军官兵，防守董封地区，坚守7天，使敌不能突破；第三军军长唐淮源和第十二师师长寸性奇被敌包围，坚持苦战，壮烈殉国。但这只是少数部队，绝非大多数。在中条山战役中，国民政府军损失将近一半，而日军的伤亡不过四五千，仅为国民政府军损失的1/20，应该说以小的伤亡获得了重大战果。中条山战役中，中条山到处都是国民政府军丢弃的武器弹药，缴获的少数武器是根本不能与此相比的。

有的著作中写，日军对中条山形成大包围后，"卫（立煌）即刻与前线取得联系，电令一个军留守中条山内，继续与日军周旋，以吸引敌人的注意，其余各部队，从敌之薄弱环节处钻出包围圈，向敌背后攻击。18、19日两天，我其他各军均分别突围转回敌后，使敌腹背受击，攻势混乱。27日，

---

① 郭学旺、孟国祥:《中条山会战述评》,《近代史研究》1987年第4期。

敌军在慌乱中停止行动"。①这有点像在讲神话故事。7日下午日军发动对中条山的全线进攻。8日黄昏占领垣曲县城，完成中间突破任务，将中条山守军劈成两半。11日和12日，日军接连完成西东两线的内层包围圈。此后，日军即对两个包围圈内的国民政府军进行了反复的"围剿"和"扫荡"。第一战区司令长官部遂下令部队突围，但为时已晚，大部分部队都已无法冲出重围。在包围圈内的8个军有3个军（第九军、第十五军和第八十军）遭受严重损失后，分散逃到黄河以南；另5个军（第四十三军、第三军、第十七军、第九十八军和第九十三军）向北插入敌后。第四十三军遭受损失后，一部逃至沁水，一部逃至阳城。第三军、十七军和十四军刘明夏师被敌人围在上、下横榆，大寺坪，胡家峪一带，损失殆尽，仅第三军第七师师长李世龙率不到两团人突出重围，由晋西渡黄河，回到陕西。武士敏率九十八军虽向北拼死突出重围，但损失十分严重，在八路军太岳区军民帮助下，才在沁河东地区站住脚。唯九十三军在阳城地区损失不大，但刘戡却带着他的3个师，在八路军掩护下，假道太岳根据地，逃至晋西渡过黄河。可以说，当时这些向敌后突围的部队都是为了逃命，根本没想对日军造成夹攻；同时，靠少数残兵败将也不可能造成对敌的夹攻。

有人还说："中国军队虽在会战中丧师失地，但日军的战略和政略目标均未全部达到。"②对此看法要作一些分析。日本发动中条山战役的战略政略目的是"消灭和扫荡蟠踞在晋豫边的中央军主力，消灭其在黄河以北的势力"，"扩大和利用这次会战的战果，借以确保华北安定"。③应该承认日军的第一个战略目的是完全达到了。至于其第二个战略目的，虽未达到，但其功不在国民党，而是中国共产党领导敌后军民坚持抗战的结果，是中条山人民英勇斗争的结果。

---

① 周溯源等：《蒋介石的五虎上将》，湖北人民出版社，1993年，第363页。

② 郭学旺、孟国祥：《中条山会战述评》，《近代史研究》1987年第4期。

③ 日本防卫厅防卫研究所战史室：《中国事变陆军作战史》（第3卷第2分册），中华书局，1980年，第132页。

二、关于中条山战役失败的原因

中条山战役失败的原因，有客观的，有主观的，对此要做出全面分析，不可偏于一面。客观原因，是日军计划的周密，战备的充分，战略战术运用的成功，各级指挥得当，各部队间协同一致，以及官兵军事素质较高等。主观原因，是国民党蒋介石集团推行"消极抗日、积极反共"政策，实行片面抗战路线，军民分离，军政不和，国民政府军内部腐败，指挥机关骄怠，对敌麻昧，缺乏警觉，部队缺乏政治教育和严格军事训练，战斗力不强，以及临战对敌情判断错误，作战方针失误，各部队间不能协同一致等。目前发表的一些文章，只讲客观原因，不讲主观原因，是不全面的。在讲主观原因时，只讲军事原因，不讲政治原因，或讲政治原因回避根本问题，是不能找出问题本质的。中条山战役发生在两次反共高潮之后，其失败最主要的原因，就在于蒋介石"实行'积极反共'、'消极抗日'两个要命的政策"。[1]1940年，国民党发动第一次反共高潮，赶走了在中条山的中共抗日武装——新军第二十三旅第五十九团，解散了中条山地区的群众抗日团体"牺盟会"及其所属各种救国会；接着，同年10月以"通共嫌疑"调走坚守中条山、抗战有功的孙蔚如第四集团军，代之以胡宗南的第八十军。这就极大地削弱了中条山的抗日力量，特别使中条山抗战失去人民群众的有力支援。

有人认为，中条山战役的失败，是因敌我"实力悬殊"。这不尽然。就兵力来说，进攻中条山的日军是6个师另3个旅团，总兵力10万余人；而防守中条山地区的国民政府军是2个集团军的8个军（加上陈铁的第十四军是9个军）19个师（加陈铁1个师是20个师），近20万人。敌我力量对比是1：2，就兵力来说不能说实力悬殊。当时第一战区司令长官部在向蒋介石的报告中强调中条山守军武器不好，特别缺乏大炮等重武器。这是中条山战役失败的一个因素，但不是主要因素。

---

[1]《毛泽东选集》(第3卷)，人民出版社，1991年，第917页。

三、有关中条山战役一些档案资料的使用问题

历史档案资料,是研究历史的宝贵材料。但对历史档案不能盲目轻信,利用时需要经过一番去粗取精、去伪存真的鉴别工夫,否则便会对历史的真实做出错误的结论。如中国第二历史档案馆编的《抗日战争正面战场》(下)中收入的《第一战区中条山会战要报——卫立煌致蒋介石密代电》(以下简称《代电》),所反映的中条山战役情况,其中有许多就是不真实的。

首先,《代电》对中条山战役敌我力量对比的记载就不实。《代电》称:"若以敌我兵力相较,我军概为十七万余人,敌方则在十八万至廿一万。"①前面提到中条山战役发生时,国民政府军驻守那里的部队是2个集团军19个师。如果加上战争发生时增援中条山的第十四军第九十四师,整整是20个师。每师按1万人计,即为20万人。因各师有缺额,打个折扣,也有18万人。这还没把河北民军和3个游击纵队算上,同时,临近中条山周围的政府军也没计算在内。如把这些都算上,恐怕不下25万人。进攻中条山的日军是6个师团,2个独立旅团及1个骑兵旅团。每师团的兵力为12800人,每旅团人数为5000左右,这样日军总兵力约9万,加上参战的伪军,约为10万人。《代电》中的数字,显然是缩小了自己部队的数字和夸大了敌人的数字。

第二,《代电》谎报了歼灭日军数字。日方承认中条山战役中死673人,伤2292人,死伤共计2965人。这个数字显然不真实,是缩小的数字。但《代电》则说:第九军歼敌5600人,第十四集团军歼敌9000人,第五集团军歼敌1.3万人,第八十军歼敌5000人,合计3.2万人。这是谎报无疑了。中条山战役歼敌果真达到此数,那就占到日军总兵力的1/3了,不仅不为败仗,可说是一次大胜利了。

第三,《代电》对中国共产党和八路军进行了攻击和诽谤。《代电》称:"本部因鉴太行方面,第十八集团三八五、三八六新编各一旅,旋逐次南移

---

① 中国第二历史档案馆编:《中华民国史档案资料丛刊·抗日战争正面战场》(下),江苏古籍出版社,1987年,第1025页。

至林东之鹤壁、陵川东北、北行头、树掌一带太岳区方面，晋东叛军薄一波部已侵入洪屯公路以南封仪镇、松树掌、边寨一带，经由各方迭经严电制止，难期效果。刘集团主力北移后，如再与奸伪作战，则地幅狭小，旋回困难，给养亦无法筹措，有全军覆灭之虞。当以辰马亥诚电令刘戡、范汉杰协取捷径，分经灵石、洪洞间及洪洞、侯马间，迅速通过汾河，向乡宁、吉县突进，先移晋西，尔后相机由小船窝、师家滩两渡移豫。"①这段话对当时的事实真相进行了歪曲和颠倒。中条山战役爆发前后，蒋介石见中条山形势危急，先派刘为章，随后他本人亲自出马，找中国共产党代表周恩来谈话，要求八路军配合作战。虽在这之前四个月蒋介石制造了亲痛仇快的"皖南事变"，下令取消新四军番号。但中国共产党还是以国家民族利益为重，相忍为国，欣然答应配合作战。可八路军出兵想配合中条山守军作战时，蒋介石却又下令制止八路军南进，攻击八路军要扩大地盘，对八路军的行动加以限制。中条山战役失败后，武士敏和刘戡分别带领第九十八军和第九十三军退到太岳根据地，要求八路军给予帮助。太岳区八路军领导人陈赓、薄一波帮助武士敏在沁河以东建立了根据地；同时与刘戡谈判达成协议，允许他率九十三军假道太岳根据地转移到晋西，从那里渡黄河回到河南。八路军不仅为刘戡三万大军提供了粮食和向导，而且掩护他安全转移。《代电》对这些只字不提，反把中国共产党骂了一通。

此外，《代电》还对中条山战役失败的原因，一些战斗的时间和地点作了错误记载。目前一些抗战史作者对这个材料缺乏鉴别，以致错误流传。

本文原刊载于《抗日战争研究》1996年第3期。

作者简介：

杨圣清，1931年生，山西省平陆县人。1958—1959年在南开大学历史系毕业后留历史系做助教，后考入中国人民大学党史系研究

---

① 中国第二历史档案馆编：《中华民国史档案资料丛刊·抗日战争正面战场》（下），江苏古籍出版社，1987年，第1025、1022页。

生，1962—1978年在南开大学历史系从事中国现代史教学研究工作，1978年调中共中央党校中共党史教研部从事教研工作。主要著述有《五四运动》《毛泽东思想原理讲话》《抗日统一战线的战略和策略》《中国共产党抗日战争时期大事记》《中共党史教程》《阎锡山评传》《新中国的雏形——抗日根据地政权》《国共两党关系史》等，此外，还受聘参加了中共党史研究室所著《中国共产党历史》第一卷的修订工作。

论抗日战争时期晋冀鲁豫的集市贸易

魏宏运

抗日战争时期，集市贸易是坚持和建设根据地不可缺少的财政税收来源之一。集市刺激了根据地的生产，提供了军需，调剂了人民群众的物质需求，支持了抗日货币的流通，使根据地经济呈现出繁荣景象。

一

集市是农民买卖、交换物资的场所，是在长期社会生活中形成和固定下来的，华北地区的一些集市，其源流可以追溯到唐代。明清时期，集市已经比较普遍，凡集市所在之地，即属该地区的商业中心。一般来讲，一个县总有几个或十几个集镇，集市则更多些。集市大都设在镇上。平时，镇上有各种商号和店铺，日日营业，逢集之日，镇上摊商满街，农副产品上市骤增，方圆二三十里的人都来赶集，卖出农副产品，采购所需要的东西。集市有两天一集的，即逢单（日）或逢双（日），有三天一集的，也有五天一集的。有的地方分大集和小集，如逢三、八日为大集，四、五日为小集，大集有骡马上市。以太行山区麻田为例，三天一集，即逢一、四、七为集日；距麻田20里的桐峪逢三、六、九集日；距麻田30里的索堡逢二、五、八为集日。冀鲁豫高内地区的井店，一、三、五、七、九成集；袁大村二、六成集；千口四、八成集，逢十休息。从上述两个地区集市分布情况看，各有一个比较大的集市，集期较多，成为活跃地区商贸的主要场所。

抗战初期，由于日军入侵，华北许多集镇和集市均遭受不同程度的影响，人们正常的经济活动被打乱了。大商号停止营业，将资金转移到比较安全的地方，小商人也不敢露面，集市消失了。中国共产党挺进敌后，建立根据地并逐渐建立了相应的地方政权。各抗日民主政府，如太行山区和冀南的一些专区和县，都组建了商贸机构，组织农副产品的收购和运销。太行山区还成立了商贸总局，1941年改称边区生产贸易管理总局，以后又改建成晋冀鲁豫工商管理总局，各县设贸易局，许多贸易是通过集市进行的。最初几年，根据地大力发展合作社，1939年还推行合作社运动，希望以此解决供给、繁荣市面、流通货物、适当改善人民生活，但合作社并不能代替市场的作用，就是八路军的部分军粮和做服装的布匹也需要到集市去购买。人民生活离不开集市贸易。1943年的《太行分局关于太行区经济建设工作的检查和决定》一文指出："我们党应该研究如何经过工商工作及市场关系，促进农民积蓄，帮助农业的生产，以规定我们更具体的发展工商业市场的办法。"①这清楚地表明了根据地对市场经济的认识。

在遭受日军封锁和分割的状态下，市场活动是与农业、手工业发展相适应的，市场反映着根据地的物质水平与力量。减租减息运动的开展，自力更生政策的贯彻，以及灵活统一的贸易政策，使根据地在农业、手工业和商业等方面都有了发展。发展生产和繁荣经济是中共中央一再强调的政策，为此根据地多次召开生产会议和财经会议，并动员一切社会力量，努力实现这一政策。1940年6月初，第三行政区副专员李一清在和顺、昔阳、平定、榆次、太谷、寿阳六县士绅座谈会上特别强调发展经济，士绅们一致表示，愿意参加抗日政府的各项建设，并决定会后首先恢复六县商业，以求抗日市场的繁荣。②

私人经济是一支巨大的社会力量，将其纳入抗日根据地经济建设的轨道，是根据地各级政府的共识，各县都做出不懈的努力。如平定、昔阳、和顺三县在1940年6月中旬召开的财经会议上决定：各县建立中心市场，奖励私人贸易，大量吸收必需品之输入，同时县粮食局调剂物品，县合作社互相交换货物。7月，太北经济会议也做出决定，要求各县选择比较安全之中心地点设立集市，取消根据地内的税卡，不重复收税。对内实行保护贸易政策，以吸收私人资本，鼓励私人商业，以调剂根据地内之市场。辽县更制定出恢复商业的具

---

① 晋冀鲁豫边区财政经济史编辑组等编：《抗日战争时期晋冀鲁豫边区财政经济史资料选编》（第1辑），中国财政经济出版社，1990年，第307页。

②《新华日报》（华北版）1940年6月15日。

体步骤：从1940年7月为第1期，恢复抗战前商铺2/10；8月底为第2期，恢复3/10；9月底为第3期，恢复5/10。除此之外，还制定出各种奖励办法，如保障商人一切应享权利，减轻商人负担，确保商人在根据地内有自由收售山货、土货、自由运销之权；奖励商人投资工厂、合作社及政府合资开发实业等；发动旧存货者复业，发动集股复业；函告客籍商人恢复旧业，使小摊逐渐变成商铺；对立即复业之各商户，由政府分别发给奖章奖状，以资鼓励；大商户设立政治指导员，建立经常的会议制度，加强商人团结，提高商人对巩固抗日根据地经济建设的认识，在政府统一经济政策下，繁荣根据地的市场。[①]由于根据地内相对稳定，经过这一番推动，衰落的根据地市场又复苏了。

二

抗日战争时期，集市在很大程度上发挥了活跃经济、调剂余缺和支持抗战的重要作用，一些历史资料清楚地记录了其兴旺发展的繁荣景象：

武乡的洪水镇，是一个著名的集市，方圆二三十里的农民都来此赶集，商洽交易，远地货物有榆社的粮食、黎城和左权的大牲畜，以及各种山货等，该镇集市恢复后，八路军和政府许多生产单位也参与了市场活动，在该镇开设店铺三十多家。

偏城县是1940年新建的，由黎城和涉县各一部分组成。始建之时，全县没有一处像样的市场，而战前曾是个繁华集市，群众历来以棒子、核桃、花椒等山货从这里换取布、盐、油及日用品。在抗日政府的规划和倡导下，该地建立了饭铺7家、杂货铺13家、磨房5家、药铺2家、铁铺1家、染房1家、油房1家、豆腐房1家、粉条房1家。

涉县河南店镇在抗战前很繁荣，有各类商号共140多家，包括布庄、染房、当铺、杂货铺和饭铺等，资金约十六七万元，隔日一集。交易最多的是粮食，最高额一集达1万元。襄垣、黎城、平顺、长治、长子、屯留等县的粮食经此地向路东大批远销，实为粮食集散地。抗战爆发后，该地商业大受影响。

---

① 《新华日报》(华北版)1940年7月21日。

1941年边区政府逐渐恢复河南店镇市场，这时，居民已有260余户，以中小商人居多，有持商业执照的坐商，也有无店面的游动小贩，至1944年，有25户财源大发。

涉县的索堡，抗战前有放账的8家，资本28万元；绸缎庄6家，资本2.5万元；布庄14家，资本1.4万元；粮行杂货铺等100家，资本70多万元。抗日政府建立后，商户恢复发展到150多家，资本170多万元，经营者大都是过去的店员。

西营镇是襄垣县北部的一座古镇，镇上店铺林立，八路军在镇上开办了毛巾厂、纸厂、鞋厂、小煤矿，还有华兴隆、德兴恒等工商企业，每逢二、五、八集日，武乡、左权、榆社、黎城、涉县等地客商云集，生意兴旺。

屯留县张家镇是临屯路上一个重镇，交通便利，四通八达，后因日军汉奸之纷扰，市面日形萧条，1941年5月前仅有杂货铺3家、油房2家、斗铺1家、饭铺5家、肉铺2家。自8月14日抗日政权恢复，正确的执行税务贸易政策，歇业商店纷纷恢复营业，市场顿趋繁荣，截至9月止，全镇铺面计有：饭铺16家、杂货铺15家、油房3家、斗铺3家、茶房3家、摊贩5家、理发馆1家、肉铺3家。与5月以前相比，增加了3至5倍，每逢集市，人民拥挤异常，贸易额达万元之数。[1]

平（顺）东鱼镇，每10天3集，是与冀西抗日根据地货物交易的中心地区之一，1940年曾成立合作社1家、茶店1家、杂货铺2家、面铺1家、布店3家、食堂1家。1941年2月19日，日军扫荡平东，市场遂被摧毁，损失万元以上，后经各界努力经营，市场渐转繁荣，计有运销合作社1家、植物油产销合作社2家、茶店2家、面铺2家、布店11家、盐摊22家、杂货铺3家、粮商5家、食堂5家、饭摊15家、估衣商3家、花贩4家、皮匠1家。每集收入约在4960元之巨。[2]

平（顺）北市场较战前大为发展。抗战前全县有私营工业34处，私营商

---

① 《新华日报》(华北版) 1941年12月3日。

② 《新华日报》(华北版) 1942年1月14日。

业142处，战争初期逐渐衰落。1939年仅留私营工业7处，私营商业75处。抗日民主政府执行新政策后，工商业即大量发展。1940年有公营企业3处、私营企业23处、公营商业2处、私营商业152处。1941年公营企业8处、私营企业31处、公营商业13处、私营商业189处。①

武安的阳邑镇，地处山区平原之间，居交通要冲，是货物集散地。抗战期间，驮运粮食的毛驴川流不息，每天有三五百头。该镇经商者有3000人，货物齐全，有"小上海"之誉。交易以山货和粮食为主，因客流量大，饭店亦多。据统计，当时有山货栈20多家，棉布杂货店40多家。根据地各级政府和部队经营的有"永贸昌""经营处""实业公司""泰记货栈"等。"永贸昌"经销布匹、纸张、食盐等。"经营处"经销杂货、羊毛线、毯、皮货、碗等日用品。"实业公司"隶属一二九师后勤部，经营药品兼搞一些科研。私人商店有"庆丰祥""庆丰玉"，都是经营桃仁、棉花、花椒的。私人开设的山货栈有"同流货栈""信承店""没耳根店""永盛店""乱石岩行店""三盛公行店""华凤祥'等24家。阳邑东池和西池有粮食市，粮店和粮站有"公义斗""老心""侯有的"等12家。经营洋布的有"安振兴""聚盛成""豆大艮""孟令会""三斜的""孟虎林"等字号；杂货铺有"德聚成""德源和""聚素成""五和兴"等；此外，还有饭店、肉铺、蒸馍铺、木匠铁匠铺、理发铺等多家。②以上列举的行业，经营方式比较原始，但每逢集日，摊贩栉比，粮食、蔬菜、土布、小型农具、镰刀、铁耙、干鲜果品等应有尽有，方圆二三十里的人们都来赶集。

中共政权重视发展农业经济，传统的物资交流大会从未停止过。如阳邑镇一年一度的东桥大会就倍受欢迎。1942年3月21日至24日，正当春耕序幕拉开之际，大会上牲畜、农具、种子及其他各种物品齐全。东桥广场内有星罗棋布的露天食堂，牲畜市场拥挤着成群的牛、马、骡、驴和大猪小猪；农具市场陈列着犁、耧、筐、担、耙、箩、锯、锹、锄、瓮、缶、锅、勺等，街道的两

---

① 《新华日报》(华北版)1942年1月18日。
② 据武安图书馆郭素琴同志提供史料。

旁，排列着土布市场、棉花市场、粮食市场及其他货物。这样的交流大会每日贸易平均总额，较2月份反扫荡以前能激增5倍以上。辽县春耕调剂委员会几乎同一时间也组织了拐儿镇骡马大会，赶会的人熙熙攘攘，异常热闹，每天约2500余人，其中还有来自辽县以外的。牲畜交易130余头，农具数百件，价格很低廉，群众竞相购买。①

农村集市贸易的范围，本来就比较狭窄，在战争环境中更是如此，显示出其浓郁的地方特色。太行区的农作物主要是小米、麻、烟、玉米，副产品有花椒、红枣、柿子、核桃、茶叶、药材、皮毛、猪鬃等，集市交易也以这些产品为主。太岳区的物产为粮食、棉花、麻、烟，除棉花不能自给外，其余的均有剩余可供输出。副产品有木材、皮毛、猪鬃、桃仁、鸡蛋等。手工业产品有铁货、榨油、卷烟、瓷窑货、熬硝等，这类物品在市场上显得很丰富。冀南区农作物以棉花、小麦、花生为主，没有特殊的山货，硝盐却很多。农民取土淋盐，既可得盐，又可得硝，这种盐有点苦味，在日军封锁海盐之后，成为人们的食用盐。冀南手工业比较发达，如毛巾、榨油、卷烟、丝袜、编席等家庭副业产品，丰富了市场。冀鲁豫三省交界地区位于大平原上，生产小麦、黄豆、高粱、棉花、白麻，烟叶等，物产丰富，饲养繁殖家畜的很多，除了马、牛、羊以外，还有家禽，由于耕牛多，贩运牲口成为当地的一种传统副业，也成为其他地区解决缺少耕牛问题的最大来源。在这里，山羊皮、白羊皮、羊毛、猪鬃、牛皮是输出的大宗物品。织布、熬硝、榨油、制草帽辫、造纸、酿酒者也很普遍，也有自制火柴的，但尚不能自给。

和抗战前相比，原来从大城市运来销售的东西没有了，如绫罗绸缎、京广杂货等很难找到，土特产却得到快速的发展。各集市之间的联系，只要没有敌人扫荡，仍旧照常，如阳邑、索堡、南委泉、西营、桐峪，洪水等地。私人资本力量虽然没有达到抗战前的状态，却也很可观。当时出版的《工商通讯》第14期刊载一篇文章，题为《1943年第二分区工商业》，包含着丰富的内容，表现了根据地的商业面貌。二分区是指榆社、武乡、和顺等县，文中讲道："商

---

①《新华日报》（华北版）1942年3月31日。

业方面也有很大的发展，去年全分区只有坐商34家，行商摊贩245家，今年新设的就有坐商144家，行商摊贩882家。从资本上来看，去年共拥有资金239400元，今年共拥有2085150元，这对根据地市场的繁荣，根据地物资交流，农村经济的活跃，本币值的巩固与发展，及输出入上都起了很大的作用。在群众必需品的供给上，山土货的输出与必需品的吸收上，他们占比重是很大的，特别是那些山土货的点滴输出，几乎都是他们的功劳。同时由于他们的发展，使冀钞在二分区踢开了狭小的圈子，从游击根据地与游击区把伪钞驱逐出去，或逐渐驱逐着，从经济上巩固以往反蚕食斗争的胜利，并使得敌占区人民逐渐割断经济上对敌人的依赖而面向我们。"这是对内坚持贸易自由的结果。

在根据地内，粮食交易是集市最重要的经济活动。为便利各村庄民众购买和出售粮食，六专区各县及涉县、阳邑、沙珞、禅房、浆水、索堡、西水等地均设立了粮食集市。

在游击区则创造了流动市场，其特点是交易异常迅速，定时而聚，定时而散，转眼工夫已带着各自换来的东西转回归途。也有的集市从集镇移到小村庄，如冀鲁豫边区著名的集市井店，粮食上市时，每集平均600至700石，最多时约1000石。棉花每集平均上市1万至2万斤，最多时约3万斤。牲口每集平均上市100至200头。枣子每季平均上市60至70石。市场常年繁荣，昼夜忙碌，各行日日有成交。为缩小目标，后来这一集市游动到附近村庄，保证了物资交流的继续进行。

游击根据地的集市，经常有遭受敌人扫荡、摧残的可能，因此很难稳定。抗日力量增强时，敌伪力量就会潜伏起来。

焦儿寨是濮阳游击根据地的中心集市，在贸易上是濮、昆两县往白道口走私的要道和汇合点。濮、昆粮食往西北走私，白道口的大盐、纸烟等都在这个中心集市交换后分散至各地。焦儿寨逢二、四、六、八、十成集，有粮行25家，每集从东南来粮，上市有500石左右，销往梁庄、井店各集，大多数转白道口走私出境。花布市有花摊6个，每集由西北运来的棉花上市2000余斤。牲口行每集大约上市200余头，1/2销往东南换回粮食。干果行每集上市枣子25

石左右。①对如此重要的集市，民主政府以强有力的手段进行控制，驱逐了敌伪势力，也断绝了利用市场资敌的现象。

为防止敌人对集市的突然袭击，根据地创造了一种消息树，在集市附近较高的地方竖起，作为一种传递消息的标志。如果侦察到敌伪来骚扰，就把消息树放倒，人们见树一倒，立即分散躲匿，一村看一村，各村的消息树相继倒下，连牛、骡、马也跟着跑，没有吼叫之声。

根据地的集市是分散的、自由的，同时又是统一的、有组织的，在经济运转中形成了自己的力量。

三

在发展集市贸易中，根据地有不少成功的经验，有创造有发明，有行之有效的政策与方法。

在重新恢复和创建集市时，商界联合会也随即组成了。新的商界没有放账盈利的钱庄，没有当铺，没有集市上的经纪人，这些都从市场上消失了，管理市场的是交易所。交易所随着市场的繁荣不断强化其职能。一般情况下，交易所设主任1人，总会计1人，各行管理员若干，它是抗日民主政府管理市场的唯一机构，也是工商局最下层的细胞组织，既负有组织市场、管理市场、加速农村商品交换、打击敌伪掠夺物资等方面的使命，也负有稳定物价、巩固币值、保护贸易的责任。

交易所建立后，集市上的一切都有秩序地进行。如果在县城，就分设粮食、棉花、土布、牲口等交易所。交易所还负有保护集市安全和人民财产的责任。

粮食和棉花是集市交易的大宗，抗日民主政府极力控制这类商品。为防止敌人掠夺，保证抗日军民食粮供给，从1942年1月起，在一些地区实行了专卖制度。专卖并不是官价，完全由专卖行收购，根据地内仍实行自由交易。供过于求时，专卖行以市价收买；求过于供时，专卖行则出售存粮，以平衡市价。

---

① 河南省财政厅、河南省档案馆合编：《晋冀鲁豫抗日根据地财经史料选编》（河南部分四），档案出版社，1985年，第456页。

凡设有粮食专卖行的地区，粮食交易均须经过专卖行始能进行。根据地的粮食供应问题，经过大生产运动，已经初步奠定了基础。至于棉花的供应，因为关系到军用民需及纺织事业的发展，政府极力在大小集市吸收，每一区都分配了吸收数目。以后，随着人民武装力量的增强和根据地的扩大，平汉沿线广大棉区获得解放，为吸收棉花提供了便利条件。

根据地很注意开拓自己的市场。1939年根据地内还存在相互封锁的现象。1940年8月1日，冀南、太行、太岳三大区成立"冀太联办"，负责统筹三大区的贸易交流。各区互通有无，货畅其流。如冀南与太行间的交流，冀南输出土布、棉、盐，太行运出铁器、药品、麻绳、山货；太岳区将小米、小麦、大豆、油料、牲畜等运往外地，又把外地的铁器、农具、棉花、布匹、食盐、皮货等商品运到太岳。另外，白晋公路沿线与平汉铁路沿线同时交流也很顺畅。白晋方面经太行运平汉线粮、油、麻，平汉线经太行运盐及日常生活用品至白晋线。中国古代的商路，如长治到涉县间的运输，人背、车拉、牲口驮，络绎不绝，形成了一个运输网。

在抗战期间，物价总趋势不断上涨，根据地受到敌人封锁、扫荡和国内反共潮流的影响，商品价格几次出现波动，譬如1940年1月中旬，晋东南各地物价急剧高涨。就太北地区而言，一日数市，以一种跳跃式的步调扶摇上升。小米每斗4元有奇，白面每斤3角以上，较平日超出3倍。毛巾、肥皂、布匹价格也比以前上升2倍，市场动荡不安。根据地地方政府立即邀请当地驻军和民众团体代表暨地方公正绅商，组成评定物价委员会，将各种主要物品，特别是粮食等军民生活必需品之价格，作一公正的评价，通令市场按此价格出售商品，不得擅自抬高物价，投机渔利。同时，由军政民联合组织检查队或纠察队，逢节逢集轮流分赴各镇市检查，监督市场买卖，防范一切违禁行为。1943年12月上旬，根据地各地物价平均上涨一倍，市场顿时出现紊乱现象，发生许多反常情况，如索堡麦子向桐峪流，平顺小米向北社流，卖价低于买价。此时，边区政府立即采取紧急措施，组织全部山货出口，紧缩商业贷款，调拨大批粮食作调济平稳之用。这些政策都是通过市场交易所实施的，交易所召集商人座谈，平抑物价，使社会很快安定下来。

根据地与敌占区犬牙交错，经济来往不可避免。敌人千方百计破坏根据地贸易，以扩大其经济占领范围，对各接敌区的集市，不断实施武力袭击与压迫，破坏各根据地之间的物资交流；同时大量倾销奢侈品，企图控制根据地集市。在这种形势下，若没有对外贸易战的意识，就会使根据地市场秩序遭受重创。为此，根据地制定了贸易政策，有计划地输出和输入，通过山货输出，换回根据地所需的物品，力求出入口平衡，使之有利于根据地，对外贸易则采取了统制办法。无论机关生产、公营商店、合作社以及私人商店，与敌方经纪人接洽贸易，必须经过当地工商局办理，不允许直接洽谈。这一规定不等于出入口货物必须由公营商店包办，合作社和私人等都可以对外出入口、对换货物，但手续必须统一。至于出口什么，换回什么货物，须根据现实情况决定。

在对敌贸易中也出现过一些不良现象。1941年春，各部队军营合作社为了赚钱获利，从敌占区运进大批日货，到处销售。这些日货大部并非军人必需品，或普通人民的日用品，而是奢侈品，这不仅使根据地法币源源流出，入超的数目日益增加，影响了根据地的财政金融，也容易给敌人的经济侵略造成可乘之机。此外，还有不少军营或其他合作社采办人员，假借军用品名义，拒绝纳税，包庇走私。更有甚者，少数合作社采办人员竟假借或利用军队政府的名义作掩护，贩运违禁品。第十八集团军政治部有鉴于此，于1941年5月1日向所属各兵团发出训令，指示发起全华北抵制仇货运动。自5月28日至6月3日为抵制仇货运动周，由军政机关、贸易局、商联会共同组成检查队，检查各合作社、商号、小摊贩是否仍有运销仇货、奢侈品与违禁品者。①辽县商界积极响应号召，制定出一些具体办法：如7天检查一次；限6月底将所有仇货拍卖净尽，如到期尚未卖完者，报商界联合会另行规定处理；号召各商户各制木牌一块，挂在自己门外，上写："我们不卖仇货，卖仇货是我们的耻辱"等。该县各重要市镇还于1941年5月24日成立了对敌经济斗争研究会，抵制仇货运动的开展，不只是清除了敌货，粉碎了敌人的经济进攻，还提高了军民的民族意识，市场也因此巩固了。

---

① 《新华日报》(华北版)1941年5月17日。

集市贸易是在与敌斗争中发展的。敌人曾企图占有根据地市场，但是失败了。根据地市场深深扎根于根据地军民生活之中，他们用一切力量保卫着自己的市场。

市场的日益巩固，还可以从货币的流通鲜明地显示出来。

1939年晋冀鲁豫根据地成立了自己的银行，发行的钞票称冀钞，冀钞开始在市场出现时，有人接受，也有人持怀疑态度。新面孔的钞票，印刷又不精致，再加上旧势力的对抗及敌人的谣言，增加了冀钞流通的困难。冀南银行为取得群众信任，树立冀钞本位币的形象，于1940年8月在西井镇举办了储备展览，展出了黄金和法币，显示了自己的实力基础。

1940年7月，晋冀鲁豫边区为统一境内货币，确定冀钞为边区本位币，决定在市场上驱逐杂钞，保护法币银洋，各大市镇都设立了银行组织，通过贷粮，收购杂钞，打击伪钞，使冀钞的流通范围日益扩大。同年11月，晋察冀银行、山东北海银行、冀南银行、晋西北的西北农民银行、陕甘宁边区银行五行实行通汇，加强了各抗日根据地之间的经济联系，提高了冀钞在全华北的地位。以后，尽管敌人不断扫荡，破坏根据地集市，在有的地方缩小冀钞的流通，个别地区银洋法币仍在暗中行使，但冀钞占领市场是不可逆转的。经过一年的努力，混合的货币市场逐渐变成单一的冀钞市场。冀钞深得人民拥护。如冀南银行漳北办事处每月平均提出10多万元，投到商业和生产事业特别是农业中去。1941年武乡全县到处是纺织车和织机，全边区到处开着骡马大会，都是冀南银行贷款的结果，太谷城里可以直接用冀钞买到东西，贸易往来比过去增加10倍。老百姓都争着要冀钞，和东敌占区人民经常越过封锁线到抗日政府兑换冀钞。日军对冀钞的日趋巩固无可奈何，便极力压低冀钞的比价。在太岳区，敌人强迫规定1元冀钞顶1角伪钞。在太行区，沿平汉线一带，敌人利用晋察冀边币来打击冀钞。漳河两岸敌人想把伪钞同银圆联系，破坏冀钞本位币的作用。在各地区，敌人还大量收买冀钞，然后使冀钞在一定地区通胀起来，降低冀钞价格，在敌人占据的城市内，谁携带冀钞就有被残杀的危险。为了反击敌人的经济侵略，根据地集中一切对敌经济斗争力量，统一对敌经济斗争的指挥与作战，展开了持续不断的斗争。诸如1941年5月10日公布了《晋冀豫区禁止散伪钞暂行办法》，规定商民凡存有伪钞者，统限于5月底以前向所在抗日县政府申请贬值兑换冀钞；游击区或接敌区限于6月底以前向该管抗日县政府申请贬值兑换冀钞，不得再行使用和保存伪币，如发现，一定追究，依法惩办；在接敌区展开同敌人争夺游击市场的斗争，打击敌人的黑市场，加强缉私工作，掀起群众缉私运动；规定向敌占区运销土货、山货必须保证换回等价的必需品；统一对外采购，掌握外汇，压低伪钞，使外汇不为投机家、发国难财的人所利用，如林北加紧经济战，于1941年8月成立了对敌经济斗争委员会，其任务有三：加强对外贸易统制，组织对敌货币斗争，组织统一采购委员会。这种斗争是长期的。巩固金融阵地，保证抗日本币，打击敌伪货币，是根据地生活的一个重要内容。没有经济力量作后盾，根据地就难以存在。

事情的发展与敌人的意愿相反，伪联券不是增值，而是贬值了。1942年底，第一分区获鹿赞金一带敌占区伪钞狂跌，物价飞涨，并且逐渐向南延伸。老百姓纷纷推出伪钞，换成冀钞，或购成货物保存。1943年，根据地提出"打倒伪币，提高冀钞"的口号。随着根据地和游击区的扩大，伪钞的流通地区和使用范围日益缩小。到1944年底，冀南票和伪联券的比值已达到1：1.1元，根据地取得了经济斗争的胜利。

四

根据地在恢复创建和发展集市过程中，始终以经济建设为中心任务，以发展生产、掌握物资为坐标。值得称赞的是，根据地的领导者在认识上把生产和贸易统一起来。各级政府不断研究发展农业、工业，特别是一些重要的有历史基础的手工业生产，如纺织、造纸、铁业等问题，奖励私人营业，奖励发明，欢迎外来投资。这一思路把根据地经济引向正确发展的轨道，大大推进了抗日事业的发展。

由于重视农业，提供大量贷款，使农业有了好收成，因而出现了集市的繁荣，农具、农产品应有尽有，极为丰富。太行区的山货，是国民收入的重要来源之一，如桃仁，年产达五六百万斤，花椒在三百万斤以上，党参种植较多，杏仁、柿饼、红枣、粟子之类，产量也很丰富，还有猪鬃、毛皮、蜂蜜、蚕丝等都是出口的大宗，每年输出额都很大。因为奖励小工业、手工业的发展，鞋、纸烟、伞、食物、毛皮等转为私营，政府集中力量发展主要工业，毛织、炼盐、榨油、造纸等生产在政府和私人资本的共同努力下，都开展起来，满足了根据地军民的生活需要。

根据地在经济建设中还有一个特点，就是重视人才、重视技术。1942年1月，边区政府曾通令各县，登记长于农林、牧殖、工、矿、茶等事业专门技术人才，以便设法聘请，共同进行经济建设事业。①只有各项建设都得到发展，市场经济才能兴旺起来，根据地的领导者在这方面积累了丰富的经验。

在残酷的战争中，敌后根据地军民勤劳猛进，市场经济蓬勃发展，充溢着活力。这是历史的奇迹。这说明中华民族是最经得起灾难、最勇于创造的民族。

本文原刊载于《抗日战争研究》1997年第1期。

作者简介：

魏宏运（1925—2021年），陕西长安县人。1946年入北平辅仁大学历史系，1948年转入南开大学历史系，1951年毕业于南开大学历史学系。留校工作后，历任校文学院总支书记，历史系支部书记，系主任、校学术委员会委员等职，曾任国务院学位委员会历史学评议组成员，国务院哲学社会科学规划小组二、三届成员，中国现代史学会名誉会长、天津市历史学学会理事长及名誉会长、中国史学会理事、香港学术评议局成员、《历史教学》杂志副总编、南京大学民国史研究中心名誉研究员，以及河南大学、安徽大学、河北大学等校兼职教授等重要职务。作为中国近现代史研究领域的开拓者之一，著有《锲斋文录》《锲斋文稿》《抗日战争与中国社会》《中国近代历史的进程》《魏宏运自订年谱》；主编有《中国现代史》（上下）、《中国现代史资料选编》（5卷）、《抗日战争时期晋察冀边区财政经济史料选编》（4卷）、《抗日战争时期晋冀鲁豫边区财政经济史料选编》（2卷）、《华北抗日根

---

①《新华日报》（华北版）1942年1月30日。

据地史》、《华北抗日根据地纪事》、《20世纪华北农村调查记录》(4卷)、《魏宏运文集》(6卷)等大型资料集和著作。在海内外发表了100余篇高质量的学术论文，具有重要的学术影响力。是南开史学中兴的领航人，中国近现代史学科的奠基人和代表性人物。

试论社会主义思潮在华传播的起始

徐　行

关于社会主义思潮在华早期传播，以往史学界的研究多侧重于五四时期，而很少溯及清末民初的情况。实际上，自19世纪末随着国门被打开，国人就已开始接触西方社会主义思潮，各式各样的人物从自己的理解和需求出发，对社会主义作了不同的介绍，20世纪初（至五四运动前）就曾出现过两次传播热潮。本文拟就社会主义思潮早期在华传播情况做些初步探讨。

一、点滴沁入

社会主义思潮是由西方逐步传入中国的。其传入渠道分别来自东（日本）、西（欧洲）、北（俄国）三方，晚清时期主要来自前两个渠道，以西欧为最早，以日本影响最大。据现知史料考证，中国人最早接触西方社会主义是从耳闻目睹西方社会主义运动发端的。1870年6月天津教案发生后，清政府屈服于列强的压力，于翌年初派三口通商大臣、兵部左侍郎崇厚率十余随员赴法赔礼道歉，同文馆毕业的张德彝以英文翻译的身份随使法国。他们在法停留期间正值3月18日巴黎革命爆发，世界第一个无产阶级政权——巴黎公社诞生。崇厚将他看到的情况记载于日记中，张德彝亦将其所目击的片段写入他的游记《三述奇》，[1]这是迄今发现的中国人最早对巴黎公社的记载。张德彝描写了巴黎人民起义战斗的情景，以及巴黎公社被镇压的过程，特别对巴黎妇女斗争的英姿进行了生动的描述，如书中写道：巴黎公社"妇女有百余名，虽被赭衣，而气象轩昂，无一毫袅娜态"。[2]

---

[1] 张德彝手稿《三述奇》1982年由湖南人民出版社出版，书名定为《随使法国记(三述奇)》。

[2] 张德彝:《随使法国记(三述奇)》,湖南人民出版社,1982年,第174页。

此后不久，曾为传教士当翻译的王韬从欧洲回国，他与精通外语的张宗良合作译写了大量关于巴黎公社的报道，发表在香港的《华字日报》《中外新报》上，稍后汇成《普法战记》一书（该书于1873年由中华印务总局刊刻发行）。书中除记载了巴黎公社始末外，还对工人的壮举进行了评论，如书中写道：起义军首领"振臂一呼，乱者四应，从之者十余万"。"三月十八日，法京民心大震"。当巴黎公社横遭镇压时，作者写道："定乱法军之剿贼也，过于残酷"，"死亡之惨，目不忍睹"，[①]言中流露出同情之心。该书虽将巴黎公社成员称为"匪党""乱民"，但毕竟将西方社会主义的信息传引到东方来，其影响在当时超过了张德彝的《三述奇》。

清政府最早派出的外交官们也零星记载了一些西方社会主义信息。1876年清政府派出的第一位出使英国的外交使节郭嵩焘，在其《使英记程》这部日记中就曾记载了西欧工人运动的点滴情况。随郭嵩焘出使英法等国的黎庶昌著有《西洋杂志》一书，[②]其中两处记载了欧洲社会主义者的活动。在提到德国皇帝被刺事件时，书中写道：行刺者为"索昔阿利司脱会党，译言平会也"。这里第一次将西方的"社会主义"（socialist）一词音译作"索昔阿利司脱"，将社会主义性质的政党译为"平会"。1878年出使德国的李凤苞在《使德日记》中也记载道："又闻柏林有平会五万八千人，且有充议员者，德君不能禁也。"[③]

在"西学东渐"过程中，某些来华的外国传教士也起了一种特殊的媒介作用，他们在传播基督教和西方文明的同时，也透露了一些社会主义信息，如传教士们译著的《佐治刍言》《万国史记》《富国策》《时事新论》《泰西新史揽要》等书文，对西方社会主义多少皆有所反映。影响较大的是上海江南制造局编的《西国近事汇编》，该刊对西方各国动态包括社会主义发展动态做了不少

---

① 王韬：《普法战记》，转引自姜义华编：《社会主义学说在中国的初期传播》，复旦大学出版社，1984年，第4~6页。

② 该书1900年整理，未刊，1981年始由湖南人民出版社出版。

③ 李凤苞：《使德日记》，转引自姜义华编：《社会主义学说在中国的初期传播》，复旦大学出版社，1984年，第19页。

报道（多由美国传教士林乐知、金楷理口述，蔡锡龄等笔译），成为当时中国人了解世界的一个窗口。1878年该刊在报道美国革命党人组织工人斗争时提到美国官方"恐康密尼人乱党夏间起事，警察在各地加意逻察"。①这里首次将"共产主义者"一词音译为"康密尼人"。该刊的一些报道中还将社会主义学说概括为"主欧罗巴大同""贫富均财之说"等，虽不准确，但有最早引进之功。

19世纪末，报道社会主义的书刊和文章明显增多，"马克思"之名开始出现在中文书刊上。由外国传教士办的出版机构——广学会及其机关报《万国公报》在其中发挥过重要作用，该会翻译出版了大量西方政治、哲学、历史、经济、社会学方面的书籍。1899年2月至5月《万国公报》第121~124册上，连载了英国传教士李提摩太节译、蔡尔康撰文的《大同学》。②该文在第一章中提道："其以百工领袖著名者，英人马克思也。"第三章中又提道："试稽近世学派，有讲求安民新学之一家，如德国之马克思，主于资本者也。"第八章中再次提道："德国讲求养民学者，有名人焉。一曰马克思，一曰恩格思。"虽然文中对马克思的国籍尚分辨不清，并将马克思主义学说称为"安民新学"或"养民之学"，但这却是马克思之名第一次在中国境内出版的中文报刊上出现。李提摩太首次向闭塞的中国传入了马克思主义信息，对社会主义思潮的早期传播起了先导作用。

几乎与此同时，资产阶级改良派在维新变法过程中也间接地报道了西方社会主义运动的一些情况。康有为从19世纪80年代中后期开始构思《人类公理》《康子内外篇》《实理公法全书》三部著作，他以儒家大同思想为基础，提出破除九界，以达到乐极太平，其中含有不少空想社会主义的成分。梁启超主办的《时务报》1896年9月报道了第二国际伦敦大会开会的消息。翌年，该报又报道了伦敦工人罢工，要求实行八小时工作制的情况。严复在其大量的译著中，对西方社会主义运动也多少有所涉及，如他在《原强》一文中谈到，西方"垄

---

① 《西国近事汇编》（卷2），1877年5月9日—15日。
② 此文根据英国学者基德所著《社会进化》节译，1899年单行本。

断既兴,则民贫富贵贱之相悬,滋益远矣","而于是均贫富之党兴,毁君臣之议起矣"。①

总之,自19世纪70年代起至90年代末,一小部分思想开放的知识分子和洋务派官员通过目击、耳闻和阅读一些新闻报道和西学译著,逐渐地了解到社会主义某些流派及其代表人物。他们此时还不可能对整个社会主义运动及其理论体系有清晰的认识,更谈不上研究和宣传。但社会主义的春风已微微吹来,渐渐引起一些开明爱国人士的注意。

二、两次热潮

进入20世纪后,西方社会主义思潮以不可阻挡之势滚滚东来。1902年至1908年间,中国出现了第一次传播热潮,资产阶级革命派、维新派、无政府主义者、留学生们纷纷通过译书、著书、办报等方式对社会主义进行了热烈的探讨。这次热潮的兴起以1902年众多日本社会主义名著被翻译出版为标志,1905年同盟会成立前后达到高峰。

中国最早接触和介绍社会主义的群体是早年的留日生。19世纪末20世纪初,他们通过研读日本学者译著的社会主义书籍,以及与日本社会主义者的直接交往,较之国人对社会主义有了更早、更多的了解。1900年,留日生成立了译书汇编社,翌年在该社主办的刊物《译书汇编》上,连载了日本人有贺长雄所著《近世政治史》一书,书中提到了德国社会民主党、第一国际(译作"万国工人总会")、马克思(译作"麦克司")和拉萨尔(译作"拉司米")。1902年后,留日生在《游学译编》《江苏》《浙江潮》《湖北学生界》等刊物中先后发表了许多介绍社会主义的文章。他们还翻译出版了一批日本学者论述社会主义的名著,其中影响较大的有:幸德秋水的《广长舌》《社会主义神髓》,村井知至的《社会主义》,福井准造的《近世社会主义》,西川光次郎的《社会党》,久松义典的《近世社会主义评论》,岛田三郎的《社会主义概评》,等等。其中《社会主义神髓》一书代表了明治时代日本社会主义研究的最高水平,先

---

① 严复:《原强》,《群报撷华专论·直报》(天津)1901年,《清议报全编》(卷26),出版信息不全。

后出了几个中译本，对中日思想界影响极大。此外，在留日生翻译的一些历史学、社会学、经济学、法学著作中，也有涉及社会主义学说的。他们对中国早期社会主义理论的引进是功不可没的。

进入20世纪后，改良派对社会主义再显兴趣。1902年，流亡海外的康有为完成了其构思多年的重要著作——《大同书》，[①]该书发展了其早期思想，并吸收了西方社会主义的某些观点，描绘了一幅融合东西方意念的大同世界的理想方案，带有明显的空想社会主义色彩。1902—1904年，梁启超连发几篇文章论及社会主义。在《进化论革命者颉德之学说》（"颉德"今译"基德"）一文中，他提道："麦喀士（即马克思），日耳曼人，社会主义之泰斗也。"[②]在《二十世纪之巨灵托拉斯》一文中，他再次提道："麦喀士（社会主义之鼻祖，德国人，著书甚多）之学理，实为变私财以作公财之一阶梯而颂扬之。"[③]在《中国之社会主义》一文中，他对社会主义做如下简单解释："社会主义者，近百年来世界之特产物也，概括其最重要之义，不过曰土地归公，资本归公，专以劳力为百物价值之源泉。"他错误地认为："中国古代井田制度，正与近世之社会主义同一立脚点。"[④]他还将社会主义曲解为"干涉主义"，并预言"社会主义其必将磅礴于20世纪也明矣"。[⑤]虽然1906年后，改良派逐渐转向反对社会主义，但其前期的片段介绍，对社会主义传播还是有一定贡献的。

资产阶级革命派对社会主义的关注和研究比改良派略晚，但其积极性和影响在改良派之上。1903年马君武发表了《社会主义与进化论比较》一文，简介了社会主义学说发展史，明确指出："社会主义者Socialism，发源于法兰西人圣西门Saint-Simon、佛礼儿Fourier（即傅立叶），中兴于法兰西人鲁意伯龙Loris

---

① 《大同书》最早于1913年刊登在《不忍》杂志上，1919年、1935年、1956年分别由长兴书局、中华书局、古籍出版社出过不同版本。

② 梁启超：《进化论革命者颉德之学说》，《新民丛报》1902年第18期。

③ 梁启超：《二十世纪之巨灵托拉斯》，《新民丛报》1903年第42、43合期。

④ 梁启超：《中国之社会主义》，《新民丛报》1904年46~48期。

⑤ 《新民丛报》1902年第17期。

Blanc（即路易·勃朗）、布鲁东 Prordhon（即蒲鲁东），极盛于德意志人拉沙勒 Ferdinand Lassalle（即拉萨尔）、马克司 Karl Marx（即马克思）。"文中论述了达尔文进化论的主要内容，从三个方面分析了社会主义与达尔文主义的相通之处，最后附有"社会党巨子所著书记"，除列举了圣西门、蒲鲁东、拉萨尔等人的代表著外，还在马克思名下列举了5本书："《英国工人阶级状况》（应为恩格斯著）、《哲学的贫困》、《共产党宣言》、《政治经济学批判》、《资本论》。"①这是迄今发现的中国最早一张马克思著作书单。同年内《江苏》上发表了《国民新灵魂》，《浙江潮》上发表了《最近之世纪大势变迁史》《新社会之理论》，这些文章的内容均涉及社会主义。

此时孙中山正旅居日本，与日本社会主义者多有接触，西方社会主义思潮对他影响很大。他给友人的信中，甚至宣称社会主义"乃弟所极思不能须臾忘者"。②1905年初，孙中山亲访了布鲁塞尔的社会党国际局，同第二国际领导人进行了交谈，并表达了申请加入第二国际的愿望。同盟会成立后，其机关报《民报》成为资产阶级革命派宣传其主张的主要阵地。在《民报》发刊词中孙中山阐述了三民主义，并将其所倡导的民生主义视为社会主义。从1905年底至1907年，《民报》发表了大量介绍社会主义的译文和论文。革命派控制的其他报刊如《夏报》《夏声》《社会公报》《二十世纪军国民报》《平民报》等也多有介绍社会主义的文章刊出。1905年11月，朱执信在《民报》上发表了《德意志社会革命家小传》，在中国人中第一次为马克思（当时译为马尔克）立传，并介绍了《共产党宣言》和《资本论》两部著作，初步阐述了阶级斗争和剩余价值学说。此后他又发表了《从社会主义论铁道国有及中国铁道之官办私办》等几篇涉及社会主义的文章；宋教仁发表了《万国社会党大会略史》《一千九百零五年露国之革命》等文，介绍了第一、第二国际和俄国资产阶级革命情况。廖仲恺翻译了《社会主义史大纲》《无政府主义与社会主义》等文，介绍了社会主义发展简史及主要流派。

---

① 马君武：《社会主义与进化论比较》，《译书汇编》1903年第11期。
② 《孙中山全集》(第1卷)，中华书局，1981年，第228页。

继资产阶级革命派之后，中国最早一批无政府主义者也宣扬了某些社会主义学说。1907年8月，刘师培、张继等人在日本东京成立了"社会主义讲习会"，这是我国最早的无政府主义组织。他们开过多次演讲会，并在《天义报》《衡报》上陆续登载了一批有关社会主义的文章，如申叔在《论中国资产阶级之发达》一文中简要介绍了马克思的剩余价值学说，[①]震述在《经济革命与女子革命》一文中以附录形式摘译了《共产党宣言》第二章关于家庭和婚姻制度的论述；[②]1908年1月，民鸣翻译了恩格斯为《共产党宣言》英文版写的序言。[③]李石曾、吴稚晖在法国创办的无政府主义刊物《新世纪》，也介绍过第二国际和欧洲社会主义运动的情况。他们在巴黎出版的《近世六十名人》一书，刊出了马克思1875年的一张照片，此书运销国内，成为中国人最早见到的马克思肖像。

约在1908年，第一次社会主义传播热潮冷落下来，究其主要原因：一则由于当时中日反动统治者对正在兴起的社会主义思潮严厉禁止和残酷镇压；二则由于传播社会主义群体内部发生变化，1906年中国资产阶级改良派自与革命派公开论战后，更趋保守反动，很少再论及社会主义，而同盟会内部政治主张亦出现分歧；三则由于1908年后革命派的主要注意力集中于激烈的政治斗争，暂无暇顾及思想领域的活动。

武昌起义后，特别是民国建立后，中国思想界再度活跃起来。以中国社会党成立为标志，中国出现了第二次社会主义传播热潮。1911—1914年间，孙中山、宋教仁、戴季陶、江亢虎、陈翼龙等人积极鼓吹其所理解的社会主义。《社会》《社会世界》《新世界》《民立报》等报刊报道社会主义的内容明显增多。1912年4月孙中山辞去临时大总统职务后，表示民族、民权两主义俱已达到，唯民生主义尚未着手，今后当致力于此事。他在各地作了多次演讲，与同盟会成立前后相比，这时孙中山对社会主义有了进一步的理解，他已注意到各种社会主义流派的区别，表示赞赏其中的两个流派，即亨利·乔治的单一税理

---

① 刘师培：《论中国资产阶级之发达》，《衡报》1907年第5号，申叔即刘师培。

② 震述：《经济革命与女子革命》，《天义报》1907年第13、14卷。

③ 《天义报》1908年第15卷。

论和马克思主义理论。他认为马克思的《资本论》"有系统之学理。研究社会主义者，咸知所本，不复专迎合一般粗浅激烈之言论矣"。[①]他深刻揭露了资本家对工人的剥削，初步阐述了民生主义与社会主义的关系。他指出："民生主义，则排斥少数资本家，使人民共享生产上之自由。故民生主义者，即国家社会主义也。"[②]他还设想社会主义将分两个阶段，即国家社会主义阶段和大同阶段。可以说孙中山对社会主义的探索达到了资产阶级思想家的最高水平。

民国建立之初，宋教仁的政治活动和思想极为活跃，他一面积极筹组中国国民党，推动责任内阁制的落实；一面大力鼓吹国家社会主义。他主张"实行国家社会主义，保育国民生计，以国家权力，使一国经济之发达均衡而迅速也"。[③]戴季陶此时也开始接触社会主义，他写了几篇介绍性文章，如《社会主义之活动》《社会党之风云》《德国社会民主党政纲评》等。当时他的社会主义观与孙中山基本一致，主要分歧在于：孙中山将民生主义与社会主义等同看待，而戴季陶认为社会主义是一种越出国界的"世界主义"。

江亢虎1911年11月成立的中国社会党在当时也有一定的影响，它的前身是同年7月成立于上海的"社会主义研究会"，他们自称是中国唯一主张社会主义的政党，要在中国实行"纯粹社会主义"，并出版了《新世界》《社会星》《社会党月刊》《人道》《社会日报》等刊物，登载了一批有关社会主义的论文、译文。他们还邀请孙中山为其演讲社会主义。1912年5月至7月，《新世界》上连载了恩格斯《社会主义从空想到科学的发展》一文的第一、二节和第三节的一部分（当时译作《理想社会主义与实行社会主义》）。江亢虎先后发表了《社会主义商榷案》《社会主义演说词》《社会主义家某君致革命军书》等文章。社会党骨干陈翼龙、沙淦等也按各自的理解对社会主义作了一些宣传。1913年7月，中国社会党遭北洋军阀政府镇压，该党对社会主义的热情亦随之消失。

无政府主义者一直没有停止他们的宣传，1912年，刘师复等人在广州先

①《孙中山全集》(第2卷)，中华书局，1982年，第506页。
②《孙中山全集》(第2卷)，中华书局，1982年，第339页。
③《宋教仁集》(下册)，中华书局，1981年，第749页。

后成立了"无政府共产主义同志社"和"世界语讲习所"。他们自称为"无政府共产党",简称曰"晦鸣学社"和"心社",1914年,他们又在上海成立了无政府党,自我标榜"吾人为欲实现无政府共产之社会,所用之唯一手段曰'革命'"。[①]他们极力推崇克鲁泡特金,反对一切政府和强权,主张消除阶级,"剿灭私有制",生产资料公有,各取所需,无剥削、无政府、无军队、无警察、无一切法律。他们批评孙中山、江亢虎皆非"纯粹社会主义者"。刘师复甚至提出:"世人辄认二氏之论为社会主义之模楷,不知误信孙说则将以国有营业单一地税为社会主义,误信江说则将以遗产归公为共产之精神,以营业自由财产独立为社会主义之所尚,而社会主义之真谛遂荡然无存。"[②]在刘师复等人的极力鼓吹下,无政府主义在民国初年一度影响很大。但随着"二次革命"的失败,孙中山等革命党人再次流亡日本,社会党被镇压,无政府主义的"晦鸣学社"和"心社"被解散,北洋军阀政府继续推行封建专制主义统治,第二次社会主义传播热潮迅速降温。

三、几点评析

清末民初社会主义思潮的传入与兴起,是由当时特定的国际环境和中国特殊的国情决定的。从国际背景上看,19世纪下半叶随着资本主义生产力的迅速发展,社会上两极分化现象日益严重,资产阶级在革命之初描绘的美好前景在人们心目中动摇,欧美诸国工人运动如火如荼地开展起来。西方社会主义运动的兴起很快波及东方,特别是日本社会主义思潮的蓬勃发展,影响了一批中国留日生,也影响到中国思想界,使先进的中国人从中受到极大的启发。从国内背景考察,自鸦片战争以后,中国一步步沦为半殖民地半封建社会,西方的社会危机、经济危机和帝国主义的侵略、压迫,使东方资产阶级革命家、思想家增加了两点思考:一是如何在发展资本主义的同时,避免新的贫富不均、两极分化;二是同情西方的工人运动,主张被压迫民族和人民联合起来。因此,

---

① 刘师复:《无政府主义释名》,《民声》1914年第5号。
② 刘师复:《孙逸仙、江亢虎之社会主义》,《民声》1914年第6号。

他们在宣传本阶级主张之时，吸纳和借鉴了社会主义理论的某些内容。此外，随着洋务运动的开展，清政府陆续开办新式学堂，派遣留学生，培育出一批具有西学知识的新知识分子。据不完全统计，辛亥革命前期，全国兴办的各类学堂已达四五万所，新学生百万人，已形成了一个新兴知识分子群。这个进步的知识分子群体，既保持着中国的文化传统，又接受了西学的熏陶，知识面广，视野开阔，在民族危机日益加深的情况下，特别在维新变法运动失败后，他们充满爱国激情，积极向西方寻找真理。由于社会主义与中国传统思想中的大同世界社会理想有某些相近之处，中西思想的这种契合，自然会促使中国新兴知识分子对风行欧美的社会主义思潮产生兴趣。社会主义思潮最初就是经由这个群体开始在中国人民中传播开来的。

由于中国社会主义思潮传播的最初阶段处在清末民初的特殊历史背景下，它与五四运动后共产主义知识分子对科学社会主义的广泛传播有很大不同，它呈现出早期的一些特点：首先，最早接触和传播社会主义的人物十分庞杂，有洋务派官员、传教士、维新派、资产阶级革命派、小资产阶级知识分子等，他们对社会主义思潮刚刚接触，了解很有限，因此他们对社会主义所做的介绍只是零星的、片面的，有些甚至是错误的。尤其要指出的是在传播中不仅有马克思的科学社会主义，而且克鲁泡特金、巴枯宁的无政府主义，拉萨尔、蒲鲁东的主张，圣西门、傅立叶的空想社会主义等也都作为社会主义新思潮，一概介绍进来，使人们眼花缭乱，真伪良莠难辨，这难免带来某些负面的影响。其次，当时参与社会主义传播的资产阶级革命派是站在本阶级的立场来介绍社会主义的，他们力图把社会主义纳入资产阶级的理论体系，使之适合资产阶级的需要。孙中山是伟大的资产阶级革命先行者，他对社会主义寄予深切的同情，并将其民生主义视为社会主义。但他提出的"平均地权"的主张，实质上是发展资本主义的纲领，正如列宁所指出："中国的民主主义者真挚地同情欧洲的社会主义，把它改造成为反动的理论，并根据这种'防止'资本主义的反动理论制定纯粹资本主义的、十足资本主义的土地纲领！"[1]最后，清末民初社会

---

[1]《列宁选集》(第2卷)，人民出版社，1972年，第427页。

主义思潮的传播虽曾形成一定规模，但其影响只局限于少数知识分子，尚谈不上在社会生活中发挥作用。就客观条件而言，主要是由于当时中国无产阶级尚未成长壮大，中国尚不具备社会主义思潮在华广泛传播的社会基础和历史条件。这种情况直到五四运动后才得以彻底改变。以上这些特点，也正是社会主义思潮在华传播最初阶段的缺陷所在。

尽管这个时期社会主义思潮在华的传播还存在以上缺陷，但从历史发展看，它是一个必经的阶段，仍然有其不可忽视的历史作用，主要表现在：

第一，它初步介绍了西方社会主义的各种流派，使少数先进的中国人首次知道了傅立叶、圣西门、马克思、恩格斯这些社会主义先驱及其主要观点，客观上为中国思想界打开了一扇新的窗户，给沉寂的中国思想界注入了新思维、新活力，有力地推动了中国近代思想启蒙运动和资产阶级革命。尽管中国资产阶级革命派对现代社会主义理论并不真正了解，尽管他们所制定的种种救世方案并没有越出资本主义所能容许的范围，但历史表明，早期社会主义思想的传播，丰富了资产阶级革命派的理论宣传，坚定了他们同封建顽固势力、同保皇派斗争的信心。社会主义理论中反剥削与反压迫的思想、公有制主张、暴力革命学说等不同程度地被中国资产阶级革命派吸收、采用，这反映了西方社会主义运动对东方民族民主革命运动的影响，孙中山等人的言行代表了向西方寻找真理的中国资产阶级知识分子的一种新的思想动向。列宁曾明确指出：孙中山的"民主主义思想体系，首先是同社会主义空想、同使中国避免走资本主义道路、即防止资本主义的愿望结合在一起的，其次是同宣传和实行激进的土地改革的计划结合在一起的"。[①]

第二，我国最初阶段的社会主义传播在介绍和阐述社会主义理论内容的同时，也揭露抨击了西方资本主义社会贫富不均的现象，对欧美工人运动表示了某种程度的同情，甚至提出实现社会主义的设想，为五四后科学社会主义的广泛传播做了一定的铺垫和准备。孙中山曾尖锐指出："每一工人所得，较资本家所得者，其相去不亦远乎？宜乎富者愈富，贫者愈贫，阶级愈趋愈

---

① 《列宁选集》（第2卷），人民出版社，1972年，第425页。

远，平民生计，遂尽为资本家所夺矣。……于是社会主义遂放大光明于世界也。"①他认为："处今日中国而言社会主义，即预防大资本家之发生可矣。"②无政府主义者也激烈抨击了资本主义的弊端，肯定了马克思的一些理论。他们认为："马氏（马克思）所主共产说，虽与无政府共产不同，而此所言则甚当，彼等之意以资本私有制度消灭，则一切私娼之制自不复存，而此制之废，必俟经济革命以后，可谓探源之论矣。"③孙中山等人的主张虽并非科学社会主义，但他们对资本主义弊病的初步分析，对社会主义的热切向往及所做的理论探索，却是非常可贵的。尤其值得注意的是，他们在介绍西方各种社会主义流派的过程中，客观上也宣传了一些科学社会主义的基本观点，为中国先进分子提供了分析社会、分析历史的正确思想方法，从而为五四时期马克思主义的广泛传播作了前期准备，他们中有的已认识到："马克司（即马克思）者，以唯物论解历史学之人也。马氏尝谓阶级竞争为历史之钥。"④他们甚至称赞价值和剩余价值学说："此论为社会学者所共尊，至今不衰。"⑤从某种意义上看，孙中山的主观社会主义反映了中国人民了解西方社会主义的一个重要的思想层次，它对于中国人接受科学社会主义并以此指导中国革命起着承前启后的作用。这样，当历史的巨轮进入五四时期，随着中国无产阶级的成长壮大，新旧民主主义革命的交替，中国一批激进的民主主义者就迅速转变为共产主义者，马克思主义亦很快在中国广泛传播，并与中国工人运动结合起来，产生了中国无产阶级政党——中国共产党，开始了波澜壮阔的中国共产主义运动。早期社会主义的传播对国共两党的思想理论建设具有深远的影响。社会主义是孙中山的三民主义理论体系特别是民生主义的渊源之一；而孙中山等人提出的"平均地权""耕者有其田"及"节制私人资本"与"发展国家资本"等主张，后亦被共产党所采纳和发展。由于

①《孙中山全集》（第2卷），中华书局，1982年，第512页。

②《孙中山全集》（第2卷），中华书局，1982年，第520页。

③震述：《经济革命与女子革命》，《天义报》1907年第13、14卷。

④马君武：《社会主义与进化论比较》，《译书汇编》1903年第11期。

⑤朱执信：《德意志社会革命家小传》，《民报》1905年第2号。

以孙中山为首的部分资产阶级革命党人对资本主义社会的弊端有所认识，对社会主义理论有所了解并作过宣传，这就为其五四以后转向"以俄为师"，实行联俄、联共、扶助农工三大政策打下了一定的思想基础。

本文原刊载于《南开学报》1999年第2期。

作者简介：

徐行，毕业于南开大学历史系，曾在历史研究所和历史学院任副教授、教授。现为南开大学周恩来政府管理学院政治学系教授、博士生导师，南开大学周恩来研究中心主任，全国中共文献研究会理事、全国当代中国史学会理事、全国政治学会理事、全国周恩来研究会常务理事、天津市党史学会副会长。研究方向和学术专长为党史党建研究、周恩来专题研究、政治学理论、中华人民共和国史、当代中国政治问题研究。主要学术成果有专著6部，主编论文集4部，已在《新华文摘》《中共党史研究》《党的文献》《当代中国史研究》《南开学报》《近代史研究》等国内外学术刊物上发表论文200余篇。独立承担国家社科基金项目、教育部研究项目、天津市社科规划重点项目等多种科研项目，论文曾获得中央统战部理论征文一等奖、中国领导学会理论征文优秀奖及其他各种奖项。

抗战时期华北沦陷区的新民会

张洪祥 等

新民会是日本帝国主义于侵华期间在华北沦陷区建立的一个反动政治组织。其主要任务是：防共反共，收买汉奸，搜集情报，宣扬"中日亲善""大东亚共存荣"等奴化思想，推行日本的治安强化运动，镇压沦陷区人民的反抗；同时，它控制沦陷区各机关、学校、工厂、农村和各社会团体，举办各种训练班、讲演会等，推行奴化教育和欺骗宣传，直接为日本侵略政策服务。新民会是日本侵略中国的工具，给当时沦陷区人民带来了无穷的灾难和危害。因此，揭露新民会的内幕，对了解日本帝国主义的侵略阴谋及其罪行是有益的。

一

1937年卢沟桥事变后，华北沦陷，日本为了镇压华北人民的反抗，在政治上实行"以华制华"的方针，达到"掌握民心"、麻痹中国人民斗志的政治目的，遂于1937年12月14日，扶植一批汉奸在北平建立了华北伪政权——"中华民国临时政府"；又于同年12月24日成立了一个似党非党的"新民会"组织。

新民会脱胎于伪满洲国的协和会。早在1932年伪满洲国成立时，日本关东军炮制了协和会的汉奸组织，宣扬"日满亲善""王道政治""民族融合""共存共荣"，对东北人民灌输奴化思想。华北伪政权建立后，日本华北派遣军特务部把协和会这一套组织模式搬到华北。其策划者，被称为"新民会之父"的小泽开策，也是伪满协和会的组织者之一。因而，新民会同协和会有许多相同之处。

日军的最初设想是把新民会建成为"思想教化团体"，用它来"翼赞"其伪政府，收买和安抚民心，宣传殖民思想，协助建立伪政权等，"着重于精神方面的培育"。①到后来，为控制民众，协助日军巩固和扩大沦陷区，新民会的触角伸到各行各业，扩展为一个庞杂的组织，并承担了伪政权的行政职能，成了"政教一致、府会一体"的政府专用机构。②

新民会在北平建立"中央"一级机构，最初的组织机构是：会长由华北伪政权行政长官王克敏兼任，副会长张燕卿，"中央"指导部部长缪斌，次长早川三郎，总务部长小泽开策，监察部长田中武雄，教化部长宋介等。在沦陷区各省市都设立了"新民会指导部"，部长由伪省长、伪市长兼任。下面各道、县、区、乡也都设立新民会的总会、分会和办事处，甚至各行各业、学校、团体等也都建立了新民会的基层组织，其组织系统几乎遍布于华北各地，流毒甚广，该组织从上到下，都控制在日本人手中。在"中央"一级的新民会中，由日本军部派人参加并担任重要职务，各省、市、道、县的新民会中，均有日本人担任"顾问"或"参议"，指导新民会工作。

新民会的基层组织是分会。它把社会各阶层、各行业的人都组织起来，建立相应的职域分会、职业分会、地域分会。如城市中建立了"啤酒业分会""粪夫分会""教育分会"等，并设有被其称为"国民组织中核体"的会务职员分会。在农村，将原有的民间组织，"青苗会""联庄会"等加以利用，组成农民分会。此外，还把各地有影响的宗教、帮会团体登记造册，作为新民会的外围团体，形成无所不包的庞杂组织体。"到1939年末，组成分会292个，分会会员125582名"。③到1942年12月，"分会已达到13490个（为前年的38倍）、会员达3643199人（为前年的5.4倍），本年6月起的增加比数为分会9%、会员增加了29%"。④

---

① 日本防卫厅战史室编：《华北治安战》（上），天津市政协编译组译，天津人民出版社，1982年，第193~194页。

② 日本防卫厅战史室编：《华北治安战》（上），天津市政协编译组译，天津人民出版社，1982年，第193~194页。

③ 日本防卫厅战史室编：《华北治安战》（上），天津市政协编译组译，天津人民出版社，1982年，第192页。

④ 日本防卫厅战史室编：《华北治安战》（下），天津市政协编译组译，天津人民出版社，1982年，第243页。

由于新民会无孔不入，分布面广、成员多，加之它集民众团体与行政机构于一身，在控制民众思想和行动上确能收一时之效。人们到处可以看到它的影子。不仅如此，新民会还"具有华北治安自卫、组织'国民'等特殊性质"。日军赞赏它"一向是治安强化运动的核心实践团体，以该运动的共同目标'乡村自卫'为重点，通过武装民众、训练保甲等工作，大力开展新民会的活动"，并认为"新民会的活动对于治安地区的巩固和扩大起了很大的作用"。①这说明，新民会不仅具有思想教化、政治经济职能，还具有军事职能。到1945年，新民青少年团已直接持枪参加军事行动。②

新民会的会员入会，最初尚有一套较严格的手续，需要本人申请、会员介绍、审查批准等程序。到后来，急剧扩充人员，集体入会，统一记名造册，渐渐地也就没有了手续。由于各职业都成了新民会的分会，从属于某职业的人也就成了当然的会员。新民会的目标是日军提出的"将华北的全部居民都吸收进来"。③可见日军吞并华北野心之大。"全民皆会"，新民会也就不成为"会"了。

为适应新民会急剧扩张的需要，新民会的组织机构进行过几次改组。1938年11月，新民会成立之初，组织发展缓慢，日军把它归结为新民会的"满洲色彩"，决定"洗刷满洲色彩"，制造"真正的中华民国新民会"的形象，让曾在伪满洲国政府任要职，也是协和会策划和组织者之一的张燕卿辞去新民会副会长的职务，令"中央"指导部长缪斌暂代副会长；派预备役中将安藤纪三郎任顾问，加强指导与控制。由伪临时政府委员长王克敏任会长，形成名副其实的政教一致、府会一体。

1940年，汪精卫叛国投敌，成立伪国民政府，日军为保持华北的特殊地位，决定设立"华北政务委员会"，作为汪伪国民政府与华北各省的中间机关。新民会也被迫做相应的调整。1940年3月8日，新民会在北平重新举行组成仪

---

① 日本防卫厅战史室编：《华北治安战》（下），天津市政协编译组译，天津人民出版社，1982年，第239页。

② 北京市档案馆编：《日伪北京新民会》，光明日报出版社，1989年，第42页。

③ 日本防卫厅战史室编：《华北治安战》（下），天津市政协编译组译，天津人民出版社，1982年，第240页。

式，颁布了新纲领和新章程。由王揖唐出任伪华北政务委员会委员长兼新民会会长。将日军"宣抚班"与新民会合并。宣抚班原属日军特务部，负责对日军进占地区的"宣抚"工作，它与新民会的"教化"工作一致，因而双方时常发生矛盾。同时，日军财政也日益困难，因而决定将两者合并，使新民会"更致力于宣抚教化的军事政治工作，以期确立华北治安"。[1]日本人的大量加入，使新民会"越发带有日本气味"。由汉奸出面，日本人退居幕后操纵的方式，已无法掩盖"名伪实日"的真相，不仅为中国民众看穿，连日本人也称其为"大日本新民会"。[2]不能骗己，更无法骗人，这真使日本侵略者苦恼至极。

二

日军炮制新民会的目的是要用它来"教化"日占区人民。它所灌输的思想是"占领军所赶制出来的'新民主义'"，即新民会的指导思想。它是封建文化和殖民地文化的混合物。新民会"中央"指导部部长，被称为新民会"理论家"的缪斌，赤赤裸裸地表达了其新民主义的实质，宣称"新民主义主张用文化使天下民化为一民，同时使天下之土化为一土。因为土地是天下之公物，也不是某某国家可得而私有的"，[3]以此来论证日本侵略中国的"合理性"，要中国人民放弃抗日思想，服服帖帖地当日本帝国主义的顺民。这套汉奸理论，受到日军的赏识。

新民会最初的纲领共有五条：1.拥护"新政权"，以图畅达民意；2.开发产业，以"安民生"；3.发扬东方文化道德；4.于剿共灭党旗帜下参加反共战线；5.促进"友邦缔盟"之实现，以贡献人类之和平。[4]纲领表面上冠冕堂皇，其实质是：第一条，所谓"拥护新政权"，"无非欲为日本军阀御用之傀儡组织

---

① 北京市档案馆编：《日伪北京新民会》，光明日报出版社，1989年，第374页。
② 日本防卫厅战史室编：《华北治安战》（上），天津市政协编译组译，天津人民出版社，1982年，第262页。
③ 缪斌：《由新民主义批判三民主义》，《新民周刊》1938年第9期。
④ 北京市档案馆编：《日伪北京新民会》，光明日报出版社，1989年，第380页。

强加一政党式之假面具"。①第二条,实质是协助日本侵略者独占华北市场,掠夺华北资源。第三条,是向日占区人民灌输奴化思想。第四条,也是这一纲领的核心,以反共为旗号,扩大日本对中国的武装侵略,由于国共合作进行抗日战争,因而将"剿共"和"灭党(国民党)"并提。第五条,是妄图消除中国人民对日本侵略者的反抗情绪,服从日本的侵略统治。从该纲领看,新民会完全秉承日本的旨意办事,是日本帝国主义武装侵华的帮凶。

1940年3月,汪伪国民政府成立,受其影响,新民会的机构和纲领也发生变化。从纲领上看,原纲领的"剿共灭党"做了修改,保留了"剿共",取消了"灭党"。这既是手法的改度,也是现实的逼迫。汪记国民政府以"正统"的国民党自居,而且成为"执政党",这就使新民会的纲领受到冲击,不能不进行调整。同时,日军把中国共产党作为"最危险的敌人",强调新民会主要任务是"实行反共",工作重点应由城市转向农村。日本华北派遣军在1941年度"肃正建设计划"中规定:"应使新民会进一步将矛头指向剿共工作。共党的地下势力是华北建设的主要敌人,使用新民会所组织的斗争力量与其对抗最为适当,但必须尽快加强其工作内容。同时,逐步由县城走向农村推进工作,使之对共党势力采取攻势。"②显然,日本将新民会的"剿共灭党"修改为"实行反共",其主要原因是:第一,由于中国共产党领导的八路军在华北敌后开辟了许多抗日根据地,广泛地开展抗日游击战争,使日本的侵略统治受到严重威胁。故日本侵略者视中国共产党与八路军为"主要敌人",并企图借助新民会组织,切断八路军与群众的联系,扑灭华北敌后抗日运动。第二,反映了日本当局对蒋介石国民政府策略上的改变。抗日战争初期,日本帝国主义的战略是"速战速决",进攻的主要矛头是国民政府,企图用武力迫使国民政府瓦解或屈服。但是,在全国人民同仇敌忾、坚决抗战的影响下,国民政府没有投降,使日本的幻想破灭。抗战进入相持阶段后,日本当局对国民政府采取以政治诱降为主、军事打击为辅的新的策略方针,以各种手段向国民政府招降。

①《申报》1938年12月23日。

②日本防卫厅战史室编:《华北治安战》(上),天津市政协编译组译,天津人民出版社,1982年,第367页。

日本把新民会纲领中"灭党"一词抹掉，是向国民政府做出了"准备和谈"的姿态。根据新纲领的要求，新民会不仅是奴化思想的组织，更成为日军侵华的别动队。

新民会不遗余力地为日军摇旗呐喊，日军也利用它教化渠道多，组织庞杂，为侵华服务。

新民会在"中央"总会设置宣传局，省市设宣传处，道县设宣传班。各级分会都要制定相应的宣传计划。

新民会成立后，立即出版了《新民报》《新民会报》《东亚新报》《庸报》《新民周刊》《首都画报》《青年》《青年呼声》《教育月刊》等报刊，大肆宣传"日中亲善""日满华一体化"，宣扬日本统治下的占领区是"王道乐土""王道政治"等，为日本侵华罪恶唱赞歌，吹捧日本侵略者是"优秀民族"，所发动的战争，是为了"创造新时代""建设东亚新秩序"，等等，竭力掩盖日本帝国主义的侵略罪行，为日本侵略者助威。每当日军侵占中国主要城镇，新民会都组织集会游行，大搞庆祝活动，吹嘘日军的"战绩"，以起到"震慑"和"教化"的作用。太平洋战争爆发后，新民会的宣传内容，扩大到东南亚，"今天庆祝马尼拉的陷落，明天祝贺新加坡的被占领，并发起'胜利征文'活动"，[1]强迫民众参加，劳民伤财，群众苦不堪言。

在宣传中，新民会动用广播、电影、游行、集会、印发传单等，组织"新民茶馆"、图书室，利用人们休闲时间进行奴化教育，甚至在剧院里，每场戏开场与中场，都由新民会员去宣讲，灌输"新民思想"，为日本侵华张目，已达到无孔不入的地步。它向鬼影一样尾随着每一个人，渗透到每一角落。人们十分讨厌它，却又无法摆脱它。但不论其如何卖力，也无法完成日本主子的"使命"，更由于中国民众的抵制，使之"思想运动均成泡影"。[2]

---

① 中国人民政治协商会议北京市委员会文史资料研究委员会编:《日伪统治下的北平》,北京出版社,1987年,第286页。
② 日本防卫厅战史室编:《华北治安战》(上),天津市政协编译组译,天津人民出版社,1982年,第194页。

三

新民会的罪恶活动，还主要表现在以下四方面：

第一，控制学校，推行奴化教育。新民会为配合日本帝国主义的"思想战"，把沦陷区各类学校作为推行奴化教育与反共宣传的重点。首先，对各类学校校长、教员进行审查和"培训"，实行恐怖政策。要求校长、教员绝对服从，如发现有反伪抗日分子，立即予以拘禁，或戴上"共党分子"帽子加以镇压。新民会"中央"指导部警告校长们"以后对于拥护和认识新政权，及如何研究中日问题，要给青年和儿童一个正确的领导"。①所谓"正确的领导"，就是让学生树立亲日思想，磨灭反抗意识，为日本帝国主义培养忠实奴才。其次，规定各类学校将日语列为必修课，四书五经和"修身"是主要课程。历史、地理等课本中，有关爱国主义思想和民族英雄的内容全部删掉。在"修身"课中，大讲"反共"思想，规定："各校每月举行兴亚奉公日，由校长教师讲演'共产党破坏农村、残害人民'的行为。各校利用各种纪念日集会，由各机关讲演兴亚灭共之意义。要使学生明了'共产党破坏家庭农村'等等。"②以此欺骗和麻醉青年学生，企图把学校办成反共阵地。

第二，组织各种青年训练团体，为日本侵略者培养反华反共的骨干分子。在北平，新民会成立了"中央青年训练所"，主要招收失学的青年学生以及新民会的各级职员。1938年第一批招收200余人，训练期为两个月。训练的主要科目有"公民课""教练课"和"劳动奉仕课"等。所谓"公民课"，就是"新民主义"的思想教育和反共宣传，规定学员要学习"新民精神""满洲建国精神"和"日本精神"，要批判三民主义和铲除共产主义等。所谓"教练课"，即军事训练，并传授特务工作方法等，由日军派人充任教官。"劳动奉仕课"，主要是为日本侵略军修筑工事、营房、道路等。冀东沦陷区的唐山地区，是新民会进行青少年训练的基地，各种训练班名目繁多，

---

① 中国人民政治协商会议北京市委员会文史资料研究委员会编：《日伪统治下的北平》，北京出版社，1987年，第286页。

② 张洪祥等编：《冀东日伪政权》，档案出版社，1992年，第579页。

有青年训练所、青少年女团训练队、青年团训练所、农村青年训练班、政治训练班、新民突击队训练班，等等。冀东新民会规定，全区20岁以上，40岁以下的人，都要训练，并穿着统一制服、佩戴青训团统一证章，乘坐火车可以优待半价等，以此来吸引青少年受训。训练时间为一个月至三个月不等，训练科目同北平所实行的基本相同，详见下列表格：

唐山市新民训练所课程表（1940年6月）

时间	周日	周二	周三	周四	周五	周六	备注
8：00—8：45	日语	日语	日语	日语	日语	日语	
9：00—9：45	关于建设东亚新秩序	新民会与民众	关于建设东亚新秩序	新民会与民众	关于建设东亚新秩序	新民运动	
10：00—10：45	新民精神	合作社	新民精神	合作社	新民精神	侦察学	
11：00—11：45	日本事情	新政府之机构	新民歌	防共要义	日本事情	防共要义	
12：00	午餐						
3：00—3：45	术科教练	术科教练	术科教练	术科教练	术科教练	术科教练	
4：00—4：45	术科教练	术科教练	术科教练	术科教练	术科教练	术科教练	

资料来源：张洪祥等编：《冀东日伪政权》，档案出版社，1992年，第272页。

从以上课程表安排可以看出，日语，"亲日思想""新民思想"、宣传"东亚新秩序"等，是训练班的主要内容。

政治训练班主要任务是训练日伪政权中的警察、保安队、自卫队、自卫团的骨干分子，以强化保甲、搜集情报、捕审民众、配合日军扫荡等为其训练内容。

受训人中，有许多原是城里的无业游民、吸大烟抽白面的社会渣滓。参加伪组织后，竭力为日军效劳，充当汉奸，迫害民众。

除了针对一般青年、伪军警骨干分子训练外，新民会总部设立了"新民学院"，专门训练各级伪政权的大小头目，被称为"新官吏养成所"。

据统计，从1938年5月至1943年9月，仅北平伪中央青年训练所"受训的有2000多人，其中80%服务于新民会，这些人多在各级新民会中身居要职，其他分别到政府各机关或军界，如伪治安部，做政治指导工作"。①

第三，强行统制消费，实行物资和粮食配售制度。由于日军大肆掠夺战略物资和对农业生产的破坏，华北沦陷区的粮、油、布、盐等生活必需品严重短缺，物价不断上涨，人民生活痛苦不堪。1942年日本侵略军决定：在其占领地区实行粮食和其他日用品配售制度，此项工作由各级新民会统一办理。在农村，新民会强迫老百姓把粮食、棉花、禽蛋和土特产品一律上缴伪合作机构，然后按户按人限量供应极少量的油、盐、肥皂、火柴等物品，以此来控制人民生活。在城市，以粮食配售情况最为严重，大米、白面被列为日寇的军用粮食，禁止一般老百姓食用；新民会所配售的是用各种杂粮混合一起，掺上麸皮、米糠、玉米核、橡子粉等磨成的"混合面"，限量供应市民。"混合面"质量低劣，牙碜、口感苦涩，有异味，"这些东西不但毫无营养，因其成份复杂，有的不免含有病菌。当时老百姓纷纷反映：吃了混合面，有的腹痛拉稀，有的大便干结拉不出来"。②就是这样的"混合面"，配售的数量也越来越少，远远不够食用，北平、天津、石家庄、太原等城市中因饥饿致死的现象是普遍的。据统计，在北平1943年内，每天死亡者平均达300人之多。③街头倒毙的饿殍随处可见，惨不忍睹。新民会中的大小汉奸，通过配售制度，千方百计地榨取百姓财物，大发洋财，过着花天酒地的奢侈生活。

第四，协助日军施行治安强化运动，在沦陷区推行屠杀与奴化、镇压与欺骗的两面政策。从1941年春到1942年冬，日军在华北共推行了五次治安强化运动，新民会一批骨干分子随日军活动。在所谓"治安区"（即敌占区），新民会协助日军强化保甲、清查户口，建立各级伪组织，来禁绝抗日活动。在"准治安区"（即敌我双方争夺的游击区），新民会进行欺骗宣传，宣扬"王道乐

① 中国人民政治协商会议北京市委员会文史资料研究委员会编：《日伪统治下的北平》，北京出版社，1987年，第289~290页。
② 中国人民政治协商会议北京市委员会文史资料研究委员会编：《日伪统治下的北平》，北京出版社，1987年，第196页。
③ 李新等：《中国新民主主义革命时期通史》（第三册），人民出版社，1961年，第211页。

099

土"和"剿共自卫",以此来奴化群众;同时,收买汉奸,搜集情报,大搞"检举"运动,屠杀抗日志士,制造恐怖气氛,配合日军的蚕食政策。在"非治安区"(即抗日根据地),新民会直接配合日军扫荡,参与烧杀和劫夺,新民会的行动受到了日本军部的重视,称赞新民会经统一改组后,"机构加强,阵营一新。在军部指导监督下,以实现王道为目标,以组织华北民众为使命,迈出了第一步"。①日本顾问铃木美通也吹嘘新民会在治安强化运动中的"积极作用",他说:"新民会与满洲的协和会不同,具有华北治安自卫,组织国民等特殊性质。华北各地目前尚有很多由共军及蒋系残党设置的难以发现的据点破坏我们的工作。日军正在逐一进行讨伐,在讨伐后新民会立即进入,努力做到使该地区不再成为彼等之巢穴。今后的方针是使新民会进一步向共军控制地采攻势,以加强我方地盘。"②

总之,新民会作为华北沦陷区最大的汉奸组织,是日本帝国主义侵华的帮凶。其所作所为,受到日本侵略者的赏识,却给中国人民带来了无穷的灾难和伤害。

四

新民会在华北沦陷区囊括了一切社会组织和宗教团体。政会合一,势力极大。汪伪政权建立后,由于它是日本政府和军部批准建立的整个沦陷区(华北、华中、华南、蒙疆)的"中央"政权,汪记国民党又以正统国民党自居并执政,凌驾于成立较早、地盘稳固的华北伪政权之上。这就使华北伪政权与汪伪政府、新民会与汪伪国民党之间的争权夺势斗争加剧。汪伪政府不愿坐视华北的特殊地位,加紧向华北渗透。它以一个主义(大亚洲主义)、一个党(汪记国民党)、一个领袖(汪精卫)为旗帜,"统一"华北。为实现这一计划成立了汪记国民党的外围团体"东亚联盟",力图将包括新民会在内的"各党各派

---

① 日本防卫厅战史室编:《华北治安战》(上),天津市政协编译组译,天津人民出版社,1982年,第242页。

② 日本防卫厅战史室编:《华北治安战》(下),天津市政协编译组译,天津人民出版社,1982年,第240页。

纳入国民党内"。汪伪的做法，遭到新民会的强烈反对，它在华北的独霸地位不容动摇。新民会的主张实际上反映的是华北日军的意见。1941年日本华北方面军制定了"新民会扶植大纲"及"大纲说明"，反对"立即将华北一切都使之南京化了"，指责汪伪不把精力集中于华中、华南，反而进入"治安已经恢复的华北"是"避难就易"，是不能允许的，并明确表示"国民党是不应进入华北的"，强调新民会与国民党是"对等的关系"，而且"从树立革新思想的历史地位看，说新民会比国民党先进并不过分"。①甚至认为："不论是国民党，或是对东亚联盟，新民会都应该站在启蒙立场主动加以指导，万万不可处于被动地位"，②这就公开否定汪记国民党政府的"中央"地位和汪记国民党的"执政"地位，还把新民会凌驾其上。有华北日军的支持，新民会更加不把国民党放在眼里，禁止国民党组织在华北地区发展。但汪伪政府毕竟是日本政府和军部策划建立的傀儡政权，对日本巩固和扩大占领地区具有重要意义，最终，华北方面军也不能不做些让步。因而汪伪政府仍能以"中央"的面貌出现在华北。为"谋求华中、华北的融洽"，③汪伪政府任命"华北政务委员会"委员长、新民会会长王揖唐为伪全国经济委员会副委员长和全国新国民运动促进委员会常务委员。1942年10月，汪精卫亲率伪外交部长褚民谊等人赴北平，参加新民会1943年度全体联合协议会，新民会选举汪精卫为名誉会长。此后，几经争夺，汪精卫一度迫使反汪的新民会长王揖唐辞职，由朱深代替他的位置。但是在华北方面军的严密控制下，国民党势力仍无法进入华北，新民会仍是华北唯一的"政治组织"。新民会与国民党的斗争，实质上反映了日军内部对占领区的控制与争夺。它们的矛盾和斗争不能超出日军所允许的范围，违背日本总的战略意图。这是由伪政权的地位决定的。

---

① 日本防卫厅战史室编：《华北治安战》(下)，天津市政协编译组译，天津人民出版社，1982年，第52~53、54、241、243页。

② 日本防卫厅战史室编：《华北治安战》(下)，天津市政协编译组译，天津人民出版社，1982年，第243页。

③ 日本防卫厅战史室编：《华北治安战》(下)，天津市政协编译组译，天津人民出版社，1982年，第52~53页。

随着人员的急剧增加和组织机构的膨胀，新民会内部矛盾、派系间争权夺势的斗争也愈演愈烈。日军也不得不承认"随着组织的扩大与时间的推移，逐渐产生派系党派，丧失了清新活泼的风气"。[①]尤其是随着日军在战场上的节节败退，新民会没有了昔日那种卖命精神。日军认为1942年的新民会"可算是士气最为高涨的时期"。[②]就在这年3月，新民会总会下令停止各职业分会的活动。是年12月24日，新民会成立五周年之际，新民会顾问宋介公开呼吁"消除派系党派观念，以建会当初那样的团结和意志来发扬新民会精神"。[③]这正反映了新民会内部大小汉奸、新老汉奸、汪派与反汪派之间的斗争之激烈。新民会所标榜的"钢的组织、铁的纪律、干的精神"已荡然无存。随着日军的战败，衰败的迹象日益明显，不可避免地陷入瓦解的境地。

1943年3月，日军在各战场连连失败。日系人员大部从新民会中撤出，调往前线，只有少数人留任顾问。1944年3月，因经费困难，《新民报》被迫停刊，新民会内部许多人已对日军必败深信不疑，态度日趋消极，有的已暗中与国民党联系，为自己寻找后路。到1945年初，新民会已陷入半停顿状态。4月，伪国民政府主席兼新民会名誉会长陈公博到华北"巡视"，为新民会会员打气，也无济于事。随着日军的彻底战败，失去依托的新民会也"树倒猢狲散"。

本文原刊载于《史学月刊》1999年第5期。

作者简介：

张洪祥，江苏无锡人。辽宁大学历史系毕业，1960年入职南开大学，先后在历史系、马列主义教研室任教，历任历史系中国史学科

---

① 日本防卫厅战史室编：《华北治安战》(下)，天津市政协编译组译，天津人民出版社，1982年，第54页。

② 日本防卫厅战史室编：《华北治安战》(下)，天津市政协编译组译，天津人民出版社，1982年，第241页。

③ 日本防卫厅战史室编：《华北治安战》(下)，天津市政协编译组译，天津人民出版社，1982年，第243页。

讲师、副教授和教授，曾任中国现代史教研室主任，兼任中国现代人物研究会副秘书长。主要从事中国现代史、抗日战争史、中国租界史领域的教学与研究工作。著有《近代中国通商口岸与租界》《近代日本在中国的殖民统治》《留法勤工俭学简史》《冯玉祥与北京政变》等专著，发表学术论文数十篇。

美苏对华时局干预与政治协商会议召开关系初探

王永祥 等

关于1946年政治协商会议召开的原因，在目前大多相关论著中或多或少地忽略了当时美苏对华时局的干预这一强有力的国际因素。我们认为，政协会议得以召开，是当时国内国际因素综合作用的结果，其中后者是主要因素，并且这一国际因素并非仅始于战后，而是从抗战后期的雅尔塔协定和中苏谈判即开始形成。本文即对此加以探讨。

一

1945年2月，美英苏三国首脑背着中国政府，在雅尔塔秘密签署了以损害中国主权和领土完整为代价，换取苏联在战胜德国后出兵中国东北和朝鲜、消灭日本关东军的《雅尔塔协定》。[①]这一协定完全是美英苏（特别是美苏）从各自利益出发，为尽快结束第二次世界大战和在战后重新划分势力范围，在事先未征得中国政府同意的情况下，拿中国主权和领土而进行的一笔交易。战后，美苏基本上就是按照雅尔塔协定来重新构建世界格局、包括解决中国内争问题的。

《雅尔塔协定》签署后，国民党政府在没有回旋余地的情况下，只能遵从美苏意志，派代表赴苏举行中苏谈判。在谈判过程中，双方争议很大，特别是在关系到主权的问题上，更是一度僵持不下，但胳膊毕竟拧不过大腿，再加上美苏早已有言在先，苏联这些要求"须在击败日本后毫无问题地予以

---

① 雅尔塔协定涉及中国的内容详见谭合成、江山主编：《世纪档案：影响20世纪中国历史进程的100篇文章》，中国档案出版社，1995年，第275~276页。

实现"。①因此，中国最终被迫让步，于1945年8月14日日本投降前夕签订了《中苏友好同盟条约》（简称《中苏条约》）及有关协定，被迫接受了《雅尔塔协定》所强加于中国的有关条款，承认了美苏通过雅尔塔会议所构建的远东格局。

当然，国民党同意签订《中苏条约》也是有条件的。其中之一就是苏联必须对蒋介石提出的"中共对军令、政令必须完全归中央统一"，"一俟正式国会召集，政府改组时，当可容纳其在行政院之内，但绝不能称为联合政府"的要求给予明确支持。对此，斯大林表示："中国政府要求军令、政令统一，极为允当"，但"政府对前进分子（不仅共党），宜加容纳"。斯大林还对于国民党不愿建立联合政府表示谅解，认为"此实为国民党正当之愿望"。②斯大林的表态基本满足了蒋介石的要求，并且与美国支持中国在国民党领导下实现和平、民主、统一的对华政策基本一致。应该说，这是蒋介石在国际上为孤立和压制中国共产党所取得的一个胜利，这为其在国内同共产党进行斗争创造了有利的国际条件。

在中苏谈判中，蒋介石为什么要从斯大林口中取得苏联赞助由国民党来统一中国而不支持共产党建立联合政府的承诺呢？而苏联又为什么就这么轻易地放弃了对中国共产党的支持呢？这就需要从苏联与中国共产党的关系以及政治协商会议的缘起谈起。

追溯历史，中国共产党从建立到逐渐发展壮大，曾在不同时期得到过苏联不同程度的支持和帮助，再加上双方在意识形态方面的一致性，这就使国民党蒋介石认为中国共产党与苏联是"代理人"和"后台"的亲密关系。正是基于这种认识，蒋介石在中苏谈判中就把苏联承诺放弃对中国共产党的支持转而赞助由国民党来统一中国，作为自己接受雅尔塔协定中有关中国条款，同意签订《中苏条约》的一个重要条件。其实，苏联与中国共产党的关系比较复杂，并

---

① 谭合成、江山主编：《世纪档案：影响20世纪中国历史进程的100篇文章》，中国档案出版社，1995年，第276页。

② 有关蒋介石、斯大林签订《中苏条约》的交换条件，均见秦孝仪主编：《中华民国重要史料初编——对日抗战时期》（第三编·二），中国国民党"党史会"，1981年，第594、609、577、588页。

非蒋所想象得那样。斯大林曾说过，中国共产党"诚为爱国者，但是否系属共产党，则颇有疑问"。①他甚至比喻"中共是'红萝卜'式的共产党，意思是外面红，里面白"。②正因为如此，就使得斯大林向蒋介石做出了如下承诺："关于中国之共产党，吾人并不予以支持，亦并无支持彼等之意向，吾人认为中国只有一个政府。"③

至于蒋介石为什么还要特别要求苏联承诺不支持中共建立联合政府的主张，这就涉及本文所要探讨的政治协商会议问题。政治协商会议最早缘起于1944年9月中国共产党提出的召开各党派国事会议，废除国民党一党专政，成立民主联合政府的主张。当时，这一主张一经提出，不但立即得到了国内各民主党派和爱国民主人士的一致拥护与支持，而且还曾一度得到了美国驻华大使赫尔利的赞同。蒋介石则始终对此表示反对。他声称："党派会议等于分赃会议；组织联合政府，无异于推翻政府。"④这样，由于国民党蒋介石的坚决反对和赫尔利的随之变卦，抗战胜利前夕，国共两党围绕召开党派会议和成立联合政府的谈判最终宣告失败，政治协商会议问题也因此搁浅。但是蒋介石对"党派会议"，尤其是"联合政府"问题仍然心有余悸，担心中国共产党适时再提此议。因此，他在无条件地获得美国的支持后，又借中苏谈判之机寻求苏联对此加以支持，在国际上形成美苏对中国共产党的一致压力，从而迫使中国共产党放弃召开党派会议、成立联合政府的主张。事实证明，蒋介石的这一目标基本实现了。

经过一番激烈的讨价还价，《中苏条约》虽在日本投降前夕签订了，但与之有关的三国四方对条约内容的反应却不尽相同。美苏对《中苏条约》基本上按《雅尔塔协定》框架签订表示满意；国民党以牺牲某些主权换得苏联的政治

---

① 秦孝仪主编：《中华民国重要史料初编——对日抗战时期》（第三编·二），中国国民党"党史会"，1981年，第588页。

② 赫伯特·菲斯：《中国的纠葛》，林海等译，北京大学出版社，1989年，第163页。

③ 秦孝仪主编：《中华民国重要史料初编——对日抗战时期》（第三编·二），中国国民党"党史会"，1981年，第613页。

④ 中国社会科学院近代史研究所中华民国史研究室编：《中华民国史资料丛稿》（增刊第5辑），中华书局，1979年，第61页。

军事援蒋抑共，则喜大于忧；条约唯独对中国共产党不利，无疑增加了战后同国民党进行政治军事斗争的难度和压力。

综上所述，抗战胜利前夕，美苏通过《雅尔塔协定》中有关中国条款以及由此产生的《中苏条约》，初步确立起了两国对华政策的基本框架：双方皆在政治和军事上支持和援助国民党，帮其实现中国政权和军队的统一；与此同时，要求国民党实行民主改革，接纳中国共产党和其他党派代表参加中央政府，以此换取中国共产党交出军队，最终实现中国在国民党领导下的和平、民主与统一。美苏从维护各自利益出发而确立起的这种对华政策的基本框架，必将对战后国共两党的政治军事斗争，包括政治协商会议的商定和召开产生重大影响。

二

《中苏条约》刚刚签订，蒋介石便一改常态，连续三次电邀毛泽东到重庆"共同商讨""国际国内各种重要问题"，一时显得情真意切。与此同时，毛泽东收到电报后，最初本能地将其视为"鸿门宴"，继而犹豫不决，最后毅然飞渝同蒋谈判。国共两党及其领导人在短短十几天内认识骤变，其中一个重要因素就是与国际背景有关。

蒋介石急不可耐地电邀毛泽东赴渝谈判，除当时尚不具备立即发动内战的军事条件外，那就是从刚签订的《中苏条约》中看到了按照自己意志实现政治解决中国共产党问题的可能性。蒋介石把《中苏条约》的签订，"苏联支持中国国民政府"，并"愿意帮助统一中国的武装力量"，视为从政治上解决中共问题的一次良机。

毛泽东在短时间内对是否接受蒋介石的邀请的陡然转变，除中国共产党对当时国内形势的发展变化很快做出了正确分析之外，也有来自国际上美苏方面的重要影响。此间，美国通过驻延安美军观察组转来美国驻中国战区司令官魏德迈致毛泽东的两封电报，内称赫尔利愿继续在国共两党之间进行调解，并愿亲自飞赴延安迎接毛泽东到重庆谈判。同时，苏联也通过苏军驻延安情报组转来斯大林致毛泽东的两封电报，指出："中国不能再打内战"，"尽管蒋介石挑峥想打内战消灭你们，但是蒋介石已再三邀请你去重庆协商国事，在此情况下，如果一味拒绝，国内、国际各方面就不能理解了。如果打起内战，战争的责任由谁承担？你到重庆去同蒋会谈，你的安全由美苏两家负责。"①美苏对国共重庆谈判的极力撮合，中国共产党在决策过程中不得不认真考虑。1945年8月23日，毛泽东在中共中央政治局扩大会议上专门谈了美苏对华政策及其影响。他指出，当前，苏联为了《中苏条约》和国际和平，不可能也不适于帮助我们。美国不公开帮助蒋介石，决定苏联也不可能公开帮助我们。现在，苏美英需要和平，不赞成中国内战；再加上人民需要和平，我们需要和平，和平能够取得。周恩来在会议上的发言也做了类似的分析。因此，这次会议在综合考虑国际国内各种因素的基础上，提出了"和平、民主、团结"三大口号，并将毛泽东赴重庆谈判一事基本决定下来。

纵观国共两党对重庆谈判的决策过程，不难看出，美苏所确立的两国对华政策的基本框架，即双方对国民党在政治和军事上的一致支持是促成国共重庆谈判的重要国际因素。

重庆谈判从内容上看，是抗战胜利前夕国共两党围绕召开党派会议、成立联合政府的谈判在战后新形势下的继续。因此，政治协商会议问题仍是重庆谈判的一个重要议题。但是，当时国内形势特别是国际形势的发展变化，却使国共两党在这个问题上的处境和态度已与此前大不相同。抗战的胜利使国民党在国民心目中的威信空前提高，国际上美苏的一致支持更使其一时显得踌躇满志。与此相反，共产党的处境则不如从前，国内抗战的胜利一时淡化了人们对国民党一党专政的不满情绪，使其就此抨击国民党的口实暂时得以削弱；国际上美苏，特别是苏联在"联合政府"问题上对国民党的支持，更使其增加了与国民党斗争的难度。因此，在"党派会议"和"联合政府"问题上国民党坚持强硬的立场，而共产党则不得不考虑让步。

重庆谈判开始后，中国共产党及时审时度势，就"党派会议"和"联合政府"问题向国民党主动做出了让步："第一，认为联合政府既不能做到，故此

---

① 师哲：《在历史巨人身边》，中央文献出版社，1991年，第308页。

次并不提出，只要求各党派参加政府；第二，召开党派会议产生联合政府之方式，国民党既认为有推翻政府之顾虑，故我等此次根本未提党派会议。"①此外，中国共产党还接受了国民党谈判代表王世杰的提议，同意将会议定名为"政治协商会议"。这样，由于中国共产党的主动让步基本满足了国民党的要求，最终签订了《双十协定》。

显然，美苏两国特别是苏联通过《中苏条约》在"党派会议"和"联合政府"问题上对国民党的理解和支持，迫使中国共产党在重庆谈判中对此做出的让步，是国共两党最终能够就政治协商会议问题达成初步协议的关键因素。

三

正当人们期待着政治协商会议早日召开时，国共两党，特别是共产党对政治协商会议的态度却突然发生了巨大转变。1945年10月10日，毛泽东在重庆与蒋介石做最后正式会面时，提出政治协商会议似以缓开为宜；而蒋则希望能在10月底即行召开，不宜拖延。②10月20日，国共续开谈判后，国民党代表三番五次地提出立即召开政治协商会议，中共代表则对此表示坚决反对。双方在政治协商会议召开日期问题上一急一缓，明显对立，难以调和。

国共两党态度的变化是与政治协商会议的性质分不开的。顾名思义，"政治协商会议"只具有协商性质，所达成协议在法律上对国民党并无约束力，这与此前中国共产党所极力主张召开的"党派会议"已大相径庭。在战后不久即召开此种会议，极有可能成为国民党实现一党独裁的工具，使中国共产党在政治上陷入被动。对此，国共两党都敏锐地意识到了，因此，两方对召开政协会议的缓急态度明显不同，并采取了迥异的举措。

与此同时，国共军事冲突却因美苏的干预而日益加剧。美国为帮助蒋介石抢夺抗战胜利果实，以受降和接收为名，出动军舰、飞机将大批国民党军队运

---

① 秦孝仪主编：《中华民国重要史料初编——对日抗战时期》（第七编·三），中国国民党"党史会"，1981年，第44页。

② 参见秦孝仪主编：《中华民国重要史料初编——对日抗战时期》（第七编·二），中国国民党"党史会"，1981年，第105页。

往华北的战略要地，并准备运兵东北。美蒋的举动迅速引起了苏联的忧虑与不满，遂以暗中支持中国共产党军队进入东北作为报复，使中国共产党在东北取得战略上的先机之利，粉碎了国民党依照《中苏条约》"外交接收"东北的企图。这样，国共两党分别在美苏的帮助和支持下，为实现各自的战略意图，军事冲突愈演愈烈，大有演变为大规模内战之势。这使政治协商会议的召开变得更加渺茫。

国共在政治协商会议问题上的僵局，特别是双方军事冲突的日渐扩大和升级，使美苏两国都深感不安。美国担心如果蒋介石发动内战，"可能导致共产党控制全中国"，危及自身在华利益，因为它看到国民党"绝对没有能力用军事手段镇压共产党"。[1]苏联则担心如果继续支持中共在东北的军事行动，可能引起国民党政府毁约，丧失在华既得利益，因为它不相信中国共产党会有足够的力量同国民党相抗衡。因此，美苏为维护各自在华利益，面对战后中国时局的日益恶化，必然会以适当方式加以干预。

美国政府为国力和民心所限，在中国问题上力求避免将过大的人力、物力用于帮助蒋介石打内战；同时，为了维持同苏联之间在中国问题上达成的妥协，它也不希望蒋介石在战后不久即发动大规模内战，影响它以争夺欧洲为重点的全球战略的实施。因此，在对国际和中国的复杂形势进行分析、权衡利弊之后，美国政府决定对国民党施加某种影响，尽可能通过"和平"手段解决共产党及其领导的武装力量，实现中国在国民政府领导下的"统一"。为此，1945年11月，美国总统杜鲁门以马歇尔代替赫尔利，赴华"调处"国共争端，企图主要运用政治的手段，帮助蒋介石建立一个统一的、亲美的政府，以实现其"不战而控制全中国"的目的。

苏联政府则为了维护通过雅尔塔协定中有关中国条款和《中苏条约》所获得的在华利益，不愿去冒同美国和中国国民党政府发生政治甚至军事冲突的危险。因此，当国民党政府对苏军在中国东北暗中支持中国共产党提出抗议，并以撤退负责接收东北主权的东北行营，做出使东北问题国际化的姿态时，苏联

---

① 中国社会科学院近代史研究所翻译室译：《马歇尔使华》，中华书局，1981年，第210页。

政府则自1945年11月17日国民党东北行营南撤之日起，便做出让步，开始限制中国共产党军队进驻东北各大城市和重要交通线。

美苏两国的举动立即引起了国共两党的高度重视，并迅速做出了不同的反应。

中国共产党在东北由于失去了苏联的暗中支持，在军事上很快丧失了此前所取得的战略优势地位，被迫转而在政治上借美国对华政策出现变动之机，开始寻求重开国共谈判，试探通过政治协商会议解决国共问题的可能性，并于12月初主动向国民党表示愿意"再开谈判之门，并开政治协商会议"。[①]与此同时，中共也向美国表示已确实决定参加政治协商会议。

对美苏的举动，国民党的反应可谓是喜忧参半。喜的是苏联为维护在华既得利益，在东北放弃了对中国共产党的支持，转而表示将遵守《中苏条约》协助国民党"外交接收"东北主权。这使国民党在东北的军事行动进展迅速，连连得手。忧的是，在此关键时刻，美国政府突然宣布任命马歇尔取代赫尔利准备出使中国，担心美国对华政策会发生不利于自己的变动，为此，蒋介石一面公开宣称"美总统杜鲁门任命马歇尔元帅继赫尔利将军为驻华特使一事，对美国支持国民政府谋求统一之对华政策，将不致有任何剧烈变动"；[②]一面私下积极准备材料以期影响马歇尔和美国对华政策声明。至于对中国共产党的建议，国民党由于无法拒绝，只好表示同意重开国共谈判。

这样，国共两党特别是共产党因美苏对华政策的初步调整而在政治协商会议问题上所做出的积极反应，使一度陷入停顿状态的政治协商会议问题再次提上国共谈判日程，重新成为双方政治斗争的焦点。

1945年12月15日，即马歇尔使华之日，杜鲁门发表声明，首先承认"国民政府为中国唯一合法政府"，但也同时承认其"是一党政府"，"主张由中国国内各主要政治党派的代表举行国民会议，从而商定办法，使他们在中国国民政府内得享有公平与有效的代表权"。同时又指出，"自治性的军队，例如共产

----

① 中央统战部、中央档案馆编：《中共中央解放战争时期统一战线文件选编》，档案出版社，1988年，第33页。

② 《中央日报》1945年11月30日。

党军队那样的存在，乃与中国政治团结不相符合"，主张"自治性军队及中国的一切武装部队，应有效地结合成为中国国民军"。①显然，杜鲁门声明是从美国利益出发，想以国民党的"政治民主化"换取共产党的"军队国家化"，进而确立起以国民党为主，同时容纳共产党和中间势力的统一的亲美的中国政权。

12月16日，美苏英三国外长会议在莫斯科开幕，其重要议题之一就是讨论中国内争问题，进一步协调三国在中国问题上的立场。12月27日，会议结束时发表了关于中国问题的声明（简称"三国外长声明"），"一致认为：必须在国民政府之下建立一个团结而民主的中国，必须由民主分子广泛参加国民政府的所有一切部门，而且必须停止内争"。②美苏公开宣布了两国对华政策的一致性，特别是"苏联政府承认蒋介石政府为中国合法政府"，认为中国"不能有两个政府、两支军队"，"中共与中国政府的代表需要再次聚会"。③

杜鲁门声明和三国外长声明的相继发表，再次引起了国共两党的高度重视，并迅速做出了不同的反应。

中国共产党公开表示欢迎杜鲁门声明关于"停止敌对行动，召开各党派代表会议，结束国民党一党专政，改组国民政府为各党派获有公开而有效的代表权的广泛代议制政府"等内容。此时，由于中共认识到"美国已决定不直接参加中国内战，不援助蒋介石武力统一中国，而援助中国的和平统一"，因此"准备利用杜鲁门的声明，在政治协商会议上向国民党展开和平政治攻势，以配合解放区的自卫斗争"。④12月27日，国共正式恢复谈判。谈判一开始，周恩来便一改此前主张缓开政治协商会议的消极态度，主动建议政治协商会议定于元旦召开。三国外长声明发表后，中国共产党认为"政协解决某些问题的可能性增加了"，再次向国民党呼吁"迅速召开政治协商会议来结束一党专政，

---

①《中美关系资料汇编》（第1辑），世界知识出版社，1957年，第628~629页。

②《新华日报》1945年12月30日。

③陈春华译：《斯大林与蒋经国会谈记录》（1945.12—1946.1），中共中央党史研究室、中央档案馆编：《中共党史资料》（第61辑），中共党史出版社，1997年，第196~197页。

④中央档案馆编：《中共中央文件选集》（第15册），中共中央党校出版社，1991年，第494页。

改组国民政府，吸收一切民主分子参加国民政府的一切（各级）机构"。①由此可见，中共在杜鲁门声明和三国外长声明发表后，及时审时度势，果断决策，不但转而重新主张立即召开政治协商会议，而且对政治协商会议的作用亦日趋重视起来。

与中国共产党相反，国民党蒋介石对杜鲁门声明和三国外长声明却反应冷淡，甚至表现出不满。杜鲁门声明发表后，蒋介石曾私下埋怨美国对华政策"迷失了方向"，认为与以前相比显然是一种倒退。对三国外长声明，国民党发言人更是表示了"抗拒式的沉默"，蒋介石则私下向马歇尔指出，这是"对中华民族尊严和主权的污辱"，②认为严重干涉了中国的内政。这些反应体现在政治协商会议问题上，与中国共产党恰好相反，国民党的态度迅速变得消极起来，不再主动提及这一问题。不过，由于国际上美苏一致压力和国内中国共产党所重新采取的政治攻势，使国民党在政治协商会议问题上已无路可退。1945年12月31日，蒋介石不得不宣布政治协商会议定于1946年1月10日在重庆召开。但他在同一天发表的元旦广播演说中"却故意一字不提政治协商会议，一字不提杜鲁门总统与三国外长的声明"，而只强调"军令政令必须统一，军队必须一律归还国家统辖"。可见，蒋介石对召开政治协商会议是极不情愿的，他真正感兴趣的不是政治民主化，而是军队国家化，是如何以国家的名义"化"掉共产党军队。

1946年1月6日，国民党政府正式公布了政治协商会议召开办法及参加会议各方的代表名单，并由会议主席蒋介石指定孙科为临时主席，雷震为秘书长，具体负责会议的日常工作。1月10日，国共两党在马歇尔的调处下正式签署了《停战协定》。同日，政治协商会议在重庆开幕。

政治协商会议在"一个政府""一个军队"和"民主改革"的基本框架下，经过20多天的激烈斗争，通过了《政府组织案》《国民大会案》《和平建国纲领》《军事问题案》和《宪法草案》五项协议。协议在字面上实现国民党蒋介

---

① 中央档案馆编：《中共中央文件选集》（第15册），中共中央党校出版社，1991年，第529页。

② 沃龙佐夫：《蒋介石之命运》，董友忱等译，中共中央党校出版社，1992年，第252页。

石领导下的全国政权和军队统一的同时，实际上也否定了国民党的一党专政和蒋介石的个人独裁。由于政治协商会议的召开与当时美苏对华政策直接相关，且它通过的协议与美苏原定目标较为一致，基本符合美苏的对华政策要求，因此受到了美苏舆论的欢迎。

综观全文所述，不难看出，政治协商会议从缘起、商定到召开的整个过程，自始至终都是在美苏的关注和干预下进行的，因此，关于美苏对华时局的干预与政治协商会议的召开之间的关系，我们可得出如下结论：在抗战胜利前后那段特殊的历史时期，国际上美苏通过《雅尔塔协定》中有关中国条款，以及由此产生的《中苏条约》所确立起来的两国对华政策的基本框架，即双方一致支持在国民党蒋介石的领导下实现中国政权和军队的统一，并实行民主改革，接纳中共和其他党派代表参加国民政府，这对当时国共两党的政治军事斗争，特别是围绕政治协商会议问题所进行的长时间的激烈斗争产生了重大影响。它具体体现在，首先，美苏根据两国所确立的对华政策的基本框架，努力促成了国共重庆谈判，从而使政治协商会议得以商定；随后，美苏又根据战后中国形势的发展变化而及时调整对华政策，最终促成了政治协商会议的召开。在此期间，虽然国共两党都曾试图偏离这一框架，并由此导致双方在政治协商会议问题上出现反复；美苏在执行对华政策过程中也曾一度出现变动而致使国共军事冲突日益加剧，但是随着美苏从各自利益出发，为维护雅尔塔格局而相继进一步调整各自的对华政策，国共两党也都因此不得不重新回到美苏对华政策的基本框架上来，并按照这一框架签署《停战协定》，召开政治协商会议，努力尝试通过政治协商方式来解决当时中国的内争问题。

当时，国共两党之所以能够接受美苏对华政策的基本框架，并按其要求召开政治协商会议，主要是因为国共两党在暂时都没有足够的力量与把握用军事手段消灭对方的情况下，都希望能够借助于美苏对华政策中对自己有利的国际因素，通过和平的政治手段来削弱对方，为自己争取尽可能多的政治军事权益。对国民党而言，它希望借助于美苏对其在政治军事上的一致支持这一有利的国际环境，通过和平的政治手段削弱乃至消灭中国共产党，实现在自己领导下的全国政权和军队的统一。对共产党而言，则希望利用美苏对华政策中有关政治民主化的内容，借助于来自美苏方面的国际压力，迫使国民党进行民主改革，打破国民党的一党专政，为自己争取合法的政治民主权利。事实证明，政治协商会议的结果在不同程度上实现了国共两党的目标，同时也基本符合美苏对华政策的要求，这正是政治协商会议得以召开的重要原因所在。

本文原刊载于《中共党史研究》2000年第3期。

作者简介：

王永祥，1945年生，河北高阳人。南开大学历史系教授、博士生导师，曾担任中国现代史学会副会长、南开大学周恩来研究中心主任、天津市学位委员会学科评议组成员、《历史教学》编委会副主任。长期致力于中国现代史的教学与研究，在周恩来的研究、旅欧共产主义运动史研究、中国近现代政治制度史研究、中苏关系史研究方面造诣较深。先后出版《中国现代宪政运动史》《戊戌以来的中国政治制度》等专著；在国内外发表学术论文70余篇，其中20余篇被《新华文摘》等著名文摘报刊全文转载或摘发；先后多次获全国和天津市级优秀成果奖励。

我国早期妇女运动的出版物

——《妇女日报》

胡蔼立 等

1924年1月1日，一张专门讨论妇女问题的全国性报纸——《妇女日报》，在天津诞生了。它的问世，受到全国各界、特别是妇女界的重视和欢迎。许多读者投书寄诗，以表庆贺；远在法国的原觉悟社成员郭隆真、张若名也来信祝贺，信中说："你们已开办《妇女日报》，令我们喜不自禁，还是觉悟社的同志有创造的能力……深信他们的能力、精神，可为中国妇女开辟一条大路，而唤醒沉睡麻醉的朋友。"上海女权运动同盟会领导人之一的谈社英还著文向读者推荐说："环顾国内，女子专门日刊，殊不一见，因为一般女界所引为憾事者。李峙山、邓颖超女士等，为北方女权运动之健者，有感于此，不避艰困，特创妇女日报于天津南市……"当时担任中共中央妇女部长的向警予同志，特为此撰文，称《妇女日报》的出刊，是"中国沉沉女界报晓的第一声"，是"中国妇女宣传运动的新纪元"。[1]给予了很高的评价。

本文拟就《妇女日报》的创办过程、宣传内容及办报特点等作一概略的介绍。

一

《妇女日报》是由在津的原觉悟社成员发起创办的。1923年4月，邓颖超、李峙山等在天津成立了进步的妇女团体"女星社"并创办《女星》旬刊。同年11月，共产党员刘清扬从法国回津，与原在觉悟社的战友邓颖超、李峙山、谌小岑等商议，认为有必要在《女星》之外，再出一份面向全国、讨论妇女问题的日报，以扩大宣传，推进妇女运动的开展。在天津爱国教育家、《新民意报》创办人马千里的协助下，经过短时间的筹备，这份四开四版的《妇女日

---

① 《中国妇女宣传运动的新纪元》，《妇女日报》1924年1月2日。

报》遂于1924年1月1日正式创刊。社址在南市东兴大街。该报在《发刊词》中，阐述办报的目的："因为要将全国妇女运动者的意见和妇女运动的消息汇集起来，作有系统的讨论和研究，不得不有一个专对于妇女运动的宣传品。为消息灵通和讨论的便利起见，又不得不出日报。"[①]

《妇女日报》创办时的职员是总经理刘清扬，总编辑李峙山，编辑员邓颖超、周毅，另有谌小岑负责发行工作，都是天津女界重要人物，为学生爱国运动的中坚分子，都是教育界中人。1924年4月，刘清扬受中共北方区委书记李大钊的委派，南下沪粤等地，总经理一职即由邓颖超代理。4月底，女星社全体成员加入《妇女日报》社工作，使该报社又添加了20余人的新力量。同时，《女星》旬刊也从第37期起，改为周刊，附于《妇女日报》印行。6月底，邓颖超、周毅因忙于其他工作，与已离津的刘清扬一起，联名刊登启事，辞去报社所任职务；但她们表示，对该报仍愿直接、间接予以相当助力。故自7月起，《妇女日报》主要由李峙山、谌小岑二人承办。并特聘李云裳先生为第四版编辑主任。

《妇女日报》虽然不是女星社的机关报，但由于主办人基本都是女星社的人员，二者的关系十分密切。实际上，《妇女日报》是女星社进行舆论宣传的一个重要阵地。该报社还曾企望把该报作为联络各地妇女运动工作者，互通消息的一个全国性妇女运动的宣传机关。为此，1924年春假期间，邓颖超曾专程赴京与北京女权运动同盟会及其他妇运团体进行联络，各团体均表示"愿尽力援助"。她们委托专人在京代派《妇女日报》，并报告各种消息；4月中旬，刘清扬南下，她的使命之一即为联络南方各地妇女团体，促全国妇女运动的发展，并请他们注意已有的宣传机关——《妇女日报》——极力求其推广。刘清扬从上海曾致函《妇女日报》社说：沪上女界极愿以本报作全国妇女运动的机关，并拟于最短期间内，拟出计划，征求各地妇女团体的同意，合力致本报于完美。由于当时全国妇女运动发展的不平衡，尚无统一的全国性的妇女团体，加之其他原因，这一设想与企划未能成为事实。但通过刘清扬、邓颖超的南北

---

① 《发刊词》，《妇女日报》1924年1月1日。

活动，扩大了《妇女日报》的影响，使它在一定时期发挥了全国妇女运动宣传机关的实际作用。

《妇女日报》在出版、印刷方面，都得到《新民意报》经理刘铁庵——刘清扬的三哥的大力支持；随着该报在社会上的影响日深，报纸的销路也逐渐增多，在7月份销数达2000余份；至8月底，该报在一则启事中谈道："查本报最近销额，已过三千。"①作为一份专谈妇女问题的日报，这个数字在当时可说是相当可观了。

1924年8月后，《妇女日报》对第二次直奉战争做了大量报道，并刊登文章抨击祸国殃民的反动军阀，因而引起军阀政府的忌恨，对之施加种种压力；加之经费困难、主要办报人离津或忙于其他工作等原因，该报遂于9月底停办。随报印发的《女星》周刊，也出至57期而中辍。

二

《妇女日报》的宣传内容体现出鲜明的时代精神与妇女报纸所独有的特色。

从妇女的根本利益出发，把妇女问题与整个社会问题结合起来，引导广大妇女关心国家和社会的重大问题，该报在"发刊词"中明确宣布："组织这个日报，拟对于政治，经济，社会状况及其变化的概略，作简要而有系统的记载。"②依此方针，《妇女日报》除登载国内外重要的时事新闻外，还以大量篇幅论述与妇女问题有关的各种社会问题，突出反映各界人民反帝、反军阀和争取应得权利的斗争，如报道天津和直隶爱国群众举行的反帝集会和游行、进步学生掀起的学潮以及上海等地工人特别是女工的罢工运动，等等。对于社会上一些进步团体开展的重要政治活动，不仅积极报道，还经常配发专文进行介绍，加以评论与阐发，如1924年天津学生联合会等团体纪念五四运动，报纸不仅刊出传单并同时发表《五四与妇女运动》一文；天津30余个团体和各女校集会纪念五七国耻纪念日，报纸不仅作详细报道，还配发《妇女与爱国运

---

① 《妇女日报》1924年8月30日。
② 《发刊词》，《妇女日报》1924年1月1日。

动》等文章，阐明爱国运动与妇女运动的关系，号召妇女"努力参加爱国运动，打倒外国人的侵略，推翻顽固党与军阀合组的政府，措中国民族于自由，平等的社会里，则妇女参政，妇女解放等问题，将不难迎刃而解"。①另外《妇女日报》还注意报道五一国际劳动节、三八国际妇女节等活动，并经常报道第三国际、苏联共产党和政府活动及介绍社会主义苏联妇女、儿童的新生活等，更属难能可贵。这些，对于提高妇女觉悟，动员她们关心社会变革和国家前途，起了积极的作用。既关注目前的切实之计，又着眼大处，不忽小处，脚踏实地，实际上也是《妇女日报》开展宣传工作的一个重要出发点。

该报在创刊的第二天，刊出向警予所写的《中国妇女宣传运动的新纪元》，专文强调指出：妇女解放绝不是单做妇女运动所能办到的，"妇女全般的真正彻底的解放，却必在劳动解放，亦即人类总解放之后"。②此后，在该报登载的一些文章中，也多强调只有推翻旧制度，妇女才能获得彻底解放的观点。刘清扬在列宁追悼会上讲话说："列宁对于吾们女子也是有特别意义的。"在俄国因得了列宁这个利器，旧经济制度推翻，男女关系也随而改变了。据此，她得出结论：经济问题不解决，妇女问题也必不能彻底解决。在另一篇署名"一峰"的文章中，鲜明地提出，只有提倡打破私有制，才是治本的良方。季岳著文阐述妇女运动与工人运动的关系，要求实际参加妇女运动的人们抛弃自己特殊的地位，深入劳苦贫穷的女工当中，和她们携手进行，并且与男性的劳动者合作，从经济制度方面解决妇女问题。

《妇女日报》还用大量篇幅讨论了有关妇女切身利益的种种问题。从女子在经济、政治、教育等方面的平等权利，到节制生育、儿童福利，从一般女子的婚姻、家庭问题、女工生活，到童养媳、婢女、娼妓的命运等等，内容十分广泛，涉及妇女解放的各个方面。值得重视的是，一些文章在探讨具体问题时，还能指出解决问题的根本途径。鱼常在一篇文章中，分析了当时妇女运动并未取得成功的大量事实后，提出妇女只有"加入改革政治运动"，

---

①《妇女与爱国运动》，《妇女日报》1924年5月8日。
②《中国妇女宣传运动的新纪元》，《妇女日报》1924年1月2日。

"加入人民革命"，才能促使国民革命更快的成功，只有国民革命成功后，"妇女运动才有成功希望!"刘清扬在论述女于职业等问题时，明确指出：女子解放，包括女子的经济独立，要求得完全美满的彻底解决，乃是根基于全社会的组织。所以现社会制度一日不推翻，女子问题便一日不能得到完全美满的解决。这些言论，都有力地促进了妇女的觉醒，引导广大妇女在考虑自己切身问题的同时，着眼于整个社会制度的变革。

《妇女日报》从启发妇女觉悟与争取更好的宣传效果出发，通过社评、专文、特稿、讨论等多种形式，结合妇女切身的各种问题，从理论上进行探讨。尤其是登载的刘清扬、邓颖超、李峙山等女星社主要成员的文章，虽各有特点，但大多能结合实际，评析事理，具有较大的说服力。

及时报道妇女问题，让事实说话，是《妇女日报》的一大特色。该报在《发刊词》中宣称："普通的报纸，多半是男子的专有品，对于妇女的痛苦，不能深刻的描写。所以特组织这个报，做妇女诉苦的机关。"①为使读者明了妇女在现社会中所处的是什么地位，明了女子现在所受的痛苦。该报曾刊出征求"社会琐闻"的启事，并愿就社会上所发生的与女子有关的事实，与妇女有关的琐闻，广加探集发表。该报通过各种渠道广泛收集各界妇女受迫害的事实，进行大量报道，并配发评论，以事论理。由于《妇女日报》逐日出刊，在它特辟的《妇女世界》《中国妇女地位写真》《各地琐闻》《妇女劳动界》等专栏上登载的关于女子受欺压、被凌辱的消息及文章，不仅数量多，而且内容也触目惊心。据1924年2月份的一个统计，仅21天中，在该报披露的就有：多妻惨剧15起，杀妻4起，打妻及虐媳9起，牺牲于不自由婚姻的8起，离婚4起，贩卖女子9起，卖女5起……牺牲于早婚的2起，卖妻的1起，奸淫的5起……共报道了62起；在同年3月，该报刊载的消息中，除报道了上海祥经丝厂烧死女工66人，烧伤多人和保定女师学生要求改革设施，被校方毒打这两件整体欺压蹂躏女子的惨剧之外，单独的、零碎的而屈服于暴势力之下的，总共报道80多起，其中有被丈夫虐待约有19起；被婆婆虐待的有25起，牺牲于各种恶

---

① 《发刊词》，《妇女日报》1924年1月1日。

制度下面的……正如该报编者所强调，由于社会制度不良，不知发生多少悲惨的事。仅从该报刊登有关妇女界的事来看，已经是骇人听闻了，而没有发现的问题就更多了。生活在天津的女子，受封建宗法制度残害的惨事，同样比比皆是。在《妇女日报》的《天津新闻》栏内，诸如《旧礼教又逼死一个》《服毒身死两女子》《一个女学生惨死》《一女竟卖两家》《逼妻为娼》《婚期寻短见》《逃跑一个儿媳，打死一个女儿》《童养媳被虐潜逃》《婢女失恋自杀》……这一类消息，几乎是日必数则。除《实事》《琐闻》外，《妇女日报》还运用其他形式来反映妇女的不幸，如《妇女日报》曾连载慧芳所写的《从歌谣里观察中国妇女的生活》的杂著多篇，通过介绍与评析民间广为流传的歌谣，使读者深悉我国各地女子的生活状况，为改造女子生活的先步。

《妇女日报》报道的种种事实，确如其《发刊词》中所说，起到了"带刺激性的鼓吹"的作用，确实引起人们对妇女问题的严重关注。该报编者在当年6月底的《半年的回顾》中指出，从半年"所登的许多新闻观察，看出中国妇女的地位，过于低微。重重压迫；自杀案日必数起。"因此，他们表示：今后要更加努力办好报纸，"为社会先进者发挥伟论的机关……本报以后亦极图改良，有益求精，求达为我国妇女运动喉舌的目的"。[1]由于报社同人的努力，该报受到读者和一些妇女工作者的赞誉。如读者韩文轩来函称赞报社诸先生热心妇女工作，认为中国妇女受害极深，非有强有力报纸鼓吹，不足以启聋聩。贵报出世，正当其时。谈社英在上海《中华新报》著文，介绍《妇女日报》，称该报于女界各种新闻记载详尽，而于妇女运动消息尤特别注意，出版数月，闻销路甚广……要为介绍。注意世界消息者，必以先睹为快也。

《妇女日报》社的成员，除个别是共产党员或共青团员，有的在当时实际只是激进的民主主义者，因此，该报登载的有些文章中，难免会透露出"改良"的妇运观，说明他们思想并不完全一致。但就整个报纸宣传的基本倾向看，是进步的，矛头指向摧残妇女的旧制度和恶势力。他们宣传了妇女解放的正确主张，反映了广大妇女的现况和愿望，起到了"宣传妇女应有的革命精

---

①《半年的回顾》，《妇女日报》1924年6月30日。

神"和动员"觉悟女子加入无产阶级革命运动"的积极作用,对当时全国的妇女运动也产生了较大的影响。

三

栏目多,形式活是《妇女日报》的突出特点。在出刊之初,就设了不少栏目,以后又随着形势的发展和读者的要求,不断增加或更动栏目,如着重报道世界、全国及天津妇运消息的二、三版,就先后设过《中外要闻》《世界电讯》《妇女世界》《中国妇女地位写实》《妇女劳动界》《女子教育界》《民众运动》《各地琐闻》《妇女运动行进的路上》《天津新闻》《零碎消息》《读者之声》等栏目;再如第四版,6月前,就有《讲演》《常识》《通信》《自由论坛》《杂著》《儿童花园》《小说连载》《诗歌》等栏目;7月起又增加了《云裳氏漫谈》《新格言》《特别调查》《特载》等栏目;8月底第二次直奉战争爆发,又增辟《战讯》《妇女界的消息》《悲哀痛苦的妇女界》等栏目。据不完全统计,《妇女日报》在发行期间,先后共开辟过70多个栏目。由于栏目多,不仅版面活跃,而且能够多侧面地反映妇女的现状和愿望,多角度地讨论妇女的种种问题。

栏目多,既是宣传内容的需要,也是宣传形式多样化的表现。在理论文字方面,除一般的《社评》《专论》外,还有《专栏文章》连载、《专题讨论》《通信》《征文》等多种形式,特别是那种一事一评式的《时评》《杂议》《随便谈谈》等,都是短小锋利,发人深思的。在事实报道上,除一般的通讯报道外,还有《专题调查》《读者来信》等形式。特别值得一提的是,《妇女日报》非常注意运用文艺形式来宣传妇女解放的主张。邓颖超就曾在该报发表过新诗六首。其中《爱与教》反映在旧婚制束缚下,女子的痛苦,抨击罪恶性的封建礼教;《复活》一诗,悼念被反动军阀杀害的女战友,表达后继者英勇奋斗的心声;《胜利》这首小诗,告诫人们不仅要经得起挫折和失败,更要经得起胜利的考验;《实践之灯》更是一首闪耀着马克思主义辩证法光辉的诗篇,它号召人们掌着实践之灯,脚踏实地一步一步地奋斗前行。这些充满战斗激情的新诗,对妇女工作者无疑会产生极大的激励作用。刘清扬在报上不仅发表多篇论文,系统论述妇女解放问题,反映她多年旅居法、德诸国的心得,较深刻地阐述了马克思主义的妇女观，而且还从1月1日至2月10日连载了她的长篇报告《记归程》。李峙山也是发表有关妇女问题论文较多的一个，并经常复信读者，回答他们提出的各类问题，她写过一篇文学小品《娘，我骂你!》辛辣地讽刺了不良的家庭教育。

栏目与方法的多样，使妇女日报避免了一般日报枯燥乏味的弊病，增加了生动性与可读性；这也是这份报纸在当时妇女界、特别是城市中进步的知识妇女界受到欢迎的一个重要原因。《妇女日报》虽然仅仅发行了9个月，但它保存下不少我国当时妇女运动的珍贵史料，对研究天津及全国的妇运史、革命史乃至新闻史，都具有极为重要的价值。

本文原刊载于《天津文史资料选辑》2001年第1辑(总第89辑)。

作者简介：

胡蔼立，南开大学历史系副教授。主要研究中国近代的革命史、妇女运动史。

民国时期的"教育独立"思潮评析

张晓唯

清末民国之际，随着科举的废止和近代学校的勃兴，在西方观念的启发和刺激下，中国知识界内部萌发了追求"学术独立"和"教育独立"的意识。到20世纪20年代近代大学粗具规模时，由于办学经费奇缺等原因，教育界终于涌动起一股要求"教育独立"的思潮和运动。其标志是1922年蔡元培《教育独立议》、李石岑《教育独立建议》等方案的提出和当时南北各校师生的有关活动。尽管"教育独立"主张立意颇高，但在现实层面充其量体现为"教育经费独立"这一基本要求。唯一的例外，是1928年前后一度试行的大学院及大学区制，那是一种力求在"法理上"为教育独立奠定根基的努力，却以失败而告终。"教育独立"的理念在民国知识界引起一定共鸣，直至抗战时期教育独立的主张仍时有出现。但以往学术界对这段史实没有给予应有的重视和适当评价，更绝少从教育自身运行规律的视角做出解释和定位。如今有必要重新审视这段历史，从教育自身发展规律的视角对之加以评判。

一

其实，"教育独立"的主张由来已久。早在清朝末年，章太炎即提出了教育独立的设想："学校者，使人知识精明，道行坚厉，不当隶政府，唯小学与海陆军学校属之，其他学校皆独立。"[①]其主旨是力求摆脱清政府对中等以上学校的干预，以保证学术和教育的自由发展。类似的言论还可在王国维、严复等人的著述中发现。严复主张"政、学分途"，而王国维更明确强调："学术之

---

① 章太炎：《代议然否论》，上海人民出版社编：《章太炎全集》(4)，上海人民出版社，1985年，第306页。

发达，存乎其独立而已。"①西方观念的启悟和中国书院的传统，使得中国知识界对学术和教育相对独立于政治已有了相当清晰的认识。不过他们的表述还较为零碎，不够系统。

1912年，蔡元培作为民国政府首任教育总长发表《对于新教育之意见》一文，阐述符合共和政体的新教育方针，其中对上述思想作了相对完整的阐释：教育可分为两大类别，一为隶属于政治者；一为超然于政治者。在君主专制时代，教育家依循政府指令行事，遂流于纯粹隶属政治的教育；而共和时代，教育家得以站在民众的立场上办学，于是便有超然于政治的教育。共和时代的教育应当"超轶于政治"。②此番议论，加上蔡元培从德国哲学家康德那里借用"现象世界和实体世界"所做的哲理诠释，颇令世人耳目为之一新。虽然国人在多大程度上理解乃至接受这一主张仍很值得查考，可是蔡元培本人对此却深信不疑，且能"知行合一"。在民国肇始、党争甚烈的政治环境中，蔡元培组建北京教育部时，全然不顾党派之分，请出教育界专家、共和党人范源濂作教育部次长，其理由是"现在是国家教育创制的开始，要撇开个人的偏见、党派的立场，给教育立一个统一的智慧的百年大计"。③显然，他用行动向世人表明教育的超党派地位，也因此招致国民党内的不满和指责。

一般说来，民国年间具有欧美教育背景的人士大多偏重于大学教育，而留学日本的知识群体往往致力于初中级教育。蔡元培和范源濂在民国初年便代表了教育界的这两种取向。蔡元培认定大学教育对国家发展具有引领作用，亦是输送各类师资的源泉。他深受19世纪德国大学教育观念的影响，注重高深学理的研究，强调"为学术而学术"，着力营造"思想自由，兼容并包"的氛围，在北京大学的改革成效显著。按照他的初衷，1916年冬执掌"最高学府"时即希望避开党派干扰，建立一块"学术净土"。蔡元培本人虽有国民党的政治背景，但任职北大的几年间却几乎成为"自由人"，因此能够"领袖群伦"，深

---

① 王国维：《论近年之学术界》，姚淦铭、王燕主编：《王国维文集》(3)，中国文史出版社，1997年，第39页。

② 蔡元培：《对于新教育之意见》，高平叔编：《蔡元培全集》(2)，中华书局，1984年，第130~133页。

③ 梁容若：《记范静生先生》，《传记文学》1962年第6期。

得聚集在北大的自由知识分子的真心拥戴。可是，自1919年以后，北京教育界的办学环境明显恶化，政局动荡，连年内战，国立各校经费奇缺，屡受干扰，各校师生罢教罢课风潮迭起，大学教育面临严重的生存危机。正是在此背景下，教育界要求"独立"之声大起，从具体的教育经费独立，到"形而上"的教育机制独立，进而汇成一股"教育独立"思潮。

1922年初《教育杂志》《新教育》先后刊发李石岑、周鲠生、郭梦良等人研讨"教育独立"的文章，其中蔡元培《教育独立议》一文堪称代表。此时蔡元培主持北大已五年之久，又刚从欧美考察归来，其所提主张较以前更为明确具体："教育是帮助被教育的人，给他发展自己的能力，完成他的人格，于人类文化上能尽一分子的责任；不是把被教育的人，造成一种特别器具，给抱有他种目的的人去应用的。所以，教育事业应当完全交与教育家，保有独立的资格，毫不受各派政党或各派教会的影响。"[1]他还提出了实现这种"超然的教育"的具体方案，即仿行国外的大学区制，将教育交与教育家办理，实施超然独立的教育体制。这便是"教育独立"主张的基本构想。

对此，教育界人士多有回应，其中以胡适的态度最为引人注目。他对蔡元培的主张极为赞成，同年5月他在燕京大学座谈时，反复引述《教育独立议》的观点，将之奉为圭臬。直至1937年胡适参加庐山谈话会，在议及教育时，仍重申"教育应该独立"的意见，并举述"其涵义有三：1.现任官吏不得作公、私立大学校长、董事长；更不得滥用政治势力以国家公款津贴所长的学校。2.政治的势力（党派的势力）不得侵入学校。中小学校长的选择与中小学教员的聘任，皆不得受党派势力的影响。3.中央应禁止无知疆吏用他的偏见干涉教育，如提倡小学读经之类"。[2]时值国难，胡适非但没有暂时收起"教育独立"的主张，反而加倍强调，是否可行，暂且不论，他的底蕴无非是在民族危难之际，更须刻意维护文化教育事业，因为他信奉"文化不亡则民族终不会亡"的理念。虽然胡适提议教育独立的语声甫落，即有人起而驳难，但他欲借

---

① 蔡元培：《教育独立议》，《新教育》1922年第3期。

② 中国社会科学院近代史研究所、中华民国史研究室编：《胡适的日记》（下册），中华书局，1985年，第571页。

抗战的契机，旨在革除国民党官僚肆意插手教育的流弊，以维护文教事业，亦不失为一种可贵的尝试。总之，胡适的教育独立主张与蔡元培等人可谓一脉相承，精神实质不变。即使在抗战期间，教育界仍有"独立"之声，以至与国民党战时体制发生抵触。1941年，接替罗家伦担任中央大学校长的顾孟余上任伊始，便在校内宣明："学术思想自由，一切党派退出学校"，颇得广大师生欢迎，也因之与最高当局发生"龃龉"，终于不得不挂冠而去。①顾孟余早年任职北大，曾作为教务长协理校务，熟悉并认同北大的自由传统，后来从政，属汪精卫一派，抗战时与汪绝交，留在重庆，但对蒋介石并不顺从。他在中央大学的非同寻常之举，固然不无政治因素，然其知识分子的本性决定了他主持大学的某种必然选择。

总之，自清末至抗日战争中期，"教育独立"的思想在知识界始终存在，虽表现力度各时期有强弱之分，然其思想实质则一以贯之。

二

"教育独立"思潮的核心，是仿效西方"学术自由，大学自治"的模式，力主教育摆脱来自政治的、宗教的种种牵掣，从人类传承智能、谋求发展、完善身心的终极高度，达到某种独立运行的状态。这一思想内涵明显体现在"五四"以后教育界的种种努力之中。

众所周知，蔡元培于"五四"前后排除政府和社会强势者的种种干涉，苦苦支撑北大的独特体验，是促使他坚定主张由教育家按教育规律办教育的直接原因。胡适同样如此。1925年北大等校因反对章士钊，提出脱离教育部，胡适等欧美派人士独持异议，理由是，学校应置身政争之外，"努力向学问的路上走，为国家留一个研究学术的机关"。②1932年7月，胡适对国民党当局向大学及教育机构安插党羽，酿成风潮，明确表示反对："用大学校长的地位作扩张一党或一派势力的方法，结果必至于使学校的风纪扫地，使政府的威信扫

① 刘作忠:《顾孟余其人其事》,《团结报》2001年3月17日。
② 胡适等:《为北大脱离教育部关系事致本校同事公函》,白吉庵、刘燕云编:《胡适教育论著选》,人民教育出版社,1994年,第217页。

地。此一原则不仅限于国立大学，凡用政治势力来抢私立学校的地盘，或抢各省市教育厅长局长的地盘，都是制造风潮，自堕政府的威信。"①1946年10月，胡适作为北大校长出席典礼，他自称是"无党无派的人"，也"希望学校完全没有党派"，教师、学生虽然有政治信仰的自由，但"学校是做学问的地方，学作人作事的地方"。②此时教育界的政治色彩越来越浓，胡适本人的政治取向亦十分明显，可是作为校长仍"在校言校"，知其不可为而为之，尽力避免北大成为各派政争的场所，足见其信守"教育独立"理念的良苦用心。

对于宗教势力浸入学校教育，自由派知识分子持坚决拒斥的态度，这在教会学校颇有势力的情况下具有特别意义。人们常说蔡元培办学是"无所不包"，可是有一例外，他对宗教决不"兼容"，带有宗教色彩的团体在他主持的学校或机关，难有立足之地。何以如此？根本的一点在于他认为宗教妨碍信仰自由。蔡元培肯定自孔子以来"无宗教迷信"的儒家传统，同时对各类宗教痛加诋斥："现今各种宗教，都是拘泥着陈腐主义，用诡诞的仪式、夸张的宣传引起无知识盲从的信仰，来维持传教人的生活。这完全是用外力侵入个人的精神界，可算是侵犯人权的。"鉴于教会学校强迫学生信教的做法，他主张"宗教宜俟成年人自由选择，始合于信仰自由主义，不宜于幼年时代"。③蔡元培不仅拒斥西方宗教，也反对将本国文化宗教化的倾向，他反对神化孔子，先后取消了"尊孔读经"和春秋祀孔。胡适也不例外，他在燕京大学曾直言不讳地讲道："学校是发展人才的地方，不是为一宗一派收徒弟的地方。……在今日民族主义和理性主义的潮流之中，以传教为目的的学校更不容易站得住。"④因此他提出教会学校必须有所更张：禁止向小学生传教；废止校内强迫性宗教仪式；尝试以宗教史、比较宗教取代神学课程；"传教的热心不当为用人之标准，

---

① 胡适：《论学潮》，《独立评论》1932年第9期。

② 胡适等：《为北大脱离教育部关系事致本校同事公函》，白吉庵、刘燕云编：《胡适教育论著选》，人民教育出版社，1994年，第362~363页。

③ 蔡元培：《非宗教运动》《世界教育会两提案》，高平叔编：《蔡元培全集》(4)，中华书局，1984年，第179页。

④ 胡适：《今日教会教的难关》，《胡适文存》，黄山书社，1996年，第579~580页。

当以才能学问为标准"。①这些均反映出当年自由知识分子力图使学校摆脱宗教影响的种种努力。

"非宗教运动"恰好成为同时期"教育独立"思潮的兴奋剂。教育界"非宗教"的激越立场，曾招致钱玄同、周作人等北大教授的反对，认为此举将有碍信仰自由，形成新的"偏废"。此桩"公案"，就思想史角度而言，钱、周诸人或许更具前瞻性；而从教育史角度立论，蔡、胡等人的做法无疑有着明显的现实合理性。众多中国青少年被迫接受外来教义，不仅刺激民族感情，也大大伤害了国内教育界人士的职业自尊，他们做出激烈反应，于情于理，均无可厚非。正是缘于"非宗教运动"的冲击，才促动了后来教会学校"本土化"的改革进程。

至于蔡、胡诸人苦苦追求的教育摆脱政治干扰的设想，则丝毫未见奏效，在民族危难和集权整合的社会政治环境中，教育本身反而越来越流于附庸境地。即令提倡者自身也无可避免地被裹挟到一定的政治分野之中而难于自拔。可以说，自由主义的社会政治理想在近代中国的败落，决定了"教育独立论"的无果而终。当然，就思想价值而言，"教育独立"主张凸显了大学教育需要思想、学术自由的基本理念，影响相当深远。1930年蔡元培为《教育大辞书》所写"大学教育"词条称："近代思想自由之公例，既被公认，能完全实现之者，却唯大学。大学教员所发表之思想，不但不受任何宗教或政党之拘束，亦不受任何著名学者之牵制。苟其确有所见，而言之成理，则虽在一校中，两相反对之学说，不妨同时并行，而一任学生之比较选择，此大学之所以为大也。"②看来，"教育独立"主张尚属教育界人士的一厢情愿，比起那种观念和体制的变革，首先实现教育经费独立确乎是紧迫而实际的选择。"教育独立"的玫瑰色梦想终究又回落到了十分现实的层面。

1919年北京政府的中央预算，军费支出达42%，教育经费竟不及1%，许多学校处境窘迫，难以为继，教育经费独立运动应时而起。全国教育联合会第

---

① 中国社会科学院近代史研究所、中华民国史研究室编：《胡适的日记》（下册），中华书局，1985年，第358页。

② 高平叔编：《蔡元培全集》(5)，中华书局，1988年，第507~508页。

六届年会提出设立特种捐税以筹集教育基金等议案，可是当局挪用拖欠教育经费的状况依旧。1922年8月，蔡元培、李建勋、许寿裳、俞同奎等北京国立八校校长一度为教育部拖欠经费而联名辞职，辞呈中称：开学在即，不名一钱，学校行政，几于停滞。可见当时各校的艰难情形。鉴于此，在其后召开学制会议讨论新学制草案时，教育界人士力主增订"教育经费不移用；经费由董事会保管"两项条款。1927年12月，蔡元培作为大学院院长与孙科联名向国民政府提交《教育经费独立案》，提请政府"通令全国财政机关，嗣后所有各省学校专款，及各种教育附税，暨一切教育收入，永远悉数拨归教育机关保管，实行教育会计独立制度；不准丝毫拖欠，亦不准擅自截留挪用；一律解存职院，听候拨发。如此，则教育经费与军政各费完全划分，经济公开，金融巩固，全国教育永无废弛停顿之虞"。①显然，这是借政治变动，力矫北洋时代的弊端，确立教育经费独立的一项根本性举措。可是不久国民政府实行"财政统一"，使刚刚草创的教育经费独立体系受到冲击，尽管蔡元培坚守初衷，终归无济于事。直至1932年6月，中央大学师生还曾为经费问题发起"教育经费独立运动"，要求政府用英国退还的庚子赔款充作中大基金，进而引发风潮。可见，教育经费问题实乃"教育独立"思潮的直接成因。1932年以后，随着南京政府的相对稳固，教育经费逐步得到保证，先前要求"独立"的呼声才随之衰微。

三

值得注意的是，历史毕竟向抱持"教育独立"理想的人们提供了一次机遇。那便是1927年至1929年间在全国部分区域试行的大学区制。其主持人是蔡元培、李石曾等国民党元老，而胡适等欧美派知识分子则基本上置身于事外，没有发挥多少主动作用。

其实，在民国初年的教育管理体系中就一直存在大学区这个概念和实际划分。袁世凯时期制定《教育纲要》，拟议将全国分为四个大学区，汤化龙出任

---

① 蔡元培：《教育经费独立案》，高平叔编：《蔡元培全集》(5)，中华书局，1988年，第178~199页。

教育总长后，改为六个大学区，民国七年范源濂任教育总长时，将全国分作七个大学区，如第一大学区为直隶、河南、山东三省，分科大学设在北京。这样的划分似为一种区域管理体制，但仅停留于计划层面，远未真正实施。不过，1922年6月胡适与北大同人讨论高等教育时曾提议："第一大学区（北京）国立各校合并。"[①]这说明，大学区的划分在教育界内部已得到一定认可，蔡元培等人1927年后试行的大学区制并非毫无基础。

当然，大学区制的底本是仿效西方的学制。据蔡元培在《教育独立议》中的设想："分全国为若干大学区，每区立一大学，凡中等以上各专门学校都可设在大学里面，一区以内的中小学校教育，与学校以外的社会教育……都由大学办理。大学的事务，由大学教授所组织的教育委员会主持。大学校长，也由委员会选出。由各大学校长，组织高等教育会议，办理各大学区相互关系的事务。教育部，专办理高等教育会议所议决事务之有关系于中央政府者，及其他全国教育统计与报告等等，不得干涉各大学区事务。教育总长必经高等教育会议承认，不受政党内阁更迭的影响。……各区教育经费，都从本区中抽税充用，较为贫乏的区，经高等教育会议议决后，得由中央政府拨国家税补助。"[②]这些主要取自于法国制，少量参用美国、德国制，其核心是由教育家办教育，排除行政系统的干预，以保证实现"教育独立"。

1927年6月，蔡元培被任命为大学院院长，同时变更教育行政制度，在地方上实行大学区制，由大学区内的核心大学校长代行省教育厅长的职能，从而使教育、学术打成一片。大学区制首先在浙江、江苏两省试行，然后渐次推向全国。这一改革远非蔡元培《教育独立议》设想的全部，仅是法国大学区制的初步移植。大学院也显然得名于大学区，其实际功能虽与教育部无异，但内中新设的大学委员会由各大学校长及主管官员、知名学者组成，决定全国教育、学术大事，是体现"教育独立"主旨的关键机构。蔡元培的本意，是以大学院、大学区制取代北洋时代的官僚化教育体系，使教育行政管理纳入学术轨

---

① 中国社会科学院近代史研究所、中华民国史研究室编：《胡适的日记》（下册），中华书局，1985年，第377页。

② 蔡元培：《教育独立议》，《新教育》1922年第3期。

道，以避免先前那种行政当局对教育横加干涉的弊端。蔡元培等人借助国民党初建全国政权的契机，利用其元老的地位和影响，凭借行政力量，终于如愿以偿地实行了大学区制，向着"教育独立"理想迈进。

可是，被教育界推崇的法国大学区制，一旦移植到近代中国的土地上，其结果就发生了"橘化为枳"的变化。试办中的浙江大学区尚差强人意，江苏大学区内则风潮迭起，无日不在扰攘之中。人们批评大学区促使大学教育畸形发展，偏重学术而忽视教育，行政效率极低，且被少数人操纵，反而使教育官僚化。江苏大学区中等学校教职员联合会发表宣言称："盖以现社会实情言之，则学术之空气未浓，而官僚之积习方深。以学术机关与政治机关相混，遂使清高学府，反一变而为竞争逐鹿之场"①。此种情况大大出乎蔡元培的意料，因而当李石曾执意试办更大的北平大学区时，他便表现出相当的审慎，而与李氏发生分歧。后北平大学区引发更大的风潮，影响甚烈，国民政府于1929年夏宣布停办大学区，大学院随即改为教育部，蔡、李的改制以失败而结束。

胡适早在蔡元培《教育独立议》发表之初即曾预言，"法国式之不易行于中国（蔡先生的主张是法国式的）"。②结果被他言中了。有关研究者认为大学区制失败的原因是：（1）模仿失当，变更太骤；（2）政治不稳，基础未固；（3）留学派别之争，主要是留日派势力大，反对激烈，如经亨颐、丁惟汾等；（4）老友关系破裂，蔡元培与张静江、李石曾等发生裂痕，失去支持；（5）教育独立与"党化教育"不符；（6）经费不足。③此番分析颇为中肯。蔡、李诸人只看到了法国大学区制在法国的显著效果，却未细致考虑在中国的可行性，未免凭想当然行事，骤然实施，预备不足；试办区域集中于国内教育设施最集中，政治、经济、文化最发达的敏感地区，以致一地失败，全盘皆输。更为重要的是，蔡、李等人的"教育独立"试验是在中国政治由分权向权力重新整合

---

① 《中央大学区中等学校教职员联合会宣言》，《时事新报》1928年7月1日。

② 陶英惠：《蔡元培与大学院》；陈哲三：《中华民国大学院之研究》，台湾商务印书馆，1976年；黄肇珩：《一代人师——蔡元培传》，近代中国出版社，1982年，出版信息不全。

③ 中国社会科学院近代史研究所、中华民国史研究室编：《胡适的日记》（下册），《中华书局》，1985年，第358页。

的短暂过渡期内进行的,其自由化主旨与集权趋势格格不入,势难长久。当然,蔡元培等人此番试验也暴露了他们过分偏重大学教育而对基础教育重视不足的偏颇,反对大学区制最激烈的主要是教育界内部的中小学教职员。他们实则是一支非常强有力且持论具有某种合理性的反对力量,完全以留学派别之争视之,往往易于模糊问题的实质。

应该说,民国知识界关于"教育独立"的主张值得后人重视。毫无疑问,教育属于国家大政之一,欲独立于行政而存在不啻天方夜谭。如此浅显的道理,以蔡元培、胡适诸人的学识自然不会昧于此。他们所苦苦坚持的,是凸显教育本身对于人类(或民族)所具有的特殊恒定功能,充分尊重其固有的运行规则,极力避免因权力意志或愚昧无知而对之造成的有意无意、或显或隐的伤害,为此,应当建立一个有力而切实的保障系统。即在正常的法治社会,必须在立法和决策等关键环节确保教育的优先和至上地位,以使国家民族的百年大计贯彻通畅,无有中断易辙之虞。此种设想,对于多年来一些地区各级教育随具体政策变化而不断左摇右摆的现实应有某种警醒作用。

还应看到,"教育独立"思潮的形成,昭示着近代中国知识分子对自身价值和现实使命的明确感悟,这是一种近代意义上的"职业自觉"。它对于知识分子整体人格的健康生成,以及最大限度地发挥其潜能以带动社会发展,有着至为重要的思想价值。事实上,"教育独立"思潮的兴起,与民初"联省自治"的分权酝酿和北大等校的改革奏效,与中国知识分子的自主和活跃大有关联。人们注意到,1922年颁布的《壬戌学制》(即沿用至今的"新学制"),与以往的最大不同之处在于,它是教育界人士的智慧结晶。[①]由此,或可为后人解读"教育独立"主张提供一个"现场语境"。

本文原刊载于《高等教育研究》2001年第5期。

作者简介:

张晓唯(1957—2020年),天津市人。南开大学高等教育研究所

---

① 李华兴:《民国教育史》,上海教育出版社,1997年,第151页。

教授，历史学博士。主要研究领域为中国教育文化史、中外大学历史与文化、近世以来文化人物及思想、当代高等教育热点问题，先后出版《蔡元培传》等多部学术专著，发表学术论文及随笔数十篇。

解放战争时期的南开大学地下党

刘　焱

在中国之命运进行历史性大决战的解放战争时期，中共南开大学地下组织和广大革命师生，发扬反帝爱国光荣传统，在上级党组织的领导下，为推翻旧世界，建立新中国，进行了英勇艰巨的斗争。那时，白色恐怖极端严重，地下党实行单线联系，有严格的保密纪律，一般党员，甚至支委、总支委，只知道与其联系的上线和下线，全校组织情况，仅总支书记一人掌握。天津解放后不久，南开大学总支曾全面总结工作，向市委做过汇报。从20世纪80年代初起，市委党史研究室为彻底弄清天津（包括南开大学）地下党情况，曾组织专门班子，进行了多年的调查访问，多方搜集原始档案及资料，并多次正式召开地下党有关负责人会议，集体研讨，核实材料，总结工作，形成成果。我本人作为解放战争时期南开大学地下党"南系"支部书记和各系统组织合并后的总支书记，亲自参加了上述这些会议和有关工作，鉴于近年来包括1989年正式出版的《南开大学校史》在内的某些出版物，在谈到解放战争时期南开大学地下党情况时，有的重要情节严重失实，作为知情的当事人，为保存信史，我有责任根据自己亲身经历、市委会议和原始档案核实的材料，将解放战争时期南开大学地下党的主要情况介绍于下。

一、南开大学地下党组织概况

（一）各系统地下党组织

抗战胜利后，由敌占区迁往大后方的学校陆续迁回。1946年5月，北京大学、清华大学、南开大学三校组成的西南联合大学开始复员。8月，三校最后一次联合在南北方各省市招生。10月初，南开大学正式在天津复校。

复校后的南开大学学生，一部分来自西南联大，一部分是原北平临时大学分配来的，另一部分是全国各省市招收的新生，他们中各有一些分属南方局和华北局系统领导的中共党员。那时，党中央根据长期对敌斗争经验决定，从后方到平津的党员关系暂不交北方，仍由南方局领导。这样，同一地区、同一单位就有几个系统党组织，如果一个系统组织被敌特破坏，其他系统组织仍能坚持斗争。这样，南开大学就存在几个系统党组织。

一是"北系"党支部。1947年6月正式成立，书记沙小泉，委员先后有卜毅、张义哲、蓝铁白、郭玉祺、胡鑑美等。属华北局北平学委领导，领导人有余涤清，宋汝棻等。其外围组织为"民主青年联盟"。解放战争时期累计有地下党员70多人，"民联"成员130多人。（包括去解放区和毕业离校人员，下同）

二是"南系"党支部。1947年10月正式成立，书记刘焱，委员先后有胡国定、孙克文（林起）、钱传钧、杨思复。属南方局平津工委领导，领导人有黎智、王汉斌、李之楠、魏克。其外围组织为"民主青年同盟"。解放战争时期累计有地下党员40多人，"民青"成员80多人，其中有本校工人党员、"民青"13人。

三是冀热辽分局系统党组织。1948年秋，在南大有党员2人，"革青"7人，负责人为王祖陶。

四是教师党组织。原属"南系"支部，1948年初夏，教师中党员、"民青"发展到10多人，有辛毓庄、张肇科、顾员、张世英、邓汉英、麦本熙等，上级为加强教师工作，决定独立建制，仍由教师党员胡国定负责，上级党直接领导。以后又转来吴开文、朱平洋等人的党员关系。

（二）各系统组织合并，建立中共南开大学总支

1948年11月，根据党中央指示，为迎接天津解放，加强统一领导，地下党各系统组织合并。天津市成立统一的"中共天津工委"，黎智任书记。下设学校工作委员会，魏克任书记，沙小泉、刘焱、廉仲、方蔚等4人为委员。南大各系统合并，成立中共南大总支，下设4个分支，上级任命刘焱为总支书记，钱传钧、郭玉祺、杨思复、胡鑑美为总支委员并各兼一分支书记。1949

年1月15日天津解放后几天，中共天津市委通知我去汇报南大工作，并指示我按天津解放前联系情况，画出图表，上报了一份南开大学在校地下党员"民青"名单，现此名单仍存天津档案馆。据市青委1949年2月编印的史料记载：天津解放当时全市大中学72个，在校地下党员、"民青"共647人，其中党员158人，"民青"489人。南开大学1948年秋全校学生1240人，除已先后去解放区和回家避战火者外，解放时尚留校者810人。在校的党员、"民青"179人，占在校学生的1/5多，其中党员54人，占全市学校党员1/3多，"民青"125人，占1/4多。

（三）南开大学地下交通站

1947年敌人加强镇压，南方局感到需撤退大批人员去解放区，而去南方解放区较困难，因此决定在北方开辟一条去解放区的交通线。

那时，胡国定刚从上海交大毕业，经当时中央研究院数学所所长陈省身教授向南开吴大任教授介绍，到南大当助教。胡国定原是上海交大学生会党团书记，南方党组织派原与他有组织关系的陈庚仪（原上海市学联主席）、朱醒西（交大同学）来津，直接向胡传达了建立交通站的指示，胡接受任务后随即开始输送工作。不久党组织又从解放区派来经验丰富的老交通员孙大中、上海交大的胡荫，来津协助胡国定工作。这样，从1947年秋到天津解放，经交通站输送去解放区的先后有上海、南京、杭州、武汉、四川、湖南，以及平津等地革命师生累计达400多人。其中包括知名人士楚图南、王冶秋、闻一多夫人、李何林夫妇等人。

二、为推翻旧世界，建立新中国而英勇斗争

（一）掀起反蒋反美学生运动高潮

抗战胜利后，饱尝战乱痛苦的人民普遍要求和平、民主、团结，但蒋介石在美帝支持下坚持内战、独裁、卖国，发动大规模内战，激起广大人民不满。1946年12月24日，美国兵在北平东单强奸北京大学女生，消息传出，迅速在

全国各地燃起抗议美军暴行的怒火，南开师生立即行动起来，联合天津一些大中学举行了声势浩大的示威游行。1947年春，蒋介石疯狂扩大内战，物价飞涨，广大民众和师生面临饥饿威胁，在共产党的领导下，全国各地学生在5月20（编者注：原文无"日"字）左右举行了规模更大的"反饥饿、反内战"大游行。当天，南大游行队伍在大街上遭到数百名国民党特务、暴徒的突然袭击，一些同学血染街头，6人被捕，20多人受伤。但南开人并没被吓倒，越来越多的师生更自觉地团结在中共地下党的周围，继续英勇坚决地开展了反迫害、争温饱、争人权、反逮捕、反南迁等斗争，使南开园成为天津反蒋学运的一个著名中心，成为第二条战线的一个坚强堡垒，被誉为"天津的解放区"。

（二）白色恐怖和大逮捕

1948年，在汹涌的革命怒潮冲击下，蒋家王朝正走向败亡，为垂死挣扎，蒋介石加强镇压，8月20日前后，在全国各地进行大逮捕。8月19日下午，与南大地下党有联系的天津《大公报》记者、中共地下党员傅冬菊（敌华北剿匪总司令傅作义女儿）通知南大地下党，敌人当夜要进行大逮捕，党组织立即采取紧急措施，通知进步同学离校，避居亲友、教师和同学家。20日凌晨3时许，大批武装军警宪特包围南大，捕去张义哲、谭桂荪等7人。20日上午，南大地下党立即通过学生自治会，组成"营救被捕同学委员会"，开展营救活动。次日，反动当局又公开登报"通缉"未捕到的南大韩敬庸等23人。10月，敌人成立"特别刑事法庭"，迫害被捕学生。同时又公布了"通缉"南大等校学生116人的名单，但这些同学在中共地下党的帮助下，已先后撤往解放区，直接参加埋葬蒋家王朝的战斗。

（三）迎接解放，保护学校

1948年11月下旬，解放军进逼天津，上级党向我们传达了中央解放平津的决定，布置了护厂护校、迎接解放的战斗任务。在中共地下党的推动下，南大师生员工联合成立了"安全（护校）委员会"，决定12月14日起全校停课，把靠近城防的八里台南大南院、六里台北院的所有师生员工及贵重的图书、仪器、设备，突击迁至南大东院（今鞍山道天津教育学院），并组织了 200 多人的纠察队，日夜站岗巡逻，防止敌特破坏。终于在天津解放后，把南开大学完整地交到人民政府手里。

（四）向敌党政军及黑社会头目发出警告信

南大地下党还在上级党组织的领导下，秘密翻印了上万份《中国人民解放军宣言》《约法八章》等重要文件，并组成了 300 多人的宣传队，以各种秘密方式向全市各阶层散发。还用"中共解放天津行动委员会"的名义，向敌天津警备司令、市长、警察局长等头目发出警告信，严正警告他们停止抵抗、不许破坏、立即释放政治犯。后据内线反映，敌党政军头目接信后异常恐慌，市长杜建时看信时手都发抖了！到天津解放前几天，敌人终于被迫释放了一批政治犯，其中有长期被关监狱的南大同学 9 人。

（五）把党的文件藏到敌前警察局长家里

1948 年 12 月下旬，敌警备司令部以南大学生散发共产党传单为由，要派武装军警进驻南大搜查，中共地下党一面紧急动员全校师生员工，进行了反对军警进驻学校搜查的斗争，同时为防万一，又把印刷机拆开，连同一些尚未发出的传单，秘密转移到南大地下党员曾常宁家里，她的父亲曾延毅是傅作义的拜把兄弟和天津前警察局长，经过中共地下党的工作，已表示愿为党作掩护，以后又参与了争取傅作义起义的工作，由于为人民做过好事，解放后曾延毅被推举为天津市政协委员。

（六）智退敌军

12 月下旬，在敌军警声言要强行进驻学校的压力下，南开师生不畏强暴，掀起了声势浩大的反对军警进校的斗争。通过地下党做工作，12 月 22 日，南大 44 位教授联名发表通电，呼吁维护文化教育事业，公开反对学校驻军。当月底的一天上午，国民党突然开来一连全副武装的士兵，要强行进驻学校，中共地下党立即紧急动员全校师生员工，堵住学校大门。200 多名纠察队员手拿棍棒石块，与敌人对峙着，大有一触即发一场流血冲突之势。这时，住在附近的上级领导人魏克闻讯赶来，把我拉到一旁说：你们这样硬碰不行，一旦发生冲突，群众就会流血牺牲，给敌人进一步血腥镇压找到借口。你们要讲究斗争策略，主动做国民党军队工作，宣传反内战，讲明利害关系，动员他们不要给国民党卖命。于是我们立即通过地下党，动员大批群众，弄些开水，分散到国民党军队中送水和做说服工作，动员他们共同反内战。一群群学生围着一群群士兵，大家谈得很热乎，许多士兵表示同情学生，表示不愿打内战，队伍很快就乱了，国民党军官多次制止也制止不住，他一看情况不妙，怕士兵被"赤化"，赶快把军队集合撤走了。

（七）枪口下的联欢

当时，南大东院周围的高层建筑，包括仅一墙之隔的南开女中，都已被国民党军队占领。他们在楼顶架起机枪，名为"设防"，实际把枪口对准南大，进行威胁恐吓。广大师生在敌人枪口下团结战斗，用各种方式组织起来，秘密或半公开地学习各种进步书刊和中共地下党散发的文件，召开各种学术讲演会、时事座谈会，几乎每晚都举办歌舞联欢会，或演出各种文艺节目。当时，出现这种奇特的情景，每到夜晚，伴随着解放军进攻天津的枪炮声，南大校园经常传出歌声和欢笑声。枪炮声越响，欢笑声越大。1月14日，解放军发起总攻，枪炮声整日不断，同学们意识到快要解放了，更加纵情欢跳，放声高唱，枪炮声、歌声、欢笑声汇成奇妙的交响曲，它吓破敌人的胆，激动着千万颗年轻人的心！

（八）敌军向南开大学开炮了

1949年1月14日上午，解放军向天津发起总攻，当夜突入天津市区，敌人灭亡前向反蒋爱国的南开师生下毒手，驻守海光寺兵营的敌军黎明前向南大开炮，东院大楼北面的墙壁被炮弹轰开一个大洞，全校师生紧急避入地下室，幸亏解放军进展神速，很快攻占海光寺兵营，敌人对南开师生的大屠杀才未得逞。

（九）在战火中挂出"热烈欢迎解放军"的大标语

15日黎明，从海光寺沿甘肃路向南进攻的解放军已进至南大东院一带，师生们从大楼窗户窥见勇猛前进的解放军，心情万分激动！在战火纷飞中，他们把早已秘密用白床单连接的"热烈欢迎解放军"的大标语，从大楼顶挂了出去，大标语在战火纷飞中迎风飘扬，正在激战的解放军见到后都露出欣喜的笑容，更加英勇地前进。几位同学还自告奋勇，为解放军带路，与解放军并肩向前冲去！

（十）请把我们的传单也发出去吧

1月15日上午，南大周围的战斗刚结束，市内仍不断响着枪炮声，两位干部带着一个小分队的解放军进入学校，说是奉命来保护学校的，他们受到自发地聚集起来的上千师生的热烈欢迎。师生们高喊："欢迎解放军！"和解放军亲切交谈，气氛非常热烈。解放军拿出一捆传单散发，师生们都争相传阅。不一会传单发完了，许多没拿到的还争着去要。我接过同学手中的传单一看，是《中国人民解放军宣言》，我想起因国民党威胁要进校搜查，我们地下党印好的上万份《中国人民解放军宣言》，尚有未发出的一千多份藏在地下室，立即找总支宣传委员杨思复把这些传单取来，当时地下党没有公开，我们不便出面散发，便向解放军负责人说明情况，他一看我们的传单内容与他发的一样，就非常高兴地接过去散发了。

（十一）校园内来了纪律严明的解放军

那时正是三九寒天，东院大楼内早已生上暖气，非常温暖。而来保护学校的解放军在楼外大院站岗，寒冷异常。学生自治会负责人和学校秘书长黄子坚先生多次邀请解放军进楼取暖，他们都称要执行上级交代的保护学校的任务，遵守不进民房的严格纪律，婉言谢绝，在滴水成冰的严冬，昼夜坚持在楼外站岗巡逻。解放军爱护学校、严守纪律的行为与蒋介石军队形成鲜明对比，使广大师生受到一次深刻的教育。

（十二）在硝烟中的欢庆解放大游行

1月15日傍晚，枪声逐渐稀疏，天津已经解放，南大地下党立即组织了300多人的宣传队，上街宣传党的政策。当时，全校师生员工异常兴奋，纷纷要求上街举行欢庆解放大游行。地下党对此已早有准备，立即通过组织进行工作，由学生会、教授会、讲师助教会、职工会出面，分头发动群众，连夜进行准备。16日，全校师生员工高举"欢庆天津解放""热烈欢迎解放军"的巨大横幅，抬着欧阳职能、徐联仓、文可传等同学连夜赶画的毛主席、朱总司令的巨幅画像，整队走出校门，举行欢庆天津解放大游行。浩浩荡荡的队伍走过硝烟尚未散尽的街道，战场尚未打扫，有的街道还零散地丢弃着一些枪弹和军用物资。一批批刚抓获的蒋军俘虏，由解放军押解着从我们队伍旁走过。游行队伍穿越闹市区，沿途人山人海，万人空巷，许多群众自发地跟着游行，形成了万人欢庆解放的壮观场面！南开师生纵情高呼口号，高唱革命歌曲，欢呼黑暗终于过去，曙光已在眼前！

三、为解放平津做出贡献

为配合解放军的军事斗争，南大地下党在上级党组织的领导下，在特殊战线进行了英勇斗争，为解放平津做出了贡献。

（一）争取天津市前警察局长为党工作

1948年春，上级党就指示我们，为扩大反蒋统一战线，要动员全体党员、"民青"，利用亲友师生等社会关系，做争取国统区各界上层人士的工作，我们在组织内做了传达布置。南大地下党员曾常宁，其父曾延毅原为国民党高级将领，曾任天津市警察局长，上级党直接布置曾常宁做其父工作，在初见成效，其父表示"希望见解放区来的人"时，1948年冬，上级党组织先后派王甦、沙小泉与曾延毅见面，继续做工作，终于提高了他对共产党的认识，表示愿与我党合作，在天津解放前后做了一些有益于人民的工作，如掩护南大地下党的工作，天津解放前夕在国民党军警要强行进驻南大，搜查"共产党传单"的紧急时刻，帮助南大地下党将印刷机和大批秘密传单藏到他的家里；临近天津解放时，传闻地痞流氓和青红帮要趁乱抢劫，社会上出现动乱现象，上级党指示我们要曾常宁做其父工作，后来，地下党天津市工委书记黎智同志还亲自与曾延毅谈话，要他通过社会关系，警告黑社会头目严格约束部下，不许抢劫和破坏，他答应并这样做了。这对天津解放前后青黄不接时维护社会治安，起了一定作用。

（二）利用多条渠道，参与争取傅作义和平起义

诸渠道中，一条是"华北剿匪总司令"傅作义将军的女儿傅冬菊，时任天津《大公报》记者，她与南大地下党员周福成是西南联大同学，两人关系较好（后恋爱，解放后结婚），1947年底，上级就指示让周福成专门做傅冬菊工作，后来发展傅冬菊入了党，党要求傅冬菊每月至少回家一次，了解其父动向。1948年11月，党中央决定要解放平津，地下党组织决定要傅冬菊回到北平傅作义身边，了解其思想动向，专门做他的工作。但傅家戒备森严，如何将了解的情况带出，并上报党组织，这是个难题。当时傅冬菊与周福成的恋爱关系已公开，周可以随便出入傅家，党组织就派他到北平担负这一任务，他几乎每天都将傅冬菊了解的傅作义的动向，包括思想动向，即时报告北平地下党负责人崔月犁，崔通过地下电台立即报告党中央，对我党决策、争取傅作义和平起义，做出了重要贡献。

另一条是南大地下党员曾常宁的父亲曾延毅。他与傅作义是保定军校同学，傅任军长时他是副军长，在他表示愿与共产党合作后，地下党组织通过曾常宁动员他设法尽可能争取傅作义起义。上级领导人亲自与他谈话。曾延毅找傅作义尊敬的老师刘后同，一起做傅作义的工作，刘为此专门到北京住了83天。多次做傅的工作。解放后他写成《故都八十三天和平纪略》，如实记录了这段情况。

以上工作对促使傅作义和平起义起了重要作用。

（三）多方搜集天津城防情报

1948年秋，南大地下党员周福成通过傅冬菊关系，被傅作义军队系统的《平民日报》委任为驻天津特派记者。他利用可公开采访敌天津警备司令部等军政首脑机关，参加一些会议和到前线采访的机会，搜集军事情报上报给党。

1948年底，南大地下党员曾常宁利用她父亲的朋友，敌塘沽专员崔亚雄常到她家的机会，先后机智地从崔的皮包里取出《塘沽城防图》和《咸水沽兵力驻扎表》，抄写复制后经地下党上报，转交解放军天津前线指挥部。

1948年12月，解放军逼近天津，为开展护校斗争，靠近城防的南大八里台南院和六里台北院的全体师生员工把贵重图书、仪器突击搬运到市内东院，集中保管。南、北院立即被国民党炮兵占据，他们在运动场建立了炮兵阵地，架上了大炮。南大地下党为了解敌情，通过学校，派工友张德茂留守北院，张是中共地下党员，他将敌炮兵阵地位置、大炮数量、布防情况、守备兵力等情况，上报给党。我们立即上报天津工委，通过地下电台，发往天津前线指挥部。

早在1947年秋，"北系"地下党员、天津工务局工务员麦璇琨就利用职务之便，秘密绘制了一份《天津城防图》，通过组织送往解放区。在天津工委的领导下，天津市城防工程处的地下党员张克诚，在1948年底又复制了一份更详细的《天津城防工事布置图》，天津《大公报》的地下党员李光贻通过内线关系了解到天津敌军布防和调动情况，他们上报工委后，黎智都通过地下电台，发往解放军前线指挥部。

包括南开大学地下党在内的天津地下党，从多方面开展的上层统战和军事情报工作，所提供的详尽的敌情资料，对配合解放军解放平津，特别是解放天津，发挥了重大作用。

四、天津解放前后南开师生热情参军参干

（一）解放前3年，南大有200多革命师生奔赴解放区

解放战争时期是新旧交替、社会剧烈动荡的火热斗争年代，关心国家民族

命运、有正义感的广大青年和爱国知识分子，憎恨黑暗、腐败、独裁的国民党反动统治，向往光明，希望建立一个独立、富强、自由、民主的新国家。越来越多的革命师生参加地下党和"民青"，投身到推翻旧世界、建立新中国的斗争。许多人毅然放下书本，辞别亲人，主动要求奔赴共产党领导的解放区，直接加革命斗争。当时，革命形势发展很快，解放区需要大批知识分子干部。同时，白色恐怖极端严重，一些在剧烈的敌我斗争中比较暴露的地下党员、"民青"和革命师生，有随时被捕和牺牲的危险，根据上级党组织的指示，为了保存革命力量，也为了给解放区输送干部，南大地下党从1946年冬起就陆续把一些地下党员、"民青"和革命师生输送去解放区。1948年"八二〇"大逮捕前后，更有计划地、分期分批地大批输送。当时，南大每年在校学生最多时仅1200多人，而输送去解放区的，据不完全统计，3年累计达200多人，绝大部分是地下党员和"民青"成员。这些同志解放后大多随军返回平津，参加了接管党、政、军、群、文教、新闻、广播等各部门的工作。

（二）解放后3个多月，南大有40%多在校学生参军参干

1949年1月15日天津解放后，全国解放战争仍继续进行，新解放的平津和即将解放的南方各省市，从中央到地方的党政军各部门都需要大批干部，中国共产党动员大批学生参军参干，据当时中共天津市青委文件统计，经过约3个月的工作，到1949年4月，全市参军参干学生1292人，其中共产党员38人，"民青"成员180人。而南开大学参军参干学生达329人，其中共产党员24人，"民青"87人，其数量分别占全市参军参干人数的25%多，党员的60%多，"民青"近50%。

天津解放时，南开大学全校留校学生仅810人，其中共产党员54人，"民青"125人，而仅经过3个多月，南大就有40%多的在校学生，约45%的在校党员，70%的"民青"，热烈响应党的号召，毅然放下书本，奔赴革命第一线。在新旧大决战的历史时期，南开儿女发扬光荣革命传统，为推翻旧世界、建立新中国，做出了自己的贡献！

本文原刊载于《南开教育论丛》2002年第4期。

作者简介：

刘焱（1926—2020年），云南楚雄人。南开大学周恩来研究中心学术委员会主任、历史学院教授，周恩来研究方向的开拓者之一，也是周恩来研究方向的领军人物。著有《周恩来研究文集》等，主编有《周恩来与毛泽东思想》《周恩来研究文选》《中外学者论周恩来》《周恩来早期文集（1912—1924）》（上下卷）、《解放战争时期南开大学学运纵览》（上下卷）等；发表论文数十篇，承担过多项省部级科研项目。曾获得"庆祝中华人民共和国成立70周年"纪念章，6次获得全国及天津市哲社优秀成果奖等多种荣誉和奖励。

段皖系当政与北洋派的衰落

潘 荣

袁世凯统治末期，北洋派内部已有严重裂痕，呈现出分化瓦解的趋势。袁氏死后，北洋派很快明显地分化为两大支，即以段祺瑞为首的皖系和冯国璋为首的直系。段祺瑞身居中枢要职，成为处理袁氏身后政局的关键人物，控制北洋中央政权达四年之久。本文仅就段皖势力初掌北京政府的若干问题略加论列。

一

段祺瑞，字芝泉，晚号正道老人，1865年3月6日（清同治四年二月初九）出生于安徽合肥城内一个军官兼地主家庭。后来，人们把段为首的一伙北洋系军人政客称为皖系，就是因为段是安徽人。

段祺瑞本人发迹，是在投入袁世凯的新建陆军以后。段祺瑞的祖父段佩是一个靠镇压农民起家的军官，因作战"有功"累经升迁至淮军统领。段祺瑞自幼随祖父在淮军营中接受封建教育。1882年，段又赴山东威海卫军营投奔堂叔段从德，开始其军人生涯。1885年段得以进入李鸿章创办的天津武备学堂炮兵科。在校学习成绩优异，1887年被选送德国深造。在德期间，段先后在柏林军校和克虏伯炮厂学习。次年秋回国，任北洋军械局委员。1891年又返威海卫任教随营学堂。1896年，荫昌将他引荐给正在小站编练新建陆军的袁世凯，深得袁赏识，当年即被任命为炮兵营统带兼随营炮兵学堂监督。段祺瑞长期主管新建陆军炮兵学堂，对日后形成以他为首的皖系势力不无影响，靳云鹏、吴光新、傅良佐、曲同丰、贾德耀、陈文运、马良、张树元、郑士琦、何丰林等皖系将领，当年都是新建陆军炮兵学堂学员。

1899年，段祺瑞随袁世凯进入山东镇压义和团运动，因"军功"升补用知府，"兼充武卫右军各学堂总办"。①是年末，袁世凯由山东巡抚升任直隶总督，段又随袁返回直隶，专司编练北洋常备军。次年3月，他率刚刚编成的北洋军残酷镇压直隶广宗县景廷宾起义。因杀戮农民"有功"，被赏顶戴花翎并加"勇"号。6月，升任北洋军政司参谋处总办。1903年12月，清廷设立练兵处，段又当上了练兵处军令司正使。1904年，袁世凯借日俄战争之机，编成北洋陆军第三镇，段祺瑞以副都统衔记名道充首任翼长。次年，北洋陆军改制，段调任第四镇统制。1906年，又调署第三镇编制，兼督理北洋武备各学堂。以后他又任著名的保定军官学堂总办、陆军各学堂督理、会考陆军留学生主试大臣。因段多次主持各类陆军军官学堂，后来很多北洋中高级军官都要尊称其为"老师"。

1908年末，袁世凯被罢官后，段祺瑞一度署理北洋军第六镇编制。1910年调任江北提督，成为一方统兵大员。袁世凯自小站练兵，即竭力在自己控制的军队中培植私人班底，至清末主要靠他拔擢而起的统兵大员（官至总兵或提督以上者）已有数人，但其中既干练而又著声望的就是段祺瑞、冯国璋和王士珍三人。人们把他们并称为"北洋三杰"。

二

段祺瑞等能被称为"北洋三杰"，并非仅因他们在袁的拔擢下获得高官要位，与他们本人具备一定的军事才能和政治头脑也有相当关系。特别是段祺瑞的政治嗅觉尤为敏锐。在辛亥革命期间，他一面甘冒风险鼎力助袁迫清帝退位，一面又以北洋军武力助袁逼迫孙中山和革命党人让权，为袁世凯窃国立下第一等的"大功"。在袁世凯势力膨胀发展的过程中，段祺端也悄悄地培植起一定的个人势力。

1911年，武昌起义爆发，清廷起用袁世凯，同时召段祺瑞入京，令往湖北镇压革命。段先到彰德谒见袁世凯，领受机宜，然后入京请训，转赴湖北。袁出任内阁总理大臣后，即派段署理湖广总督，并接替冯国璋统率第一

---

① 《段祺瑞呈报三代履历表》，见光绪三十二年(1906)军机处清册第1668号。

军，兼领前敌各军。12月，南北议和会议在上海举行，段祺瑞一面派人游说北洋军将领，助袁迫清帝退位；一面以北洋实力压迫革命党人，应允在清帝宣布退位后让出总统职位给袁。当清室皇族犹疑不决时，段祺瑞又在袁世凯授意下率北洋将领四十余人两次通电，要求"立定共和政体"，并以率兵进京威胁清廷。段等第二个奏电发出四天后，清帝宣布退位。3月上旬，袁世凯就任临时大总统，任命段祺瑞为陆军总长。此后相当一段时期内，袁世凯为建立和巩固自己独裁统治的一系列重大举措，如裁撤南方革命军、胁迫副总统黎元洪进京就职、镇压"二次革命"与白朗起义军，都由段祺瑞直接指挥或参与策划，段可谓袁手下第一得力之人。而袁此时也对段信任有加，举凡重大活动均交由段领导的陆军部或总统府军事处办理。段也借把持陆军部培植党羽，建立自己的班底。当时列在段氏门下者，武有靳云鹏、徐树铮、傅良佐、曲同丰、吴光新等，文有曾毓隽、张志潭等，其中靳云鹏、徐树铮、傅良佐、曲同丰，号称"四大金刚"。①但是段氏麾下的几员大将靳云鹏、徐树铮等彼此间很不融洽，经常为邀宠发生矛盾。其中段最信任徐树铮，其人骄横异常，令其他几位皖系大将无法忍受。这也是后来皖系集团内部始终不稳定的原因之一。

三

段祺瑞反对袁世凯称帝，使其受到南北各派政治势力的瞩目，对他在袁败亡时控制北方政局，掌握北京政府实权起了重要作用。

袁世凯称帝，不仅遭到人民的强烈反对，而且引起北洋集团上层离心离德。段祺瑞、冯国璋都反对袁世凯称帝。段、冯不肯助袁称帝不是偶然的。实际上自镇压了"二次革命"后，袁世凯内部发生分化，对他威胁最大的已不是逃亡国外的革命党人，而是握有军权的段祺瑞、冯国璋等人。特别是段祺瑞在北洋内部树党植援，大力扩展个人势力，尤使袁不安。1914年5月，袁世凯撤

---

① 据张国淦说，段祺瑞最推重的部将是吴光新、靳云鹏、傅良佐、徐树铮，经常对人说，"用此四人，便能强国"。按此，"四大金刚"则无曲同丰。

销当时由段祺瑞控制的总统府军事处，另设"陆海军大元帅统率办事处"，直接掌握军权。段祺瑞和王士珍等七人被任命为办事员，轮流在统率办事处值班，一切军事要务，均由值班人呈报袁世凯定夺。表面上，此举是集陆军、海军、参谋三部统筹军事，实则削弱了段的军权。段祺瑞明白袁的用心，遂把部务交给徐树铮，不在陆军部露面，统率办事处的会议也时常借故缺席。而袁世凯本心就是要把段祺瑞打入"冷宫"，不久，即以北洋军暮气甚重为由，决定另编嫡系军队，1914年10月，先成立了"模范团"培训军官。第一期袁世凯自兼团长，陈光远为团副。第二期以袁氏长子袁克定为团长，陆锦为团副。陈和陆都是袁克定选的人，模范团实际由袁克定一手包办。袁世凯实行家天下，使段祺瑞更加寒心。1915年5月，他托病请假赴西山"疗养"。不久，袁世凯又授意肃政厅弹劾徐树铮浮报军火费，免去了徐的陆军次长。段的势力一度被袁从北洋军中枢机关中摒斥。

1915年8月，袁世凯的称帝活动公开，段祺瑞虽然也被迫列名"劝进"，[1]但本人却躲进西山"养病"，不参与任何实际活动。护国战争爆发后，袁世凯请段出任征滇总司令，他拒不遵命，帝制派投寄匿名信恐吓他，段坦然表示："武人不怕死"。[2]1916年2月底，段甚至不顾袁世凯的面子，公然提倡南北停战，维持共和，另组新政府，以解决时局。[3]1916年3月，袁世凯在举国反对之下，被迫取消帝制后，先是请出在北洋系中被尊为"相国"的老官僚徐世昌任国务卿，但徐为文人出身，没有军权，不为护国军方面所重视，不得已，袁又改变主意，请段祺瑞复出帮助收拾残局。段氏虽答应出任国务卿，同时却又提出改政事堂制为责任内阁制的要求。责任内阁制是民国元年国民党人提出用以限制袁氏独断专行的措施，由段氏重新提出，用意明显。但处于四面楚歌之中的袁世凯此时已无可奈何，只好于21日公布政府组织令，宣称将"委任国务卿总理国务，组织政府"，"树责任内阁之先声"。[4]次日，他下令准徐世昌

① 王士珍等呈袁世凯文（1915年9月21日），原件藏于中国社科院近代史研究所。
② 彬彬：《中央公园之起义纪念会》，《时报》1916年12月29日。
③ 《段氏意见之西讯》，《时报》1916年3月7日。
④ 《政府公报》1916年4月22日。

辞职，特任段祺瑞为国务卿。5月8日，又公布《修正政府组织法》，正式宣布撤销政事堂，恢复国务院和总理名称。但是，段祺瑞所要求的是名副其实的责任内阁制，因此他接任后不久，即明确要求"裁撤总统府机要局、统率办事处、军政执法处三机关"，逼袁交权。对此，袁世凯不肯让步，不但"三机关之裁撤终未实行，且暗嘱梁士诒以掣其肘"，[①]从而更加深了段的不满与抵制。他当时曾致电南方独立各省说："责任内阁已成，袁名为总统，实则虚位，请派代表来京与祺瑞等直接媾商。"[②]5月9日，陕南镇守使陈树藩驱逐袁世凯的心腹陆建章，宣布"独立"，得到段祺瑞的暗中支持，[③]陈树藩等北洋军人相继背离，加速了袁的败亡。5月中旬，袁病重不起，时人有"催命二陈汤"（按指陈树藩、陈宦、汤芗铭三人相继弃袁）之说。此说虽系市井流言，但亦非空穴来风。

袁世凯病死，为段祺瑞私人势力发展造成良机。原来与段联系比较密切的地方军政要员，如安徽省长倪嗣冲、山东督军张怀芝、福建督军李厚基、陕西督军陈树藩、甘肃督军张广建（以上1916年7月6日任命），浙江督军杨善德（1917年1月3日任命）和淞沪护军使卢永祥（1917年1月6日任命）等纷纷投到段的门下。段祺瑞通过这些地方军阀不仅掌握了大批军队，而且在西北控制了陕甘两省，在华东控制了安徽（皖南、皖中）、山东、浙江和包括上海在内的淞沪地区，在华南控制了福建。这样，上述地区军事实力派人物与靳云鹏、徐树铮、傅良佐、吴光新、曲同丰等人联手就构成了以段祺瑞为首的皖系军阀集团的基本班底。除这些嫡系，当时河南督军赵倜、热河都统姜桂题和两广矿务督办龙济光等也都依附于段。在文的班底方面，段祺瑞则几乎囊括原袁世凯全班人马。元老徐世昌从开始就属意拥段继承袁氏衣钵，维系北洋团体。特别需要指出的是，民国建立后一直被北洋系倚为财政支柱的交通系要角，除梁士诒因洪宪帝制案遭通缉外，其余如曹汝霖、叶恭绰、陆宗舆、章宗祥等悉数与

---

① 李希泌等编：《护国运动资料选编》，中华书局，1984年，第651~652页。

② 李剑农：《戊戌以后三十年中国政治史》，中华书局，1965年，第237页。

③ 何遂：《反袁回忆录》，中国人民政治协商会议全国委员会、文史资料研究委员会编：《文史资料选辑》（第48辑），文史资料出版社，1986年，第47~57页。

皖系军人合流。这些政客为皖系控制下的北京政府筹措经费，对外向欧美、日本银行借款，对内控制铁道，发行公债，聚敛民财。段祺瑞控制下的北京政府向日本大举外债，国内方面的幕后牵线者主要就是以曹汝霖为首的新交通系。

阎锡山、张作霖和张勋等北洋旁系和地方势力虽对中央政府保持距离，但对段祺瑞本人却异常尊重。他们不买总统、内阁和国会的账，但不敢轻易驳回段祺瑞的嘱托或命令。在北洋系中，有实力与段一争高下者仅冯国璋；但冯因在护国战争后期，企图以"调人"身份取代袁世凯遭到南北各方猜忌，且此时又远离中枢，只好暂取观望姿态，让段居于北洋领袖地位。

对南方各派反袁势力而言，北方也只有段祺瑞是可以接受的人选。袁世凯病毙次日，梁启超就明确表态："收拾北方，唯段是赖。"[1]与此同时，孙中山等也表示了大体相同的意见。[2]其他有实力的南方头面人物，如陆荣廷、唐继尧等，当时对段也没有特别恶感。特别是以梁启超为首的原进步党人，还指望着段能在西南地区划出一些地盘，更是不遗余力地捧场。

段皖系获各政治势力支持，一时得以入主中央政权。但是段的实力比起昔日袁世凯在北洋系的声望与地位相差甚远，所以他对政权的控制力也就远逊于身败名裂之前的袁世凯。

四

段祺瑞并非不欲像袁世凯那样，做个乾纲独断的大总统，但是有西南地方势力存在，北洋集团内部又矛盾重重，因而只能隐忍不发。而且在形势迫使下，不得不把黎元洪"请"到了总统位子上，尽管他一直对黎心怀怨气。如果黎能安心作段皖集团的工具，只管盖总统大印，不预其他，黎段合作或许还能维持一段时间，但黎并不甘于此，因而段黎的矛盾斗争就不可避免了。

1916年6月5日深夜，袁世凯行将咽气时，把后事托付给徐世昌和段祺瑞，次日上午，袁去世，徐即提示段，南方阵营屡次宣称，要"恭承黎元洪为

---

① 梁启超编：《护国之役文电稿》(未刊)，《申报》1916年6月9日。
② 《申报》1916年6月13日。

民国大总统，此时如不让黎继任总统，南方定然反对，使北方陷于被动。为大局着想，最好让黎元洪任总统"。①段迫于当时形势，不得不考虑采纳。帝国主义各国政府为稳定北京局势，也赞成黎出任总统。6日上午，英、法、俄、比、意、日六国公使在日使馆举行秘密会议，商讨袁死后中国势态和对策（开会期间得到袁的死讯）。午后，六国公使拜会段祺瑞，英国公使代表六国询问继任总统的人选。段表示，由副总统黎元洪接任。各国公使一致赞成，并宣称，将对黎元洪给予"道义上的支持"。②同时，段祺瑞还顾虑，如果不以黎元洪接任总统，自己直接上台，在北洋派内部也难得一致拥护。

当日，在段祺瑞主持下，北京政府发布两个文告。一是袁世凯"遗令"，自称"不意感疾，浸至弥留，顾念国事至重，寄托必须得人。依约法第二十九条大总统因故去职或不能视事时，副总统代行其职权，本大总统遵照约法宣告以副总统黎元洪代行中华民国大总统职权"。③二是国务院通电（鱼电），言袁氏"于本月六日巳正因病薨逝，业经遗令依约法第二十九条，宣告以副总统黎元洪代行中华民国大总统之职务"。段对请黎出任总统是很不情愿的。他与时任教育总长的张国淦前往黎宅，以相视而坐半小时不出一言的特殊方式，履行了请黎出任的手续。当夜，黎元洪听说北洋军人对他有所不利，急派张国淦前往段宅打听情况，段又没好气地说："我既然请副总统出来，这就是我的事了，他不要管，如果他怕的话，就请他来管吧！"黎的接任布告，原有依据是《临时约法》"继任"的内容。但秘书认为，这种写法，恐怕会激怒段祺瑞。如段

---

① 张国淦：《近代史片断的记录》，中国社会科学院近代史研究所、近代史资料编辑部编：《近代史资料》（第37册），中华书局，1978年，第165页。
②《日本外交文书》（1916年第2册），参见《索崇仁致冯国璋函》（1916年6月9日），《大树堂来鸿集》，中国社会科学院近代史研究所、近代史资料编辑部编：《近代史资料》（第35册），中华书局，1965年，第131~132页。
③《政府公报》1916年6月7日。

翻脸，总统就有可能当不成，不如暂时忍耐。①在秘书劝阻下，黎的就职告令既没提依据什么，也没有说是"继任"，还是"代行"，仅宣布："于本月七日就大总统任。"②黎元洪与段祺瑞在政治上的分歧，首先表现在拟议新阁员名单。

段祺瑞提出的新阁员名单，由汪大燮任外交总长，许世英任内务总长，陈锦涛任财政总长，刘冠雄任海军总长，章宗祥任司法总长，张国淦任农商总长，范源濂任教育总长，曹汝霖任交通总长。显然就是奉袁世凯之命组织内阁的原班人马。当段拿这个名单请黎审核盖印时，黎明确表示应多容纳几个南方人士以争取南方，实现南北和解，将其中刘冠雄、章宗祥、曹汝霖、范源濂撤掉，换上唐绍仪、孙洪伊、程璧光、张耀曾四人，段祺瑞迫于形势，表面上同意。但此事被段泄漏以后，引起以梁启超为首的原进步党人对黎元洪的极端不满。嗣后不久，段祺瑞、徐树铮为防止黎元洪今后再插手内阁及地方军政要员的人事安排，很快炮制出《国务院权限节略》，规定："选定内阁阁员为总理专责；主持施政大计及统一行政步骤皆总理之职权，有时亦可提交国务会议议决施行。本诸以上二端，凡京内外各部署应由国务总理直以文书指挥，而京内外各部署有须请示于政府或与政府商酌者，即应直陈国务院。如各官署有以属于总理或各部该管事件而迳呈大总统者，大总统应即发交国务院或该管之部酌夺办理。"还规定："前此公府与院部权限不明，如应由院部核办事件，径由公府办理，或应由院部主办事件，径由公府办理，不合法理，今当建阁之初亟应厘然划清，以慎其始。他如人民或各官署对于行政事件应向院部有所陈述或呈报，而违例径呈大总统……皆不合法，悉应革除。"并且规定，即使是属于大总统的职权，如选派公使，公布法律等也"一切须经国务院或国务院会同该管

①　关于袁世凯遗令，有两种不同记载：据《护国军纪事》，袁世凯临死前，仅以家属托付徐世昌，并无关于继任总统人选的遗嘱；而据张国淦回忆，袁世凯临死前，向徐世昌等人交代后事时，讲到"约法"二字，其子袁克定追问是否石屋金匮，袁点头后咽气，见张国淦：《近代史片断的记录》，中国社会科学院近代史研究所、近代史资料编辑部编：《近代史资料》（第37册），中华书局，1978年，第161~163页。

②　《政府公报》1916年6月8日。

之部分别核办。盖不如是，则总理不能负其责"。很明显，这一系列规定主要是针对总统黎元洪的。《国务院权限节略》特别申明："选定内阁阁员为总理专责"，"大总统但受其成可也"。①

五

段祺瑞出于分化和笼络南方独立势力及国民党稳健派分子的策略目的，掌政之初，尽量避免与国民党阁员和国民党人占多数的国会直接发生冲突，而是较多利用以顽固著称的张勋等所组织的"督军团"②攻击国民党和受到南方各种势力支持的总统黎元洪。所谓张耀曾烟土案和唐绍仪被攻辞职便是段祺瑞利用军人干政的杰作。当时，司法总长张耀曾与议员袁树五等一道由云南北上就职。8月5日乘船抵达上海，被上海道迎至孟渊旅舍小憩，随即返回本人寓所。当日，英国巡捕在孟渊旅舍查获烟土，经审讯，袁树五供认受人私托夹带，与张耀曾无涉。但北洋派却利用此事大做文章。9月2日，张勋首先发出通电攻击张耀曾"贩土营私，丧权辱国"。③黎元洪立即派人赴徐解释，但张勋根本不理会。此后不久，唐绍仪即将进京就职时，北洋督军又向唐发起更为猛烈的攻击。9月25日，北洋督军、护军使等33人，由张勋领衔发出通电，要求将唐绍仪从内阁中驱逐出去。通电对唐大肆进行人身攻击，诬蔑唐"凡庸""猥下"，并于任国务总理时贪污公款，"与少数伟人朋比分肥"，等等。④唐深知张勋等北洋军人背后有段祺瑞指使，无法在内阁存身，便通电辞职。进步党人在此二事件中都扮演了极不光彩的角色。"烟土案"发作后，梁启超表面上公开致电张勋，为张耀曾辩白，⑤暗中却运动段祺瑞，将张耀曾撤换，以靠近进步党的政客任可澄接替。⑥唐绍仪被任命为外交总长以后，梁四处散布说：

---

① 北洋政府财政部档案。

② 1916年9月，张勋出面,在徐州召集北洋各省督军或代表开会,组成"各省区联合会"。世人称之为"督军团"。

③《民国日报》1916年9月6日。

④《民国日报》1916年9月30日。

⑤《致张勋电》,1916年9月19日,载《护国之役文电稿》。

⑥《致籍忠寅》,1916年6月26日,出版信息不全。

"党人定策，举段为副总统，唐组阁，将挟国会力，一举歼灭北洋系。"与段配合可谓默契。

倒是在北洋督军中还别有不同声音者，这就是以冯国璋为首的"长江三督"（苏督冯国璋、赣督李纯、鄂督王占元）。冯国璋自护国战争时期就与国民党人暗通款曲。段祺瑞主持北京政府以后，他深恐形成段氏独霸中央政府的局面，与国民党议员和西南地方势力的联系更加密切，函电往还不断。在北洋督军团第二次徐州会议上，倪嗣冲提出从内阁中驱逐唐绍仪的动议时，"长江三督"的代表已表示异议，但为倪嗣冲所压制。后倪擅自代"长江三督"列名驱唐通电。冯国璋等先后声明与通电无涉，使张勋、倪嗣冲异常难堪。在冯国璋等影响之下，北洋督军团的公开集体活动曾一度中断。后来有些国民党人在北方受段压迫待不下去时，便跑到南京托庇于冯国璋，把冯视为反对段皖系集团的盟友。①唐绍仪被迫宣布辞职后，国民党阁员还有谷钟秀、张耀曾、程璧光和孙洪伊四人。农商总长谷钟秀等已成圆滑政客，暮气沉重，不敢与段进行公开的斗争。程璧光虽为内阁成员，但毕竟是军人，不便过多参与内阁的辩论，因此作用也不大。只有内务总长孙洪伊较有棱角，经常与段祺瑞、徐树铮发生争执。但他既得不到张、谷等人的响应，本人也提不出什么有号召力的政见，只能联合国会的原国民党议员和总统黎元洪在一些细枝末节上与段、徐闹意气，并不能从根本上动摇段祺瑞集团控制北京中央政府的局面。1916年12月末，孙中山在答复海外革命党人函询关于政治局势的信中明确指出："虽名为有党人在内阁为总长，实恐其无甚气力，且为官僚所化，殊不足恃也。"②这一判断日后为府院之争的结果所验证。

综上所述，段祺瑞能够继袁世凯之后，以国务总理身份把持北京政府的实权不是偶然的，第一，他有自己的派系和军队；第二，他因反对袁世凯称帝，捞到了政治资本。但是段祺瑞控制中央政权的能力比袁世凯当年相差甚远，从一开始就不稳定。由于历史的原因和种种利害关系，总统黎元洪与总理段祺瑞

---

①《林森致孙中山》（1916年12月4日），转引自《国父年谱》（下册），第661~662页。
②《孙中山全集》（第3卷），中华书局，1984年，第410页。

无法合作共事，原国民党议员们很快同黎结合起来，与段相抗衡；内阁中还有孙洪伊等不受段羁束的阁员；以冯国璋为首的"长江三督"又在外暗中支持黎元洪、孙洪伊等，几乎注定了段祺瑞的统治不可能稳定。段祺瑞企图利用以张勋为首的北洋督军团来制服对方，但是，张勋不是段的嫡系，且另有图谋。随即发生的复辟使政局更加混乱。后来的历史发展已表明，自段皖当政，北洋军阀集团即开始分裂，中央政府的权威日趋下降。从袁世凯失败段皖当政，中经府院之争，再到张勋复辟平息，直系首领冯国璋代理总统，是北洋派内部裂痕不断扩大，由鼎盛走向衰败的转折时期。

本文原刊载于《史学研究》2002年第9期。

作者简介：

潘荣，1949年生，天津师范大学历史文化学院教授。先后供职于中国社会科学院近代史研究所、南开大学历史系。主要研究中国近代社会史、中华民国史。先后出版《北洋军阀史论稿》等多部学术专著，并在《近代史研究》等刊物发表论文数十篇。

光绪初年俄商偷运砖茶倾销蒙古地区问题考述

米镇波

　　光绪初年，俄商偷运砖茶非法倾销蒙古地区。这种砖茶是以红茶末为原料，用先进的机器设备压制的，比中国山西商人运往蒙古地区销售的、用绿茶和茶梗制作的质量要好。由于俄商是偷运，逃避了纳税，降低了成本，挤占了华商在蒙古地区的市场份额，所以形成了市场垄断。这种行为直接违反了《中俄陆路通商章程》的相应条款，损害了中国的利权，造成了华商的歇业，并使一大批民众生活陷于困境。清中央政府在处理俄商偷运砖茶问题时，不能吸纳天津海关地方官员的正确意见，措置失当，致使蒙古地区商业利权损失殆尽，历史教训深刻。

一、清政府以条约限制俄商在蒙古地区贸易

　　中俄商务唯恰克图互市最早，伊、塔两城则定自咸丰纪元，余以陆路最称烦琐。陆路者指恰克图至天津一路而言。同治元年（1862）中俄双方签署的《中俄陆路通商章程》共计二十一款。清政府限制俄商到蒙古地区贸易的政策系统体现在该章程中。整个章程还暗含着清政府寓"收"于"放"之中的对俄外交原则。因此，该章程第十款规定："俄商在它口贩买土货运津回国，除在它口按照各国总例缴纳税饷外，其赴天津应纳一复进口税，即正税之半……方准起运恰克图不再重征，并饬令遵照第三款之路而行，沿途不准售卖……"总理衙门的成立，将对俄关系的处理提升至国与国的高度，这是从中国方面来说的。因为过去两国之间的文书往来，虽然也以国君相称，但中国方面是以理藩院来处理对俄关系的。从清政府方面来看，把对俄交涉当作了处理与藩属的关系。同治元年（1862）总理衙门签署的《中俄陆路通商章程》，是该衙门刚成立就签署的最重要的一个文件，要用一种非常的眼光来看待这个文件。在清政

府看来，对俄陆路贸易系专指天津至恰克图一线，因此，对天津、通州、张家口三处俄商经过的重要地点征税非常重视，特别是俄商购中国土货进天津转恰克图回国，要在天津缴复进口半税，表现了其对俄政策中"收"的重要一面。由此连带规定了中俄陆路通商贸易的行走路线，严格限制俄商在该行走路线两侧地区沿途售卖中国土货，特别限制在蒙古地区售卖。因为这不仅关系到华商的利益，而且关系到满蒙关系和蒙古地区的安定问题。应俄方的要求，该章程允许俄商进境后，可以到蒙古地区去出售俄国商品，但必须是小本生意。简言之，中国方面的立场是明确的，即俄商从中国购买的土货，如茶叶，不准转售于蒙古地区，须经恰克图直接运回俄罗斯。章程规定，当俄商购买的中国土货启运时，需向天津海关领取执照，按税则完纳税款，将货物粘贴印封，以便经过各关查验。天津海关道所发执照已经填明该商纳税情况，货物驼只数目，或车载，或马驮，以免假冒。俄商从天津运土货回国，须经过通州、东坝、张家口、库伦、恰克图一线出境，回俄罗斯，不准由别处绕越。[1]俄商回国经过买卖城时，应将天津海关道所发执照呈验，无误方被放行。然后由清政府驻买卖城官员将回收的执照汇总，交总税务司。天津海关道所发执照相应的票根，同样上交总税务司，由总税务司比对查验，以便了解俄商所贩土货是否全部运回了俄罗斯。俄方根据自己的利益，签署了《中俄陆路通商章程》，也为进一步修改章程埋下了伏笔。

同治四年（1865）十二月，俄驻华公使提出议改《中俄陆路通商章程》各节。其要点为：免征天津复进口半税；在蒙古地区贸易取消"小本营生"的限制；辟张家口为自由贸易口岸。其意全在蒙古市场。对此，总理衙门的答复是："查小本营生一节，旧章专指在蒙古地方贸易，并非准到张家口售销，原因体恤小本俄商，俾其就近贸易，得获利益。今既欲作大宗，又欲将蒙古地方未经售销货物，赴张家口贸易，则非边界小本营生可比，其行走道路及纳税章程，均应逐层定议，未便先将此层删去，致令窒碍愈多。至天津复进口半税一

---

①《总署为俄商携货由津至恰克图行走路线及有关规定致俄使照会》，咸丰十一年（1861）八月十三日，总理衙门清档：机关01-20，宗号25-（5）新编号码B-1-1。

层，本王大臣前已言明相让，以恤商情。虽于税课有亏，亦不肯再有他议。可照贵大臣所拟，先免此复进口税，其余仍暂照旧章办理。至彼此所商，如删去小本营生及张家口不拘成数，并恰克图纳税领照等情，统行展缓二年，于限内会同详细妥商，庶时日从容，章程可期妥善。"①同治五年（1866）三月初一日，清政府单方面实行免征俄商天津复进口税，拒绝了俄使的其他要求。清政府的意图很明显，即尽量缩小俄国在蒙古经贸活动的范围，限制其在蒙古地区的影响力。其实，复进口税的减免，反而增强了俄商对蒙古地区的渗透力。

中国单方面免征俄商天津复进口税后，三口通商大臣崇厚相当不满，称之为"实属无厌之请，各国必一律援照，则天下各口复进口半税化为乌有，关系非轻"。②在与总理衙门函商后，崇厚随即照会俄驻津领事重申："查总理衙门与贵国钦差所议免缴之半税，系专指由他口运津、由津回国之货而言。若非回国之货，或在津售卖，或在别口售卖，均应照旧例办理，不能免税。"③不难发现，崇厚的表述使中国方面的立场有了微妙的变化，即俄商从中国境内贩土货至津，由津启运经恰克图回俄国，免缴天津复进口税，条件是不准沿途销售。若在沿途销售，则照征天津复进口税。以崇厚为代表的天津海关官员的立场是俄商到蒙古地区销售中国土货，销售即征税。崇厚的主张在津海关一直有重要影响。他的主张表面上是针对纳税问题的，实际上涉及开放蒙古市场和恢复华商活力的问题，但总理衙门并没有对这个敏感的问题正式表态。同治八年（1869）三月，中俄双方又议改《中俄陆路通商章程》，章程满足了俄方所有的要求。其中包括，删去了"小本营生"四字，将第二款改为："俄商准许前往中国所属设官之蒙古各处及该官所属之各盟贸易亦不纳税。"第四款改为，允许俄商由恰克图运俄国货物路经张家口时，"听任酌留若干在张家口销售"。第

---

①《总署为俄使议改张家口销售及删去小本营生事致俄使照会》，同治五年(1866)正月十一日，总理衙门清档：机关01-20，宗号25-(5)新编号码B-1-1。
②《三口通商大臣崇厚为请坚持俄商回国者免征复进口税不回国者照征事致总署函》，同治五年(1866)三月初五日，总理衙门清档：机关01-20，宗号25-(5)新编号码B-1-1。
③《三口通商大臣给俄国玛领事照会、给天津贝税司札文》，同治五年(1866)三月初五日，总理衙门清档：机关01-20，宗号25-(5)新编号码B-1-1。

十款删去了原款内所有"其赴天津应纳一复进口税即正税之半"之字样，但重申："该领事官发给（俄商）两国文字执照。天津关盖印，注明商人姓名、货色、包件若干，方准启运赴恰克图不再重征，并饬令遵照第三款之路而行，沿途不得销卖。如违即按第七款办理。所有经过通州、东坝、张家口查验之例，按照第三款章程办理。其照自起程日为始，限六个月到恰克图缴销，如遇耽延应于限期前报明领事及地方官等……"此时，清政府再次强调，坚持俄商运中国土货离津，决不允许沿途销售，也不存在沿途销售加征税款的问题。天津地方官员的灵活主张已经被否定。事实上，没过多久俄商便违背了双方政府间的正式协定，非法向蒙古地区偷贩砖茶。

二、总理衙门对俄商违法行为的核查

同光嬗递之际，俄商大规模向蒙古偷运砖茶，以扩大在蒙古地区的贸易规模，从而引起英国的强烈不满。光绪初年，津海关税务司德璀琳"先于各关新闻纸内痛诋俄商近年借运茶赴恰为名，多在蒙古私售渔利。于是，各国洋商啧有烦言。遂传播于俄使凯阳德之耳。凯使面斥赫德不应准德璀琳造言诋诬。德税司确知此弊非同影响，力请赫德赴钧署清查历年未销执照"。[1]这样，俄商偷运的事实开始败露。在俄使凯阳德的授意下，某俄商在报纸上撰文对德璀琳进行批驳，试图掩盖。光绪六年（1880）十一月初五日，总税务司赫德函禀总理衙门称："现在俄国商人由汉口、福州两处运砖茶至天津，按陆路章程由天津运赴恰克图应于启程时，由天津立保单前往。而其砖茶是否按单全数到彼之处，总税务司则无由核对察知。"[2]因此，赫德请求总理衙门："查此项保单向系恰克图之买卖城中国官员缴呈于贵衙门存核。兹特祈贵衙门将此项保单内，自光绪元年（1875）起并二年、三年、四年、五年所存缴回之保单，按年逐为

---

①《总署收北洋大臣李鸿章文一件》，光绪七年（1881）六月十四日，总理衙门清档：机关01-20，宗号25-（5）新编号码B-1-1。

②《总署收总税务司赫德信一封》，光绪六年（1880）十一月初五日，总理衙门清档：机关01-20，宗号25-（5）新编号码B-1-1。

察明示悉以便查照一切。"①这封信说明，总税务司已认定俄商有违反陆路通商章程的行为。随后，总理衙门便将有关档案调送总税务司。光绪七年（1881）三月初九日，总税务司赫德将查核结果报告了总理衙门："查光绪元、二、三年津海关所发之三联执照自津字九千二百一号起至津字一万二千八百三十八号止，除照章缴销外，尚有二百五十余件犹未缴销；其光绪四、五两年自津字一万二千八百三十九号起至津字一万六千九百十一号止，除照章缴销外，尚有一千一百余件之多犹未缴销。""应请贵衙门咨北洋大臣转饬详核设法批复一切。"②根据赫德的以上统计，在光绪朝初期五年内，俄商违章未缴销的执照计有一千三百五十余件之多。平均每年有二三百份执照不缴。这是一个不小的数字，因为"每张（执照）所运茶箱自数十箱至数百箱不等，是其茶之销售蒙古者为数甚巨"。③如果我们把每张执照所运茶箱的数字取其中，以这个平均字数来推算，那么每年都有约数万箱砖茶偷运进蒙古市场，而且愈来愈多，称之"为数甚巨"，似不为过。这种现象是对《中俄陆路通商章程》的严重违反，证明德璀琳所讲全是事实。俄商正在偷运砖茶非法占领蒙古市场。

总理衙门将赫德的报告批转给北洋大臣李鸿章，要求转饬津海关道设法防范。事情从一开始，总理衙门便把它看作是地方性问题。李鸿章接到批文后，也认为"近年未销执照为数过多，其中显有情弊"。④指示津海关道郑藻如，协同津海关税务司德璀琳认真核查。核查后，确认偷运事实成立，该二人提出防弊之法。大要有二：其一曰示以限制俾免任意宕延。"拟请订明中途遇故耽延只准展限三个月，再迟议罚。庶执照不至等于具文，并请酌派津关洋人二员专驻恰克图严查过恰砖茶与执照、件数、斤重相符即予放行。将执照收回交恰

①《总署收总税务司赫德信一封》，光绪六年（1880）十一月初五日，总理衙门清档：机关01-20，宗号25-（5）新编号码B-1-1。

②《总署收总税务司赫德信一件》，光绪七年（1881）三月初九日，总理衙门清档：机关01-20，宗号25-（5）新编号码B-1-1。

③《总署收津关道周馥抄送郑星使信一件》，光绪七年（1881）七月初十日，总理衙门清档：机关01-20，宗号25-（5）新编号码B-1-1。

④《总署收北洋大臣李鸿章文一件》，光绪七年（1881）四月二十六日，总理衙门清档：机关01-20，宗号25-（5）新编号码B-1-1。

克图部员汇缴总理衙门比对核销。倘货照不符及有拆动形迹抽换情弊；立行指出照章办理。每月发过照根由津海关道抄录执照号暨茶叶箱数、斤重送交驻恰洋员备查。有逾限者即由该洋员开单知照津海关道以便会同领事议罚。"①其二曰补订税章。"查俄商运货赴恰沿途不得销卖不独砖茶为然，而砖茶为大宗弊窦亦最甚，缘砖茶之销行于蒙古较别货尤旺也。兹拟明定税章除砖茶经津回国迳运恰克图者仍照向章办理外，如欲运赴蒙古发售，准该商先在津关报明，每砖茶一百斤除汉口完过正税六钱、另在津关交子税银三钱、运蒙税银七钱，于执照内注明运蒙字样及收税实数，沿途厘税概不重征。其照根亦按月呈送总理衙门收存，并请酌派津关洋人一员专驻张家口，严查运蒙砖茶与执照，件数、斤重相符即予放行。"②天津海关道与津关税务司所提建议就是要开放蒙古市场，不仅对砖茶，也对所有商品。这与同治五年（1866）崇厚的主张实质是完全一致的。为此，他们还有更细致的、更周密的建议："将执照收回交张家口监督汇缴总理衙门比对核销，仍一面由关道照抄执照号数、茶叶箱数、斤重知照驻口洋员办理。如茶照填明运恰私赴蒙古销售，无论在张、在恰查出，立将全货入官。庶私贩之弊清，而年中运蒙茶税可冀多收数万金，于饷需不无少裨。其缴照定限及路上耽延展限，亦照运恰一律办理俾示限制。"无论赴恰、赴蒙者有执照逾期不交的，则将其续请货照扣留不发。津海关道与津海关税务司想用定税章以杜砖茶私售蒙古，同时又增加了财政收入。解决蒙古市场问题，连带涉及厚恤华商的问题。由于清政府允准俄商到天津，以至于到福州、汉口等地直接采办茶叶；也由于在税则方面，俄使一争而再争，致使俄商在市场上的优势大增，华商的经营市场不断缩小。"中国茶叶向系华商运赴口外销售。自俄商运茶沿途厘税免征而华商税厘如故，于是，俄商日盛，华商日穷，歇业之家十居六七。其实沿途税厘收发有限，而内地生计几为外人全夺

---

①《总署收北洋大臣李鸿章文一件》，光绪七年（1881）四月二十六日，总理衙门清档：机关01-20，宗号25-（5）新编号码B-1-1。

②《总署收北洋大臣李鸿章文一件》，光绪七年（1881）四月二十六日，总理衙门清档：机关01-20，宗号25-（5）新编号码B-1-1。

矣！"①天津海关道的报告，反映了中国茶叶商人及相关阶层民众生活陷入困难的真实境况。中国政府的一部分官员想借助于税收，来剥夺俄商优势，以解华商之困。当时有些官员已经就这样做了，如左宗棠，正在陕甘总督任上，曾与湖南省议妥：凡领甘肃省茶票的华商，运茶过境，只征厘金二成，其余八成由甘肃抚衙设法补贴，他的办法是厚恤华商。经费在湖南应解甘肃协饷内划抵。②津海关道进而提出，将华商运茶的税收与俄商运茶的税收拉平："拟请明定章程，嗣后华商贩运砖茶由津赴恰售与俄人者，除在汉口完纳正税之外，到津后所有内地子税及沿途关税、厘金概不重征；若运蒙古发售，于到津后再交子税三钱、运蒙税银七钱，沿途厘税概不重征。如遇关卡查验不许留难，如雇定船只、驼只，地方官亦勿再行封贴，务使事事与相待俄商无异"。③关于厚恤华商的建议，李鸿章是完全同意的："本大臣与南洋大臣复奏、王祭酒条陈内亦同此意，经总理衙门复准有案。此为收回中国利权、渐复华民生计之一端，一应照办。"④至于郑藻如所提堵塞俄商砖茶回撤蒙古地区的两条办法，即察验货照和补定赴蒙古税章两项，李鸿章也认为是"切属切要可行"。⑤不难看出，郑藻如等是按照李鸿章的意思写的，而后，李鸿章再来个顺水推舟，便把这层意思表达给上面。李鸿章之所以用这种方法去写，是早就知道总理衙门的立场。总理衙门并不同意制定一个俄商赴蒙古贸易的税章，也不想重开谈判，想把与俄方的交涉也尽量限制在地方问题的范围内，不想将事情扩大。按照李鸿章的指示，津海关道郑藻如和俄国驻津领事展开了交涉，但俄方只是一味地推诿，借口"或验货而未收照尾、或已收而漏未登记，事过多日无从考

① 《总署收北洋大臣李鸿章文一件》，光绪七年（1881）四月二十六日，总理衙门清档：机关01-20，宗号25-（5）新编号码B-1-1。

② 丁孝志：《近代兰州地区的茶叶贸易》，西北师范大学历史系编：《西北史研究》，兰州大学出版社，2000年，第483页。

③ 《总署收北洋大臣李鸿章文一件》，光绪七年（1881）四月二十六日，总理衙门清档：机关01-20，宗号25-（5）新编号码B-1-1。

④ 《总署收北洋大臣李鸿章就茶照未缴事与俄韦领事往来函稿》，光绪七年（1881）四月二十六日，总理衙门清档：机关01-20，宗号25-（5）新编号码B-1-1。

⑤ 《总署收北洋大臣李鸿章文一件》，光绪七年（1881）四月二十六日，总理衙门清档：机关01-20，宗号25-（5）新编号码B-1-1。

察"①，采取了一种敷衍了事的态度，意在保护俄商的既得利益。津海关官员视此为俄领事的托词，认为："该俄商果将照尾缴呈，断无不收之理，即该商有意匿照不缴，货既验明亦难容其隐匿。至谓漏未登记则更不然。驻恰部员收得照尾若干张，自必一一按号登记决不至有遗漏。"②双方的交涉算是进入了一种胶着状态。以中国官场的风气历来是多一事不如少一事，郑藻如、德璀琳等如此穷追不舍实属难得。德璀琳代表英美利益，与俄罗斯抗衡自不待说，又自恃为洋人，不怕清朝官员，所以敢说，那么，德璀琳有没有为中国办事的另外一面呢？李鸿章、郑藻如等是借德璀琳之口说出自己不好说的话，从而代表英美利益吗？李鸿章等是不是也有收回利权的动机、厚恤华商的初衷？这些问题不得不认真思考。

不久，总理衙门将郑藻如、德璀琳提出，李鸿章批准的建议制定《蒙古税则》的呈文驳回，斥为"俄商准运茶赴蒙古与成案不符，流弊滋多"。③总理衙门的批驳，令天津海关道十分惊慌，连忙把责任推到天津税务司德璀琳身上，这样总理衙门便无话可说，也就不再深究。这足可以看出，在李鸿章管辖下的天津海关官员们与总理衙门在处理俄商运砖茶赴蒙古问题上的分歧之深。后来，在李鸿章的复议中，再次强调了俄商偷运砖茶到蒙古地区问题的严重及中国利权的丧失和对华商的冲击。文中强调："乃俄商唯利是视，不但照尾不缴，可在蒙古地界私销，而迟延逾限，茶箱一经报明便可免罚，于是其茶已售蒙古者，即将照尾收存，捏报耽延事故。俟有实在运恰茶箱再以新到之茶缴旧存之照，移前挪后痕迹全无。往往领事官来函非言雨雪载途即云骆驼难雇，以为不能依限到恰。其实皆为商人缴照推展地步耳。"④实际上俄使也在或明或

①《总署收北洋大臣李鸿章文一件》，光绪七年(1881)六月十四日，总理衙门清档：机关01-20，宗号25-(5)新编号码B-1-1。

②《总署收北洋大臣李鸿章文一件》，光绪六年(1880)四月二十二日，总理衙门清档：机关01-20，宗号25-(5)新编号码B-1-1。

③《总署收北洋大臣李鸿章文一件》，光绪七年(1881)六月十四日，总理衙门清档：机关01-20，宗号25-(5)新编号码B-1-1。

④《总署收北洋大臣李鸿章文一件》，光绪七年(1881)六月十四日，总理衙门清档：机关01-20，宗号25-(5)新编号码B-1-1。

暗地支持俄商的非法偷运行为。李鸿章认为,《中俄陆路通商章程》存在着漏洞:"自天津至恰克图两月可到,中有三、四个月空间,尽可前后腾挪,以新易旧,关吏欲加稽核而运茶无了结之期,执照无截清之日。"[1]因为《中俄陆路通商章程》相关条款规定从天津运茶至恰克图在六个月内运抵即可。天津海关官员认为这个时间太长,给俄商以偷运的时间,故需要修改。由于一出张家口俄商便可随意将茶运往蒙古各部落,这样"蒙古茶利已为俄商网尽"。[2]实际上,李鸿章还是主张另立一个《蒙古税则》,以期从根本上解决问题,只不过没有明说而已。

三、《圣·彼得堡条约》[3]使中国蒙古利权全部丧失

正在中国官员们就此问题争论时,曾纪泽为崇厚所签条约善后事而出使俄国。曾纪泽赴俄前,光绪帝在通过总理衙门发给曾纪泽的训令中强调:"令该衙门(总署)将条约章程等件详细酌覆,分别可行及必不可行之款奏准后知照该少卿,以便与俄人另行商办。纵或一时未能就绪,不妨从容时日,妥慎筹商,总期不激不随,以全大局。"光绪帝告诫曾纪泽:"此次前往另议,必须力持定见,慎重办理。"[4]曾纪泽抵达俄京之后,俄方已料定:由崇厚签订的《中俄交收伊犁条约》(又称《里瓦几亚条约》)是非改订不可了。于是,俄政府在其外交要达到的目的方面,确定了两项内容:

　　A.俄军方已确认,将已归还与中国的帖克斯盆地对俄国并无重大价值,但为顾及俄人之威望及国内舆论起见,此项归还最好勿以单纯之方式行之,应必须议定若干至少令人注目之补偿。决不能给国际社会造成一印象,即

---

　　①《总署收北洋大臣李鸿章文一件》,光绪七年(1881)六月十四日,总理衙门清档:机关01-20,宗号25-(5)新编号码B-1-1。

　　②《总署收北洋大臣李鸿章文一件》,光绪七年(1881)六月十四日,总理衙门清档:机关01-20,宗号25-(5)新编号码B-1-1。

　　③此处《圣·彼得堡条约》,即《中俄改订条约》,尊重作者原意,不改,下同。

　　④《清德宗实录》(卷19),中华书局,1985年。

俄罗斯要求过度之土地扩张之后，而由于中国人之威胁旋又予以放弃。

B.向中国政府要求之补偿应于下列各项中求之：

在商业上利益之补充与发展中求之；

在松花江航行权利之让与中求之；

在乌苏里方面所提边界之改正中求之。①

曾纪泽自始认定，中俄间的争执就是分界、通商和赔款三端。曾纪泽的谈判方针和要达到的外交目标是，以百折不回之力，争取重新划界，特别要争回自伊犁通往南疆之要道。但是，谈判的过程并不轻松。俄方以各种条件相要挟，至光绪六年（1880）八月，谈判面临破裂。总理衙门与李鸿章商量后，请旨允准，知照曾纪泽："俄事日迫，能照前旨争重让轻固妙，否则就彼不强中国概允一语力争几条，即为转圜地步，总以在俄定议为要。俟有成说，由电请旨遵行。钦此。"②所谓争重让轻，在清政府方面，对轻与重内涵的划定，也是在不断变化着的。其中起着关键作用的有一人——李鸿章。根据光绪帝谕旨，李鸿章致电曾纪泽："如伊犁全归。似松花江行船，西（安）、汉（中）准择一路，即是争重让轻之意，否则尊论争地争商各有重处，又即是力争几条之意，随时由电请旨，亦不虑廷臣纷论也。"③李鸿章从各种外交渠道获得消息，俄方重在争商："巴兰德与俄使极熟，据称，中国愿待俄以邻近友邦，酌许所要通商各款，令俄惬意，则伊犁界务中国所不惬者较易商改"，④而曾纪泽却认为，"巴兰德所说，俄国公使给骗也"，"洋商精于计算，乃言商重界轻"。⑤言外之意，这都是外交辞令，不可相信。他主张，对于通商可以从权应允，略示迁就，与疆土来比通商为次，偿款为三端中之最小焉者。但中方的这一谈判底线全为俄方所洞悉，并为俄方所利用。1880年9月10日，俄国署理外务部

---

① 袁同礼：《伊犁交涉的俄方文件》，台湾"中研院"近代史所编印，1966年，第39~40页。

② 顾廷龙、叶亚廉主编：《李鸿章全集》（一），上海人民出版社，1985年，第3页。

③ 顾廷龙、叶亚廉主编：《李鸿章全集》（一），上海人民出版社，1985年，第3页。

④ 顾廷龙、叶亚廉主编：《李鸿章全集》（一），上海人民出版社，1985年，第1页。

⑤ 顾廷龙、叶亚廉主编：《李鸿章全集》（一），上海人民出版社，1985年，第2页。

侍郎热梅尼（Aleksandr G. Jomini）在致署理外务部尚书格尔斯（Nikolai K. de Giers）的信中说："吾人与中国谈判之要点乃商务方面之利益，其余一切当附属之。吾人准备对中国人所做之土地方面之重大让步，在布策之巧妙手腕中，可成为从中国人方面骗取对我国商务具有真实利益之方法。"①由于曾纪泽在商务问题上采取迁就的方针，所以俄方在通商方面的新要求，便基本上都反映在《圣·彼得堡条约》中了。俄国商人多年来一直想解决的蒙古市场的问题，也都按照俄方的意愿写进了《圣·彼得堡条约》里。《圣·彼得堡条约》第十二条规定："俄国人民准在中国蒙古地方贸易，照旧不纳税。其蒙古各处及各盟设官与未设官之处均准贸易，亦照旧不纳税。并准俄民在伊犁、塔尔巴哈台、喀什噶尔、乌鲁木齐及关外之天山南北两路各城贸易，暂不纳税。俟将来商务兴旺由两国议定税则，即将免税之例废弃。以上所载中国各处准俄民出入贩运各种货物，其买卖货物或用现钱或以货相易俱可，并准俄民以各种货物抵账。"②这一条是俄国人最满意的一条，在笔者看来也应是最有争议的一条。曾纪泽改签了崇厚的原签条约，争回了权益，但他的以出让商务权益来换取土地的办法，却留下了严重后患。对此有着清醒认识的是署天津海关道周馥。他强烈批评了曾纪泽所签的《圣·彼得堡条约》，以及在此约精神指导下对陆路通商章程的相应改动，称由于签订了这个条约，"将来俄人之害我恐有甚于他国者"。③周馥之所以如此担忧，乃是因为曾纪泽所签新约，对"俄国人民"这一行为主体未加以限制，而且在通商口岸即俄商在对华贸易过程中的活动范围上，给予了空前的满足。恰克图口岸迤西折南、中俄绵延数千里的边界上，凡遇城池则可贸易。"原定章程俄商与蒙古贸易注明进口事例尚有限制，此次

---

① 《热梅尼致格尔斯函》（1880年9月10日），《各国立约始末记》（卷上），上海商务印书馆，1906年，出版信息不全。

② 《光绪七年中俄改订条约》，《各国立约始末记》（卷上），上海商务印书馆，1906年，出版信息不全。

③ 《总署收署津海关道周馥抄送郑星使信一件详述俄商运茶事》，光绪七年（1881）七月初十日，总理衙门清档：机关01-20，宗号25-（5）新编号码B-1-1。

改订新章已将进口事例数字删除。"[1]"又有俄国人民准在中国蒙古地方贸易照旧不纳税,并准俄民在伊犁、塔尔巴哈台、喀什噶尔、乌鲁木齐及天山各城贸易暂不纳税之文,彼又何难将运到之茶贩往蒙古及沿边各处?是即不准运销蒙古亦属有名无实。"[2]因此,周馥主张:"原定陆路章程有不能不略为通变者。""若不亟图通变补订税章,非但与各口通商章程土货一经离口贩运,无论华洋商人逢关纳税、遇卡抽厘办法相刺谬,且各国必谓中国明知此弊掩耳盗铃,不免从旁窃笑。于通商大局尤为无益。如仅以免征华商厘税,用为抵制,既与各省关厘税有损,且凡一切交涉之事,彼之溃我藩篱者,我皆将自变其法度,自主之权渐失,漏卮之杜愈难,似未为善策。"[3]周馥认为,郑藻如补订税章之议实系确有见地,并非附和德璀琳之请。《圣·彼得堡条约》签订后,中俄陆路贸易更难管理,非法偷运砖茶将更难围堵。"俄商运茶赴恰,虽定明行走之路而执照既可欠缴、前后又可腾挪,蒙古内外旗本属处处皆通,其茶叶之不运往恰克图者,一出张家口即可任意转贩,是准运与不准运毫无区别。"[4]《圣·彼得堡条约》签订后,对俄商偷运砖茶倾销蒙古的问题,不能光靠厚恤华商,这不是善策,"华商免税之茶不能敌各国厚资之贾"。[5]必须从条约上入手,改定税则为上。周馥再次申请:"请总理衙门将运恰、运蒙执照分为两式。津海关道所发印花亦分别注明运恰、运蒙字样","砖茶一项既拟加收内地税银三钱、运蒙古税银七钱,合成一两。红茶似应加收内地税银一两二钱五分、运蒙古税银二两七钱五分,合成四两。另设运蒙联照,不分华、洋商

---

①《总署收署津海关道周馥抄送郑星使信一件详述俄商运茶事》,光绪七年(1881)七月初十日,总理衙门清档:机关01-20,宗号25-(5)新编号码B-1-1。

②《总署收署津海关道周馥抄送郑星使信一件详述俄商运茶事》,光绪七年(1881)七月初十日,总理衙门清档:机关01-20,宗号25-(5)新编号码B-1-1。

③《总署收署津海关道周馥抄送郑星使信一件详述俄商运茶事》,光绪七年(1881)七月初十日,总理衙门清档:机关01-20,宗号25-(5)新编号码B-1-1。

④《总署收署津海关道周馥抄送郑星使信一件详述俄商运茶事》,光绪七年(1881)七月初十日,总理衙门清档:机关01-20,宗号25-(5)新编号码B-1-1。

⑤《总署收署津海关道周馥抄送郑星使信一件详述俄商运茶事》,光绪七年(1881)七月初十日,总理衙门清档:机关01-20,宗号25-(5)新编号码B-1-1。

人均可请领，仍不准专完内地税银运入内地。"①据周馥的计算，以直隶为例，就当时辖内所有关卡而言，红、砖茶两项所收税银数，较之逢关纳税、遇卡抽厘有赢无绌。至于俄商若"以运茶回国不愿加税为词，则补订税章正是制其在蒙古售茶之一法，亦即留为华商售茶蒙古之生路"。②周馥所拟之策考虑到了税收、厚恤华商、剥夺俄商垄断三个方面，较之郑藻如所拟《蒙古税则》更为全面，总理衙门理应采纳。但总理衙门对周馥呈文之批驳共有五处，批于文眉之上，十分惹眼。结果，周馥之建议并未被采纳。

光绪十六年（1890）二月赫德又请求总署核查俄商运砖茶的情况。核查的结果如下：

> 从光绪十一年到十五年每年由天津陆路转运俄国砖茶数目（连小京砖茶一并统计）。计开：
>
> 光绪十年十一月到十一年（1885）十一月运进砖茶二十五万零五十七担；运进小京砖茶八百九十七担；
>
> 光绪十一年十一月到十二年（1886）十二月运进砖茶三十万零六百七十三担；运进小京砖茶五千三百七十担；
>
> 光绪十二年十二月到十三年（1887）十一月运进砖茶二十七万一千七十七担；未运进小京砖茶；
>
> 光绪十三年十一月到十四年（1888）十一月运进砖茶三十四万零九十一担；未运进小京砖茶；
>
> 光绪十四年十一月到十五年（1889）十二月运进砖茶二十七万四千四百二十七担；运进小京砖茶七千八百八十三担。
>
> 以上共运进砖茶一百四十三万六千三百二十五担，共运进小京砖茶一

---

①《总署收署津海关道周馥抄送郑星使信一件详述俄商运茶粤》，光绪七年（1881）七月初十日，总理衙门清档：机关01-20，宗号25-(5)新编号码B-1-1。
②《总署收署津海关道周馥抄送郑星使信一件详述俄商运茶事》，光绪七年（1881）七月初十日，总理衙门清档：机关01-20，宗号25-(5)新编号码B-1-1。

万四千一百五十一担。①

该档案注明，光绪十一年（1885）到十五年与前一时期的运量无大变化，但是光绪十年（1884）十二月户部议筹款接济军需，所提方案之一是在产茶处所征收茶课。以上所列数字，正是在大幅度提高茶税的背景下完成的。还有，这些数字只是运进天津的，并不知出恰克图关的数字，因此，是否全部运回俄国不得而知。

根据1886年天津海关的贸易报告（*Trade Reports*）："本年由陆路运往俄国的茶叶贸易中，红茶增加了40567担，较去年约增一半，由同一路线运往的茶砖，增加了55000担。陆运茶叶贸易这一显著的增长，是由于蒙古草原牧场异乎寻常的丰盛。"②1888年的该报告又称："经过恰克图及张家口陆运而至俄的砖茶大为增加。1888年为340091担，而1887年仅为271007担。"③汉口的报告也说，"对俄砖茶贸易已有很大增加"，又有几家新的俄国商行经营砖茶。这一时期在汉口有四大砖茶厂。制造砖茶的设备也很先进，使用蒸汽为动力。每天生产的砖茶，估计高达数万斤。雇佣中国人干活，佣金甚微。有的砖茶厂竟雇佣几千中国人劳动。

四、结语

光绪初年发现的俄商偷运砖茶非法销售蒙古地区的问题，历经十几年也没有得到彻底解决。究其原因，是清政府的对俄外交出了偏差。从原则上说，外交是内政的延续，应当服从于内政的需要。但是清政府的对俄外交却违背了这个原则。《圣·彼得堡条约》允许俄商经科布多、尼布楚两路往来运货，使中俄陆路贸易商道由天津—恰克图一线增扩为三条线。所增之中，尤以科布多一线最为重要。这三条线从东、西、中三个方向上钳住了蒙古地区，使俄方对蒙

①《光绪十一至十五年由津运俄茶数量案》,总理衙门清档:机关01-20,宗号31-(9)新编号码B-1-1。

② *Trade Reports*(Tianjin),1886,pp.17-18,南开大学图书馆所藏。

③ *Trade Reports*(Tianjin),1886,p.21,南开大学图书馆所藏。

古的渗透更为方便。天津海关道管理这么广大地区的对俄陆路贸易早已力不从心，希望中央政府与俄谈判时能有所作为，以便于地方政府管理。然而这个要求却被疏忽了。曾纪泽奉御命赴俄本应还有机会再争，理应审时度势，在贸易路线增辟之时，提出制定《蒙古税则》，取得光绪帝的同意，再与俄谈判时力争达成协议。可惜，历史事实不是这样。

19世纪末沙俄按照它的长期的既定方针，以经济贸易渗透为主，辅之以其他的各种手段，扩大俄国在蒙古的影响，当清政府意识到蒙古的危机，再图挽回时，为时已晚。最终出现了辛亥革命前后俄国操纵下的外蒙"独立"。这一切的源头之一就是《圣·彼得堡条约》。如何评价曾纪泽也就成了一个新问题，而李鸿章管辖下的天津海关在中俄陆路贸易中的作用的研究确实值得给予注意。

本文原刊载于《南开学报》（哲学社会科学版）2003年第1期。

作者简介：

米镇波，1947年生，天津人。南开大学历史系教授。主要从事中俄关系史、周恩来和新中国外交等领域的研究，曾赴莫斯访问交流。

遭遇与机遇:19世纪末中国农村手工业的曲折经历

——以直鲁农村手工纺织业为例

张　思

史学界对19世纪末中国农村手工纺织业在外国机器棉制品的冲击下的遭遇及命运问题关注已久。早在40年前,即有老前辈陈诗启、樊百川的相关论文见诸《历史研究》杂志,开启此项研究;10年前,同杂志发表陈惠雄之作,将该问题的讨论引入新的阶段。[①] 笔者认为这些讨论不仅关系到对19世纪末中国社会传统经济形态分解程度、外来资本主义的影响等老问题的估价,还直接关系到对中国近代化进程中的外在机遇、内在对应能力以及中国近代化的独自发展过程等一系列新问题的思考。笔者在前些年曾以地域经济个案撰文参与,[②] 近年来在相关文献资料方面又有所收获,故将这一讨论引向深入。

长期以来国内相当多的学者认为,到19世纪末,洋纱、洋布等洋货已遍及中国穷乡僻壤,农民家庭手工业(主要是手工棉纺织业)因此尽遭破坏,农村自然经济也随之解体。1980年后诸种对立观点陆续出现,概认为其时洋布的输入仅限于通都大衢,无法深入农村内地。[③] 此时,西方学者的研究开始介绍到国内,其中美国学者费维恺(Feuerwerker)的断语最为刺激,他认为"整个手工业在1870—1911年期间并没有受到严重破坏",并称以往中国学者的观

---

① 参见陈诗启:《甲午战争前中国农村手工棉纺织业的变化和资本主义生产的成长》,《历史研究》1959年第2期;樊百川:《中国手工业在外国资本主义侵入后的遭遇和命运》,《历史研究》1962年第3期;陈惠雄:《近代中国家庭棉纺织业的多元分解》,《历史研究》1990年第2期。

② 张思:《十九世纪直鲁农村手工纺织业的曲折经历》,南开大学历史研究所明清史研究室编:《清王朝的建立、阶层及其他》,天津人民出版社,1994年。

③ 前一种观点普遍见于以往的中国近代经济史研究及教材中,其影响一直持续到20世纪80年代以后,例如,于素云等:《中国近代经济史》,辽宁人民出版社,1983年,第115页。后一观点的首倡之作应属黄逸平:《十九世纪末二十世纪初中国自然经济解体的程度》,《学术月刊》1980年第9期。

点是"最粗浅的公式化的指责"。① 此外，有很多学者认为洋纱、洋布对长江中下游及东南、华南沿海地域的手工纺织业打击最大，此时还没有打入西南及华北内地，那里的手工纺织业得以维持甚至有所发展。② 其后更有不少中外学者就此问题深入今河北省南部、山东省西部一带直接向农民请教，他们根据实地调查所获，或认定在19世纪末洋纱、洋布并未进入华北内地，或坚持当地农村手工棉纺织业在此时并未遭到破坏。③ 至此，有关19世纪末华北乃至中国农村手工纺织业解体程度的讨论似乎已画上句号。但是，今人的研究都忽略了19世纪各"有识之士"间的分歧：包世臣、郑观应、明恩溥（A. H. Smith）等人关于洋布到处泛滥、手工纺织业被害严重的警句危言在当时几近世人皆知；④ 另

① 费维恺：《1870—1911年晚清帝国的经济趋向》，费正清编：《剑桥中国晚清史》（下卷），中国社会科学院历史研究所编译室译，中国社会科学出版社，1985年，第25页。费氏在这方面的代表成果有：Albert Feuerwerker, "Handicraft and manufactured cotton textiles in China", 1871–1910. *Journal of Economic History*, 30-2, June 1970。

② 参见严中平等编：《中国近代经济史统计资料选辑》，科学出版社，1955年，第63页；陈诗启：《甲午战争前中国农村手工棉纺织业的变化和资本主义生产的成长》，《历史研究》1959年第2期；黄逸平：《十九世纪末二十世纪初中国自然经济解体的程度》，《学术月刊》1980年第9期。

③ 在这方面首推美国学者周锡瑞（Esherick Joseph W.）的调查研究，参见周锡瑞：《论义和团运动的社会成因》，《文史哲》1981年第1期，以后周氏又在 The Origins of The Boxer Uprising（University of California Press, 1987）中对其观点做了些许调整，参见周锡瑞：《义和团运动的起源》，张俊义、王栋译，江苏人民出版社，1994年，第73~77页。1986年冬实施的中日学者义和团联合调查则得出了更为绝对的结论，参见中国义和团运动史研究会：《义和团研究会通讯》1987年第3期。以后有日本学者对上述调查进行了整理，其结论与周氏相近，参见久保田文次：『帝国主義と義和団運動』，路遥，佐々木衞编：『中国の家・村・神々——近代華北農村社会論』，東方書店，1990年12月，第159~182頁。

④ 包世臣：《答族子孟开书》，《安吴四种》卷26《齐民四术》；郑观应：《盛世危言》卷7《纺织》；Arthur H. Smith, *Village life in China, A Study in Sociology*. Fleming H., Fleming H. Revell Company, 1899（该书有日译本和多种中译本），p.276. Arthur H. Smith, *China in Convulsion. Shannon*, Irish University Press, 1971,（按，该书1901年初版于纽约）pp.90–91.

一方面，以著名的《米淇尔报告书》①为代表，相当多的外国官员、商人和海关税务司们一直强调中国农村土布业的强韧性，对洋布贸易状况并不乐观。同是当时、当事之人，其认识反差之强烈，应唤起当代学者对近代中国农村手工纺织业"分解"过程的复杂性和曲折性的注意，而今天大多数学者的见解似乎仍是在百年前对立的延长线上偏执于一方，对大量相互抵牾以及与自己的论点相左的史料记载多取回避态度。笔者认为，从19世纪中叶至20世纪初，中国农村手工纺织业既经历了一段衰落破产的悲惨遭遇，又迎来重获新生的复兴机遇。在这一曲折复杂的过程中，中国的南方与北方、沿海与内陆、城市与乡村之间存在着地域上的不平衡性，而各个地域内部在其经济社会演变过程中也呈现出阶段性。无视这种不平衡性和阶段性，缺少对遭遇与机遇的辩证分析，就难免会对近代中国各个地域手工纺织业的遭遇和命运做出以偏概全的解释甚或看漏一些极为重要的方面。

本稿主要依据当时英文海关报告、外国领事报告及地方文献资料和统计数据，力图通过对19世纪下半叶直鲁农村（本稿指直隶中部、南部和山东省西部农村）手工棉纺织业的曲折经历的展示来整合长期以来各家的纷执异说，并借此说明近代中国农村手工业的多岐遭遇和新的机遇。

一、冲击

在外国商品大量进入华北内地以前，耕织结合而手工棉纺织业生产商品化的经济结构在直鲁农村占主要地位。直隶中部、南部和山东西部在明清时期已

---

① *Mr. Mitchell to Sir G. Bonham. Hong Kong, March 15, 1852*, Inclosure No.132, in Correspondence relative to the Earl of Elgin's Special Missions to China and Japan, 1857–1859, 1859. 该报告书(以下简称：*Mr. Mitchell to Sir G. Bonham*)由米淇尔(W.H. Mitchell)于1852年向香港总督文翰提出，并于第二次鸦片战争中递交至英国本土，收入政府蓝皮书。英国官方据此大幅度修正了原先对中国市场的过高评价。田中正俊：﹝中国近代经济史研究序説﹞，東京大学出版会，1973年，附录中收有该报告书全文。除田中的研究外，对该报告书以及当时英国商人、官员的各种见解的评介研究尚有 N.A.Pelcovits，*Old China Hands and the Foreign Office*. Octagon Book, 1969 (c1948)；衛藤瀋吉：﹝ミッチェル報告書について﹞，﹝東洋文化﹞第20号，1956年，后收入衛藤瀋吉：﹝近代中国政治史研究﹞，東京大学出版会，1968年。

成为全国重要的棉花和土布商品生产区。在这一产棉织布高度集中的平原地带，农民们依赖在市场上出售土纱、土布以补充农业之不足，并获取最低限度的生活必需品。手工棉纺织业成为农民家庭的重要支柱，甚至是地地道道的主业。① 第二次鸦片战争后，天津、烟台、镇江相继开埠通商，从此大量洋纱、洋布及各种洋货涌入这些口岸，进而浸灌到华北内地，给当地传统手工纺织业带来了冲击。

19世纪下半叶至20世纪初，天津、烟台是全国洋纱、洋布的主要输入口岸。表1和表2为华北津烟二口岸洋纱、洋布入口及其同其他口岸和地区的比较情况。

表1 华北二口岸洋纱输入情况及比较

年份	华北二口岸洋纱入口量		华中九口岸洋纱入口量（担）	华南八口岸洋纱入口量（担）	占全国洋纱入口总量的比重（%）			华北二口岸洋纱入口价值（海关两）	占本口岸洋货入口总值的比重（%）	
	担	指数			华北	华中	华南		天津	烟台
1867—1871平均	327	0.36	879	53844	0.5	1.3	78.9	11949	0.04	0.16
1872—1876平均	3181	3.5	1529	75915	4.1	1.9	94	96069	0.2	2.4
1877—1881平均	9582	10.6	8464	119181	7.0	6.2	86.8	260283	0.36	5.4
1884—1888平均	90064	100	51906	303696	19.5	11.2	65.7	1854039	6.7	22
1889—1892平均	210869	234	258544	513171	19.7	24	47.9	4159023	14	31
1893—1896平均	273629	304	261662	501476	22.4	21.4	40.9	5216974	13	27
1897—1900平均	346801	385	544443	577533	19.7	28.1	29.8	7666246	14	28

① 关于明清以来直鲁农村手工纺织业商品化生产及其经济地位的研究较多,恕不逐一罗列。其中,严中平:《中国棉纺织史稿》(科学出版社,1955年);史建云:《手工业与乡村经济上篇:棉纺织业》(从翰香主编:《近代冀鲁豫乡村》,中国社会科学出版社,1995年),可谓首尾相映,另有拙文忝列其间,参见张思:《直鲁农村手工纺织业的破产与义和团运动》,中国义和团运动史研究会:《义和团运动与近代中国社会》,四川省社会科学院出版社,1987年。

表2　华北二口岸洋布输入情况及比较

年份	华北二口岸洋布入口量及其在全国总数的比重			各口岸洋布入口价值及比较							占本口岸洋货入口总值的比重（%）	
				华北二口岸		华南八口岸		华中九口岸				
	匹	指数	%	海关两	%	海关两	%	海关两	%	天津	烟台
1861—1864平均	928808	27	—	4559679	—	—	—	—	—	45.5	53.5
1865—1869平均	2333930	68	37	5666174	—	—	—	—	—	43.4	31.8
1870—1874平均	4177033	121	39	7772285	40	—	—	—	—	59	39.6
1875—1879平均	3452377	100	32	6606952	34	2145813	11	9364287	48	56.2	37.4
1880—1884平均	4188098	121	34	7793906	34	2430335	10	12154775	52	60.2	44.4
1885—1889平均	5298394	153	34	10669593	36	3168527	11	14711133	50	63	42.2
1890—1894平均	5238831	152	34	11783547	40	—	—	—	—	53.5	36.5
1895—1899平均	6550715	190	40	18149237	43	—	—	—	—	46.8	33.6

表1和表2①的统计数据表明，截至19世纪末，天津、烟台的洋纱、洋布入口量相当大，非其他南方口岸所能比。以洋纱入口为例，1884—1888年津、烟二口平均洋纱入口量共约9万多担，与1872—1876年平均数字相比，短短10多年便增加了27倍。关于这9万担数目的意义，1886年和1887年《烟台海关报告》中的如下记述已为人们所熟知："据说棉纱进口的增加严重地影响了

---

① 表1、表2数据来源：China Imperial Maritime Customs,（1）*Returns on import and export trade*.1861、1963；（2）*Reports on trade at treaty ports in China*.1866-1881；（3）*Returns of trade at the treaty ports and a trade reports*.1882-1886；（4）*Returns of trade and trade reports*.1887-1900, Inspectorate General of Customs；华中九口岸及华南八口岸纱、洋布平均入口数据见彭泽益：《中国近代手工业史资料》（第2卷），中华书局，1962年，第197、200页。1875年前的洋纱、洋布价值数据为当地两，是年及以后为海关两。

当地的纺纱业","据了解本省土纱纺织业几乎全部停歇"。①就算此刻这位税务司有些夸大其词的话,到了19世纪末,1896—1899年平均洋纱入口量达到40万担,10余年间又增加了3倍。津、烟二口的洋纱输入在全国占有突出位置。自19世纪80年代以后,其入口量基本上占全国总数的1/5左右,并长期与华中九口(上海、宁波、汉口、九江、镇江、芜湖、宜昌、温州、重庆)的数字不相上下。

19世纪后半期至20世纪初,津、烟二口也是全国重要的洋布输入和集散中心。在天津历年洋货进口总值中,洋布占了一多半,烟台则为40%左右。从数量上看,1875—1879年,津、烟二口洋布平均入口量为345万匹(天津268万余匹,烟台76万余匹),比开埠头五年增加了2.5倍。当时的英国驻烟台领事为此做了如下分析:"烟台供应1000万人口,即200万家庭。每年入口70万匹洋布,每户得15码洋布。"②按照这种估计,山东每户人家一年购买的洋布足可做6件成人衣服,而天津每年进口的洋布可使750万家庭得到同样的供应。③到了甲午战争后的1895—1899年间,津、烟二口的洋布平均入口量又比1875—1879年的数字增加了90%。津、烟二口的洋布贸易在全国占有突出的地位,其洋布入口量始终占全国洋布入口总数的1/3强,经常是华南八口岸(广州、汕头、厦门、福州、北海、九龙、拱北、蒙自)的4倍。④

---

① China Imperial Maritime Customs. *Trade Reports*, Chefoo, 1886, p.41; China Imperial Maritime Customs. *Trade Reports*, Chefoo, 1887, p.43, 此类英文《海关报告》为南开大学图书馆所藏,不再另行做注,文内均简称:Trade Reports。

② Great Britain Foreign Office, *Commercial Reports from Her Majesty's Consuls in China*, 1877, Chefoo(该英国领事商务报告在1884年后改名为: *Diplomatic and Consular Reports on Trade and Finance, China*, 后文均简称作: *Commercial Reports*)*British Parliamentary Papers, China*(该《英国议会文书》后文简称作:B.P.P.), Irish University Press, 1971, vol.12, p.259, 按,蒙恩师龚书铎先生惠准,北京师范大学历史系慷慨为笔者提供所藏该《英国议会文书》,谨表谢意。

③ 洋布规格以当时销量最大的本色市布为准,每匹长约40~42码,宽约33~36英寸,重8.4磅以上,参见 *Trade Reports*, 1866, Tientsin, p.89;每件成衣用布以2码计,合市制约5.5尺。

④ 表2中所缺华中、华南各口洋布输入数量及其占全国入口总量中的比重等数据,可参见小山正明:「清末中国における外国綿製品の流入」, 近代中国研究委員会编:「近代中国研究」(第四輯), 東京大学出版会,1960年,第1~108頁。该论文经些许修正收入小山正明:「明清社会経済史研究」, 東京大学出版会,1992年。

津、烟二口每年进口的几十万担洋纱、数百万匹洋布并非像人们想象的那样只停留在通商口岸附近，而是分散到了极深远的华北内地。就这一关键问题笔者另有专文探讨，[①] 在此仅做以下简要交代：天津每年进口的洋布、洋货有1/5在直隶省内消费，其余大多数则去往山西、河南北部、山东西部地方；有少量洋布去往陕西及蒙古西南部地区。[②] 值得注意的是，在天津的所有腹地中，路途最遥远、交通最不便的山西省一直是天津进口洋布的最大买主，[③] 每年都有300多个商人来天津购买洋布到山西。[④] 同样，烟台进口的洋布、洋货有1/4留在口岸附近出售，约有3/4的洋布运到内地。[⑤] 它们进入到山东西部、西南部的内地市场，并进一步分散到河南、直隶、山西、陕西省。[⑥] 据1892—1901年《烟台海关十年报告》的调查统计，在19世纪末的最后10年中，济南府商人每年进口大约200万海关两的洋布，这几乎包揽了烟台的洋布进口。[⑦] 另值得注意的是，洋纱、洋布运销华北内地几乎遇不到在南方省份普遍存在的重重厘金烦扰，这极大地减轻了商人们的负担。因此，当时海关税务司对内地市场的几番调查结果并不让人感到出乎意料：山西太原、山东章丘等华北内地

① 参见前引及以下拙文，张思：《19世纪天津的对外贸易与传统市场网络——以洋纱洋布输入贸易为例》，天津社会科学院历史研究所、天津市城市科学研究会编：《城市史研究》（第21辑），天津社会科学院出版社，2002年，第94~105页；张思：《19世纪山东的洋纱洋布输入与运销（1860—1900）》，《南开大学历史研究所建所20周年纪念文集》，南开大学出版社，1999年。

② *Trade Reports*, 1866, Tientsin, pp. 86–88; *Trade Reports*, 1868, Tientsin, p. 14; Trade Reports, 1870–1872, Tientsin, p.35.

③ *Commercial Reports*, 1867, Tientsin, B.P.P., vol.8, Irish University Press, 1971, p.379; *Commercial Reports*, 1881, Tientsin, B.P.P., vol.14, Irish University Press, 1971, p.135.

④ *Trade Reports*, 1883, Tientsin, p.15.

⑤ *Trade Reports*, 1875, Chefoo, p.78.

⑥ *Commercial Reports*, 1865, Chefoo; *Trade Reports*, 1865, Chefoo, B.P.P., vol.7, Irish University Press, 1971, pp.26, 30, 563.

⑦ China Imperial Maritime Customs, *Decennial Reports on Trade, Industries, ets., of the Port Open to Foreign Commerce in China; and on the Condition and Development of the Treaty Port Provinces.* Inspectorate General of Customs, 2nd Issue, 1892–1901, Chefoo, vol.1, p.46.

市场的洋布平均价格仅比当时的苏州贵极少一点。①

可以说，在19世纪下半叶至20世纪初，华北是全国洋纱、洋布输入最多，销流最广的地区。大量洋纱、洋布涌入了华北深远的内地，甚至是原先土纱、土布产区的家门口。以往一些近代经济史论著中关于洋布、洋货未能打入华北内地的看法是值得商榷的。

二、遭遇

大量洋纱、洋布的涌入给传统直鲁农村的手工纺织业带来怎样的影响呢？以往的研究在这个问题上多是从文献中摘录些大而化之的议论，缺少精细的数量分析以及对特定时间段的具体描述。笔者认为有必要通过对洋纱布市场占有量（见下节）、人均消费量、手工纺织业者被淘汰数量、机器纺织业与手工纺织业的效率及产品价格比较、当事者的描述等深层次的分析来做进一步说明。

在这时期，华北地区人均洋纱、洋布占有（消费）数量远远超过全国其他地区。1897—1899年，华北地区平均每年从天津、烟台、镇江3口岸输入洋纱约45万担。若以直隶、山东、山西3省约6600～7100万人口平均，那么这时期华北地区每年人均占有洋纱0.76～0.82斤。1897—1900年，南方近20个口岸平均每年输入洋纱约114万担，假定它们被长江流域、东南及华南11省（四川、湖北、湖南、江西、安徽、江苏、浙江、福建、广东、广西、云南）约2.6亿人口所消费的话，则人均占有洋纱0.53斤，比华北人均洋纱占有量少1/3。1896—1899年，天津、烟台、镇江等口岸向华北地区平均每年输入各类洋布约740万匹，由此算出华北3省每年人均占有洋布4.2～4.5码，换句话说可使每个百姓用洋布做2件成人衣服。同时期上述南方口岸共输入洋布956万匹，假定全部被南方11省所吸收的话，则平均每人得洋布1.5码，尚不够做1件衣

---

① *Trade Reports*，1867，Tientsin，p.17；姚贤镐：《中国近代对外贸易史资料》（第2册），中华书局，1962年，第837页。另参见前引拙文中关于内地市场价格方面的分析。

服。[①] 另据早些时候的统计，英属印度的外国棉布消费为每人每年6码左右，[②] 华北3省的洋布消费比较接近印度这一原有手工纺织业已尽遭破坏的殖民地的水平，甚至已经实现了早先英国资本家让每个中国人穿2件洋布上衣的梦想。[③] 而那些号称富庶、交通便利的南方诸省则与之相悬甚远。

经笔者计算，19世纪90年代末期华北地区每年输入的洋纱约取代40万个熟练手工纺纱业者的全年劳动，每年输入的洋布若以面积计算，约取代28~30万个熟练手工织布者的全年劳动，若以重量计算，约取代14~15万个熟练手工织布者的全年劳动。[④] 上述估计还应加入如下一些因素来考虑：事实上有很大一部分贫苦农民的生产能力仅及熟练水平的一半；他们一年之中因其他事务所扰不可能每时每刻、成天累月地从事纺织业。因此，一个熟练手工纺织业者的日生产量要比普通水平高出2~3倍，换句话说，实际被取代的普通手工纺织业者的全年劳动数要比上述数字高出数倍。另外，洋纱、洋布进入东北和

① 华北3省及南方11省人口数参照了刘锦藻：《清朝续文献通考》，商务印书馆，1955年；赵尔巽等：《清史稿》，中华书局，1977年；*Trade Reports*，1879，Part I，China，p.113；严中平等编：《中国近代经济史统计资料选辑》，科学出版社，1955年，"附录"，人口统计表；梁方仲：《中国历代户口、田地、田赋统计》，上海人民出版社，1980年，甲表85、86中的统计，取其平均数。华北及南方各省从口岸输入洋纱、洋布数字据见 *Trade Reports*，1896-1900；另参见前引拙文。洋纱1担合120斤，洋布规格参见前注。

② *Commercial Reports*，1886，Chinkiang，B.P.P.，vol.15，Irish University Press，1971，p. 715.

③ 严中平：《中国近代经济史统计资料选辑》，科学出版社，1955年，第244~245页。米淇尔指出，在1843—1844年间此类陈腐无知之见曾盛行一时。

④ 此处手工纺织业者的年劳动量及土纱布规格计算参照了严中平的总括研究，见严中平：《中国棉纺织史稿》，科学出版社，1955年，第24~26页；明恩溥于19世纪末在鲁西农村的观察；Arthur H. Smith, *China in Convulsion. Shannon*, Irish University Press, 1971, vol.1, pp.90-91，以及日本满铁调查部的调查，北支经济调查所：《北支農村概況調查報告（一）——惠民県第一区和平郷孫家廟》，南满州铁道株式会社，1939年，第70页。即每个熟练手工业者每日产纱约4两，手工业者每日产布约2.74平方米，重约1.2斤；每个熟练手工纺织业者的全年劳动量以每日工作10小时，全年工作340天计。明恩溥谈到，华北农民传统的手工纺织劳动"有时是整个白天和大部分黑夜轮班进行"，"从正月既望到腊月底，月月机声盈耳"。洋纱、洋布规格参见前注。

其他地区的市场也要取代大批直鲁农民的纺织劳动。①据此可以做出以下估计：在19世纪末及20世纪初的华北地区可能有近200万（40万手纺业者的3倍加30万手织业者的3倍）农民手工纺织业者的生计遭到严重破坏。当然，洋纱洋布冲击的波及面、遭遇破产的当地手工纺织业者都不会如此整齐划一。实际的情形可能是：有更多的、数百万甚至上千万的农民纺织业者受到不同程度的打击；他们或多或少地遭到洋纱、洋布的排挤，但在走投无路的情况下又不会轻易地放弃他们手中这唯一的副业；他们节衣缩食，压低产品价格，顽强而艰难地在洋纱、洋布余留下的缝隙中挣扎。由此我们可以进一步推算：如果一个农民手工纺织业者养活5口之家的话，那么约有数千万人民的生活由于洋纱、洋布的排挤而陷入日益贫困、毫无出路的境地。同样可以推定，他们都集中在直鲁农村传统的纺棉织布地区。

在对机器纺织业与中国手工纺织业的效率比较及产品价格比较方面，自马克思以来已有不少学者论及。当年的海关报告以及来自明恩溥于19世纪末在直鲁农村的调查则提供了当时直鲁农村与其他地区在原料价格、织布生产技术和效率方面的比较资料，在此从略。与长江中下游手工织布区相比，19世纪的直鲁农村手工纺织业竞争力低下，一时难以与外国机器制品，甚至是与江南土布竞争。

大量地方文献具体记录了19世纪末直鲁农村手工纺织业为洋纱、洋布所排挤的遭遇，相关史料几乎俯拾即是。不过，以往的研究在援用民国时期的地方志记载时，对这些史料所涉及的确切年代常失于考证，让人无从判断当地手工纺织业"破产"于19世纪末还是20世纪20—30年代，也无从判断这种"破产"是由于19世纪末外国棉纱布的冲击，还是受20世纪20—30年代新兴土布业或是战乱和灾害的影响。因此，对19世纪末直鲁农村手工纺织业的遭遇及其相关史料给予具体年代上的确认，是解决以往一系列论争的又一关键。

除前引《海关报告》记载之外，在地方志方面，笔者目前所发现的最早有

---

① 例如，辽东地区作为一百多年来直鲁农村土布的重要消费市场，在19世纪末每年从牛庄口进口10余万担洋纱，100余万匹洋布。参见 *Trade Reports*, 1900, Newchwang, 1891-1900, p.23, 主要洋货输入表。

关记录是光绪十二年（1886）本《遵化通志》中对玉田、丰润二县手工棉纺织业的两则描述："近年洋布价廉于线，洋线价廉于棉。玉丰两邑向产棉布之区销售既难，纺织之人亏折失业"；"洋线盛行以来，价廉售易。玉丰产棉之境苦难销运，种棉倍少，纺线织布亦鲜利益，多至辍业"。①民国《文安县志》中的以下记载也颇有价值，它明确地指出了当地农村土布业在甲午战争前的遭遇："织工为吾文旧业，令交冬季各村时闻机声。然由棉累次加工以至成布颇费时间，特以日用必需不惮繁琐。自欧西通商以来，其所输入之布，价廉物美，士民多购用之。渐至各织户亦狃于价值，而弃其所业。"②在19世纪末曾做过直隶冀州知州，以后任京师大学堂总教习的学者吴汝纶在所著《深州风土记》中也对直隶深州、冀州一带（传统产棉织布地区）的最新遭遇做出了反应："州所属地往时棉布流行塞外，近则英美日本各国之布用机器织造者幅宽而价廉，吾国布利尽为兼并"，"畿辅深冀诸州，布利甚饶。纺织皆女工。近来外国布来，尽夺我国布利。间有织者，其纱仍购之外国，故利入甚微"。③

许多史料表明，直鲁农村所产土布在远方市场很难成为洋布的对手。19世纪末，整个辽东市场面临每年从牛庄港进口的10余万担洋纱、100余万匹洋布的竞争。前引吴汝纶《深州风土记》谈到了深冀诸州土布塞外市场的丧失。劳乃宣编撰的山东《阳信县志》记载道："粗布为普通衣料，自受洋布抵制虽仍往省东、京东运售而销售行市不如昔日远甚。"④民国山东陵县县志有如下记载："清之中叶出产之白粗布最多。当时滋博店、神头镇、凤凰店各街有布店七座，资本雄厚，购买白粗布运销辽沈，全县收入颇有可观。……迄机器纺纱（俗呼洋布）输入内地，白粗布销路顿行滞涩，渐至断绝。全县手工业无形破产，农民经济影响甚巨。"⑤光绪年间编纂的《山东通志》在论及该省土布、土纱生产时说："（山东）比户皆纺织。前由章邱、昌邑、蒲台、齐东各县商

---

① 史朴：《遵化通志·舆地·风俗》（卷15），《遵化通志·物产·棉属》（卷15），1886年刻本。

② 李兰增：《文安县志·实业》（卷12），1922年印本，第33页。按，该段文字后有："至光绪甲午后，洋布之价日涨，较之初约增数倍，用者苦之。于是曩时各织户率多恢复旧业，近数年来日见增多。"

③ 吴汝纶：《深州风土记·记21·物产1》，《深州风土记·记21·物产48》，1900年，文瑞书院刻本。

④ 劳乃宣：《阳信县志·物产志》，1926年本。

⑤ 刘荫歧：《陵县续志·工商业》（卷3），1935年本。

人分运附近诸省。自洋布、洋线入口而此业大衰。"①

　　对于19世纪末直鲁农村手工纺织业的衰落、破产的遭遇，还留在了当时人的亲眼所见和亲口描述之中。在直隶保定府，1898年途经此处进行考察的英国使馆人员亲眼看到商铺里洋货充斥，而洋布则是无处不有。这些人在顺德府南郊的市场上发现，大量英、美、日本等国的棉布、棉纱摆在商铺里。②1960年，山东大学历史系师生在从事义和团调查时，当年曾在临清当学徒的李连周老人（77岁）回忆说："当时布庄全卖洋布。"③19世纪末在山东西部恩县（今平原县）一带农村生活了20余年的美国传教士明恩溥提供了更为有力的证据。明恩溥在当时以对中国人的性格及中国乡村生活的入微刻画而闻名，19世纪末直鲁农村手工纺织业发生的骤然变化以及由此带来的农民生活状况的恶化也引起了他的注意。在其所著《动乱中的中国》一书中，有一段出自其目睹的详细记述，这里摘要如下：

　　　　外国棉布贸易的巨大发展给该产棉区上百万人民的生活带来影响，这些人一直靠织布维持贫困的生活，现在土布已找不到任何市场，长久以来一直光顾此地购买土布外销的商人不再露面。织布劳动已得不到任何收益，又没有什么行业能够代替它以维持生活。织布机已闲置无用，织布的地窖也正在坍塌。土纱则受到孟买、日本及本国棉纱的竞争。这些洋纱比土纱更均匀、更结实、更便宜，整个产棉区被洋纱所淹没，以至手工纺车不再转动。那些老幼残弱、孤寡无依的人们赖以生存的涓涓细流永远干涸了。④

----

① 孙葆田：《山东通志·物产》（卷41），1915年铅印本。按，据该志前序所引山东巡抚张曜奏折可知，该志始修于光绪庚寅（1890）年，成于1907—1908年。
② *Commercial Reports*, 1898, *Report on a Journey from Peking to Shanghai Overland*, B.P.P., vol. 20, Irish University Press, 1971, pp.574-576.
③ 山东大学历史系编：《山东义和团调查报告》，山东大学历史系出版，1960年，第8页。
④ Arthur H. Smith, *China in Convulsion*, Irish University Press, 1971, vol.1, pp.90-91.

在关于直鲁农村手工纺织业状况的几条地方志史料中，一些诸如"自受洋布抵制""自洋布畅销以来""自洋布兴""迄洋布输入内地"的记述在年代上稍为模糊，还不敢十分肯定都发生在19世纪末。①不过，根据以上的考证，洋纱洋布在19世纪末大量输入华北内地应是无争的事实，并足以为19世纪末直鲁农村手工纺织业的遭遇做出以下判定：经过洋纱、洋布近40年的日益猛烈的冲击，直鲁农民赖以生存的家庭手工纺织业、这一地区延续了数百年的生活秩序遭到严重的破坏，上千万直鲁农民陷入了贫困破产的境地。从全国的情况看，直鲁农村手工纺织业遭受破坏的程度以及对农民生活的惨烈影响是华南、东南沿海及长江流域各省所不能比拟的。那些至今仍还纠缠于"帝国主义是现实还是神话"②的学者们应正视这一段血与泪交织的历史。

三、机遇

说19世纪末洋纱、洋布大量涌入华北内地，使直鲁农村手工纺织业遭受猛烈的冲击并处于严重衰落状态，这是否就意味着该手工业已经绝迹，或是只能沿着灭绝的道路一条直线地走下去？换句话说，外国棉制品对直鲁农村手工业的影响仅仅是冲击和破坏吗？直鲁农村手工纺织业的最终命运又如何呢？笔者在此尝试对数十年来各家论说的贡献、问题点以及最新研究动向做一番条析整理，并对一个世纪以前相互抵牾的文献记录以及那一段纷繁曲折的历史做一整合性把握。

第一，断定洋货自19世纪中叶一进入中国大门便尽占国内市场，农村手工业由此一败涂地的观点至今仍是根深蒂固的。这种观点重在强调外国资本主义、帝国主义对中国经济的破坏性影响，但显然忽视了19世纪末及20世纪初中国的南方与北方、沿海与内陆、城市与乡村之间所存在着的地域上的不平衡

---

① 类似这样的记载还见于其他多部民国地方志中，如《昌黎县志》《广平县志》《枣强县志》《盐山县志》《清平县志》《德县志》《桓台县志》《德平县续志》《禹城县志》《齐东县志》等。

② 该命题又见于柯文：《在中国发现历史——中国中心观在美国的兴起》（林同奇译，中华书局，1989年，第122页）一书的第三章。柯文指出："到目前为止，在美国学者就帝国主义经济冲击所展开的争论中，把这种冲击看成是不严重的一方，似乎暂居上风，但是仍未能盖棺定论。"

性，也忽视了各个地域内部在其经济社会演变过程中的阶段性，更对中国传统手工纺织业的顽强生命力、应对能力，以及在新的机遇面前的持续发展动力估计不足，给人们留下传统手工纺织业在近代只是被动地遭受冲击，只是缴械投降、无所作为的印象。其简单化的、过分夸大的结论不仅与19世纪以来中国农村手工业的实际情况不相符合，最近20年来更在一些国外学者的诘难面前陷入被动。①

不过，以一些国外学者为代表，也将对中国学者的批评发展到另一个极端：或认为外国资本主义、帝国主义对中国传统手工业的影响并不大，或认为这种影响局仅限于沿海及沿江通商口岸地区，而广大内地的传统手工业一直得以维持下来。② 不能否认这些学者的研究包含着严密精到的论证，提醒人们注意外国资本主义对中国传统手工业影响的限界及对中国资本主义发展的促进作用，提醒我们注意中国传统社会内部阻碍近代化发展的因素。但是，其中有些观点同样忽视了上述不平衡性和阶段性，更否定了中国农村手工业在近代百年间曾走过的痛苦经历。前面所描述的直鲁农村手工纺织业在19世纪末的血与泪的悲惨遭遇，绝非孤立、偶然的事例，这一段痛苦经历不能因为同时期其他地区的繁荣或该地区以后的再次复兴所掩盖。遗憾的是，傲慢地指称以往中国学者的观点都是"最粗浅的公式化的指责"的刻薄见解多年来一直"甚嚣尘

---

① 例如费维恺便要求有人能证明"20世纪30年代湖南和四川的农民穿的是内外棉公司(日本在华企业)生产的棉布，抽的是BAT牌纸烟(英美烟草公司所产)，吃的是明治牌白糖"。参见 Albert Feuerwerker, "Handicraft and manufactured cotton textiles in China, 1871-1910". *Journal of Economic History*, 30-2(June 1970)，另见费维恺:《1870—1911年晚清帝国的经济趋向》，费正清编:《剑桥中国晚清史》(下卷)，中国社会科学院历史研究所编译室译，中国社会科学出版社，1985年，第25页。

② 除了前引费维恺文之外，参见 Hou chi-ming. *Foreign Investment and Economic Development in China*, 1840-1937, Harvard University Press, 1965. Myers Ramon H., *The Chinese Peasant Economy, Agricultural Development in Hopei and Shangtung*, 1890-1949, Harvard University Press, 1970. Murphey Rhoad, *The Outside: The Western Experient in India and China*, University of Michiigan Press, 1977. Dernberger Robert F., *The Role of the Foreigner in China's Economic Development*, 1840-1949, In Perkins, Dwight H.(eds.)*China's Modern Economy in Historical Perspective*, Stanford University Press,1975.

上"，一直无人回应其说。

关于近代以来中国农村手工纺织业所走过的曲折经历，尤其是20世纪初农村手工纺织业的复兴过程，其实早已引起中外学者的注意。前引樊百川论文在40年前即已涉及近代中国手工业在外国资本主义侵入后的复杂遭遇和命运。就在同一年代，日本学者小山正明发表了《清末外国棉制品在中国的流入》一文，[1] 对清末半个多世纪洋纱洋布在中国各地的输入，以及中国各地手工纺织业的多种遭遇和对应情景做了细致分析，并指出在19世纪末20世纪初，洋布与土布各有自己的市场和消费者，而洋纱的输入促成了各地"新土布"业的发展，并为后来资本主义式的工场手工业的展开带来契机。小山的研究暗示着中国内在发展的连续性及他对停滞论的否定，但在中国学者中影响不大。此外，小山比较看重清末国内棉制品总需求量的扩大以及手织土布仍顽强地保持着固定消费者群和市场份额的一面，有时甚至将农民自织自用之布也算作市场份额之内，并且低估了洋布对土布远方市场的侵削，似乎中国农村手工纺织业在近代所经历的是一个和风细雨、圆滑向上的发展过程。[2]

关于20世纪初至20世纪30年代直鲁农村手工棉纺织业的勃兴与发展，早有同时代学者的丰厚研究积累。近50年来的研究则充分利用了前人的研究积累及大量翔实史料，在20世纪以后中国及直鲁农村手工纺织业的调整、重组及新土布业的兴起过程，特别是新兴土布业的发展所产生的社会经济效应，以

---

① 小山正明：「清末中国における外国綿製品の流入」，近代中国研究委員会編：「近代中国研究」(第四輯)，東京大学出版会，1960年，第1~108頁。

② 为此日本学者里井彦七郎批评小山"只见树木不见森林"，忘掉了洋纱布输入背后的半殖民地化的根本问题，同时指出洋布夺走了原有的都市富裕阶层的市场本身对小商品生产者农民来说便是个大问题。参见里井彦七郎：「中国近代化過程に関する三つのとらえ方について」，「歴史学研究」1966年第312号。

及所引发的生产工具、生产关系的变革等研究方面取得了重大成果。① 综合这些研究我们可以得出以下清晰认识：1）20世纪前30年间直鲁农村手工纺织业获得了空前的发展，并有力地抵制了洋布的输入。这一发展最终是由于日本的侵略才被中断。2）这种发展以机器制纱的大量输入为契机，以当地农村原始手工业的生产扩张为动力。二者促成了该地区在原料供给等生产条件方面的根本性改变，促成了当地原始手工业在劳动分工、生产工具和技术方面的进步。3）投资的增加和市场的扩张与这一发展互为表里，并伴随着有效的生产组织乃至以包买制为代表的资本主义生产关系的成长，最终使农村原始手工业的发展与工场手工业及机器大工业联系起来。如果非要说出哪些方面有待补充的话，这些研究对大量史料所反映出的近代直鲁农村区域内部的不平衡性以及该地区自身发展的阶段性区别注意不够，对百年前相互抵牾的史料文献、对半个世纪以来仁智互见的学术论争和国内外最近的研究动向缺少整合性说明。此外，这些研究也没有对直鲁农村手工业在19世纪末20世纪初所获得的发展机遇及其在中国近代化过程中的历史意义给予充分说明。

第二，通过总结既往研究的贡献与缺憾，笔者所获得的启示是：从地域的不平衡性和发展的阶段性的分析视角出发，运用对遭遇与机遇的辩证分析方法，或有可能对19世纪末这一众说纷纭、迷乱曲折的历史做出合理的、整合性的把握。笔者在下面的几点辨析试图说明，在19世纪末，直鲁农村以及中国各地的农村手工业在外国商品的打击下跌入了衰落状态的最低谷，同时这又是一个走上新的调整和发展的过渡，其中包含着以下复杂交错的五个层面。

1. 部分地区的手工纺纱业基本停歇，但农民为自给而生产的那部分纺纱劳动仍然保留

无论是当时的记载还是今人的研究皆谓土纱已被洋纱所排挤，应注意这是

---

① 参见张世文：《定县农村工业调查》，中华平民教育促进会，1936年；吴知：《乡村织布工业的一个研究》，商务印书馆，1936年；方显廷、毕相辉：《由宝坻手织工业观察工业制度之演变》，南开大学经济研究所，1936年；《潍县土布业调查报告书》，南满洲铁道株式会社调查部，1942年；严中平：《中国棉纺织史稿》；Grove Linda. *Rural Society in Revolution: The Gaoyang District*, 1910-1947, University of California Press, 1975；史建云：《手工业与乡村经济上篇：棉纺织业》，从翰香主编：《近代冀鲁豫乡村》，中国社会科学出版社，1995年。

指为市场而生产的那部分商品土纱而言，农民们为了自身遮体御寒仍要自纺自织。耕织结合的巨大节省性，使处于直鲁农村产棉区的贫苦农民无须购买洋纱或洋布去满足家庭内的需要。这种情况甚至延续到20世纪中叶或更晚。而长久以来家家机杼相闻的表面现象常使人误解为手工纺纱业未受破坏、农民的经济收入未受影响。当然，为市场而生产的土纱也不能认为完全绝迹了。因为还有一些织物需要手纺土纱，有些织物需要机纱、土纱混织。有时由于洋纱来源减少，土纱也会有暂时的增加。[1] 据1928年的统计，河北省89个生产商品布的县中，纯用土纱的县仍占近一半，土纱的使用量约占全省手工织布业总用纱量的1/4。[2] 因此，谈到"手工纺纱业基本停歇"问题还应当有进一步的限定，这种停歇应主要集中在纯用机纱从事商品布生产的新兴产布区及附近。

2. 手工织布业普遍遭到严重打击但仍然顽强地挣扎，保持着与洋布激烈互角之势

不可否认，当时被洋布"毁灭"的手织业者大量存在着。这些农民退到仅仅是织布自给，无法再出售土布的境地，纺织收入的断绝使农民们难以为生。但是，被洋布逼得走投无路的农民不可能轻易放弃他们手中唯一的副业——手工纺织业，它既是直鲁农民容易接近的生产部门，又是生死存亡的"最后避难所"（马克思语）。他们越贫困越要死死抓住这项副业。在洋布的竞争下，他们靠节衣缩食、压低产品价格的办法顽强挣扎。又由于市场上的需求多种多样及总消费量的增加，洋布也不可能彻底占领所有市场。在19世纪末的很长一段时间里，直鲁农民正是在这些缝隙中获取微利，维持生存。

3. 洋布基本占领城镇市场，而土布在广大乡村市场和农民家庭中仍占有牢固地位

一般城市人民的生活水平高于农村，工作并不繁重，因而喜欢外观漂亮的洋布，甚至并不计较价格。[3] 直鲁地区经常发生水旱灾害并未使洋布贸易下降

---

① 樊百川：《中国手工业在外国资本主义侵入后的遭遇和命运》，《历史研究》1962年第3期。

② 史建云：《手工业与乡村经济上篇：棉纺织业》，从翰香主编：《近代冀鲁豫乡村》，中国社会科学出版社，1995年，第353~357页。

③ *Commercial Reports*, 1880, Chinkiang, B.P.P., vol. 13, Irish University Press, 1971, p.566.

多少，这也可以断定洋布的主要消费者不是直接受到灾害影响的下层人民。①
农村中的上层阶级受着比一般农民高一等的优越感的驱使，也要穿洋布衣服。
上述这些人再加上非产棉织布区的人民原先都是土布的市场消费者（即购买
者），他们在19世纪末已大量购买洋布。不过，郑观应的那句洋布已占领大部
分城乡市场的名言②又该怎样理解呢？或许可以认为此论是感于国家积贫积
弱、利权外溢而发，其"危言"意在振聋发聩而与事实多有不合？但笔者认为
郑氏的"危言"恰恰也是"真言"：原先应该花钱购买土布的消费者有十之七
八改用洋布了。笔者理解郑氏讲的"十之七八"应是洋布在局部地区的市场占
有量，而不是洋布在全社会棉布总需要量（确切地说应作总使用量）中的份
额，他懂得原先穿用自织土布的广大农民不会被洋布所动。反过来讲，那些想
方设法推销洋货的外国官员、商人及税务司的沮丧、报怨之词也接近当时的实
情：广大农民因为土布结实耐用并且符合传统而拒绝洋布；有着男耕女织的传
统以及从事商品布生产的农民更不会花钱购买洋布。③不过，他们的目标是恨
不得让洋货占领整个中国市场，甚至像印度那样将土布从耕织紧密结合的农民
家庭中驱赶出去。今人不能因为如此梦想未能实现就否定了洋布对中国土布业
的打击。

　　这种洋布与土布在性能、用途、需求对象与销售市场方面的区别，19世
纪的人们早有注意，其中1899年8月日本驻天津领事馆的一份报告分析得很
明白："中国北部地区对手织土布的需求量颇为巨大，随着近年机械制棉布
输入的增加，土布的需要量多少有所下降。但是，手织土布与洋布在用途上

---

　　① *Commercial Reports*，1877，Chefoo，B.P.P.，vol. 12，Irish University Press，1971，p.258.

　　② 郑观应：《盛世危言》卷7《纺织》："迄今通商大埠，及内地市镇城乡，衣大布者十之二三，衣洋
布者十之七八。"

　　③ 关于这一点，1866年天津海关税务司的如下分析在当时传为经典："在中国，棉花广为种植，
人们用棉花织成粗糙而强韧的布。这种棉布比起外表漂亮但不那么结实的外国机器制品来，远能
满足农民和劳动者大众的需求。在许多农村地区，制造这种棉布所需要的劳动成本几乎等于零。
这是因为这种劳动是在农闲期别无他事可做的情况下进行的。……英国制造业者在中国的顾客不
是大多数的人民，而是那些能买得起比土产品耐看不耐用的制品的阶层。"参见 *Trade Reports*，
1866，Tientsin，p.88。

原本不同，诸如帽子、鞋、袜子以及劳动者的衣服、丧礼中的丧服、妇人裹脚布等等，在布质上有坚牢软硬细粗之别，不可能一切偏用机制棉布。所以，土布的消费量仍然如故无甚变化。……正因如此，手织土布仍在全国需求总量中占有相当多的份额，在生产量与销路方面恐怕不会被外国机制棉布轻易压倒。"[1]

在一些学者看来，由于清末民初国内棉制品总消费量的扩大并且手工纱布仍保持着固定消费者群和市场份额，而洋布的输入数量仅占棉布总消费量的20%，[2] 因此手工纺织业特别是土布业遭到的破坏便不那么严重。问题在于，如果洋布在19世纪末的华北或其他有产棉织布传统的地区保持20%的消费量，这并不等于洋布在当地同样只有20%的市场占有量。上述见解似乎隐含着将棉布的社会总消费量（或总产量）与商品流通量相等同，将自纺自织、自给自足的纺织劳动与商品性手工纺织业生产相混同并与洋布进行比较的错误。笔者认为，了解洋布在消费者市场上的份额也即在商品布流通总量中的比重更有意义。这里面有一个计算当地商品布市场容量大小、输入洋布所占比重及其意义的重要问题，有待别稿做专门探讨，这里仅做以下简要分析：据吴承明估计，鸦片战争前直隶、山东二省每年远销外地土布约200万匹，值银60万两（此数字来自个别零碎史料，缺漏甚大——笔者）；许檀从3000万总人口、人均年消费1.5匹土布等统计出发，估计19世纪中叶山东省商品布内外流通总数约3000万匹，值银900万两（外省输入量不详——笔者），其中省际输出量约占1/6；笔者据此推算，当时直鲁二省商品布内外流通总数约值银1500万～1600万两；根据史建云的研究，20世纪初直隶、山东二省每年合计有1500万～2000万匹土布向外输出（省内外输出不详，约折银450万～600万两——笔者）。而在19世纪最后的四五年间，每年平均从天津、烟台输入洋布655万匹，价值约1815

---

① 『通商彙纂』1899年9月第145号。转引自小山正明：『清末中国における外国綿製品の流入』，近代中国研究委员会编：『近代中国研究』（第四辑），东京大学出版会，1960年，第15页。注，小山的研究在这方面做了广泛的资料收集和透彻的论证。

② 费维恺：《1870—1911年晚清帝国的经济趋向》，费正清编：《剑桥中国晚清史》（下卷），中国社会科学院历史研究所编译室译，中国社会科学出版社，1985年，第35~36页。

万海关两，合当地银约1900万两。若加上同时期每年从镇江、牛庄等口岸输入直鲁土布传统市场的洋布（约120万匹，合当地银350万两），以及10%左右的零售价的话，19世纪末洋布在整个北方地区的市场份额约有2500万两。这相当于19世纪中叶直鲁二省商品布内外流通总值的1.5倍，清末二省土布输出总值的4~5倍。根据以上粗略数字并考虑到当地人口与土布消费量的增长因素作保守估计，19世纪末洋布在华北地区所占的市场份额（商品布流通价值量比重）约在50%左右。①

19世纪末，洋布和土布各领一方，而后者在总消费量上占绝对优势的情况在直鲁及全国许多地区普遍存在。这与农村手工纺织业遭到"严重破坏"、处于"衰落状态"的提法是否矛盾？关键在于，在直鲁及全国很多地区，农民从事纺织生产既是作为一种家内劳动的形式以满足家庭自身的需要，又是作为一种副业形式将其剩余产品出卖以补充农业收入之不足，有的甚至作为一种主业形式靠出卖土布维持生活。在大部分棉布消费已被家内劳动所满足的情况下，农村手工纺织业的销售对象也仅仅是城市人民、农村上层和非产棉织布地区的人民。因而，农村手工纺织业与机器工业竞争决斗的场所主要是在城市和非织布地区。手工纺织业是否受到打击，不在于原先自织土布的农民是否穿洋布，而是要看原先购买土布的城市人民是否转而购买洋布。一旦原来那些土布的唯一销售对象变为周体洋货，便造成这样的结果：洋布输入虽然不多，远不够供给全社会人口的消费，仅仅被社会的一部分人所购买，却剥夺了广大农民纺织业者的生计。

所谓洋布排挤土布应有两层含义：一是指对传统土布市场的占领，即原先购买土布的人民基本上购买洋布；二是指对农民家庭的侵蚀，即原先穿自织土

---

① 参见吴承明：《中国资本主义与国内市场》，中国社会科学出版社，1985年，第251、262页；从翰香主编：《近代冀鲁豫乡村》，中国社会科学出版社，1995年，第348页；许檀：《明清时期山东商品经济的发展》，中国社会科学出版社，1998年，第393~394页。直鲁二省19世纪中叶人口数参见梁方仲：《中国历代户口、田地、田赋统计》，上海人民出版社，1980年，甲表82，第262页。洋布输入数值参见表2及文内相关部分。1海关两折合当地银1.05~1.06两；注意这只是口岸价，非零售价。洋布与土布长宽规格不同，不可以匹数比较。

布的农民转而购买洋布。这两种"排挤"意义完全不同。前者是手工纺织业萎缩、衰落的过程，19世纪末直鲁农村手工纺织业的经历正是如此；后者是耕织分离、自然经济瓦解的过程，在20世纪相当长的时期里尚未完成。有些学者根据当时农村中仍保留土布生产或农民们始终穿土布的记载，便断定农村手工纺织业没有遭到破坏。[①] 还有些学者则相反，认为洋布一来到中国便同农民家庭自织自用的土布展开了竞争。[②] 上述这些看法都没有考虑到洋布（还有国产机器布）排挤土布过程中的复杂性。

4. 有些城乡及偏远地区一直没有输入洋纱、洋布，农民的家庭纺织业亦可能受到影响

国内一些学者认为19世纪末洋纱、洋布的输入仅限于通都大衢，无法深入农村内地。也有很多学者认为洋纱、洋布对长江中下游及东南、华南沿海地域的手工纺织业打击最大，此时还没有打入西南及华北内地，那里的手工纺织业得以维持甚至有所发展。本稿的前二部分对以上观点进行了商榷，需要补充的是，由于交通不便等方面的原因，当时华北的一些地区仍属洋货不到之处。但应注意的是，有些地区洋布未到或者农民没见到过、没穿过洋布并不等于没有受到洋布的影响。一般农民只要到最底层的集市便可将产品出卖，并购买日常所需。他们一生难得上大集市或城镇里去。而洋布在直鲁地区既然以城市人民为主要销售对象，它的最后"边界"是在城镇和高层集市。因此，洋布和土布可能是在互相看不见对手的情况下展开竞争的。

5. 传统手织业利用洋纱织布获得了复兴和发展的机遇

19世纪末洋纱大量进入直鲁地区，为当地手工织布业的商品化生产提供了廉价且充足的原料，洋布的输入则提供了竞争目标和示范样品。农民们用洋

---

① 参见黄逸平：《十九世纪末二十世纪初中国自然经济解体的程度》，《学术月刊》1980年第9期；周锡瑞：《论义和团运动的社会成因》，《文史哲》1981年第1期；久保田文次：《帝国主义と義和団運動》，路遥、佐々木衛编：《中国の家・村・神々——近代華北農村社会論》，東方書店，1990年12月，第159~182页。

② 于素云等：《中国近代经济史》，辽宁人民出版社，1983年，第115页。

纱织成的"新土布"比传统土布更结实、价格更便宜、销流更广。[①] 在19世纪末20世纪初，部分直鲁农村手织业产区的新土布在质与量上同洋布展开了竞争并逐步取得了胜利。新土布在市场上既抵制了洋布，也排挤了传统土布，还促成了国内各新兴土布生产区的诞生，并造成国内以及区域内棉布市场新的混杂交错的竞争格局。一时，直鲁内地的人们将当地传统手工纺织业用洋纱织成的布匹同样目之为"洋布"。[②] 就19世纪末全国及直鲁地区而言，农民购洋纱织布这一使古老的手工棉纺织业起死回生的转变过程在各个地区并非同步。这与洋纱输入的早晚、距通商口岸的远近、人民购买力的大小有关系。早在19世纪70—80年代，广东的佛山、珠江南岸，以及上海、汉口、沙市等地区便形成了购洋纱织布的中心；从19世纪80—90年代开始，苏北的通州、山东的潍县、昌邑、直隶的高阳、定县、宝坻也分别形成了购纱织布中心。[③] 而直鲁内地和其他大部分地区输入洋纱较晚，在原料供给、产品外输及生产能力等方面远不及上述那些靠近通商口岸、交通近便的新兴织布区。结果，直鲁内地的农民手织业者发现他们自己不仅被天津、烟台、镇江三大口岸输入的洋布所包围，又再次受到周围几个新兴织布区的交叉进攻，处境比先前更加不利。[④] 直鲁内地手工纺织业的全面复兴是胶济，津浦铁路通车以后的事，并在九一八事变前后达到极盛。

---

① *Trade Reports*, 1893, Tientsin, p.23.

② 鞠建章：《高唐州志·物产·洋布》，光绪三十三年(1907)；许宗海：《夏津县志续编·物产》(卷4)，1934年；潘荣峰：《续修广饶县志·实业》(卷9)，1935年。关于这一点，高阳土布史专家顾琳(Linda Grove)教授的最新研究表明，20世纪初直隶农民用手摇织机和机纺纱织出的改良土布"与机械动力织布机织出的几乎相同"，而外国洋布也经过了中外商人的一番乔装打扮，结果华北地区的百姓常辨不出谁是国产，谁是洋货。见顾琳：《"国货"还是"洋货"——20世纪华北经济民族主义与市场贸易的对话》，天津社会科学院历史研究所、天津市城市科学研究会编：《城市史研究》(第21辑)，天津社会科学院出版社，2002年，第80~93页。

③ 前引严中平的研究对此问题有全面的论述。

④ 例如，1899年3月日本驻天津领事馆报告《天津输入棉纱商况》(《通商彙纂》1899年4月第130号，第3~4页)中指出："直隶省人民以往仰赖山东人民的织布供给，近来熟习洋纱使用方法，纷纷转入织布业，山东土布几乎已从直隶省内驱逐殆尽，其销路已转往他处。目前保定府管下织布业最盛，甚或有全县上下专营此业者"。转引自小山正明：《清末中国における外国綿製品の流入》，近代中国研究委员会编：《近代中国研究》(第四辑)，東京大学出版会，1960年，第56页。

由于这段历史众说纷纭、迷乱曲折，国内外学者中很少有人去顾及洋纱的输入也即农民购洋纱织布这一新的变化给传统直鲁农村手工纺织业乃至中国手工业所带来的机遇及其历史意义——这是一个长期以来被近代史学者所忽略却值得细细吟味的重要课题。限于篇幅，本稿暂且将现有的相关研究贡献加以串连以为代言和结束：严中平及六七十年前的中国学者早已指出新土布业对洋布的抵制以及其中的资本主义生产关系的成长。40年前，小山正明提醒人们，洋纱的输入使直鲁农村等土布生产条件落后地区以及东北、西南等原先的非产棉织布省份摆脱了原料供给、生产技术、气候环境等方面的限制。由此带来的手工纺织业的普及使几乎中国全土都获得了与明清以来一直处于领先地位的江南土布产区在同一起点上开始竞争，甚至与外国机制棉布并驾齐驱的发展转机。[1] 30年前，田中正俊呼吁"应重视（用洋纱织布这一新的经营方式）对于作为直接生产者的农民的历史意义"。田中高度评价农民的手工纺织业的"抵抗"阻止了中国变为原料殖民地的命运，指出这是中国农民通过发展手工业这一农民斗争形式与半封建的帝国主义势力展开的战斗。田中还认为，中国农民及其家庭手工业的这种与资本制商品乃至半殖民地半封建体制的对抗并非表现为一种固定的、闭锁的阻碍形式，而是凭借着其原有的也即动态的=发展的抵抗力，表现为一种积极的、对抗的、能动的抵抗力量。[2] 在近年的专题研究中，史建云和顾琳（Linda Grove）指出洋纱进入华北农村后为当地棉纺织业注入了新的活力，具体表现为土布质量、产量的提高以及市场竞争力的加强，在多数地方起到了发展经济的作用。[3]

---

① 小山正明：『清末中国における外国綿製品の流入』，近代中国研究委员会编：『近代中国研究』(第四輯)，東京大学出版会，1960年，第87~92頁。

② 田中正俊：『中国近代経済史研究序説』，東京大学出版会，1973年，第189~202頁。

③ 参见史建云：《手工业与乡村经济上篇：棉纺织业》，从翰香主编：《近代冀鲁豫乡村》，中国社会科学出版社，1995年，第351~368页；顾琳：《"国货"还是"洋货"——20世纪华北经济民族主义与市场贸易的对话》，天津社会科学院历史研究所、天津市城市科学研究会编：《城市史研究》(第21辑)，天津社会科学出版社，2002年，第80~93页。

四、余论

历史上的机遇或千载难逢，或百年不遇。抓住机遇会根本改变现状条件，带来经济社会发展的突破和领先地位。两千年前，山东地方以独步的养蚕丝织条件"号为冠带衣履天下"[1] 16、17世纪，江苏松江府一带依靠占有植棉先机及织布技术的优势而"衣被天下""衣被海内"[2]；20世纪初，直隶高阳、宝坻一带土布业利用洋纱输入带来的机遇将市场拓展到长江以北十数省；新世纪伊始，中国农民抓住"入世"良机大举向海外进军……为此，史学家对近代中国农村经济的遭遇与命运的讨论不应仅收敛在破坏、分解、抵抗以及新的生产关系和阶级关系的形成等层面上，还应辩证地看到与遭遇同在的机遇及其历史意义，还应对传统农村经济在机遇面前的对应和表现给予关注。

又逢世纪交替，中国的产业又开始体验"入世"带来的挑战和冲击。此刻回首审阅百年前直鲁农村手工纺织业在那场遭遇与机遇面前交出的答卷，能否多给几分肯定，几分敬意？一直被我们视为"封建的""落后的"传统农村经济在突来而猛烈的冲击面前所表现出的强韧和对抗能力，在机遇面前所显示出的与时俱进的品质和持续发展能力，使笔者开始理解150年前欧洲人为何慨叹中国人为"世界上最伟大的工业国民（the greatest manufacturing people in the world）"，[3] 开始理解20世纪80年代以来中国乡镇企业勃兴的真谛。

中国农村手工纺织业在19世纪末20世纪初的复兴也许不被看成是今日中国工业化、现代化的先端，但的确是明清以来传统农村经济的承继；传统农村经济给今人带来的莫大恩惠也许可以忘掉，但她的神髓仍然活着，我们不能小视她对新技术及新生产方式的持久容纳能力。

本文原刊载于《史学月刊》2003年第11期，得到了教育部人文社科基地2001年重大项目"明清以来华北区域经济发展与地方社会

---

[1]《汉书》卷28《地理志下》，中华书局，1962年，第1660页。

[2]《古今图书集成》卷303《草木典·木棉》；崇祯朝《松江府志》卷6《物产》。

[3] *Mr. Mitchell to Sir G. Bonham*, p.245.

秩序研究"的资助。

作者简介：

张思，1957年生，重庆市人。南开大学历史学院教授。主要从事中国近现代史研究。主要著作有《近代华北村落共同体的变迁——农耕结合习惯的历史人类学考察》《侯家营：一个华北村庄的现代历程》《二十世纪华北农村调查记录（卷四）》。

1912—1937年北京城墙的变迁：
城市角色、市民认知与文化存废

李少兵

老北京的城墙既是明清帝都的重要城防设施，也是皇权时代等级权力的象征。但进入民国以后，由于国家体制发生了重大变化，步入民主与共和的新时代，北京作为首都，官方与民间进行城市现代化建设的要求都非常迫切，城墙在市民眼中成了专制保守的象征、现代市政建设的障碍，四重城墙中的皇城甚至在20年代末就已遭到整体性毁坏。1928年首都南迁，北京丧失了由中央政治权力附带而来的大量城市发展资本，不得不靠自身的区域资源求得生存与发展，市民们认识到了城墙是文化遗存，是宝贵的旅游资源，城墙的损毁势头得以扼制，内外城墙得以保存。它使北京至少在1937年时还是一座基本上保留了中国传统城市设计规制，具有都市系统布局结构的文化艺术品。[1]

民国初年的北京城，仍是内外四重城墙的格局，由内而外分别是紫禁城、皇城、内城和外城。城门则是"内九外五皇城四"。[2]这四重城墙尽管局部有墙面剥蚀的情况存在，但保存尚属齐整，只是一些城门和城楼有损毁的现象，如崇文门箭楼和内城西北角楼，在八国联军入侵时被毁坏，彼时仍未修复。由于缺乏必要的修缮，一些城楼的自然颓坏情况也比较严重。陈宗蕃在《燕都丛

---

[1] 1949年以后，由于拓展城市的现代功能，市政建设与文物保护等老问题始终没能得到科学解决，北京的内、外城墙都终于在20世纪60年代消失了。近20年来，北京的胡同与四合院几乎基于同样的原因面临着相同的命运，正大片消失。北京传统建筑文化的最后依存地亟待系统性保护，而这不是划定彼此区隔、不成体系的25片(后增至40多片)保留区能够解决的。

[2] 内城共辟9门，北面2门为德胜门和安定门；南面3门为正阳门、崇文门和宣武门；东面2门为东直门、朝阳门；西面2门为西直门和阜成门；外城辟有5门，由东而西为广渠门、左安门、永定门、右安门、广安门。皇城辟有4门，为天安门、地安门、东安门和西安门。此外，在内外城衔接处还辟有东便门和西便门，可通往城外。

考》中记载，"城垣驰道，蔓草荒芜，不复能行，其门楼亦多拆卸"。①但从总体上看，北京城墙体系仍保持完整。

学术界对1949年以后北京城墙最终拆除的影响等问题关注较多，对梁思成等人命运多舛多有描述，但对1912—1937年间北京城的角色定位、市民认知与古城墙命运的关系则缺乏研究。本文旨在运用现存的民国档案和报刊等史料，对这一问题进行探讨。②

一、首都与"首善"：急切的交通建设与城墙的最初损毁

1912年中华民国建立，经过南北角力，北京最终保留了中国国都的地位，但还没有正式的市政管理机构。直至1914年4月，袁世凯颁布总统令，批准设立京都市政公所，并任命时任内务总长的朱启钤督办京都市政事宜，北京才有了专门的市政管理机构。市政公所分设文书、登记、捐务、庶务四科，它和内务部基本上总揽了北京市政事宜。从北洋政府所设机构看，他们想效法欧美城市管理的某些先进经验和模式，但因为对现代城市的功能和特质还不太了解，因此所设机构尚不健全，市政规划和建设也难以科学、完善。

在市政公所及一些热心市政建设的市民看来，京都在过去是"天子脚下"，在现代作为首都，应该是首善之区，"善"的标准则首取"现代化"。而北京当时的城市面貌陈旧，影响首都形象，急需旧貌换新颜。而现代市政建设，要先从道路抓起，鉴于北京城区主干道都是"无风三尺土，有雨满街泥"，且多至城墙而止，市政公所就把修建贯通城市的大马路作为现代市政建设重点，这也呼应了市民的要求，因为他们感觉出行很不方便。北京环绕四周的多重城墙每每隔绝道路，破墙修路就成了市政公所工作的重中之重，而突破口是前三门的瓮城。

北京的前三门是指内城南面的正阳门、崇文门和宣武门。由于地处内外城的衔接地带，这一地区居民稠密、店铺集中，汇集了多家老字号，形成了北京

---

① 陈宗蕃：《燕都丛考》，北京古籍出版社，1991年，第20页。
② 作者文中，凡涉及1928年6月至1937年7月的具体史实时，均称北京为"北平"。而在涉及其他时段史实时，则一概称"北京"，以保持连贯性与一致性。

重要的前三门商业区。加上正阳门京奉、京汉两车站的设立，前三门更成为人员、车辆往来密集的地区。而交通的局促与狭窄日益成为该地区经济发展的瓶颈。"海通以来，交通发展，京奉、京汉两干线均以正阳门为起点，遂握交通之枢纽。民国肇兴，五路联络，轨迹交驰，较前尤盛。旧制大城之外有月墙，环月墙东西为荷包巷，系临时市集，商民支棚架屋类，凌杂无序，门洞虽称三座而出入总汇集于中部，拥挤阻塞，于市政交通尤多窒碍"。①

1914年京都市政公所成立后，首任督办朱启钤即着手正阳门的改造。他在《修改京师前三门城垣工程》呈文中，提出了具体的改造计划：正阳门瓮城东西月墙分别拆除，并在月墙原址上改筑马路，以便出入。正阳门楼两侧的城墙上新辟两个门洞，新修的马路可从中穿过。瓮城正面箭楼则予以保留。正阳门瓮城改造工程，自1915年6月16日正式开工，至年底竣工。工程共支出银圆29.8715万。②

1918年5月，京都市政公所又提出了改造宣武门瓮圈计划。"宣武一门实为内外城往来要道。唯因该门洞甚狭，经过车马拥挤不堪，外复有瓮圈阻碍交通，尤形不便。本公所为求发展市面、便利交通起见，拟定计划，将该门外瓮圈拆去，加修往来马路，至原有箭楼仿前门式样仍行保留以存古迹"。③这项工程主要包括添辟宣武门城洞，拆去瓮城，改修马路及修砌暗沟等几个部分，具体方案是：1.拆去瓮圈，并在其北面与城楼衔接处各砌城墙两段；2.新筑三条马路；3.将宣内大街的东便道暗沟修筑至顺城街西口，接至瓮城外通入护城河，宣内大街西便道暗沟由抄手胡同东口起接至城外护城河。④对于宣武门城楼和箭楼，"宣武门近因交通日繁，现拟定从左右适当地点新辟门洞两座，每门洞分出入二路，计宽九公尺，高七公尺，两洞隔墙厚为二公尺，洞上作半圆

① 京都市政公所：《京都市政汇览》，1919年印行，第95页。
② 朱启钤：《修改京师前三门城垣工程》，《大公报》（天津版）1916年5月11日。
③《京都市政公所关于整理宣武门瓮圈工程计划勘估给内务部、步军统领衙门、京师警察厅的函，及第二、三、四处等有关单位的往来函》（1918年），J17—1—47，北京市档案馆藏。
④《京都市政公所关于整理宣武门瓮圈工程计划勘估给内务部、步军统领衙门、京师警察厅的函，及第二、三、四处等有关单位的往来函》（1918年），J17—1—47，北京市档案馆藏。

拱，厚为一公尺……宣武门箭楼拟仿前门式"。①同时，京都市政公所还准备将拆除宣武门瓮圈所得的城砖用来修理龙须沟。

由于"时局不定，费巨难筹"，宣武门改造工程并没能在京都市政公所时期全面展开并完成，而是仅完成了修建宣武门穹桥的工程。工程拖延至1928年以后北平特别市时期才得以完成。经过改造，前三门地区的交通状况有所好转，人们进出内外城方便了很多，这也是工程规划的宗旨。北京南城的经济状况也得到了改善。

1912—1937年间，北京出于改善交通的考虑而毁损城墙的事件，还有和平门的增辟。1926年，京都市政公所在正阳门和宣武门之间增辟了一处新的门洞，即和平门。是年1月，京都市政公所开始启动和平门工程，首先进行的是城墙的拆除，此外对新开城门做了详细的筹划，"城洞拟开东西两洞，每洞宽二十七英尺，护城河上建筑平桥，以青石作基，上架钢筋混凝土梁板桥，宽八十英尺，长九十英尺，洞宽四十英尺，其北部临铁路轨道安设双铁栅栏，宽各三十六英尺。正轨迤北铁岔道已商由京汉局拆除，不再另设栅栏，同时展修马路，宽约七十英尺，以便车马通行。一俟图样完成，即行招标工作，约计半年以内可以告竣也"。②和平门是为开辟新道路而筑的城门，外观上并不像正阳门、宣武门等城门那样壮观。

为了修筑马路，改善交通，市政当局拆毁了北京的瓮城，并开始在城墙上打洞，它树立了一个先例，即城市改造为了现实交通需要可以牺牲古城城垣。这不仅是官方的问题，也是当时很多市民的认知。

核查当时北京的报纸舆论，市民对毁城修路工程肯定赞美者居多。当时很多人并不认为古城墙是历史文物，而是把它视为已经无用、妨碍自己出行的历史旧物。

首先公开提出开辟和平门的，也正是一些市民。1921年，"市民某团体提

①《京都市政公所第三处关于会商改良宣武门城洞箭楼计划给第四处的函》(1918年)，J17—1—78，北京市档案馆藏。
②《预修化石桥城门工程计划》，《市政月刊》1926年2月。

议，拆化石桥城墙开一城洞"。[1]为增加说服力，一些市民还结合当时中国南北分治的政局，宣传南北新华街有如南北大局，现开通，或有南北和平统一的希望，定名为和平门很恰当。硬把政治、修路和拆古城墙相联系，得出的结论就未免牵强。

实际上，出行方便、减少生活成本才是市民的主要诉求。一篇《北京交通之福音》的文章，很能说明问题。"北京为政治中心，人文辐辏之地。而因城墙重围，尺之间，常绕行数里或十数里始能达到。其阻碍交通，牺牲时间，诚莫此为甚"，[2]作者对城墙的厌恶溢于言表。

而反对拆城打洞的市民，多因其身份比较特殊，不具有普遍性，加上时局变换过快，最终没能阻止拆城。这部分人中，一些身居北京的北洋政要的理论依据是"风水"，这为崇尚现代文明的人士所批评，"乃彼时袁世凯已蓄心帝制，以城墙为风水所关，恐一穿洞，泄露王气，闻朱有此计划，既行止之。袁氏死后……又奈冯国璋、徐世昌辈，皆系迷信专家，恐将城墙穿洞，犯着太岁土神，与己不利，亦极力阻之。此事因搁置至今，无人过问。现内务府以此事再不宜缓，故即拟将此工程完成，便利交通云"。[3]有人则提出自己的风水理论，来反驳北洋军政要人，"若以风水论之，此乃我元首开疆拓土之佳兆"。[4]

另一些人显然是眼光长远的知识分子，他们倒是有很好的理论，可惜人数不多，力量有所不逮，未能形成大的影响。有一位叫萧远的市民写了《都市整理谈》一文，他认为北京城含有重大的历史、科学与美术意味，科学与美术获得了多数人的赞扬与研究，唯独京城的历史意味，被人们所忽视，"恐岁久而渐灭无余，彼时悔益且无及也"。他赞成对北京进行整理和改造，但应以保存其历史文化为要，城市建设应依旧复旧，招商承租，可以兼取巨额收入与历史保存之两利，"不得如今之当局所措置，为目前一孔之利益，牺牲千百年立国之文明精神"。

---

① 《北京日报》1921年12月6日。

② 《北京交通之福音》，《社会日报》1924年11月18日。

③ 《社会日报》1924年11月18日。

④ 《社会日报》1924年6月10日。

总的说来，转型中国家首都的角色让北京背负了太多的额外功能，"首善之区"的意识和对现代文明肤浅的理解，使人们专注于马路的修建与贯通。这对于改善交通状况、繁荣商贸暂时起到了一定作用，也反映了官民两方对城市现代化的热衷。但是，由于多数市民对城市角色片面追求大而全，天下第一的意识过浓，对历史文化还缺乏正确的认知，对传统与现代事务的处理也简单草率，只图满足眼前的需要，终使北京的城墙开始被损毁，其系统性开始遭到破坏。失去了瓮城，北京城墙已经不再是传统意义上的形制齐全的作为人类文明独特瑰宝的城墙了。它造成了恶性循环，基于改善交通状况的同样理由，原本规划中保留的宣武门箭楼也被拆毁了。而更大规模的基于实用而毁坏城墙的活动也接踵而来。

二、皇城与"皇权"：第二重城墙的拆除与北京四重城墙体系的破坏

皇城是北京四重城墙的第二重，为砖石结构，墙体红色，上覆黄色琉璃瓦，高1丈8尺、下宽6尺5寸、上宽5尺2寸、周长22华里。其建筑材料、高度宽度都与内外城有所不同，实质上更接近于"墙"，因此历史文献中有时也称其为"皇墙"。皇城位于内城和紫禁城之间，实际上是在内城之中又划出一个特殊的区域，把围绕着紫禁城的一些皇家机构和建筑，如太庙、社稷坛、皇史宬、北海、中海、南海、景山等包围保护起来，形成宫禁，是皇家办公、居住区域。普通百姓是不能随便出入的。

皇城的这种传统角色与功用，让民国时代的北京市民很是反感，心中自觉不自觉地把皇城当成专制皇权的象征，这种印象延至1928年皇墙基本上被拆毁了还未消除。

在北京市民看来，皇城应该被拆除，其城市空间应该还给人民，市民应该享有出行自由的"民权"。

皇城被迅速拆除，除政治认知的因素外，也与官民不约而同地盯上了皇城城砖有关，因为城砖可以卖钱，里面有经济利益存在。1921年，市民薛少棠看到贫民增多而房价越来越贵，就向警察厅和市政公所呈文，以皇城为无

用之物为名，申请拆去城垣的城砖建房，租与贫民居住。而京都市政公所想独占拆卖城砖的好处，就没有同意。1924年，在内务部、京师市政公所主持下，开始大规模拆除皇城了。"拟定将皇城垣东北西三面完全拆毁，以便京都市交通，益增便利……因此城垣耸立城之中心，往来迂绕，障碍交通。往年内务部会决定将东西北三面完全拆去，仅留天安门一面，比即招工着手进行。东安门南部及西安门南部，已各拆去一段。及徐世昌任总统，因受清室谕旨既令内务部停工。本年颜惠庆以国务总理兼长内务时，复有人请其赓续进行此事，颜谓此系数百年古物，亟宜保存，不可毁去，因以停顿。现当局果毅然赓续举办，中外商民闻之，当无不额手称庆云"。①

从表面上看，皇城的拆除，理由仍然是改善交通，但实际上，这一问题早已通过新辟皇城门洞得到了解决。

民国初年，东安门、西安门就已被拆除，仅余门阙。皇城西北开有厂桥豁口，南面打通了府右街，东面开有翠花胡同等豁口，以便交通。1915年至1920年，皇城四面又开辟了北箭亭、南池子三孔旋门、南长街三孔旋门、菖蒲河、五龙亭、大甜水井、南锣鼓巷和石板房等一批豁口。其基本形制是将皇城拆开6丈4尺，中间留马路3丈，两旁人行便道各宽9尺，两边各建8尺见方砖柱一座，顶覆琉璃瓦，作为门的象征。

以后门洞增辟越来越多，也越加简易。1923年，东方时报社新建了洋房，要求将对面皇城打开一个豁口，其实离此不远就有三道桥和康家胡同两个豁口，但市政公所仍然应允，并在拆墙时，"为节省计，两端不砌砖柱，即将旧墙找砌平直"。②

此时直系军阀主政北京，对市政采取漫不经心的态度，市政公所和市民都开始非理性地为所欲为了。东方时报社豁口开辟不到半年，市政公所便将该豁

---

① 《北京日报》1924年11月20日。
② 《京都市政公所第三处关于三道桥和康家胡同中间开口工程致第四处函，及第四处稽核科拆修东皇墙豁口工程丈尺做法和约需银数清册》(1923年)，J17-1-194，北京市档案馆藏。

口到大甜水井豁口一段长达21丈2尺的皇城全部拆除了。①皇城不仅在"点"上，而且在"线"的层面上开始遭到破坏。1924年后奉系、段祺瑞残余势力、冯玉祥等主政北京，政局更乱，京师市政公所的官员们干脆把东、西、北面的皇城全拆毁了。

由上可知，改善交通并不是导致皇城在20世纪20年代末年被基本拆毁的主因，实际上，皇城被大规模拆毁与市政当局胡乱施政有关，具体地说，与当时的大明濠暗沟工程的材料使用有直接关联。

大明濠和御河是北京两大排污系统。大明濠北自西直门大街起，南至宣武门护城河止，纵贯京城西部地区，为西城排水干道。1917年既已大半塌毁，中部更多淤塞，"且附近居民倾倒污水秽物于内，每至夏日秽气熏蒸，非徒有害健康，且此沟不治，附近沟道均无排泄之处，亟应改为暗沟，上辟马路"。②

京都市政公所要改造大明濠，属于"德政"，原本无可非议。但因为资金紧缺，工程时断时续，就打起了皇城的主意。经过估算，他们发现如果用铁筋混合土，建筑成本每丈为银圆123元，用旧城砖则每丈73元，可省50元。于是市政公所在第6段工程招标中规定"所有该段需用旧城砖"，所需城砖"由灰厂至西华门及御河桥至东华门两段皇墙拆用，并归包揽大明濠暗沟厂商自行拆用及拉运"。③1921年6月2日，承包商开始拆用西面皇城城砖。10月，又开始拆用东面皇城城砖。12月，大明濠第一期工程竣工。此后一段时期皇城因故停拆，大明濠工程随即搁置，可见其对皇城砖料依赖之深。

东西皇城的拆除使皇城遭遇了大面积被毁的厄运。1925年7月，市政公所声称"（大明濠）上游各段土帮日益倒塌，不但秽气熏蒸，行人掩鼻，且车马往来亦殊危险。本公所对于市政兴革，现正积极筹办，此项要工自属责无旁贷。唯所余该沟工程尚有1020丈，需用大砖不下百万，殊非现在财力所能担

①《京都市政公所第三处关于三道桥和康家胡同中间开口工程致第四处函，及第四处稽核科拆修东皇墙豁口工程丈尺做法和约需银数清册》（1923年），J17-1-194，北京市档案馆藏。

②京都市政公所编：《市政通告》（1917—1918）。

③《京都市政公所第三、四处关于报送兴修大明濠暗沟工程办法、计划等给督办的呈文及图纸等》（1921年），J17-1-178，北京市档案馆藏。

负。而改用他种砖料亦嫌彼此两歧，未易衔接"，①因此向内务部索要宽街以西至西华门一带各段未拆皇城的使用权。内务部乘机想捞一笔，就回复说这一带的皇城城墙早已由内务部会议决定招商拆卸，预估售价为61700余元。市政公所想要，必须出钱购买。经过讨价还价，市政公所以内务部上年5000元借据、农商银行2500元支票（合现银3000元），外加承担贡院暗沟整治工程的代价，购取了宽街至西华门这一段的皇城。1926年5月，市政公所工程队开始拆用西安门北段皇城。到11月，西安门至仓夹道皇城基本拆完（计长1116.3米），1927年续拆东北拐角向东一段皇城（计长23.8米）。共计拆除皇城1140.1米，拆卸下来的城砖大部分用于大明濠中段和第三段暗沟工程。

从目前掌握的档案材料看，皇墙被毁还有其他一些原因，主要是官方拆卖皇城的建筑材料谋利，这就与市政规划和建设无涉，而与官府腐败有关了。当时，很多以大明濠暗沟工程为名拆除的皇城砖料，并未用在大明濠改造上。"有用作他工程者，有各处请拨者，有卖出者，有标卖者"，②皇城已经沦为可以出售的建筑材料了。1925年，内务部议定拆卖长达4876.8米的皇城，所得钱款以做部用。市政公所则分别于1927年1月31日、2月10日同荣昶木厂和合盛木厂订立合同，规定由地安门西山墙外，往西至什刹海西河沿一段皇城城墙由荣昶木厂领购拆除，地安门向东至东北拐角一段由合盛木厂领购拆除。而这段皇城原是市政公所以大明濠工程名义从内务部购得的。仅骗卖这两段皇城城墙就为市政公所带来34117.2元的收入。

对于皇城的拆除，也有一些市民并不赞成，反对的理由不一，"有谓为有碍风水者，有谓门户攸关者，更有最大理由，恐市政公所收用或拆毁民房"。③还有一些市民家的后墙是皇城城墙，拆墙会使他们受到损失。反对拆城的居民们就推举出代表向市政公所申诉，在得到相关答复后，也就不再怎么

---

① 《市政季刊》1925年10月第1期。
② 《国务院关于派专员前往查办拆卖京师城垣事件的咨函，及查办京师拆卖城垣办事处的来函，以及京师市政公所报送的拆卖皇城有关文卷的函（附：说明和皇墙图）》（1925年），J17-1-261，北京市档案馆藏。
③ 《北京日报》1921年6月1日。

反对了。

坚持反对拆皇城的，除文化倾向明显偏于传统的某些北洋政要外，还有居住在北京的外国人。一位美国参赞说："此后外国人不愿到中国来，何也？中国人不知保存古物也。如喇嘛庙等之房上，荒草不除，但年用二十元即可割草，不然一年一年草根之力足以损坏房屋。又如市政公所将中国唯一之建筑如皇城等拆毁，使外国人不知北京为旧都。"[1]

皇城的命运，使我们看到了在旧体制之下，缺乏科学决策的官方是如何非理性的胡乱规划，在腐败风气熏染下怎样的胡作非为，以及"德政"与"弊政"不可避免地交相纠缠。这些恶果导致了皇城被损毁，只剩下了孤零零的一小段南墙和形单影只的门楼——天安门。

原本随着清朝的覆灭、帝制的消亡，作为皇亲国戚们居住、工作空间的皇城角色已经转换，已经向民间开放了，旧的权力等级制度造成的空间分隔也已宣告终结。人口流动不再受"宫禁"约束，皇城空间开始向以商业和公共用地为中心的方向发展。而发展所需的便利交通完全可以通过多开门洞来解决，事实上也是如此。但官方意在谋利，一般市民的认知又不能及时转换，而且过于贪图便利。这使得文明让位于功利，其恶果是皇城被拆毁，城砖被当作铺地沟的旧砖卖掉，北京的四重城墙体系也遭到了破坏。

三、地方城市与文化之都：内外城墙的幸运与传统建筑文化的存续

1928年奉系军阀退出北京，阎锡山控制了京津地区，表面上服从南京国民政府的领导。同年北京改称北平特别市，京都市政公所也改为北平特别市政府，下设财政、土地、社会、公安、卫生、教育、工务、公用8个局，市政改造主要由工务局负责。

由国家首都变成了华北地方城市，[2]北平市民的心理失落感颇为强烈，由

---

①《北京日报》1922年1月26日。

② 1928年9月至1930年12月，北平为河北省省会。此后为国民政府行政院直辖市。

于中央政治功能的丧失，城市发展的外部资源明显减少，市民认识到，以后的发展，只能靠发挥自身优势，挖掘城市自身的潜力。

人们思考后得出结论，北平的定位应该是文化与旅游城市。这就势必得对历史文物进行修缮和保护，北京城墙的命运否极泰来，刹住了被连续损毁的势头，内城和外城城墙幸运地得以保留。北平也终于有了较为系统、科学的市政规划。

1928年，市长何其巩下令禁止拆毁皇城，认为皇城具有历史文化上的价值，又明令保护仅存的南段皇城城墙，"查菖蒲河及西长安门等处红墙，建筑壮丽，关系文化，未便拆除"。①

1933年，北平市工务局拟定了"本市工务部分之初期建设计划"，其中的"本维护古迹原则修复本市古建筑物"计划与古城墙有关。其相关内容一是对西直门箭楼、朝阳门城楼、东直门城楼、东便门东南角楼等加以修缮，二是对原来皇城的各个城门进行修缮。

北平市政府肯定了工务局的计划书，指出"近代建设，以科学之进步，日趋完美，而通都大邑之建筑物，遂美足以代表一国之文化。本市为数百年来之旧都，现存公共建筑物，无不具有历史上之价值，唯年久失修，多呈窳败之状，亟应及时修治，以美市容而保古物"。②

最终列入修复计划的城墙工程主要有以下几项，"连属于城墙者，有各城楼，各箭楼。如西直门箭楼，东半部楼顶，几全塌陷。十九年，曾经本局勘估，约计八千余元，以市库不裕，迄未动工。又如东便门东南角楼，楼顶塌陷，甚于西直门箭楼，非局部修缮所能恢复旧观。此外如朝阳门城楼，东直门城楼等处无不损坏日甚，倘不早加修理，必为西直门箭楼及东南角楼之续。……连属于旧皇城者，有各门楼，如西安门，地安门，东西长安门，东

---

① 《北京日报》1928年11月4日。
② 《北平市工务局关于市政初期建设计划的意见及图表》(1933年)，J1-4-51，北京市档案馆藏。

西三座门，及新华门楼之类，亦应检查损坏情形，修补油饰"。①

　　1935年，为了加强对北平市名胜古迹的保护，南京国民政府行政院还专门设立了故都文物整理委员会，隶属于行政院，执行机关为文物整理实施事务处（简称文整处）。1935年3月7日，北平市政府公布了《北平市文物整理实施事务处组织章程》，对于文整处的职能、机构设置以及运作方法做了详细规定。

　　文整处负责具体事务的副处长由工务局局长兼任，这就有利于协调市政建设与文物保护之间的关系，有利于在现代市政建设热潮中及时、妥善地保护文物古迹。

　　在文整处的文物修缮计划中，有关城墙修缮部分的主要内容是：第一期建筑工程中的甲部分——东南角楼及西直门箭楼——委托基泰建筑公司代办，而乙部分——天安门、地安门、西安门、端门、东西阙门、内城城垣——则委托工务局代办。②工务局将地安门和西安门修缮工程进行招标，结果，地安门的翻修油饰由天顺建筑厂承做，而西安门的修缮工程则是由中和木厂负责。③1936年3月至1937年4月，北平市工务局还完成了文整处交给代办的新华门和皇城角楼的修缮工程。

　　文整处的设立，使得北平市文物古迹的保存和修缮更加科学、规范。由于文整处聘请相关的专家作为顾问，而且与工务局会同进行城墙的各项规划、修缮工程，这就有利于古城墙的存续和保护。

　　这一时期市政府改善交通状况，也能够现代与传统兼顾，主要采取多开城门的办法，以保持内城、外城城墙的系统性和完整性。

　　北平市工务局拟定的"本市工务部分之初期建设计划"，包含增辟城门的内容。拟在宣武、崇文两门增辟门洞以增加交通流量。市政府肯定了实施该计划

---

①《北平市工务局关于市政初期建设计划的意见及图表》（1933年），J1-4-51，北京市档案馆藏。

②《北平市文物整理实施事务处请勘估代办之城内牌楼、西安门、地安门等工程预算和寄送施工办法、购料办法等与工务局的来往函》（1935年），J17-1-1084，北京市档案馆藏。

③《北平市工务局请文物整理实施事务处拨付代办修缮西安门、地安门工程工款的函，及对天顺建筑厂等呈请支付工款的批文》（1935年），J17-1-1061，北京市档案馆藏。

的必要性，指出："现查本市外三及外四两区，地面辽阔，人口稀少，商工各业，最为衰落，考其原因，地势较为偏僻，与内城交通，稍有隔膜，动须绕经崇文及宣武两门，其不便利为何如也。兹拟在崇文门以东，沟沿头南口及宣武门以西，南沟沿南口，各辟一门；并建筑木梁砖桥，横跨于护城河上。此后交通既便，荒僻之区，自能逐渐繁荣。且可利用新洞，运除内城积存渣土，填垫外三区洼地。于市政前途似尚不无裨益。"[①]令人遗憾的是，1949年以后，增开门洞这一既改善交通状况，又保存了文物古迹的相对科学的做法被废止，而代之以拆除内城、外城城墙以修二环路。对此，学术界已多有研究，我们不再赘述。

就普通北平市民来说，自国都南迁后，由于认识到了自己城市角色与功能的转型，他们开始把城墙看作不复再有的珍贵文物，历史文化保护意识较前大大增强。

市民的这种变化在报纸上有了明显体现。1929年3月21日，北平《新晨报》发表社评，对工务局拆宣武门（又称顺治门）瓮城修马路的行为进行批评："顺治门瓮城，回环拥抱，颇富建筑上雄壮美，不知何故又被拆了，大约哈哒门没有瓮城，所以这个也保不住了。或者说是为利便交通，这个固然。然而，朝南开个门洞不行吗？"

北平市民还纷纷给南京中央政府写信，控告工务局破坏文物。国民政府古物保管委员会为此致函北平市工务局，"近日平市各报载称，贵局又将拆卸宣武门城楼，改为和平门形式，同时并载称天安门前，暨东长安门至西长安门，石路与电车轨道间拟改修土沥青马路，建筑一模范街区等语。查宣武门城楼与天安门前白石甬道均有历史及建筑学上美术之关系，必须特别保存。在贵局或为便利交通计，或为改正市街计，容有种种之计划，而关于此二处伟大美丽之建筑物，自应设法绕越，分别划出保留，不使拆毁以维古迹。日来本分会接到

---

① 《北平市工务局关于市政初期建设计划的意见及图表》(1933年)，J1-4-51，北京市档案馆藏。

市民来函，纷纷以此事见询，足证本市人士亦极为注意"。①

在广大市民的努力下，拆除宣武门瓮城的工程一度停了工。虽然宣武门瓮城不久还是拆掉了，但整个古城传统建筑受破坏的总趋势已经停滞，而转变为以保护为主。1928年后也仍有居民顽固地主张拆除城墙，但已不是北平市民的主流意见了。

此时，北洋军阀政府时期市政当局拆卖皇墙谋利的做法，也引起了市民的深刻反思。1928年，市民朱辉在写给北平市政府的《建设北平意见书》中建议，"即其无保存价值之旧建筑，若无预定较善之改设计划，须严厉禁止拆改。试观军阀时代，任意拆毁旧紫禁城墙、先农坛围墙，迄未见有预定计划之实行，前车可鉴，故拆改无保存价值之旧建筑，须以有无较善之预定计划为条件"。②市政府赞同朱辉的意见，并在批语中指出"从前军阀时代，重在敛财，可谓毫无意识"，现在要重视古迹，不得无故拆卸。

应该说，作为普通市民，朱辉在1928年对古城墙的认知还有些模糊，还处在转型期，不及市政人员意识清醒。之所以如此，除"换位因素"外，也与北京的城市角色斯时刚刚转换有关，但也说明普通的北京市民已经有了保护古建筑的初步意识。很快，进入30年代，这种意识得以深化并日益普及，一般市民已大多承认旧建筑具有历史文化价值，应加以好好保护。

总的说来，1912—1937年间，北京城墙的命运确实与北京城市定位、市民的认知有密切的联系。北京城墙经历了一个由于市民缺乏科学观念，被拆改损坏到被承认具有历史文物价值而被保护的曲折过程。1912—1927年的首都时期，北京城墙反而面临被肢解的命运，因为保留城墙与现代市政建设一出现矛盾，市政公所往往迁就后者，而市民也附和之，并视城墙为累赘。1928年后，北平市政府正视了城市角色的转换，制订了比较科学、全面的城市规划。由于卸去了首都这一繁重的中央级政治城市的重担，它把目标放在了发挥地方

①《北平特别市工务局关于拆除崇宣瓮城，修砌东不压桥至御河桥暗沟工程与星记协兴营造厂签订合同的呈文和市政府的指令，以及工务局与有关单位的来往函》(1928年)，J17-1-453，北京市档案馆藏。

② 朱辉：《建设北平意见书》，见《北京档案史料》1989年第3期所载史料。

优势，发展文化旅游上。北平市民也有了比较清晰的文物意识，北平的城墙保护因之取得了一定成效。

1912—1937年北京城墙的命运转换，既是百年来北京城市现代化进程的组成部分，又反映了北京市政当局在追求现代化的过程中面临的现代与传统、眼前与长远、实用价值与文化价值难以兼顾之间的矛盾。北京城墙原有三重价值：城市保护、居民控制等实用价值；展示威仪和权力等符号价值；文物古迹等文化价值。1901年，八国联军炮轰北京，在城垣上炸开缺口入城，宣告了北京城墙军事防御功能的失效；民国建立后各城区之间的界限被打破，市民可以自由工作、居住，它又失去了控制居民的作用，城墙的实用价值大打折扣；1912年清王朝覆灭，城墙的符号价值也失去了大半。城墙的文化价值则一度被市民所忽视。一段时期里，人们固执地认为，城市现代建设需要突破城墙的束缚，而不去考虑二者如何结合的问题。如果说城墙还有什么价值的话，那就是作为一种古迹留给后人观看。依此逻辑，完整地保留城墙是没有必要的，保留典型建筑作为标本即可，这就可以解释为什么市政当局把皇墙大部拆毁，只留天安门城楼和一小段皇城墙体。从1949年后北京内城、外城城墙的变迁史看，基于相似的原因，历史悲剧又再次重演了一遍。

本文原刊载于《历史档案》2006年第3期。

作者简介：

李少兵，南开大学历史学院教授，博士生导师，苏州古城大运河申遗首席专家。主要研究领域为中国古城文化、中国民俗文化、中国佛教文化。在《历史研究》《中国文化》等学术刊物上发表论文六十余篇；出版学术专著十余部；代表作为《大运河苏州古城段世界文化遗产研究》《苏州方言与非物质文化遗产》《北京的洋市民：欧美人士与民国北京》《中国民俗史》《民国时期的佛学与社会思潮》。

抗日战争时期中国民主党派的发展壮大

陈志远

抗日战争时期是中国共产党领导的新民主主义革命进程中的一个重要历史阶段。日本帝国主义的武装侵略，使中国的政治、经济、军事、文化和社会发生了巨大变化。"一个民族敌人深入国土这一事实，起着决定一切的作用。"[1] 它决定着我国各阶级、各政党的政治取向和政治行为，决定着各族人民在抗日民族统一战线的旗帜下，团结一致，坚持抗战，直至取得最后胜利，也决定着中国民主党派的发展壮大。

中国民主党派"是从中国的土壤中生长出来的"。[2] 在民主革命时期，他们基本上居于中国国民党与中国共产党之间，是坚持反帝爱国、争取民主为核心的各政党和重要政治派别，民主党派是他们的总称。抗日战争时期，他们坚持抵抗日本帝国主义的侵略，争取中华民族的解放；拥护抗战到底，要求政治改革，实行政治民主，保证抗日战争的最后胜利。凡是具有上述政治主张和政治行为的政党，在这一特定的历史时期均属于民主党派之列。

一

1931年，日本帝国主义发动九一八事变，开始武装侵略我国。中华民族的危机，激起了全国各族人民的强烈义愤。中国共产党立即发表宣言，作出决议，揭露日本帝国主义的侵略阴谋，批判蒋介石的不抵抗政策，号召全国人民团结起来，一致抗日。全国各大中城市，工人举行反日罢工，学生罢课、游行请愿，工商业者抵制日货。全国各阶层人民迅速掀起了抗日救亡高潮，民主党

---

① 《毛泽东选集》(第2卷)，人民出版社，1991年，第781页。

② 《周恩来论统一战线》，人民出版社，1984年，第171页。

派也投入到抗日救国的洪流之中。中国国民党临时行动委员会（农工民主党的前身）积极参加抗日救亡活动。该党当时虽然处于领袖邓演达被蒋介石杀害、处境极端困难的情况下，仍毅然奋起抗日，发表《对时局宣传大纲》《政治通告》等文件，揭露日本帝国主义的侵略罪行，抨击蒋介石的错误政策，表示应当和一切反对派进行联合战线的结成，开展反日斗争，其成员直接参加反击日本的武装进攻。"一·二八"上海抗战中，该党主要领导人与十九路军负责人共商对策，并赴前线视察，鼓舞士气；该党成员或赴前线浴血奋战，或在后方开展支援。

九一八事变以后，青年党也发生了变化，提出对日积极抵抗，取消一党专政，应对国难的主张，并提出"政党休战"的口号。该党成员在东北组织义勇军，或参加马占山部抗击日本侵略军。青年党政治取向的变化，由既反对共产党，也反对国民党，逐渐转变为拥蒋抗日，也淡化了对共产党的敌视态度。因而，在抗日战争时期，青年党跻身于民主党派之列。

九一八事变以后，一些团体也投入抗日救亡运动，中华职业教育社（简称"职教社"）的变化就是实例。职教社成立于1917年5月，原为职业教育团体，曾举办过多种类型的职业学校和职业补习学校，为我国教育事业做出了贡献。九一八事变后，他们立即将职业教育与争取民族解放联系起来，积极投入抗日救亡运动。9月下旬，黄炎培、江问渔等联络爱国人士30余人，成立抗日救国研究会；随后，黄炎培等代表赴南京面见蒋介石，要求出兵抗日。接着，黄炎培与马相伯等成立江苏国难会，以"共赴国难"为宗旨，提出"武装抵抗、抵制日货、支援前线"等主张。"一·二八"上海抗战时，黄炎培、史量才等组织上海市民地方维持会，支援十九路军抗击日寇。事实表明，职教社已从专业团体转变为政治团体。七七事变以后，职教社转移到大后方，继续参与抗日救国、争取民主活动，同时从事教育事业。抗战后期，参与发起中国民主政团同盟。

1935年，日本帝国主义制造华北事变，妄图变华北为第二个满洲。中华民族危机进一步加深，全国各族人民，以"一二·九"学生运动为标志再次掀起抗日救亡的新高潮。中国共产党发表《为抗日救国告全体同胞书》，即《八一宣言》，主张全国各党派团结起来，停止内战，一致抗日；建立全国统一的国防政府和抗日联军；实行抗日救国政策，动员全国同胞，进行全面抗战，以战胜日本帝国主义。

这时，民主党派的抗日救亡活动有所加强，抗日民主势力进一步发展。中国国民党临时行动委员会于1935年在香港召开了第二次全国干部会议，明确提出中心任务是反对日本帝国主义的武装侵略，实现中华民族的解放。会议根据当时的形势和任务的需要，决定改党名为"中华民族解放行动委员会"，并制定了《临时行动纲领》。《临时行动纲领》提出，应当承认苏维埃政权和红军的存在，要求全国反帝的军队、红军和人民取一致行动，共同对日作战。翌年2月，该党再次发表《"组织反日阵线"提议宣言》，认为国内任何矛盾都大不过日本帝国主义者与中国的矛盾；各党派任何分歧，都不能否认集中力量反日的必要。因而，宣言提议应以最快的速度，组成全国的"反日阵线"。纲领的制定和宣言的发表，就将该党赞同中国共产党《八一宣言》的方针具体化了。这种战略转变表明，该党的主张是符合时代要求的，是该党的重大进步和重要发展。

华北事变以后，从国民党内部分化出来的爱国人士李济深、陈铭枢、蔡廷锴等，1935年7月在香港成立的中华民族革命同盟，是当时民主党派之一。他们主张争取民族独立，树立人民政权，集中一切力量，进行民族革命；策动全国陆海空军，武装全国民众对日作战，恢复失地。他们致电蒋介石，呼吁停止内战，实行国共合作抗日救国。该党于七七事变后即自行解散，但其影响力较大，对促成国共合作统一战线的形成和全面抗战的实现起了积极作用。

1936年6月，全国各界救国联合会的成立（简称"救国会"或"全救会"），是抗日民主势力发展的重大事件。它有比较完整的政治纲领，主张团结全国救国力量，统一救国方案，保障领土完整，谋求民族解放；当前的主要任务是促成全国各党各派的团结合作，共同抗日，建立一个统一的抗敌政权。救国会还严厉批评了蒋介石的对日不抵抗和剿共内战的错误，要求国民党联合共产党和红军，共同抗日。中国共产党主席毛泽东两次致函，表示赞成和支持救国会的政治主张和救国行动；国民党内的抗日将领张学良、杨虎城、陈济棠、李宗仁、白崇禧等亦表示赞同救国会的主张。

救国会的政治主张和救国活动，对于发动广大人民群众起来抗日，对于促进以国共合作为基础的抗日民族统一战线的形成都发挥了重要作用。它是一个有广泛群众基础的政治团体,具有某些政党要素,随着历史的推进,发展成为民主党派,参与发起中国民主政团同盟。

九一八事变以来,中国民主党派在抗日救亡运动中得到初步发展,民主党派的数量有所增加,政治主张日渐成熟,抗日救亡的政治团体勃兴,抗日民主势力有很大发展。这些为民主党派进一步壮大奠定了基础。

二

1937年七七事变,是日本帝国主义全面武装侵略中国的开始,也是中国各族人民全面抗日战争的开始。日本帝国主义发动卢沟桥事变后,兵分多路实行大规模进攻,妄图鲸吞中国。中国各族人民和军队,同仇敌忾,英勇抵抗日本侵略者,各民主党派积极投入抗日战争。抗战初期国民党在政治上有所开放,召开了国防参政会,继而设立了国民参政会,聘请各党派、团体领导人以及爱国民主人士代表任国民参政员,参与抗日国是。一时间,迅速形成全国一致抗击日本武装侵略的大好形势。

但是好景不长,抗日战争进入相持阶段以后,日本侵略者对国民党的方针由军事进攻为主变为以政治诱降为主,集中兵力进攻中国共产党领导的敌后抗日根据地。从此,国民党也将其重点由对外转向对内,实行消极抗日,积极反共反人民的政策。自1939年起,国民党取消了人民在抗日初期争得的民主权利,秘密颁布了一系列反共法令,制造了一系列进攻共产党的流血事件,甚至一次又一次地掀起反共高潮。在这种情况下,各民主党派和政治团体负责人及爱国民主人士对抗战前途担忧。他们纷纷要求国民党结束一党专政,实行民主,团结抗日。因此,1939年下半年,国民党统治区兴起了一次民主宪政运动,因国民党的压制,无结果而终。这就使各民主党派深感势孤力单,既无力促成宪政的实施,也无力调解国共两党之间的矛盾,甚至自身的前途也不乐观。他们认为有联合起来,建立一个第三者性质的政党,以期在国共之间形成举足轻重的政治力量之必要。国民参政会内的中间党派领导人和张澜等少数无党派人士,在民主宪政运动中,经过多次协商酝酿,于

1939年10月成立"统一建国同志会",制定了"信约"和"简章"。它的成立,虽未能达到所期目标,却表明中间党派的初步结合,为中国民主政团同盟的成立做了必要的准备。

正当德、意、日法西斯猖狂之际,蒋介石的独裁统治也进一步强化,不仅对共产党发动军事进攻,制造了震惊中外的"皖南事变",而且对中间党派和民主人士也加大高压政策,诬称沈钧儒等要在重庆搞暴动,加以监视;逮捕马寅初,秘密关进集中营;无理取消某些党派负责人的国民参政员资格;大量查封邹韬奋在大后方创办的"生活书店",邹被逼出走香港,等等。

蒋介石的倒行逆施,使各中间党派痛感为坚持抗战和争取民主而进一步加强联合的必要。他们决定将"统一建国同志会"改组为第三者性质的政党联盟。1940年12月开始筹备,"皖南事变"加速了其进程。他们利用调解国共矛盾为掩护,多次召开筹备会,制定政治纲领和组织章程草案。1941年3月19日,在重庆上清寺特园举行大会,通过了政纲和章程,选举了领导机构,宣告中国民主政团同盟秘密成立。是年10月、11月分别在香港和重庆公开发布同盟成立的信息及其政治纲领。同盟的纲领的要点是,贯彻抗日主张,恢复领土主权之完整,反对中途妥协;实践民主精神,结束党治,在宪法实施之前,设置各党派国事协议机关;加强国内团结,所有党派间最近不协调之点,亟应根本调整,使之进入正常关系等。

中国民主政团同盟,为国内在政治上一向抱民主思想各党派一初步结合,是多党派的联合体,包含了国共两党之间的主要党派——中华民族解放行动委员会、青年党、国家社会党和职业教育社、乡村建设派、救国会,人称三党三派的政治联盟。它的纲领可概括为"抗战、民主、团结",三者是相互联系的统一整体。

中国民主政团同盟的成立,是抗日战争时期我国政治生活中的一件大事,正如1941年10月23日《解放日报》社论《中国民主运动的生力军》中所说:"这是抗战时期我国民主运动中的一个新的推动。民主运动得此推动,将有更大的发展,开辟更好的前途。"

中国民主政团同盟的成立,是中国民主党派发展史上具有标志性的事件。

它把具有中间状态的各小党派联合起来，形成规模较大、影响力较强的民主党派，成为国家政治生活中不可忽视的力量，表明民主党派的重大发展，同时又促进民主党派进一步壮大。

我国现有的各民主党派，大多数是在抗日战争时期成立或孕育而成的，除本文已经叙述过的外，还有以下几个党派。

三民主义同志联合会，是由谭平山、陈铭枢等人发起组织的。"皖南事变"后，他们认为，要坚持抗战、团结、进步，必须改革国民党蒋介石的独裁统治，为此，就要团结国民党内进步人士共同努力。1943年初，他们开始召集民主同志座谈会，讨论国民党的改革，实现民主问题。1944年秋，就组织名称、政治主张、组织路线等问题达成共识，并以三民主义同志联合会名义开展活动。可见，这个组织已经具备政党的基本要素，在抗日战争胜利后的10月28日，立即宣布正式成立。

中国国民党民主促进会是由李济深、何香凝等人发起组织的。太平洋战争爆发后，原在香港的何香凝等民主人士齐集桂林，与李济深等会合。他们经常聚会，商讨时局，认为要改变国民党统治集团的错误方针，恢复孙中山的三大政策，除依靠全国民主力量斗争外，还要联合一切不满意蒋介石独裁统治的国民党人士，从内部进行斗争。他们派人同冯玉祥、龙云及其他地方实力派联络，争取一致行动。1944年11月桂林失陷后，李济深借视察之机访晤蔡廷锴，商讨建立组织问题，并着手草拟组织章程；同时，何香凝也在起草政治纲领。经过多次酝酿，于抗日战争胜利后的1946年3月在广州正式成立。

国民党内这两个党派，在斗争中互相支持和配合，1947年下半年商定，以这两个党派为基干，团结国民党内的其他民主派和民主人士，组建以反对国民党反动统治为奋斗目标的新党。1948年1月在香港召开了国民党民主派统一大会，正式成立了中国国民党革命委员会。由此可见，该党的基本队伍也是在抗日战争时期逐步形成的。

中国民主建国会，是由民族工商业家和一部分与之有联系的知识分子组建的政治团体。中国民族工商业对抗日战争作出了重要贡献，但是，抗战后期他们受到国民党政府的压制和官僚资本的排挤打击，处于急剧萎缩凋敝的景况，加之国民党军队在豫湘桂战役中大溃退的冲击，迫使工商界人士出而问政。迁川工厂联合会、中国西南实业协会、国货厂商联合会等团体负责人为了救国和自救，逐渐形成"星五聚餐会"的组织，交换对抗战时局的意见，讨论自身的困难和要求，呼吁国民党政府制定民主的经济政策。1944年5月，由中国西南实业协会、迁川工厂联合会等五团体联名向国民党五届十一中全会提交的《解决当前政治经济问题方案之建议书》认为，最主要的办法是，立即实行宪政，进行政治改革。[①]同年12月，重庆市商会、迁川工厂联合会、国货厂商联合会等六团体联名发表《对时局的主张》，要求国民党"速实施宪政，厉行民治"，"加强法治精神，扫除政治上的贪污与腐化"，"容纳人民公益"等政治主张。[②] "星五聚餐会"的组织和公开的政治主张，为中国民主建国会的成立做了必要的准备。在日本宣布投降后的第六天，即8月21日就积极筹备，于是年12月16日宣布中国民主建国会正式成立。

九三学社，是科技界民主人士的政党，正式成立于1946年5月4日，也是孕育于抗日战争时期。1944年，日本侵略军发动了豫湘桂战役。国民党军惨败，损兵折将，丧失大片领土，大后方为之震动。忧国忧民的科技界人士许德珩等发起民主与科学座谈会，讨论民主与抗战、民主与科学等问题，主张"团结民主，抗战到底"，强调要发扬五四运动时期的反帝反封建的革命精神，继承五四运动时期民主与科学的口号，为实现人民民主和发展人民科学而奋斗。这个座谈会逐渐演变成为一个学术性政治团体，取名为民主科学社。为了纪念抗日战争的胜利，改名为九三座谈会，正式成立时定名为九三学社。可见，抗日战争时期的民主与科学座谈会的主张和活动，为九三学社的正式成立作了政治上和组织上的直接准备。

三

抗日战争时期，日本帝国主义与中国的民族矛盾成为最主要矛盾，抵抗日

---

① 闻黎明：《第三种力量与抗战时期的中国政治》，上海书店出版社，2004年，第286页。

② 闻黎明：《第三种力量与抗战时期的中国政治》，上海书店出版社，2004年，第291页。

本的武装侵略，争取民族解放，成为我国各族人民的核心利益和坚强意志。在这种宏观背景下，凡是主张抗日并付诸行动的政党、团体，都会得到发展，抗日的态度越坚决，行动越积极，发展得也就越快越壮大。中国共产党领导的人民革命力量的大发展就是明证。坚持抗日、争取民主的民主党派的主张和行动，符合人民的利益，顺应历史潮流，因而它的发展壮大是历史的必然。

日本帝国主义大举进攻，侵占了我国大片领土，原来活动在被占领的大中城市的爱国民主人士被迫转移到西南、西北地区，集中在重庆等城市，继续进行抗日斗争。全面抗日战争初期，国民党政府设立的国民参政会，聘任各党派、团体领导人和爱国民主人士代表为国民参政员，参与抗日国是，使民主人士进一步聚集。他们在参与国是的活动中，交流抗日主张和民主要求，逐步达到政治主张的融合。事实上，政治主张上的一致或近似，必然发展到组织上的结合，进而形成政党。这就为民主党派的发展壮大奠定了政治基础和组织基础。

抗日战争时期，国共合作抗日是主流，但是两党之间的矛盾并未消除，而是以政治斗争为主要表现形式，这就使民主党派开展活动成为可能。随着抗日战争的进程，国共之间的矛盾总的趋势是不断加深，有时甚至很尖锐。国共矛盾越尖锐，双方就越需要寻求民主势力的了解、同情与支持，因而，民主党派的发言权和活动空间也越大，这就为民主党派发展壮大提供了机遇。

中国共产党实行抗日民族统一战线政策，支持民主党派的抗日政治主张，团结他们一道抗日和争取民主的斗争，为民主党派的发展壮大提供了有利条件。而国民党对民主势力实行软硬兼施、以高压为主的政策，使民主势力痛感有加强组织的必要。这就从侧面促进了民主党派的发展壮大。

抗日战争时期，民主党派有了长足的发展。首先是数量的增多。从九一八事变时的个别民主党派，到抗日战争胜利时已创建和孕育了十多个民主党派，还有几个党派联合的影响较大的政党同盟。其次是民主党派涵盖的界别有很大的拓展，从政治界人士扩大到科技界、文教界、经济界直至工商界民主人士，其中还有不少妇女界的精英。再次是，各民主党派在坚持抗战和争取民主的斗争中有了很大进步，政治主张和斗争策略日臻成熟和完善；同共产党保持在部分民主纲领基础上的合作关系。这种政党素质的提高，也是民主党派发展壮大的重要表现。

民主党派对抗日战争胜利作出了重要贡献，也在抗日战争时期得到发展壮大。中国现行的政党制度中的民主党派的格局，基本上是在抗日战争时期形成的。

本文原刊载于《天津市社会主义学院学报》2006年第4期。

作者简介：

陈志远，1933年生，湖北黄冈人。南开大学历史系教授。长期从事中国现代史、统一战线理论的教学与研究。在《社会科学研究》《南开学报》等刊物发表学术论文多篇，其中《抗日根据地"三三制"政权与中国政治民主化的关系》一文，曾获天津市社会科学优秀论文三等奖和全国党史优秀论文二等奖。

源—汇数据在近代经济史中的使用初探

——以19世纪末长江中下游诸港的子口税贸易数据为例

王　哲

近代中国经济发展水平的巨大区域差异已被大量的研究所证明，但这并不代表当时国内市场处于严重的割裂状态。反之，学界普遍认为，近代中国的区域间流通、全国市场的整合所带来的斯密型经济增长，对于工业生产和消费水平提高均有积极的作用。近代国内市场网络发展程度是怎么样的，近代中国经济的空间结构如何描述，是一个地区间联系紧密且分工明确的经济体，或是一个内部松散的若干经济体的集合。甚至，根本就只有一些貌合神离，具有鲜明界限的区域经济个体。回答上述问题最重要的是尽可能地定量恢复贸易网络并计算其物流强度。有的学者如施坚雅认为，中华帝国晚期并不存在一个一体化的城市体系，而分属为几个地区体系，地区间只有脆弱的联系。而且，每个地区体系内的城市腹地互相叠加，每个城市体系都是在其地区内发展起来的。[①]

一、研究源—汇数据的必要性和意义

总体来看，学界对近代国内贸易网络的研究角度日趋多样，呈现点—线—面（市镇或曰城镇—商路—区域）的不同研究取向：市镇作为国内贸易的物理节点，其在贸易网络居于核心地位，这方面研究数量众多，内容丰富。[②]商路研究可一分为二，其一为针对某种特殊商品贸易路径的考察，如粮食、[③]西北

[①] 施坚雅：《十九世纪中国的地区城市化》，施坚雅编：《中华帝国晚期的城市》，叶光庭等译，中华书局，2000年，第243页。

[②] 任放：《二十世纪明清市镇经济研究》，《历史研究》2001年第5期；任放：《近代市镇研究的回顾与评估》，《近代史研究》2008年第2期。

[③] 这方面著述较为丰富，邓亦兵、侯杨方、田炯权和许檀等学者均有深入研究，在此不再一一详述。

皮毛、[①]鸦片、[②]茶叶、[③]等等，其二为针对某条固定商路如华北铁路、长江航道、京杭运河、大庾岭商道等与所经地区经济互动的研究。以省或流域为单位的区域贸易网络研究早已有之，当下更为深入。[④]

贸易网络的空间分布是近代市场扩展、市场制度、商人网络、市场整合度等多重研究的一个切入点，同时也是上述几种概念的总和以及外在宏观表象。学界一般认为，19世纪末20世纪初国内贸易网络已渐具规模，内部存在不同层级。[⑤]同时，农产品商品化率较高，长途贸易的数量非常可观。[⑥]重要的农产品如丝、茶、棉的价格也部分取决于国际市场的价格，市、镇、集的数量都较之前期大幅度增加。上述表现都说明当时国内经济的勃兴态势以及国内贸易网络的渐趋复杂化。但要对国内贸易网络整体进行定量化或半定量化研究较为困难，因其贸易载体诸多、产品品种繁多、统计口径不一，势必需选择一个有代表意义的贸易种类来进行切片化样本分析。有鉴于此，学界各有侧重，便产生了前述商品、商路，以及网络的研究分化。相较上述而言，恕笔者浅陋，将某一海关特殊税种，如子口税的网络空间分布作为研究对象的论著实属不多，

---

① 喇琼飞：《民国时期的回族皮毛生意》，《宁夏大学学报》(社会科学版)1989年第2期；樊如森：《天津开埠后的皮毛运销系统》，《中国历史地理论丛》2000年第1期；黄正林：《近代西北皮毛产地及流通市场研究》，《史学月刊》2007年第3期；胡铁球：《近代西北皮毛贸易与社会变迁》，《近代史研究》2007年第4期。

② 戴鞍钢：《晚清至民国云贵鸦片的产销路径》，《史林》2010年第5期。

③ 如陶德臣对茶叶购销网络的分析，见陶德臣：《近代中国茶叶市场结构与功能》，《中国社会经济史研究》2001年第1期。又如对徽州茶叶外销路径的争论，见张燕华、周晓光：《论道光中叶以后上海在徽茶贸易中的地位》，《历史档案》1997年第1期；王国键：《论五口通商后徽州茶商贸易中心转移》，《安徽史学》1998年第3期。

④ 如丁贤勇对浙江省贸易网络的深耕研究，见丁贤勇：《新式交通与社会变迁：以民国浙江为中心》，中国社会科学出版社，2007年；丁贤勇：《浙赣铁路与浙江中西部地区的发展：以1930年代为中心》，《近代史研究》2009年第3期；丁贤勇：《近代交通与市场空间结构的嬗变：以浙江为中心》，《中国经济史研究》2010年第3期。

⑤ 许檀：《明清时期城乡市场网络体系的形成及意义》，《中国社会科学》2000年第3期。

⑥ 慈鸿飞：《20世纪前期华北地区的农村商品市场与资本市场》，《中国社会科学》1998年第1期。

以定量化手段进行研究的则更为少见。①

　　滨下武志先生无疑是最早进行子口税贸易研究的学者之一，并早在1989年就绘制出了"1890年代以镇江、九江、汉口和广州为中心的由转口证所带来的内地贸易分布图"。②滨下先生认为子口税贸易研究的意义在于：一方面可以了解外国商品在中国的渗透过程，另一方面也能够探讨通商口岸市场圈的方向和范围。可见，其主要是从财政的角度考察镇江等地在"开放口岸市场圈"中的枢纽作用，子口税贸易研究更多的是作为支撑论据出现。而本文则以子口税贸易本身为研究对象，偏重于贸易节点和贸易流的空间分布、这种分布的长期趋势，以及这种分布的背后成因。

　　限于滨下先生所处的年代，其并未意识到子口税贸易数据的空间属性及源—流数据属性。滨下虽然也绘制了2幅镇江、九江的贸易范围图，但是仅含若干种商品而非子口税贸易整体，势必在空间上有所局限。同时，其上述贸易范围图并非基于定量数据，不能体现不同地点的差异性和权重。最为关键的是，滨下在镇江的相关研究中，仅考察了子口税贸易中的持照洋货进口和持照土货出口，而忽视了在汉口等地大量存在的假借子口单的不以出口为目的的国内流通部分，这是由镇江特殊的贸易结构所决定的，可以理解。但这一部分的数量和价值是相当可观的，且在长江流域诸港开埠后期越发的普遍。这丰富了子口税贸易的内涵，扩展了其应用范围。

　　分析子口税贸易空间分布亦是界定港口城市腹地的探索之一。当下学界在讨论近代开埠城市的腹地范围时，囿于统计资料的匮乏，很难系统收集国内物流数据，建立港口城市与腹地城镇间的联系强度矩阵。

　　笔者近来在研究中发现，中国旧海关统计序列中的子口税数据含有独特的

----

　　① 对近代贸易网络空间结构有所涉及的有：戴鞍钢：《近代上海与长江流域商路变迁》，《近代史研究》1996年第4期；戴鞍钢：《近代上海与长江流域市场网络的架构》，《复旦学报》(社会科学版)1996年第5期；陈学文：《明清时期太湖流域的商品经济与市场网络》，浙江人民出版社，2000年；张海英：《明清江南商品流通与市场体系》，华东师范大学出版社，2002年；张萍：《地域环境与市场空间：明清陕西区域市场的历史地理学研究》，商务印书馆，2006年。

　　② 滨下武志：《中国近代史研究：清末海关财政与通商口岸市场圈》，高淑娟、孙彬译，江苏人民出版社，2006年，第388页。

源—流属性（地理学中称之为O-D数据，即 Orign-Destination 数据），非常适合于界定腹地范围以及其他需要空间定量分析的经济史研究。[1]子口税的近代经济史料中的贸易数据，如果不含源—流属性，其学术价值将局限于描述贸易节点的静态属性或者仅能作为长时间序列曲线中的一个时间点。而若发掘其源—流属性，恢复其空间特征，则其经济学和经济地理学的研究潜力将得以极大扩展。

近代海关所征诸多税种中，沿岸税（Coast Trade Duty）和子口税（Transit Duty、Transit Dues）是跟国内流通过程相关之税种。上述二者分属不同的贸易层次，沿岸税主要覆盖沿海开埠口岸之间，而子口税所监管的贸易层次更加靠近终端市场和原料产地。[2]本文选择的研究对象是近代海关统计中的子口税贸易。

二、子口税贸易数据的界定、析出和处理

子口税是进口洋货输入中国内地以及土货运至通商口岸寻求出口的过程中所缴纳的抵代通过税的一种。这种抵代税相当于进出口税的一半，故又称"子口半税"。太平天国战争促使地方政府新开厘金这一税源，加重了进出口贸易流转过程中的税负。由经济学原理可知，任何的税收都会加附于最终消费者，因此厘金必然降低国内外商品的终端消费能力。外国商人为了商品销量，提出子口税代替厘金的方法，此与中央政府增加财政收入的想法不谋而合，由此推广开来。

（一）子口税若干问题解释：子口税征收范围及适用区域

"税单，洋货除鸦片外，不论华洋商人，均可请领税单，运往内地概免税厘。唯原约禁止沿途私卖，迨光绪十六年，总署使之请咨，准沿途售货缴单。

---

① 具体可参见拙作,王哲:《晚清—民国埠际贸易的网络体系(1885—1940)——基于海关数据的分析》,《史学月刊》2010年第9期;王哲、吴松弟:《中国近代港口贸易网络的空间结构——基于旧海关对外—埠际贸易数据的分析(1877—1947)》,《地理学报》2010年第10期。

② 翟后柱:《试述海关防杜子口税流弊的改进措施》,《中国社会经济史研究》1992年第1期;戴一峰:《论晚清的子口税与厘金》,《中国社会经济史研究》1993年第4期。

于是子口税单之制限为之一宽。三联单，即洋商人入内地采办土货运往通商各口之凭单，此项凭单，海关准领事馆咨请发给。禁止沿途私卖，违者收没其货。由第一子口验明单货相符，倒换运照，限一年内。至最后子口持照赴海关报完子口半税，领有收据，方准过卡。唯原约请领凭单，限于洋商。至光绪二十二年五月，总署有奏准土货报应准洋商照办一案。于是华商亦得请领矣。"①可见，子口税在起征初期，是为了方便洋商到内地进行采办或销售洋货，而后来（光绪二十二年，1896年）中国商人也享有这部分权利。本文的研究下限在1895年，则期间仅有洋商可以引领子口税三联单。但实际上，在此期间，华商通过洋商购买子口税单来逃税的现象是大量存在的。

比如在土货外销方面，自内地运棉花到宁波，内地税高出子口税一倍，因此华商向外商购买三联单收购棉花。三联单本身具备了买卖的利润空间，而这部分利益是外商根据条约所获得的，造成了价格的双轨制，提供了大量徇私舞弊的机会，损害了市场公平交易原则。不仅如此，外销土货的子口税是向出口口岸的海关交纳的，如果外商或买办在到达出口口岸之前即行卖出，就不仅逃避了内地税，也逃避了子口税。如1872年镇江出口的土货价值只占到三联单护运土货的1/4，其余都销于镇江及其附近地区，并未出口。上述的监管漏洞，客观上反倒加大了子口税对国内长途贸易覆盖面，减少了以厘金为代表的地方政府收入，但就财富从政府转到商人手中而言，评判其影响比较复杂。

尽管子口税是对国内贸易的一个管窥式的抽样调查，但子口税并未在全国范围广泛推行，其主要施行范围是在长江沿线，而在北方诸港或广州等地则较少被当地商人所接受。如在1875年，第二次鸦片战争中相继开放的14个港口中，仅上海、镇江、汉口、宁波、九江、福州和厦门有子口税单的签发。②又如，英国驻上海领事麦华佗在1874年的报告中说，《天津条约》签订以来，几乎每年都有商人对内地过境税的收取表示不满，条约所规定的转口单制度"从来没有正常执行过"，"在通商口岸周围经过反复交涉的地区，关卡官员被迫采

---

① 盛俊：《海关税务纪要》，财政部驻沪调查货价处，1919年，第110页。

② 戴一峰：《论晚清的子口税与厘金》，《中国社会经济史研究》1993年第4期。

取一种不高兴的默认态度，但在所有首次试行转口单的地区，就不时有人提出有关耽搁、勒索和没收等与过去相同的埋怨"。①再如，1875年，"中国当局仍然在使用转口证运输商品的途中设置障碍，这使外国商人除了通过中国商人之外，不想进行任何要向内地输入商品的认真尝试。即使在中国人手中，对在途商品所征税项也大大阻碍了商品向一定范围以外地区的输出"。②国内很多地方甚至没有理会这种税种，究其原因有二：其一，厘局自行降低厘金税率，使得当地厘金并不明显高过子口税率，领取子口单的商人反倒容易在通关过程中受到以厘金为财源的地方官员刁难。其二，厘金源于太平天国战争对地方财政的打击，因此受战争影响较小的地方，厘金征收并不严苛，子口税单也不存在生存的土壤。除此之外，以子口税所监管的贸易代替贸易流通之整体，有如下的局限性。

局限性一：子口税是海关税种之一，其具备海关税种的通病，那就是主要监察范围是轮船运输（以及所谓的挂旗船），大量存在的木船贸易（所谓的厘金船）和陆上运输并不在统计范围内。同时，子口税不能覆盖免税商品，如中央政府特批军火运输和外国使领馆人员的生活品等。再者，子口税亦不包括价值可观的鸦片贸易（单独征税）。

局限性二：子口税贸易统计并未列入海关的重点统计范围，有的年份存档完好并出版，有的年份地方海关有所统计但并未在海关总署公开出版。在所有的子口税的贸易统计数据中，记载有物流的源—汇属性（即"来源地"—"目的地"）的那部分最有价值，但海关在1895年之后对统计体例进行调整，子口税贸易的"目的地"统计将一个省作为单位，而不似以往的将府、州和县作为统计单位，这就失去了很大一部分的学术利用价值。③由此，本文采用的数

---

① 李必樟编译：《上海近代贸易经济发展概况：1854—1898年英国驻上海领事贸易报告汇编》，上海社会科学出版社，1993年，第322页。

② 李必樟编译：《上海近代贸易经济发展概况：1854—1898年英国驻上海领事贸易报告汇编》，上海社会科学出版社，1993年，第362页。

③ 本文主要使用的统计数据来源于中国第二历史档案馆、中国海关总署办公厅编：《中国旧海关史料》，京华出版社，2001年。1895年之后，其中的海关年度报告以及十年报告统计口径皆是如此，但不排除各地原始海关档案中仍保有子口税的源—汇属性的详细记录。

据将 1895 年作为时间下限。

局限性三：子口税在各口权重不一，差别较大。长江流域各个港口，子口税贸易权重相差很大，不仅如此，同一个港口，不同年份的子口税贸易权重也有变化。某项税种如子口税、鸦片税在各港口的贸易整体中权重不一的问题是普遍存在的。如果我们将某地商人视为具有经济理性、有追逐最大利益的原始冲动，凡是使用子口税单有利可图的商人均毫不迟疑的坚定使用子口税单运输货物，而不走常关厘卡的传统方式，那些使用子口税单无利可图，甚至持单运输会受沿途关卡刁难的其他商品类型，也坚定不选择它；同时，我们假设各地关卡的执法口径差别不大（笔者深知这是一个很冒险的假设），那么，一定是某种类型的商品集合才偏好子口税单运输。如此这般，子口税单贸易虽然"权重各口不一"，商品类型多样，但其内涵是统一的。这就好比虽然鸦片税权重各口不一，但仍旧有对比研究的价值。子口税贸易毕竟是对应港口贸易整体的一个抽样调查，在各口权重不一似乎也是常态，可以理解。

如果换一个思路考虑，"子口税贸易在贸易整体中的权重各口不一"这一个现象，反倒可以成为一个令人感兴趣的研究问题。各口权重值之不同，应该和当地关卡的执法尺度、官员个人好恶、商业传统、当地政府财政状况，以及腹地的商品类型极其相关。为什么子口税单这样有利可图的"超国民待遇"在江海关没有被外商普遍利用反而在镇江极为常见？是制度因素还是腹地特点所决定？从这个意义上讲，港口对腹地"性格特点"的表征作用反倒又有了一个好的研究切入点。当然，这是后续研究要探讨的问题，不在本文的主旨之内。在长江流域五个港口进行横向对比研究时，子口税各口权重不一这一问题尤为凸显。目前本人的研究尚处在客观展示和表达这种不统一、初步分析这种不统一的阶段，解释其背后的深层次原因是本人以后努力的方向。

虽然有上述之局限，但是子口税的研究仍旧有其不可替代性。换言之，在推行子口税的长江流域诸多港口，持子口税单的贸易和大宗商品长途流通的贸易整体的关系如何？根据综合分析，笔者将二者关系表示为图 1 所示的韦恩图（Venn Diagram）。由图 1 可见，从严格意义上讲，在长江流域的特定年份，子口税单（Transit Pass）保护下的子口税贸易（Transit Trade），基本囊括了洋货深入内地的贸易部分，同时包含一部分以出口为目的的土货流通，也包含了一部分不以出口为目的之土货国内流通。综合而言，其监管了长江流域长途贩运流通的相当部分，具备了一定的管中窥豹的抽样调查的性质（尽管各类贸易的权重不尽相同且具有年际变化）。

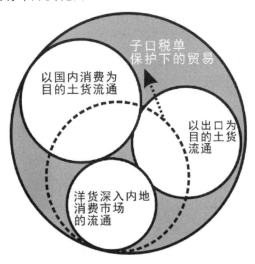

图1　长江流域特定年份的子口税贸易与其他国内流通贸易的关系

在诸多长江流域港口中，本文对汉口着墨较多，其考虑有三：第一，汉口地理位置较为特殊，地处长江中游，九省通衢，交通方便，在整体的贸易网络体系中重要程度仅次于上海。其二，汉口辐射范围横跨长江南北，北达河南，南抵广西，但规模较为适中，易于统计绘图。其三，亦是最重要的，汉口的子口税记录是海关统计诸港之中最为详细的。

（二）数据整理

占据海关贸易统计的绝大部分篇幅的是一般性进出口贸易指标，如洋货总进口、洋货净进口、进口正税、出口正税等约20项统计指标。子口税在整个统计体系中不占据重要地位，一般处在统计表格的最后。如在《中国旧海关史料》1885年汉口关统计的子口税贸易系列表格中，有表名曰《子口税单记载的土洋杂货去往内地之目的地的统计表》（*Table Showing the Destination of the*

Various Goods Forwarded under Transit Passes to Interior during the Year of 1885），
其记录有土货以及洋货在子口税单的庇护下进入内地市场的详细情形。同年，
九江、温州、宁波、广州和上海等多个港口均有此项内容，但具体详略不一。
汉口和上海的目的地记载较为详细，以府、州、县作为目的地单位，温州港甚
至有时将镇作为统计的单位，相反，有的如广州则较为简略，仅记录货物目的
地的省份而已。

以九江为例，1895年的子口税往来地有：江西省广信、饶州、南康、抚
州、建昌、瑞州、袁州、赣州、南安、吉安、南昌、临江和宁都州；安徽省的
安庆和徽州；湖北的武昌和黄州；湖南长沙和福建汀州。类似，江海关记录
有：江苏省苏州、海州、江宁、淮安、泰州、松江、太仓、常州、扬州、徐
州、镇江、通州；浙江省的绍兴、杭州、湖州、衢州、嘉兴、金华、处州、海
宁、台州和严州；安徽省的安庆、徽州、泗州、宁国、池州、六安、太平、滁
州、庐州、颖州、凤阳和广德；而江西、河南、湖南、福建和山东则因为数量
较少，是以省为单位进行的统计，不如苏浙皖三省具体。宁波是区域性的城
市，其海关纪录则较为简略，只有杭州、嘉兴、绍兴、台州、金华、衢州、严
州、处州、徽州和广信这几个临近府州。甚至台湾淡水港也有跟淡水县之内的
大嵙崁、三角湧，新竹县的竹堑和彰化县鹿港的贸易纪录。

《中国旧海关史料》载有汉口子口税贸易数据23年（1873—1895年），本
文在其中选择了1875—1895年进行研究。下面以汉口的1885年为例说明数据
处理方法。

表1　1885年汉口子口税贸易明细（有删节）

单位：海关两

地点	本色洋布	漂白洋布	洋标	斜纹布	洋红布	……	求和
武昌	180	0	0	0	0	……	63223
襄阳	160037	14794	26464	39711	653	……	419308
长沙	128068	93611	1520	610	95	……	1065631
岳州	2215	150	0	30	0	……	90747
靖州	9640	1200	350	135	200	……	64625
澧州	19715	1050	4875	45	60	……	55001

续表

地点	本色洋布	漂白洋布	洋标	斜纹布	洋红布	……	求和
常德	16770	2950	1950	540	150	……	301334
辰州	6835	650	1015	255	0	……	34521
永州	33604	29275	1300	2085	0	……	99345
宝庆	4190	900	175	215	0	……	32583
郴州	3760	1680	100	40	0	……	9203
衡州	49085	36456	3360	1440	0	……	275466
河南	19080	14030	420	3905	0	……	50267
南阳	36685	1310	11229	6584	0	……	161764
开封	1370	0	100	330	0	……	3978
重庆	292159	32802	33800	7370	2775	……	2740757
夔州	3195	300	0	0	0	……	15585
同仁	21330	3960	1900	635	300	……	51749
贵阳	6856	144	0	0	0	……	26774
新安	27526	232	1235	5374	725	……	63975
汉中	10980	50	150	2055	0	……	36871
……	……	……	……	……	……		……

资料来源：根据《中国旧海关史料》第11册所载汉口关子口税的若干表格汇总而成。

　　首先将商品总额求和，然后归属到某一个"来源地"或者"目的地"名下（表1），然后对于所研究的21个年份，均采取上述措施，汇总形成表2，并最终形成21个年份的源—汇贸易O-D矩阵（略）。[①]其中，表1是经过原始表格删节而成的，1885年份的商品种类不仅限于表头所示几种，而源—汇地名亦经过删节。表2亦是如此，每个省份选取有代表性的3个地点，并在21年中选取5个代表性年份。本文在处理数据时未考虑通货膨胀因素。原因首先是时间跨度较小，再者年际间的对比研究仅局限于最终成图之比较而非绝对值对比。

---

　　① 如果最终的汉口子口税贸易包括：a个土货源地，b个洋货销售地，且二者有c个地点重复，则最终形成(a+b-c+1)×(a+b-c+1)的OD数据矩阵(其中1为汉口本身)。

表2 1875—1895年汉口子口税值统计（5个代表年份）

单位：海关两

省份	贸易发生地	1875年	1880年	1885年	1890年	1895年
湖北	襄阳	109814	164476	1071319	894951	881563
	郧阳	4092	830	2526	3503	6951
	荆州	1023	6985	30145	9967	81224
湖南	长沙	654706	638249	1088106	855390	824457
	衡州	556332	254026	447980	521467	516108
	常德	298408	70122	195334	103471	49161
河南	许州	—	—	332	291	—
	南阳		85345	346370	394109	566310
	开封	—	6073	16751	17504	21730
四川	重庆	156369	2079105	1935459	1583771	224268
	夔州	—	26832	25318	3153	61619
	成都	—	114	1427	4747	171
贵州	同仁		204625	115933	58133	49665
	遵义	—	—	12204	14553	12138
	贵阳		17711	28418	88115	114691
陕西	兴安	—	34937	189888	208733	215418
	西安	1581	288451	4509	16801	173092
	汉中		161806	92014	54845	85060
广西	桂林	—	113895	49168	4582	51262
山西	蒲州	—	3325	148	—	—

资料来源：根据《中国旧海关史料》第6~23册所载汉口关子口税的若干表格汇总而成。

（三）子口税贸易的内部结构及规模

以1875年汉口为例，进口和出口子口税单存在数量级的差距，但其税收总额相差不大。可见持单出口往往是大宗货物，而洋货进入内地则比较分散，单笔交易数额要小得多。类似汉口这样拥有可观出口税额的港口在长江流域较为罕见，大部分长江流域港口的子口税贸易内部结构是单一的洋货进口过程。

比如，1882年的芜湖就没有本地土产持子口税单的出口，[1]1886年始，汉口海关记录中亦没有了持单出口的子口税贸易。

表3　1875年汉口子口税税单及税值

单位：海关两

项目	英国		美国		俄国		法国		中国		总计	
	税单	税	税单	税	税单	税	税单	税	税单	税	税单	税
进口	4036	22283	5169	22137	—	25	2	39	4	50	9219	44537
出口	12	3754	2	92	179	34139	—	—	—	—	193	37986

资料来源：《表格6——子口税之五：1875年进入内地子口税单的国别统计》(*Table No.6-Transit Trade, e. Table showing the Number of Passes issued for, and the Amount of Duties collected on, Foreign Goods forwarded to Interior, under Transit Passes, as divided between the various Nationalities, during the Year 1875*)，《中国旧海关史料》第6册，第222页。

汉口在1875—1895年间，洋货进入内地的子口税单平均约每年38000条，每单缴税平均为2.5海关两，年均货值约4500000海关两，年均子口税96642海关两，约合101500规元（海关两与规元的比价各地不同，100海关两折合105—110规元）。其中后11年（1885—1895年），各项数值均不同程度增加，进入内地子口税单每年约50000条，每单缴税约为2海关两，年均货值约为4700000海关两，约合5100000规元，年均子口税102253海关两，约合107000规元。据吴承明估计，1890年国内市场商品量为11.74亿两（规元），由此折算，1875—1895年间，单就洋货进口而言，汉口一口的子口税贸易约占当时国内贸易流通量的3.8‰左右。[2]

表4　1875—1895年汉口子口税明细

单位：海关两

年份	洋货进口税单数	进口税	土货出口税单数	出口税	子口税货值（洋货进口）
1875	9219	44537	193	37986	1954822
1876	11151	58206	136	21789	1957950

---

① 中国第二历史档案馆、中国海关总署办公厅编：《中国旧海关史料》（第9册），京华出版社，2001年，第613页。

② 吴承明：《近代国内市场商品量的估计》，《中国经济史研究》1994年第4期。

续表

年份	洋货进口税单数	进口税	土货出口税单数	出口税	子口税货值（洋货进口）
1877	11198	64895	169	19553	2718857
1878	14512	76741	177	21219	3211377
1879	24163	114934	217	27817	4751861
1880	25088	101253	143	22727	5032999
1881	32552	125557	140	21521	6649088
1882	37862	101723	16	3771	4676929
1883	41873	116529	26	3664	5552301
1884	41003	100318	31	1925	5214251
1885	44064	110600	5	101	6222953
1886	43744	99150	0	0	4305442
1887	48700	101699	0	0	3577348
1888	48393	99542	0	0	4659384
1889	47663	101773	0	0	4532983
1890	47663	101773	0	0	5732508
1891	65626	125601	0	0	5113297
1892	63530	117300	0	0	4947210
1893	45407	81115	0	0	3680409
1894	45005	80806	0	0	3910655
1895	56813	105420	0	0	5351038
平均值（1875—1895）	38344	96642	60	8670	4464460
平均值（1885—1895）	50601	102253	—	—	4730293

数据来源：根据《中国旧海关史料》第6~23册所载汉口关子口税的若干表格汇总而成。

汉口关1885—1895年子口税贸易年均470万海关两（510万规元），若与同时期的官盐销售相比，低于嘉庆年间四川省803万两的官盐销售额，高于道光二十年（1840）的长芦盐406万两销售额，亦远高于东三省光绪二十四年（1898）的357万两的官盐销售额。[①]若与当时全国茶叶销售量比较，1840年全国内销茶叶价值约合2060万两，出口茶约合1126万两，汉口子口税贸易额约

① 官盐销售额来自许涤新、吴承明编：《中国资本主义发展史》（第一卷），人民出版社，1985年，第336页。

占二者的1/4强和1/2强。①

　　若将子口税额与同时期的厘金比较，罗玉东所计算的四川省同时期（光绪二十年左右，1894年左右）盐货厘金总额约为200万两（库平两）。②湖北省的厘金总额，光绪二十年左右为150万两上下。③可见，汉口子口税与同期四川省或者湖北省厘金相比数字是很小的。④但是四川榷关收入则与汉口子口税是一个数量级，如四川榷关中夔关对米谷、竹木等杂项征收，占据川省榷关大部分收入，嘉庆年间的岁榷银数正额加盈余亦不过198514两，渝关5121两，四川省全省各榷关之和亦不过254525两。⑤厘金与子口税所监管的贸易均涉及国内流通部分，但厘金所覆盖的贸易运输频度和货物量要远高于子口税贸易。

　　总体而言，经由汉口关的子口税贸易具有相当的规模，若长江流域各口加总则更为可观。同时，由前述可知，子口税仅覆盖持单之贸易部分，其余各类土货贸易皆经由常关或厘卡，并无精确统计，全部加总，则必更为惊人。⑥施坚雅在对19世纪中国的地区城市化研究中，理论前提之一就是此时中国的城市化研究必须分区讨论。但从上述分析可知，汉口子口税贸易多半跨流域进行，如汉口—重庆，汉口—长沙，汉口—新安，且子口税贸易所占全国流通总量之份额亦绝非微不足道，因此近代城市体系研究分区进行的假设应该重新考量。进行近代城市体系、城市地理的全国范围研究，起码是跨流域的宏观研究分析是具有理论可行性的。

---

　　① 官盐销售额来自许涤新、吴承明编：《中国资本主义发展史》（第一卷），人民出版社，1985年，第335页。

　　② 罗玉东：《中国厘金史》，商务印书馆，2010年，第693页。

　　③ 罗玉东：《中国厘金史》，商务印书馆，2010年，第575页。

　　④ 厘金数额尚有争论，但不影响本文结论。如周育民：《晚清厘金历年全国总收入的再估计》，《清史研究》2011年第3期。

　　⑤ 鲁子健：《清代四川财政史料》（下），四川省社会科学院出版社，1988年，第55页。

　　⑥ 殊为可惜的是，厘金统计均只统计收取的厘金数，而并未对货物值进行测算，且百货厘金抽取比例大相径庭极为复杂，反向推导也非常困难。

三、报关制度与"经济飞地"

汉口在清代成为长江中游的商业重镇和华中地区的交通枢纽，九省通
衢，是两湖地区以及陕西、河南、四川以及江西部分地区的商业集散地。汉
口在1862年正式开埠通商，由于特别优越的水运条件，成为中国内陆最大的
通商口岸。湖北的地形多丘陵，江、汉贯穿其间，河湖众多，故自古以来水
运发达而陆运较艰难。开埠之后，以汉口为中心的长途轮船运输线主要有以
下几条：汉口—上海线、汉口—宜昌线、汉口—湘潭线、汉口—常德线。子
口税贸易正是借助以上的轮船航线以及支流上的木船扩展到终端市场，但由
于子口税的报关制度，汉口子口税贸易空间分布非常特殊。

（一）汉口子口税贸易的空间分布

图2 1875—1895年的汉口子口税单贸易范围（21年平均值，线条粗细表示贸易量大小）

图2是基于表2的汉口子口税空间分布平均状况（1875—1895年）所绘。
同汉口发生子口税贸易联系最为密切的是汉江流域的襄樊，湘江流域的长沙，

以及长江上游的重庆。由图可知，重庆是长江上游跟汉口子口税联系最频繁城市，汉口—重庆间子口税覆盖的贸易部分以进口洋货为主。1896年之后，重庆子口税的制度才真正得到本地政府的支持。[①]也就是说，在本文的研究阶段，重庆—汉口间子口税贸易很有可能并未受到当地政府欢迎，但是基于重庆的重要经济地位，其跟汉口的子口税份额仍旧可观。

重庆、宜昌和汉口，此长江中上游三口间贸易关系在重庆开埠前后发生了巨大的变化。宜昌于汉口之后15年、重庆之前15年开埠，较之重庆开埠后形成的"特产型"或曰"土产型"港口不同，宜昌是扮演了一个小型汉口港的转口角色：货物由大船转去小船上溯川江。重庆开埠（1891年）之前，仅是汉口洋货的一个下级经销商。"1875年，进口四川的洋货价值为15.6万两。这些洋货几乎全都是持子口单从汉口运到重庆的。"[②]从1891年起，重庆开埠，其具备了挂旗船直接靠岸贸易的便利，同时，销往重庆商品在无形当中减少了1/3的税率（即无需再缴纳从汉口到重庆的子口税），由此，子口税的税收额度减少了九成。但是重庆并非仅仅依靠轮船进行运输，大量的民船仍旧在进行传统方式的经营。因此，对于重庆海关税收统计而言，其洋货进口的数字可以基本代表洋货在本地的销售情况，而出口数字也仅仅只能作为一个参考。1891年重庆开埠当年，子口税贸易乏善可陈，仅同四川省的保宁、顺庆、绥定、潼川四地有16500海关两的贸易，1892—1895年则没有记录有子口税贸易。[③]

这三者的贸易关系，反映了一个普遍的长江流域港口消长规律：拥有广阔腹地的某港口开埠，子口税贸易往来仅发生在其上游扇形区域，而不涉及下游与旧有港口间河段。

---

① 周勇、刘景修编译：《近代重庆经济与社会发展（1876—1949）》，四川大学出版社，1987年，第122页。

② 周勇、刘景修编译：《近代重庆经济与社会发展（1876—1949）》，四川大学出版社，1987年，第81页。

③ 中国第二历史档案馆、中国海关总署办公厅编：《中国旧海关史料》（第17—23册），京华出版社，2001年。

（二）"经济飞地"与交叉腹地

由图2知汉口子口税贸易全部是跟汉口以西、西北、西南的城镇进行的，没有与长江汉口段以下城镇的子口税贸易联系，汉口的整个子口税辐射范围呈现典型的扇面状，而非圆辐射饼状。这是不寻常且不合常规思维的，按照常理，至少在上海—汉口间广大地区，借助子口税单的贸易非常普遍。

为何会出现这样的情况？究其原因，需归结到当时海关实行的特殊报关缴税政策。1858年11月《通商章程善后条约：海关税则》关于子口税的规定与原《天津条约》相比，存在微小变化，即子口税的缴纳地点由首经之内地子口改为出口海关，这对于子口税贸易影响甚大。

如前文，外商使用三联单进内地采购，需到装船出口之埠港完税，所以从汉口采办的货物若在沪装船出口，则在江海关缴纳税款，而不在汉口关缴税，自然不会记录在案。这一部分货物的来源地，严格来说是属于上海还是汉口的腹地？这个问题较复杂，虽货源地距离武汉空间位置更近，甚至在货物运输过程中汉口也是重要一站，但货物仅是通过汉口水道而已，不与当地发生经济联系，不给当地港口、政府缴纳税费，创造财富。所以归属为上海的经济腹地较为合适。就其复杂性而言，这种情况在直接腹地和间接腹地的界定中，具有十分典型的意义。前述这一部分贸易和货物流通，可以看作是上海子口税贸易的直接腹地，同时也是上海—汉口间其他贸易种类的交叉腹地，因此，特殊的海关税收政策以及类似的制度性因素促使"经济飞地"的出现。而图2所示的那一部分贸易，毫无疑问皆是在汉口关装船出口完税或从国外直达汉口洋货两者之和。

四、1895年长江流域诸港子口税贸易空间分布：扇面的拼图

按上述汉口研究方法，本文对长江流域其余多个港口进行子口税贸易空间分布的对比研究。1895年的汉口、九江、镇江、上海、宁波、福州、九龙等港埠均有子口税贸易数据。有的港口是土货洋货羼杂记录，有的港口仅记录洋货入内地数据，上海则将土货出口与洋货入内地分开记载，统计口径不一。有

鉴于此，笔者酌情选择如下五个港口，其子口税贸易均是土货洋货之和。

以1895年汉口、九江、镇江、上海和宁波五港子口税贸易数据建立O-D矩阵，通过地理信息系统（GIS）手段在同一地图（略）呈现，可清晰显示港口独立性很强的腹地，特别是汉口、九江和宁波，此三腹地与上海、镇江几无重叠，而镇江和上海则因为其枢纽性，空间延展比较复杂。

1895年的汉口、镇江、九江、宁波和上海的子口税贸易腹地基本覆盖了长江流域的中下游部分。其中，汉口的腹地特点已在上一节阐述。子口税贸易界定的腹地范围的代表性如何，需要与他人研究进行对比分析。

九江的子口税贸易辐射范围集中在鄱阳湖流域，长江流域的汉口、南京略有涉及，东达信江上游的广信，南至赣江上游南岭北麓的赣州，东南至武夷山南段的汀州，基本覆盖鄱阳湖流域以及赣江、修水、饶河、信江和抚河上游地区，是一个较为完整的自然地貌单元，其与汉口、宁波的区域市场的分界线就是山脉的分水岭，市场结构简单。近代九江以及鄱阳湖平原的贸易研究，自黄长椿始，汪兴华、周飞和许海泉，黄桂兰和白水等学者一直处于"冲击—反应"的语境下进行九江城市或周边贸易研究。[1]20世纪末，许檀依据相关资料，对清前期九江及腹地商品流通状况进行总结性分析。[2]而在更宏观贸易网络空间分布层面，在清后期，特别是到五口通商直至九江开埠，原有的江西省过境贸易如长江—鄱阳湖—赣江—梅岭—广州的"京广大水道"逐渐式微，南北向的贸易转化为沿江的东西向贸易空间分布，以九江为契合点的鄱阳湖流域区域贸易成为沿江贸易的附庸，有学者称之为"边缘化"。[3]

镇江的子口税腹地顺着大运河尚在营运的河段北溯，自长江北达黄河以南地区，苏北、鲁中南、豫省全境均是其辐射范围，长江以南饶州、宁国也在其辐射范围。使用子口税界定近代镇江贸易腹地范围始自滨下武志的研究，其分

① 例如黄长椿：《近代九江经济发展述略》，《江西师范大学学报》（哲学社会科学版）1986年第2期；汪兴华：《近代武汉、九江发展之比较：试谈近代九江经济缓慢之因》，《江西师范大学学报》（哲学社会科学版）1997年第4期。
② 许檀：《清代前期的九江关及其商品流通》，《历史档案》1999年第1期。
③ 陈晓鸣：《九江开埠与近代江西社会经济的变迁》，《史林》2004年第4期；陈晓鸣：《中心与边缘：九江近代转型的双重变奏（1858—1938）》，经济日报出版社，2008年。

析了1868—1881年的海关贸易报告，而尤以1871年最为深入。在1871年，镇江与安徽（包括72个"地点"，下同）、河南（16）、山东（44）、江苏（91）、江西（14）有子口税贸易联系，共237个"地点"（以府、县为主），其覆盖范围大致与本文重合但更为详细，这主要是因为滨下武志掌握更多尚未出版的海关子口税数据。[①]本文研究时段内，南京、青岛、济南、潍县和周村尚未开埠，镇江的腹地未受袭夺尚保持完整。李宁认为，镇江与腹地间贸易联系内部结构过于单一，与周边港埠相比也未有核心竞争力，[②]核心腹地不甚明显，再加之后来随着腹地各城市的开埠以及铁路的发展，镇江腹地快速缩小，枢纽地位不再。[③]

宁波子口税贸易范围在所研究的五个港口城市中面积最小，其西部边界即安徽徽州府—江西广信府一线与九江的子口税腹地完美的对接，这既是自然地理上的分水岭，亦是经济意义上的分界线。其南部边界在丽水一带与闽北福州所辐射范围亦较少干涉。斯波义信关于宁波的腹地研究，是基于其对甬江—余姚江交汇平原上集镇数量的精细考察，其所认定的"腹地"要远远小于本文子口税所覆盖的范围。尽管其已经警觉地发现行政区划与经济互动范围之不同，但囿于没有标志性的定量经济指标进行贸易范围的界定，其研究范围只能缩窄到平原地区。[④]比较而言，本人考察的宁波子口税范围与王列辉对宁波早期腹地（上海未开埠之前）的界定比较吻合。[⑤]王列辉对宁波腹地的界定，基于宁波主要贸易商品的源—汇地以及地方志的侧面印证，是细致而精确的。可见，子口税贸易虽然是海关贸易的一小部分，但仍旧可以良好的界定港口的腹地范围。杭州于1896年开埠，在本文研究时段下限之外。杭州开埠之后，宁波腹地受到侵蚀。

[①] 滨下武志：《中国近代史研究：清末海关财政与通商口岸市场圈》，高淑娟、孙彬译，江苏人民出版社，2006年，第385~398页。

[②] 李宁：《近代镇江贸易地位变迁原因再分析》，《中国经济史研究》2008年第1期。

[③] 郑忠：《民国镇江城乡经济衰退的腹地因素分析》，《中国农史》2008年第3期。

[④] 斯波义信：《宁波及其腹地》，施坚雅主编：《中华帝国晚期的城市》，叶光庭等译，中华书局，2000年，第469~526页。

[⑤] 王列辉：《近代宁波腹地的变迁》，《中国经济史研究》2008年第1期。

上海的子口税贸易在长江南北岸均有涉及，在长江南岸与宁波的子口税腹地有所交叉，在长江北岸略为镇江腹地半径的1/2。太湖碟形洼地和杭嘉湖平原为其最核心的子口税腹地范围。但若从广义上讨论近代上海贸易的腹地范围，必将较之子口税辐射范围要宽阔得多，这方面著作极为丰富，在此不再赘述，但可以肯定的是，以子口税贸易界定上海港腹地范围要较之实际偏小。

五、结论

区域的空间结构是一个动态发展的过程。学界对于前工业化阶段的区域空间结构具有一定的争论。美国著名区域规划学者弗里德曼（J.Friedman）在1966年出版了《区域发展政策》一书，其认为在前工业化阶段（工业产值比重小于10%），区域的空间结构的基本特征是区域的空间均质而无序，有若干的地方中心存在，但是他们之间没有等级结构分异。[1]持有相同观点的还有以施坚雅为代表的西方学者。[2]

如何回答本文开头提出的问题——国内市场网络发展程度如何？本文的结论是，国内流通网络是相当发达且具备内部层次分级的。比如，长江流域子口税是以沿江贸易为轴心，以开埠港口为节点的串珠状空间形态，而整个子口税贸易又是海关统计序列中埠际贸易的向下延伸，更接近终端消费市场和原料产地。上述二者在逻辑上和空间上的层次性，具备明显的现代性特点，一定程度上吻合所谓"系统"的科学定义。

子口税贸易虽仅是港口贸易之一小部分，但是由于其在海关统计中被赋予了货物的源—流属性，具有相当的学术价值。本文的腹地界定结果经过与他人研究成果的对比，发现其可基本完整的定量化界定长江流域中小港口的腹地范围（上海港较为特殊，结果偏小）。

---

① 刘再兴:《区域经济理论与方法》,中国物价出版社,1996年,第167页。

② 施坚雅对中国城市体系的考察几乎都是分区域的,也许潜意识里,他认为没有进行全国研究的客观必要。

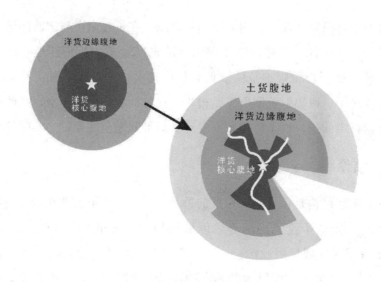

图3 子口税语境下的腹地模式：汉口

　　一般认为核心—边缘腹地是具有同心圆性质的简单结构，但这种理论毫无疑问是建立在均质平原上的，与实际情况大相径庭。在本文，河流带来便利廉价的水运，打破了空间的远近制约，使一些地理位置较远但经济区位很近的城镇成为汉口的核心腹地。相反，另外一些距离汉口相当近，但交通不便的城镇很难进入汉口的核心辐射区。而在这个过程中，特殊制度性因素——子口税报关制度，使腹地具有极端的指向性：同心圆存在缺口，这部分缺失腹地成为下游某个港口的扇形覆盖范围。而且，经由汉口的土货货源地远远大于洋货的销售范围。特别是对于某种特殊的土货如桐油来说，其货源地的范围极其广泛。对于不同的土货来讲，其来源地也有很大差异。如茶叶的来源地是湖南、湖北和江西等省，而桐油则主要来自长江上游的重庆和四川附近。所以，以某种土货产地作为腹地衡量标准的方法必须进行小心的校正才能使用。类似的情况同样出现在上海的子口税贸易上，上海的土货转口已经到达了黄河流域，而洋货的转口仅仅停留在苏北。

　　由于中国旧海关出版物尚在系统整理过程中，有许多年份的子口税数据有待挖掘，本文的研究仅为抛砖引玉，希冀为有志于此的学者提供一个有趣的思路。

　　本文原刊载于《中国经济史研究》2013年第2期，是2011年度国家社科基金重大项目"中国旧海关内部出版物整理与研究"的阶段性成果（项目号：11&ZD092）。

　　作者简介：

　　王哲，复旦大学史地所博士，南开大学经济学院博士后。先后在南开大学历史学院和上海财经大学工作，目前任复旦史地所副研究员，主要研究历史地理学、中国近代海关史。主持1项国家自科基金项目、2项教育部人文社科基金、2项国家社科重大项目子项目；近年在 Regional Studies（SSCI一区）、《地理学报》《中国经济史研究》《中国历史地理论丛》和《史学月刊》发表研究论文，其中多篇被中国人民大学《复印报刊资料》《中国社会科学文摘》和 Asian Research Trends New Series（东洋文库）转载。

有财斯有兵：1928—1930年蒋阎关系的再解读

马思宇

　　1928年6月，京津易帜[1]，政府鼎革，以蒋介石和阎锡山为核心的中央与地方关系，成为20世纪20年代末期影响中国政治走向的关键。关于1928年至1931年蒋阎关系的研究，多受回忆材料的影响，偏重于政治权力的争夺，较少关注财政领域制度性变动的重要影响。[2]本文尝试以财政与军政的互动关系为视角，还原当时复杂的政治场景，在既有研究的基础上，对蒋阎关系进行重新的梳理与解读。

---

　　[1] 晋系接收北京和天津,安国军政府统治结束,史称"京津易帜"。1928年6月20日,国民党中央政治会议决定将"北京"改称"北平"。

　　[2] 目前学界对于这段历史的叙述框架和主要材料,来源于中国人民政治协商会议全国委员会文史资料研究委员会编的《文史资料选辑》中几篇回忆文章,如周玳:《阎锡山发动中原大战概述》,《文史资料选辑》(第16辑),文史出版社,1986年;邓哲熙:《韩、石叛冯和阎、冯联合反蒋的经过》,《文史资料选辑》(第1辑),文史出版社,1986年;梁航标:《一九二七年至一九三一年的蒋阎关系》,中国人民政治协商会议山西省委员会文史资料研究委员会编:《山西文史资料》(第7辑),中国人民政治协商会议山西省委员会文史资料研究委员会,1982年。这几篇文章对阎锡山与蒋介石的财税争夺略有提及,但更多叙述集中在蒋介石、阎锡山、冯玉祥等人的政治权谋,另参见王光远:《蒋介石与新军阀混战》,文史出版社,2010年;朱建华:《蒋介石与阎锡山》,团结出版社,2009年;景占魁:《阎锡山传》,中国社会出版社,2008年;苗挺:《三晋枭雄:阎锡山传》,华侨出版社,2005年;朱振华:《阎锡山传》,团结出版社,2003年。目前仅有少数学者关注财政经费问题对于蒋阎关系的重要影响,台湾学者陈进金是其中的代表。他利用《大溪档案》《阎锡山档案》等材料重新解读中原大战,梳理中原大战中各派势力的复杂关系,指出中央与地方在权力分配上的矛盾难以调和,进而以武力相争,财政金融是左右中原大战胜负的重要因素,阎锡山财政实力远逊于蒋介石,这是其败北的重要原因,但他未能阐明财政斗争与中原大战爆发之间的密切联系,参见陈进金:《地方实力派与中原大战》,台湾"国史馆",2002年。此外,有学者指出,财政困难是影响编遣会议执行效果的重要因素,参见罗玉明、温波:《国民党全国经济会议与裁兵》,《安徽史学》2002年第3期;罗玉明:《财政困难与南京政府裁兵编遣的失败》,《江苏社会科学》2001年第5期。

一

裁兵额以利财政，统财政以促裁兵，这是国民政府甫入建设时期，尤为看重的两件大事。[①]财政部申令，无论是中央各部，还是地方各军，乃至于下辖各省，均应受财政部的支配和监督。[②]在1928年6月召开的全国经济会议上，时任财政部长的宋子文指出，统一财政是裁兵的关键，"唯欲求经济问题之解决，在于财务行政之统一，及全国预算之实行。而统一财政实行预算，尤与裁兵关系密切；是名为裁兵等于缘木求鱼，无裨事实"。[③]在紧接着召开的全国财政会议上，宋子文再次强调"建设首重财政，财政宜统一"。[④]两次会议均将裁兵问题列为会议的主要议题，国民政府的政策指向可见一斑。

裁汰军队，既被视为纾解国府财政窘状的良药，亦被看作便利民众生活的妙方。有人为当局算过一笔账，"统计全国每年国家收入照从前旧预算为五万万元，今以田赋牙税契税当税等项划归地方实仅四万万元，加以新办各税也只共四万五千万元，即使全供军费也相差甚巨，况收入预算虽定此数，恐尚未能如数收足，内外债除未整理各款从缓筹还外，额定支出已需一万五千万元，仅剩三万万元，欲以之支办如此巨额军费，无论民力上财政上均属绝对不可能之事，自非重新划定军事，大加裁汰，实无以苏民生之极困而杜未来之隐患"。[⑤]无论是从政府"建设"的需要，还是社会民众的舆论期许，财政统一与裁汰军队，都具有无可置疑的正当性。蒋介石领导的国民政府，以此为目

---

① 1928年6月蒋介石即开始"草定建设中华民国方案"，参见《省克记初稿（一）》（卷2），1928年6月12日，蒋档002060200014002，台湾"国史馆"藏。

② 参见《财政部请令中央各部收入悉归部支配呈暨国民政府令》（1927年8月22日）；《财政监理委员会请令饬各军禁止任意截款呈》（1927年12月17日）；《财政部请申令各省尊重中央统一财政主旨以维国课呈》（1927年12月20日）；《财政部关于请将各项国税一律收归部办的提案》（1928年2月4日），中国第二历史档案馆：《中华民国史档案资料汇编·财政经济（1）》（第5辑第1编），江苏古籍出版社，1994年，第172、173、175页。

③《请求统一财政通电》，经济会议秘书处编：《全国经济会议专刊》（1928年），文海出版社，1999年，第600~601页。

④《开会之第一日》，《申报》1928年7月2日。

⑤《裁兵建议案》，《大公报》1928年7月3日。

标，逐步削夺各地方实力派领袖财权和军权，这一动向在阎锡山实际控制的华北地区逐渐明朗化。

作为财政统一的必要步骤，宋子文于1928年6月间派人在北平设立办事处，负责收回平津等地的税收机关。阎锡山方面同样看重华北税收，当时直接负责收编直鲁联军的傅作义报告，"唯收编十余万敌人，无给养可虞"，"天津附近愿归我者多，但须给养有办法。税收机关不易久旷以减收入"。[1]中央与阎锡山方面均有意控制税收机关，关系转而紧张。6月29日派驻北平财政办事处的负责人陈家栋，报告傅作义不配合工作，"傅作义来电，接收机关不便交替，唯盼日给十万元，即不干预友情，谅邀钧察"。[2]办事人员通过私人途径获悉，原因在于"晋军给养虽有着，唯晋省曾垫用八百万元，尚未补苴"。[3]

随后，阎锡山在7月16日发给蒋介石的电报中谈道：

> 约计平津税收可集巨款，并可加发债券，非但足供卫戍兵饷已也。此后军政、财政既经中央统一，而所需饷糈即不能不望中央之指拨。二、山西自连年作战以来，地方抵借各款已达二千八百余万之巨，每月尚亏二百数十万元，实已筋疲力尽。自顾犹且不遑，无法再行接济平津之饷。三、饷项不敷，火食业已配给津贴，若再积欠，生活无法维持，此不能不声明者也。务恳钧座核定兵额兵饷，指定确实专款，按月拨发，俾资维持平津治安。[4]

阎锡山希冀以权换利，蒋介石亦稍示退让，双方达成一致：由北平财政部

---

①《傅作义六月十四日寒电》(1928年6月14日)，阎伯川先生纪念会编：《民国阎伯川先生锡山年谱长编初稿》(第3册)，台湾商务印书馆股份有限公司，1988年，第1004页。

②《陈家栋致宋子文密电》(1928年6月29日)，中国第二历史档案馆编：《中华民国史档案资料汇编·财政经济(1)》(第5辑第1编)，江苏古籍出版社，1994年，第200页。

③《陈家栋致宋子文等密电》(1928年7月6日)，中国第二历史档案馆编：《中华民国史档案资料汇编·财政经济(1)》(第5辑第1编)，江苏古籍出版社，1994年，第200页。

④《阎锡山致蒋介石代电》(1928年7月16日)，中国第二历史档案馆编：《中华民国史档案资料汇编·财政经济(1)》(第5辑第1编)，江苏古籍出版社，1994年，第200页。

办事处定期向平津卫戍司令部拨款，并从长芦盐税中拨出协款30万。[1]同时，蒋介石还将河北的部分国税和长芦区税，暂时划拨给阎氏，"在五次会议各军军费未经决定之前，所有本部之下河北国税收入，除长芦正税有外债关系及各征收经费应由国税内坐之外，所有一切收入，一律解交贵总司令部由各方支配，如各款不足应付，准由长芦区税项下暂时借拨"。[2]作为交换，阎锡山方面必须交还国税机关。双方各有退让，蒋介石不但做出拨给卫戍经费的许诺，而且把河北地区的部分国税和长芦盐税拨给阎锡山。而阎锡山则在形式上，交出了在河北省以及平津两市征收国税的权力。[3]

习于坐地征税的地方实力派，对于税权上交，仰承中央的新模式，不无抵触。财政部指出，为协商河北国税收入支配事宜，已设驻平办事处办理，军事长官本应与办事处接洽，而不能直接命令征收机关，如此"方符财政财统一之义"，但阎锡山部仍有军事长官直接命令收税，[4]视财政部命令如无物。更有甚者，以武力威胁中央办事处。宋子文的特派员陈家栋报告，各军饷项，本由办事处解交经理部转发。但由于饷银不足，各军竟绕过经理部，直接向办事处催索，"势乃汹涌"，使陈家栋行动失去自由。[5]宋子文不肯妥协，下令军饷仍

<hr />

[1] 协定具体内容为："一、自本月二十一日起，凡计算书至每月底准留支经费一次，所有每五日之解款于第六日解交北平财政部办事处，第七日由办事（处）解交平津卫戍司令部，或交由卫戍司令部在平津指定之银行收账。二、长芦（盐）运使经收之产销捐，一并于五日解款，于第七日解交平津卫戍总司令部。三、每月内所解交卫戍总司令部之款如不敷用时，由长芦盐税下补行拨足，或指定长芦盐税另行筹借，每月底双方结算一次。"阎锡山提出这些款项尚"不足救济"，要求增加协款二十万，并另辟长芦盐税项下协款三十万元，参见《阎锡山致宋子文代电》（1928年7月25日），中国第二历史档案馆编：《中华民国史档案资料汇编·财政经济（1）》（第5辑第1编），江苏古籍出版社，1994年，第203页。

[2]《宋子文致阎锡山代电稿》（1928年7月26日），中国第二历史档案馆编：《中华民国史档案资料汇编·财政经济（1）》（第5辑第1编），江苏古籍出版社，1994年，第204页。

[3] 参见阎伯川先生纪念会编：《民国阎伯川先生锡山年谱长编初稿》（第3册），台湾商务印书馆股份有限公司，1988年，第1023页。

[4]《财政部文书科鉴呈》（1928年9月21日），中国第二历史档案馆编：《中华民国史档案资料汇编·财政经济（1）》（第5辑第1编），江苏古籍出版社，1994年，第200页。

[5]《陈家栋致宋子文密电》（1928年9月28日），中国第二历史档案馆编：《中华民国史档案资料汇编·财政经济（1）》（第5辑第1编），江苏古籍出版社，1994年，第207页。

按照原定规章，由经理处转发，办事处不必出面，"如有军人越轨索要，当一律严拒，勿稍瞻顾"。①

但军饷短缺问题，仍未解决。阎锡山财政渐趋竭蹶，这在其发给宋子文的电报中显现无遗：

> 唯原案指拨卫戍经费，现在渐有动摇，芦盐附加产销等捐，拨付卫戍经费一节，河北人民以为卫戍经费应由国税项下支付，此项附捐系地方收入，因而由河北省政府议决，作为该省教育、建设、省行基金之用，另行设局征收。弟到平后，始通知该省政府，卫戍区域内既有河北二十七县，卫戍经费亦应由河北分担，此项附捐即作为该省分担卫戍经费之款，由总部派员帮同运使征收，河北不另设局，藉资挽回。查平津国税所收本来无多，卫戍经费全赖借拨芦盐正税，为日来以盐款抵借之事，已有数起，卫戍经费，大感困难，务请饬令新运使维持原案，卫戍经费未拨足以前，不得另有抵借，以资信守。②

出于稳定北方政局的考虑，蒋介石尊重了阎锡山"维持原案"的要求。③财政问题，至此暂告一段落。但中央统一财政的政策，实已威胁到了地方实力派财税的独立性。双方通过权益交换缓解由此产生的矛盾。

二

1928年6月15日，蒋介石宣布"军政"阶段结束，下一步着手开始"训

---

① 《宋子文致陈家栋电稿》(1928年10月2日)，中国第二历史档案馆编：《中华民国史档案资料汇编·财政经济(1)》(第5辑第1编)，江苏古籍出版社，1994年，第208页。

② 《阎锡山致宋子文密电》(1928年10月1日)，中国第二历史档案馆编：《中华民国史档案资料汇编·财政经济(1)》(第5辑第1编)，江苏古籍出版社，1994年，第208页。

③ 阎在给下属的电文中提到，"本军卫戍平津，分扎河北各地，每月军饷不敷约在三百六十万元以上"，但因为蒋介石曾慨然表示"不足之数，由河北岁入项下拨补"，阎锡山和他的晋系部队才不至陷入严重的入不敷出的境地，参见《致崔廷献鱼电》(1928年8月6日)，阎伯川先生纪念会编：《民国阎伯川先生锡山年谱长编初稿》(第3册)，台湾商务印书馆股份有限公司，1988年，第1023页。

政"，其中重要举措即是邀请各集团军总司令来南京，参加编遣筹备会议和国民党二届五中全会。阎锡山借故拖延，迟迟未肯进京。以往对阎锡山不肯入京原因的研究，多将视角集中在蒋、阎、冯、李等人的政治斗争上，分析阎锡山如何利用蒋、冯的矛盾自抬身价。[①]这种分析有其合理性，但还应从利益诉求的角度，考察其实际行动。

1928年8月，阎锡山与蒋介石就平津政局，达成三点共识："（一）减少前方不能统一指挥之军队。并确定统一指挥办法。（二）结束收编队伍，妥适安置，以安其心。（三）整理平津财政，以裕饷糈。"[②]双方观点看似一致，但实则各有侧重，利益不一。

国民政府方面，力图将强力人物聚集中央，使实力派首脑脱离军队。更重要的在于，"盖中央既能充实，外人对于全国不一致之怀疑，自然消释也"，便于向列强借款。[③]蒋介石以内政部长之职相招，[④]阎锡山则虚与委蛇，以"此间军政诸待擘画"，推行内政尚非其时为借口，拒绝赴任，而派赵丕廉或赵戴文代任。[⑤]原因有二：一则，他察觉二届五中全会已有破裂之象，意在观望；

---

① 分析多是利用周玳、梁航标等当事人的回忆材料，虽然有很高的史料价值，但往往只重一点，不及其余，很难全面、客观的还原史实，参见王光远：《蒋介石与新军阀混战》，文史出版社，2010年；朱建华：《蒋介石与阎锡山》，团结出版社，2009年；景占魁：《阎锡山传》，中国社会出版社，2008年；苗挺：《三晋枭雄：阎锡山传》，华侨出版社，2005年；朱振华：《阎锡山传》，团结出版社，2003年。

②《致赵丕廉马电》（1928年8月21日），阎伯川先生纪念会编：《民国阎伯川先生锡山年谱长编初稿》（第3册），台湾商务印书馆股份有限公司，1988年，第1033页。

③《南京陈参议谟密鱼电》，1928年10月7日，阎伯川先生要电录存，微缩胶卷，档号：7-0232，台湾"国史馆"藏。王儒堂通过阎锡山的亲信转达了他的意见，"成立之后，各政分会、各总司令部恐在取消之列。现闻二李已定在京供职，冯亦不久即来，各委员甚盼总座来京，共济艰难"，参见《南京陈参议谟密鱼电》，1928年10月7日，阎伯川先生要电录存，微缩胶卷，档号：7-0232，台湾"国史馆"藏。胡汉民、谭延闿等人暗示，"百公究系何意见"，"或不免有人造谣，看不起中央"，见《南京赵芷青谟密鱼戍电》，1928年10月7日，阎伯川先生要电录存，微缩胶卷，档号：7-0233，台湾"国史馆"藏。

④《南京蒋总司令树密有电》，1928年9月25日，阎伯川先生要电录存，微缩胶卷，档号：7-0211，台湾"国史馆"藏。

⑤《复南京蒋总司令树密鱼电》，1928年10月6日，阎伯川先生要电录存，微缩胶卷，档号：7-0230，台湾"国史馆"藏。

二则，他的心思全在地盘和军队，无心进京。[①]10月6日，蒋介石再次催促阎确定来京日期，阎锡山表示自己正在"裁编平津编余各军"，但刻下"财政困难、饥寒交迫"，无暇进京，[②]向蒋施压。10月16日，阎锡山虽还在向中央抱怨，"唯平津一带卫戍及收编各军，或筹饷尚无着落，或编遣尤未完竣，均非亲自规划妥适，不能成行"，但同时暗示此事已有转机，因为蒋介石派使来平协商。[③]最终双方达成妥协，阎允诺将于12月入京。

1929年1月召开的编遣会议上，财政问题是各方争夺的焦点。蒋介石态度明确，财政统一的地位优先于编遣，"先行财政统一，而饷项由中央照数发给；编遣且在其次"。[④]各地方实力派，则谋求更多编遣经费，以供养军队。阎锡山获得经理处一职，不仅仅是因为中央对其理财能力的信任，他本人的意愿也起了很大作用。阎锡山对于经理处主任调配编遣费用的职权，极为看重。会议虽然通过了一系列关于裁兵编遣的文件，但是各地方实力派与中央政府的矛盾，未得解决，反而日益激烈。

编遣会议之后，蒋桂、蒋冯战争相继爆发，阎锡山的态度至关重要。蒋介石亟须阎锡山的支持，据其日记记载，处置桂系时，多借重阎锡山的意见。[⑤]在处理冯玉祥部善后事宜时，蒋更授阎以全权，"以西北事责成阎锡山办理，对冯之和战一任阎主之"。[⑥]因而，在1929年的上半年，蒋介石不但未能进一步施行财政统一，反而以各种名义临时拨款，维系了二人的政治合作关系。

1929年8月1日召开的编遣实施会议，标志着陆军编遣真正进入了实施阶段。此时中央积欠阎锡山所在第三编遣区金额已相当巨大，其中主要款项可分

---

① 阎锡山的亲信赵丕廉提出当前策略："第一，静观时机；第二，整我军旅；第三，以巩固现有地方；第四，一旦不幸，唯有保守原状为要。"阎锡山深以为然，见《南京赵芷青绩密敬五电》，1928年8月24日，阎伯川先生要电录存，微缩胶卷，档号：7-0152，台湾"国史馆"藏。

② 《上蒋总司令阳电》，1928年10月6日，阎伯川先生要电录存，微缩胶卷，档号：7-1057，台湾"国史馆"藏。

③ 《复南京谭院长庭密铣电》，1928年10月16日，阎伯川先生要电录存，微缩胶卷，档号：7-0271，台湾"国史馆"藏。

④ 《困勉记初稿（二）》（卷11），1929年1月7日，蒋档002060200002005，台湾"国史馆"藏。

⑤ 《困勉记初稿（二）》（卷11），1929年2月25日，蒋档002060200002005，台湾"国史馆"藏。

⑥ 《困勉记初稿（二）》（卷12），1929年6月2日，蒋档002060200002005，台湾"国史馆"藏。

为以下四类：

一是北伐军费。阎锡山参与北伐，花费近三千万元，其中大部分从山西银行借贷。[①]虽然这些军费由平津卫戍经费，河北、山西、察绥各省共同承担，但是"两年以来各省财政困难"，"各财政厅往往以财政支绌，不能按数按期筹拨"。[②]自从阎控制了四省两市之后，便不断催促蒋介石清偿此笔军费。1928年7月，阎锡山在交接国税机关的时候便指出，"山西自连年作战以来，地方抵借各款已达二千八百余万之巨"，[③]望蒋拨款解决，但蒋并未答应。在同年11月26日，阎锡山方面曾打算"由河东、晋北盐款烟酒印花及卷烟特税作抵偿还"，[④]亦未能成行。

二是动员经费。蒋冯战争中，阎锡山进行军事动员，欠下一百七十余万。阎锡山对此倍感焦急，因动员费均系拖欠各商号，为维持信誉和维持商情计，"势难久延"。[⑤]加之，"现在编遣在即，此款碍难再延"。[⑥]因此两次催促部下

---

① 1929年1月6日阎锡山曾令属下整理财政状况，汇报显示，在阎锡山尚未参加北伐的1927年，晋军"十六年一月本军军费预算为一百七十五万圆，系山西财政厅月筹一百二十一万余圆，绥远财政厅月筹五十三万余圆"，等到参加北伐，"筹备战事，军队随渐增加"，1928年"一月至六月每月军费为二百三十四万余圆，七月份军费三百五十万元，八月份至十二月份每月军费四百五十五万余圆"，见《太原辜参谋长郭处长一密歌戌需电》，1929年1月6日，阎伯川先生要电录存，微缩胶卷，档号：7-0665，台湾"国史馆"藏。

②《太原辜参谋长郭处长一密歌戌需电》，1929年1月6日，阎伯川先生要电录存，微缩胶卷，档号：7-0665，台湾"国史馆"藏。

③《阎锡山致蒋介石代电》(1928年7月16日)，中国第二历史档案馆编：《中华民国史档案资料汇编·财政经济(1)》(第5辑第1编)，江苏古籍出版社，1994年，第200页。

④《辜仁发十一月二十六日宥电》(1928年11月26日)，阎伯川先生纪念会编：《民国阎伯川先生锡山年谱长编初稿》(第3册)，台湾商务印书馆股份有限公司，1988年，第1067页。

⑤《南京朱次长言密佳电》，1929年9月10日，阎伯川先生要电录存，微缩胶卷，档号：7-0856，台湾"国史馆"藏。

⑥《致南京朱参谋长普密艳需电》，1929年8月29日，阎伯川先生要电录存，微缩胶卷，档号：7-0800，台湾"国史馆"藏。

交涉，①同时也向宋子文施压，要求尽快结清。②

三是军队欠饷。阎认为"所有此次欠饷均应发清，因本军前此既未发放伙食，则欠饷是不能不予清算。我前拟将晋冀察绥所欠者由晋冀察绥分别筹补，中央所欠者请中央补发，今则可谓中央及四省均无办法，但因编遣在即，关发欠饷，又系刻不容缓，此事颇觉为难"。③经过调查，他决定"查此次本军应裁三分之二，按一集团办法，被裁者先补发欠饷"，将遣散士兵的欠饷先行清偿，编留的士兵再作打算。④

四是积欠卫戍经费。阎锡山提出借编遣之机，由财政部门分四个月偿还。⑤

阎锡山认为在编遣正式实施之前，中央应当将这四笔款项交给第三编遣区，为第三编遣区提供财政保障。他提到，冯玉祥方面表示，编遣不难，"唯所虑者均在粮饷艰穷，接济无着"，看似言人之忧，实则言己之忧。阎只能对蒋抱以期待，"我意只要中央对财政上有彻底办法，当无他虞"。⑥然而此时蒋介石亦自顾不暇，难施援手，"见部下之要兵要钱者，应付为难，避之不见又不得，愧寒惊恐，如临大敌"。⑦

1928年11月公布的《划分国家收入地方收入标准案》，是财政统一的又一重要举措。其中对中央政府与地方政府的财政收入划分，做了如下规定：国家收入为盐税、海关税、内地税、常关税、卷烟税、厘金及一切类似厘金等15

---

① 《复南京朱次长歌需电》，1929年9月5日，阎伯川先生要电录存，微缩胶卷，档号：7-0817，台湾"国史馆"藏。

② 《致南京宋部长枢密歌电》，1929年9月5日，阎伯川先生要电录存，微缩胶卷，档号：7-0820，台湾"国史馆"藏。

③ 《致南京赵部长朱参谋长普密洽电》，1929年8月17日，阎伯川先生要电录存，微缩胶卷，档号：7-0787，台湾"国史馆"藏。

④ 《复南京朱参谋长赵部长普密哿电》，1929年8月20日，阎伯川先生要电录存，微缩胶卷，档号：7-0788，台湾"国史馆"藏。

⑤ 《南京赵部长朱参谋长普密皓电》，1929年8月20日，阎伯川先生要电录存，微缩胶卷，档号：7-0789，台湾"国史馆"藏。

⑥ 《复南京朱参谋长普密马已电》，1929年8月21日，阎伯川先生要电录存，微缩胶卷，档号：7-0788，台湾"国史馆"藏。

⑦ 《困勉记初稿（二）》（卷12），1929年8月19日，蒋档002060200002005，台湾"国史馆"藏。

项税种；地方收入为田赋、契税、牙税等12项，并规定如国税与地税重复，则以国税为重。①财政新税制施行以后，仅1930年7月至12月，国库就从芋酒税项下进账125万元，印花税项下进账300万元。在战争期间卷烟税每月270万元，平时则达到400万元。②

这次国税和地税的划分，一方面使地税有了稳定的来源，支持地方政府的财政。但另一方面，地税规范化举措的渐次实施，威胁到了阎锡山等地方实力派的重要收入来源——厘金及类似税项。而这些税项，在较长时间内保证了阎锡山方面的收支平衡。当时报纸报道，煤油特税、卷烟吸户税、芋酒牌照捐、印花税、警捐等，使北平生活苦不堪言，③从侧面反映出阎锡山征收捐税、厘金，获利颇丰。从1931年的财政数据中，也可发现，山西每年地方收入共计2200万元，但国民政府裁去厘金600万元，相当于损失全年收入的27%。④

尽管中央许以特税补充，但阎锡山仍感觉缓不济急，损失平绥路煤气油附捐等税项收入之后，财政方面愈发力不从心。"近来财政统收办法一一实行，而三集团军费不能统支，以致每月亏空增加甚多，尚无填补办法。而动员费及积欠卫戍经费需用至急，无法挪垫，迭经电催财部，始则推诿迟缓，继则久未见覆。主席前允分四个月还清，现八月已终，财部仍未汇拨。"⑤他认为问题的关键在于，中央能"统收"，不能"统支"。

1929年8月15日，国民政府决定，发放编遣库券七千万元，用于裁兵和支付欠饷。⑥阎锡山意在用编遣库券清欠积款，作为实施编遣的先决条件。他让亲信代问蒋"可否将余款指拨三集团方面之欠饷等费"，如中央能在编遣期

① 孙翊刚主编：《中国财政史》，中国社会科学出版社，2003年，第421页。

② 《中华民国十八年会记年度财政报告》，北京大学藏，出版者信息不详，1931年，第2、8页；《中华民国十九年及二十年两会记年度财政报告》，北京大学藏，出版者信息不详，1932年，第5、7页。

③ 《一片催征捐税声》，季萧风、沈友益编：《中华民国史史料外编——前日本末次研究情报资料》（第40册），广西师范大学出版社，1997年，第190页。

④ 《晋省财政状况》，《中行月刊》1931年第3卷第6期。

⑤ 《复南京朱次长普密阳未电》，1929年9月7日，阎伯川先生要电录存，微缩胶卷，档号：7-0828，台湾"国史馆"藏。

⑥ 《国民政府关于公布民国十八年编遣库券条例致财政部训令》，中国第二历史档案馆编：《中华民国史档案资料汇编·财政经济（1）》（第5辑第1编），江苏古籍出版社，1994年，第63页。

内，将卫戍欠款及动员费用拨清，定可实行编遣。①

蒋介石并未答应，只让财政部拨发二百万裁兵公债。②对此冯玉祥曾有过一针见血的评论，"此次又发七千万，都是以全国税收作抵，专用作贿赂他人军队之用"。③蒋介石对于编遣公债的使用早有安排，不容他人置喙。而财政上的分配，更是以政治为归依，被目为非革命者的阎锡山，自然无权讨得财政上的支持。

阎锡山无奈，"只好先行领下，派妥人迅速送回，以便抵借"，但仍坚持让中央按约定在4个月内将欠款还清。④然而，编遣仅进行月余，阎锡山便发现财政部并不打算按期还本付息，债券乏人认购，前景堪忧。阎担心公债价格会因此"大受影响"，加之"银行屡请退抵并于将来周转大感困难"，财政状况已近"竭蹶"。⑤而宋子文方面则表示，"毋庸付息，并将前项息票悉数截下注销，送交本部"，但阎锡山仍坚持"此时若不付息，似有失信银行之嫌，为维持信用计，维持公债价格计，似应将此项利息照付"。⑥最终宋子文同意先由阎锡山代为付息，再由中央另行筹款归还，⑦裁兵公债的价格暂得以保全。

---

①《南京朱次长言密佳电》，1929年9月10日，阎伯川先生要电录存，微缩胶卷，档号：7-0856，台湾"国史馆"藏。

②《南京朱次长言密佳电》，1929年9月10日，阎伯川先生要电录存，微缩胶卷，档号：7-0856，台湾"国史馆"藏。

③ 中国第二历史档案馆编：《冯玉祥日记》（第3册），江苏古籍出版社，1990年，第40页。

④《致朱绶光寒二电》（1929年9月14日），阎伯川先生纪念会编：《民国阎伯川先生锡山年谱长编初稿》（第3册），台湾商务印书馆股份有限公司，1988年，第1286页。

⑤《复南京朱次长普密电》，1929年9月18日，阎伯川先生要电录存，微缩胶卷，档号：7-0948，台湾"国史馆"藏。

⑥《复南京财政部宋部长枢密沁电》，1929年9月27日，阎伯川先生要电录存，微缩胶卷，档号：7-1014，台湾"国史馆"藏。

⑦《上海宋部长枢密卅电》，1929年10月1日，阎伯川先生要电录存，微缩胶卷，档号：7-1041，台湾"国史馆"藏。

落实编遣政策，困难重重。下级官兵频频闹饷，让阎锡山头疼不已，[1]更令阎锡山难堪的是，中央只发遣散费，不发欠饷，"而此数迄今亦未拨到"。[2]而阎锡山已向官兵承诺清理欠饷，中央决定只会威胁其个人威信。阎锡山于1929年9月22日以第三编遣区办事处的名义连发两电，内容颇堪玩味。首先，电文强调中央规定"所有欠饷一概不发"，暗示官兵拿不到欠饷，咎在中央。接着阎表示如此办理"未免对士兵不起"，所以决定"将所有欠饷一律发清，另发一个月恩饷，以示体恤"。[3]这是阎锡山第一次在编遣问题上，与蒋介石公开唱起了反调，刻意拉大自身与中央的距离。

而此时阎锡山的财政危机，又有加剧之势。1929年10月13日阎锡山电告赵戴文，"近日晋钞异常跌落，金融大起恐慌，皆因北伐战事延长，负债三千余万，加以到平后，又因军饷不济，复亏累一千二百余万所致，已陷于不易维持之状"。[4]阎锡山决定逼蒋就范，称"财部第二期应拨还之卫戍欠款，需用至急"，部队"能否遣散"，全在于欠饷能否发清，"断此事关系至为重大"。[5]

阎锡山态度转强的另一原因，是地方反蒋势力的再度活跃。1929年9月，张发奎率先发难，起兵反蒋。阎锡山的态度再度受到重视。10月14日，蒋介石派方本仁携带现银二百万元，编遣库券五百万元作为临时军费，谋求阎锡山

---

① 9月18日，阎锡山接到骑兵司令的电报称，"编余官兵欠饷必须于编遣之日发清，始能遣散，请钧座电请总部提前发给职部师遣散军佐士兵夫七八九月份欠饷洋三万元，以便点发，而免迁延"，阎锡山已成骑虎难下之势，见《大同赵司令巧电》，1929年9月18日，阎伯川先生要电录存，微缩胶卷，档号：7-0948，台湾"国史馆"藏。

②《附第三编遣区办事处致各军队成密效亥电》，1929年9月19日，阎伯川先生要电录存，微缩胶卷，档号：7-0958，台湾"国史馆"藏。

③《致各组长密养巳电》，1929年9月22日，《致各组长特密养午电》，1929年9月22日，阎伯川先生要电录存，微缩胶卷，档号：7-0973、7-0974，台湾"国史馆"藏。

④《复赵戴文元戌电》（1929年10月13日），阎伯川先生纪念会编：《民国阎伯川先生锡山年谱长编初稿》（第3册），台湾商务印书馆股份有限公司，1988年，第1301页。

⑤《致南京朱次长普密行支电》，1929年10月4日，阎伯川先生要电录存，微缩胶卷，档号：7-1060，台湾"国史馆"藏。

的支持。①宋子文在蒋的授意下，②一改以往对阎的抗拒态度，积极提供财政支持："现值吾兄出师讨逆，军费需款所有河北陕西等省承募编遣库券募得之款，即就近随时拨交我兄，充讨逆军费，既可随时应用，又免辗转筹汇。"③

阎锡山从库券抵借之款中，先行垫付八、九、十这三个月的欠饷，以解燃眉之急，而并非用作军事动员，支援中央。④接着，阎借口讨伐反蒋势力，暂停编遣，转而扩军。⑤在讨伐张发奎和冯玉祥部队问题上，阎锡山的观望拖延和讨价还价，引起了蒋的不满："百川至今犹徊支吾，唯利是图，而不知党国为何物，惜哉！"⑥蒋阎之间貌合神离的合作关系，随时都有破裂的危险。

三

1929年下半年，阎锡山已再无力平衡财政收支。以山西为例，山西财政厅长1929年的报告显示，山西每月收入不及120万，支出则须160万，而参照1928年每月收入134万，支出152万的数据，1929年收支不相抵的情况愈发明显。⑦财政厅为支付军费，将中央拨发的军需公债抵押，"东挪西凑"，但到

---

① 《南京朱部长言密寒电》，1929年10月14日，阎伯川先生要电录存，微缩胶卷，档号：7-1112，台湾"国史馆"藏。

② 虽是蒋向财政部施压，但也自觉难堪，左右受迫，"军官之额外要求，不得不付；而财部则随时警戒不肯照付，又不能不忍受"，见《困勉记初稿（二）》（卷12），1929年10月15日，蒋档002060200002005，台湾"国史馆"藏。

③ 《上海宋部长枢密阳电》，1929年11月8日，阎伯川先生要电录存，微缩胶卷，档号：7-1153，台湾"国史馆"藏。

④ 《致张家口杨主席项厅长成密行寒已电》，1929年11月14日，《致归化仇厅长成密寒电》，1929年11月14日，《致北平李财政厅长雅密寒电》，1929年11月14日，阎伯川先生要电录存，微缩胶卷，档号：7-1156，台湾"国史馆"藏。

⑤ "现因应付讨逆需要拟将本区师数增加四个，并已委丰玉玺、杨澄源、周士廉、秦绍观为师长"，见《上南京蒋总司令宪密漾机电》，1929年12月23日，阎伯川先生要电录存，微缩胶卷，档号：7-1207，台湾"国史馆"藏。

⑥ 《困勉记初稿（二）》（卷12），1929年11月22日，蒋档002060200002005，台湾"国史馆"藏。

⑦ 《山西财政困难概况》，《银行周报》，1929年第13卷第27期。1928年9月山西收入与支出具体情况，据《1928年9月山西收支状况》，共收入1344776.322元，共支出1526934.18元。资料来源：《统计报告》，《山西财政月刊》1928年第3期。

1929年下半年，已罗掘俱穷，"库空如洗"，收入状况每况愈下，每月亏损应在70万元左右。①

而此时推行库券认购的工作进展，却十分缓慢。阎一再强调"此次以库券整理欠饷，本属不得已之办法"，要求各地"万勿再行延误"。②但地方"商务病滞，富户他徙"，地方上商民也持观望心态。1929年11月14日天津编遣库券劝募委员会提议，将"此项库券抵款委托天津二五库券基金保管委员会，兼办此项编遣库券还本付息保管事宜"，维持库券信用。③阎锡山大喜过望，表示赞同。④但宋子文却并不同意，"以国家发行之库券而将基金单独划出一部分，不敷措置"，此事只好作罢。⑤

而此时恰逢冯玉祥的军队二次反蒋，蒋介石极力拉拢阎锡山，望阎能负责善后。他陆续派何应钦、方本仁等人与阎商谈。⑥1929年11月5日，阎蒋双方商谈结束不久，阎宣誓就任中华民国陆海空军副总司令。次日，阎锡山方面传出消息，将发行北伐公债二千五百万，并且"中央已批准"。⑦因此推断商谈的结果，应是蒋介石支持发行北伐公债，以换取阎锡山支持中央的表态。

阎锡山致力于落实北伐公债的发行，劝说南京立法院尽快通过此案。他指出此项公债发行目的有二，第一，以卖得现金作纸币兑现准备。第二，

①《山西财政困难概况》，《银行周报》1929年第13卷第27期。
②《复北平李厅长雅密巧二电》，1929年11月18日，阎伯川先生要电录存，微缩胶卷，档号：7-1171，台湾"国史馆"藏。
③《天津编遣库券劝募委员会元电》，1928年11月14日，阎伯川先生要电录存，微缩胶卷，档号：7-1160，台湾"国史馆"藏。
④《复天津市政府转编遣库券劝募委员会行删电》，1929年11月15日，阎伯川先生要电录存，微缩胶卷，档号：7-1156，台湾"国史馆"藏。
⑤《上海宋部长枢密谏》(1929年10月13日)，《民国阎伯川先生锡山年谱长编初稿》(第3册)，台湾商务印书馆股份有限公司，1988年，第1165页。
⑥《方本仁定今晚赴并》，《大公报》1929年10月29日；《阎何协商结果圆满》，《大公报》1929年11月4日。
⑦《晋北伐公债》，《大公报》1929年11月6日。另见《晋省发行金融公债》，《申报》1929年11月6日。

收回纸币，以期纸币额数减少，恢复十足通行。①同时，他在给部下樊象离的电报中，也指明了此次整理公债的原因及意义："山西省银行资本金极充实，营业亦甚发达，纸币向系十足兑现。自北伐军兴，先令该行增加纸币近三千万元，乃停止兑现"，此次整理公债实际上是为了恢复信用，"如将增发之纸币以公债收回，该行即可立时恢复原状，照旧兑现"。②

在蒋介石的授意下，立法院通过了公债条例。③然而蒋氏并非出于情愿。1930年1月8日，蒋介石与宋子文商议大局与财政，内容包含晋省公债、西北军安置等问题。蒋喟叹："不知政治之滋味者，以余为高人一等，实则受人支配处处受辱，旁人孰知余心也。"④意指阎锡山以西北政局相要挟。至2月间，阎锡山反蒋局势渐趋明朗之时，报载"中委多人，将于三全会时，联名提案，请撤消山西金融公债"，理由为"该债系阎锡山在郑州时要挟政府，以晋全省国税为担保，无形割据中央税收，其用意在一方面破坏财政系统，一方面欲籍以为谋叛之资"，⑤亦可证实公债是政治妥协的产物。

公债问题落实之后，阎锡山从郑州赶回太原，召开会议，督促晋钞兑现。⑥而此前，晋钞已大幅跌落，⑦所辖地区也陷于金融恐慌，⑧"大小银号，相率倒闭"。⑨因而，阎希望晋钞尽早兑现。阎起初将兑现时间定在24日，⑩后改为25日开始兑现。⑪晋钞信用"向极昭著"，但实际上负责发行晋钞的山西

①《致立法院删电》（1929年11月15日），《民国阎伯川先生锡山年谱长编初稿》（第3册），台湾商务印书馆股份有限公司，1988年，第1314页。

②《致樊象离敬酉电》（1929年11月24日），阎伯川先生纪念会编：《民国阎伯川先生锡山年谱长编初稿》（第3册），台湾商务印书馆股份有限公司，1988年，第1318页。

③《立法院通过两公债条例》，《大公报》1930年1月15日。

④《事略稿本》（7），1930年1月8日，台湾"国史馆"，第370页。

⑤《中委多人主张撤销晋公债案》，《申报》1930年2月22日。

⑥《太原会议晋钞兑现》，《大公报》1930年1月18日。

⑦《北平行营将撤》，《大公报》1930年1月29日。

⑧《复赵戴文元戌电》（1929年10月13日），阎伯川先生纪念会编：《民国阎伯川先生锡山年谱长编初稿》（第3册），台湾商务印书馆股份有限公司，1988年，第1301页。

⑨《晋省发行金融公债》，《申报》1929年11月18日。

⑩《晋升钞兑现》，《大公报》1930年1月20日。

⑪《山西省钞即实行兑现》，《大公报》1930年1月23日。

省银行并无准备金，又因战争而停止货币兑现。①军兴以来，阎锡山超发货币以维军需，至1929年晋钞已发行1300万元，较去年多发400万元。②因此阎锡山需要利用编遣库券，维持收支平衡，稳定晋钞信用。至1929年底，市面恐慌已经十分严重，"汇水陡增，物价飞涨，商民顿受影响，隐隐间直成为晋省目前唯一之重要问题。阎氏对之，中为关心"。③不仅如此，在平津冀察一带，晋军也在大力推广晋钞，④因此晋钞的信用跌落，不仅威胁到山西本省的金融安全，也使阎锡山新势力范围市面不稳。

阎锡山左支右绌，仍无法偿还北伐时期的巨额欠款，而金融动荡加重了阎锡山的政治危机。阎锡山将此问题归罪于蒋介石，认为蒋介石是故意利用经济手段打击异己。据阎锡山的亲信周玳回忆，有一天阎锡山怒气冲冲地把桌子一拍说："我很后悔北伐时垫此巨款，这件事咱们做错了。现在蒋要用经济手段把咱们困死。咱们没有错，他不敢用兵来打咱们，只有在经济上来困死咱们。"周玳认为，阎是最注重在经济上打算盘的人，财政困难，正是他后来反蒋的重要因素。从这时起，阎就拿定了打倒蒋介石的主意。1930年1月间，阎锡山曾召集几个主要将领开会，先把蒋介石想用经济手段扼杀晋军的情况叙述了一番，"蒋介石实在逼得我们无路可走"，加之各方面均有此意，所以阎锡山同意倒蒋。⑤

还有一点材料可以佐证，阎锡山倒蒋与财政危机相关。何成浚曾找到周玳，希望不要发生战事。周玳根据阎的意思回答他说："只要平津卫戍部队欠饷发清，并且以后按月发放，以及山西省发行公债这些问题解决了，我可保证不会发生战事；不然，就很难保了。"而后，阎锡山也以同样条件答复何成浚。蒋给阎打电报，对公债和欠饷虚与委蛇。阎阅后生气地说道："蒋

————————

①孔祥毅编：《民国山西金融史料》，中国金融出版社，2013年，第203页。

②孔祥毅编：《民国山西金融史料》，中国金融出版社，2013年，第205、207、209页。

③《山西省钞兑现有望》，《申报》1929年11月12日。

④《阎抵北京后之重要消息》，《来复报》1928年6月24日，转引自孔祥毅编：《民国山西金融史料》，中国金融出版社，2013年，第206页。

⑤周玳：《阎锡山发动中原大战概述》，《文史资料选辑》（第16辑），文史出版社，1986年，第31、32页。

介石毫无一点诚意。"①阎方开出的两项条件，暗示战争尚有回旋余地。但蒋介石并未满足阎的需要，双方都无妥协诚意，终至兵戎相见。

结语

从财政和兵政的角度研究蒋阎关系，是认识北伐胜利后至中原大战前蒋阎关系的重要视域。有财斯有兵，有兵斯有财，以兵谋财，以财养兵，军事财政的独立自主，是军阀政治的通行规则。而国民政府的财税统一与兵权收束政策，符合现代国家政权建设的一般规律，具有一定的进步意义，却恰好与军阀规则针锋相对。因此，蒋阎矛盾，虽有政治斗争的因素，却不止于此。二者的矛盾背后蕴藏着中央与地方，统一与独立之间两相颉颃的内在张力。这种内在张力是蒋阎关系破裂的根本症结，也反映出现代国家中央政权建设的固有矛盾。

蒋介石与阎锡山在财政与兵政等诸多层面，既斗争又合作的关系，在较长的一段时间里，保证了政治局面的稳定。围绕裁汰军队、稳定政局、讨伐地方实力派等问题，蒋介石谋求阎锡山的合作，暂时放缓收缴财政，并主动满足其经费需求。而阎锡山则利用裁汰军队及地方实力派反抗中央的时机，谋求经费支持和政治保证。但内在矛盾限制了双方协调的意愿和能力。以阎锡山言之，既然不能敛财以养兵，只能纵兵以敛财。阎锡山倒蒋，亦可视作地方实力派维护军政自主的激烈表现形式。

本文原刊载于《史学月刊》2016年第8期。

作者简介：

马思宇，1987年生，黑龙江省哈尔滨市人。北京大学博士、博士后，现任南开大学历史学院讲师，曾前往耶鲁大学访问研究。发表学术论文10余篇，曾参与《20世纪中国革命文化研究》《近代中国经济文献》《中共党史资料的收集整理与研究》等项目的研究。

---

① 周玳：《阎锡山发动中原大战概述》，《文史资料选辑》（第16辑），文史出版社，1986年，第34页。

从"各修各境"到"通力合作"

——20世纪20—30年代山东黄河旧运河以西河段民埝治权统一问题刍议

张 岩

黄河的河堤分为两种,即"堤"(也可称作"官堤")与"埝"(也可称作"民埝"或"生产堤")。按《河上语图解》的解释,"大曰堤,小曰埝;官修官守曰堤,民修民守曰埝"。①"大"与"小"既体现了堤与埝的外貌分别,也反映出二者的强固差距。所谓"官修官守"与"民修民守"指的是堤与埝最初的修筑和管理形式。就民埝而言,其修守的历史经历了如下阶段:最初系民间修筑(即民修)并由民间管理(即民守),后管理方式改为官守(中间或经历官民共守),最终民埝被废除。当下民埝历史正处民埝被废除的阶段,而本文所讨论的时段处于民埝从"民守"向"官守"过渡的时期。

学界有关黄河民埝的历史研究较为鲜见。以笔者目力所及,较为重要的研究成果有二:贾国静的博士论文有一章节讨论了1855年黄河改道以后东坝头以下民埝修筑的过程,以及官堤建成以后,清政府在民埝官方化、废除问题上的举措与困境;②彭慕兰的《腹地的构建》一书涉及20世纪20—30年代的民埝问题,主要讨论了山东省河务局设立"上游(即山东旧运河以西河段)民埝专款保管委员会"失败的原因——隐瞒地亩,这是民埝治权统一过程的重要一环,但作者未能进一步讨论"隐地"问题的解决以及专款保管委员会失败的其他原因。③基于此,本文力图还原政府介入民埝管理即山东黄河旧运河以西河段民埝治权统一问题的来龙去脉,并在此历史脉络中进一步检讨河务局此举最

---

① 蒋则光:《河上语图解》,陈汝珍、刘秉镔补图,黄河水利委员会,1934年,第25页。

② 贾国静:《黄河铜瓦厢决口改道与晚清政局》,中国人民大学博士学位论文,2008年。

③ 彭慕兰:《腹地的构建:华北内地的国家、社会和经济 1853—1937》,马俊亚译,社会科学文献出版社,2005年,第265~298页。

初失败、最终勉强成功的原因，冀以为国家与社会、人与自然等议题的研究以及当下民埝废除问题提供一个案例参考。

一、山东黄河旧运河以西河段堤防形势与民埝修守的特点

在 20 世纪 20—30 年代，山东黄河河段分作上、中、下三游，旧运河以西河段即为当时山东黄河的上游河段。[①]在黄河全河堤防当中，山东旧运河以西河段两岸大堤最明显的特征是其堤距尤为宽阔，大致不下三四十里甚至七八十里之远。[②]很多村庄以及农田分布在大堤以内，依靠近水修筑的民埝圈护。这些由民埝圈护的农田被称之为"河套圈护地"或"民埝圈护地"。该河段两岸濮县、[③]范县、郓城、寿张、阳谷五县的圈护地总计约有 10743 顷（这一数字并非实际清丈数字）。民埝同时也是大堤的屏障。山东旧运河以西河段两岸大堤除了其南岸朱口至董庄、黄花寺至十里堡两段约 60 里直接滨临河流外，其他的部分都是以民埝作为"第一防线"。[④]

民埝系由"民修"，其防守方式最初也是依靠"民守"。1913 年河南黄河河务局改组以后，该省境内黄河埝堤工程就完全由河务局办理，[⑤]河北省北岸民埝自 1917 年起改为官民共守，南岸民埝自 1923 年起改为官守。[⑥]而山东省政府因财政紧绌问题，直至 1938 年黄河改道都没能将民埝收归官守。因此，山东旧运河以西河段民埝的修守仍然是"借五县河套亩捐修守五县护地民埝"。[⑦]不过出于民埝对大堤的防护作用，政府也会"酌给津贴"，或以其他形式予以补助或接

---

① 以 1928 年的标准，山东上游民埝起止地点为：北岸自濮县董庄至寿张县黄花寺，长 145 里；南岸自河北省耿密城至寿张县花庄东影塘，长 148.4 里，见《山东黄河三游官堤民埝起止地点里数说略》，《山东河务特刊》1928 年第 1 期。

② 王炳熿：《治黄刍议》，出版者不详，1922 年，第 4~5 页。

③ 该县黄河以南地区于 1931 年设鄄城县。

④《呈省政府呈请派员会同职局委员勘丈民埝地亩并送章程由》，《山东河务特刊》1931 年第 3 期；王炳熿：《治黄刍议》，出版者不详，1922 年，第 4 页；《山东河务局委任令》，《山东河务特刊》1931 年第 3 期。

⑤《豫河三志》（第 11 卷），开明印刷局，1932 年，附录第 13 页。

⑥ 黄河水利委员会编：《民国黄河大事记》，黄河水利出版社，2004 年，第 16 页。

⑦《呈省政府为呈报会议上游民埝修守章程经过情形由》，《山东河务特刊》1930 年第 2 期。

济。[1]民埝虽然存在以县为单位的行政边界，但往往一县民埝发生意外，同时会波及多个县境，尤其是其下游县境的河套圈护地，因此其他与之有着利害关系的县份也要共同摊工、摊料，这也就是所谓的"下游各地有帮助修守（上游险工）之义务"的"以下帮上"之说。[2]然而一旦涉及分摊，便容易互相攀扯，出现纠纷，进而耽误工程进展，甚至会酿成危险，影响大堤。

山东黄河旧运河以西河段民埝的管理系由当地士绅（或称"绅董"）主导和控制的，这些实际管理民埝的士绅被称作"埝绅"，其最重要的职能是负责征收工程费用，即从民埝圈护地征收工程所需亩捐。民埝的修守机构称为"埝工局"，其最早出现的时间难以考察，但可以确定在1927年就已存在。[3]下文将会就具体案例对此进行详细描述。

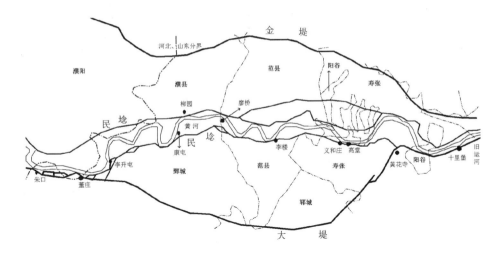

图1　山东黄河旧运河以西河段堤防形势草图

底图来源见《孟津至海口黄河略图》，张含英编纂：《黄河志》第三篇：水文工程，商务印书馆，1936年；同时参考全国经济委员会水利处编：《豫冀鲁三省黄河图》，1936年。

---

① 王炳燿：《治黄刍议》，出版者不详，1922年，第9页。
② 林修竹纂：《历代治黄史》（第6卷），山东河务局，1926年，第5页。
③《呈省政府为送修改民埝章程请饬各县征收埝捐由》，《山东河务特刊》1928年第1期。

二、廖桥民埝修守引发的各县纠葛与民埝治权初步统一的失败

廖桥是山东黄河旧运河以西河段北岸民埝的一处险工所在地，1930年河务局的一份公牍将之称作山东旧运河以西河段民埝"最险"之处。①廖桥位于范县境内，寿张、阳谷两县居其下游，设若该处决口，三县可能都会受到影响，因此该工系由三县共同修守。然而，三县受廖桥决口影响的程度并不一样，摊工摊料的份额也就不尽相同，正是因为摊派份额的问题，三县"互生意见"，进而延误了修守与抢险。1922年7月的决口便是因此而发生。所幸的是此次决口并不十分严重，口门很快就被堵合了。②

以上三县间的纠纷，表面上看似是寿张、阳谷两县与范县绅董间的私人争执，③但可看得出，这些绅董背后所代表的是各地方群体的利益。而政府要介入三县间的争端不免有一定难度，正如森田明所讲，在民埝圈护下的村落具有"非常自主而有显著的反政府特征"。④县知事（国民政府时期改称"县长"）虽对民埝管理负有"监督"职责，却并不能实际左右民埝的管理事务，因为这些士绅也并不是完全听命于政府的"代理人"。1925年，时任山东督办的张宗昌以寿张县知事杨寿松"玩视河工"，致廖桥民埝"几乎出险"为由，将其撤职查办，并称若廖桥出险，"杨寿松须负完全责任，并按军法惩治"，以此警示其他沿河各县知事。⑤事实上，通过惩治县知事并不能有效解决民埝管理的问题。

据杜赞奇的研究，在20世纪上半期，国家政权试图向乡村扩张，并重新确认政府与村庄的"中介人"，尤其到国民政府时期，区政府职员以及村庄领袖被确认为新的"中介人"，以此弱化传统中介人的地位。⑥这一时期，国

---

① 《呈省政府呈报廖桥王庄以下民埝漫溢情形由》，《山东河务特刊》1931年第3期。
② 王炳燽：《治黄刍议》，出版者不详，1922年，第9页；林修竹纂：《历代治黄史》，（第6卷），山东河务局，1926年，第5~6页。
③ 《呈省政府呈报廖桥王庄以下民埝漫溢情形由》，《山东河务特刊》1931年第3期。
④ 森田明：《清代水利社会史研究》，郑樑生译，台湾编译馆，1996年，第334页。
⑤ 《张宗昌已由津返济》，《申报》1925年7月23日。
⑥ 杜赞奇：《文化、权力与国家：1900—1942年的华北农村》，王福明译，江苏人民出版社，1996年。

家政权也试图加大力度介入对民埝管理事务，并重新确认新的民埝管理者，但仍然有来自传统的地方势力的阻挠。从范、寿、阳三县情况来看，整个北京政府时期，基层社会的政权架构并没有多少变动；①到国民政府初期，基层政权架构有所改变，但传统的社会结构还在发挥作用，出面对抗民埝摊款的还是当地的里长（后改称"乡镇长"）等地方势力，这些人也就是杜赞奇所称的"保护型的经纪"，他们所代表和维护的正是圈护地居民，至少是土地业主的利益。②

　　山东省政府并不希望将民埝改为"官守"，即使河套圈护地与其他地亩一样也缴纳了与河工相关的税款，如所谓的"六六附捐"。③出于民埝与大堤的唇齿关系，省政府在民埝仍归民守的前提下，力图透过制定规章的形式，规范民埝修守办法，以此达成旧运河以西河段民埝治权的统一，进而保障大堤的安全。1926年，山东旧运河以西河段李升屯、黄花寺民埝堵口以后，时任山东省河务局局长的林修竹召集该河段五县埝绅，商议修改定章，由"民埝圈护地每亩征收附捐二角，解交河务局，按工程之平险、用款之多寡，妥为支配"。对这种"按河套地亩征收附捐"的"通力合作"的办法，各埝绅还是持"观望"态度，直到林修竹卸任都未能施行。④1927年11月，时任山东河务局局长的王炳焞再次召集该河段两岸埝长开会，商议修改民埝修守办法。⑤1928年

　　① 玄述贵、朱纪轩：《对民国台前（原属寿张阳谷等县）基层政权及基层社会组织考察》，中国人民政治协商会议台前县委员会文史资料委员会编：《台前文史资料》（第2辑），政协台前县委员会文史资料委员会，1993年，第78页。
　　② 杜赞奇：《文化、权力与国家：1900—1942年的华北农村》，王福明译，江苏人民出版社，1996年。
　　③ 1926年山东省政府为修筑李升屯、黄花寺工程设立河工附捐，额度为地丁银一两加征四角四分，后因"工程浩大，用款紧急"，于1927年改为特捐六角六分，即所谓"六六河工附捐"。参见山东省政府呈行政院（字第158号）（1929年10月1日），"冀属黄河南岸刘庄决口鲁省请款修堵"，中国第二历史档案馆藏，2(1)-3765。附捐数字见林钦辰：《山东田赋研究》，萧铮主编：《民国二十年代中国大陆土地问题资料》，成文出版社有限公司、（美国）中文数据中心印行，1977年，第6870、6873页。
　　④《呈请省政府呈请派员会同职局委员勘丈民埝地亩并送章程由》，《山东河务特刊》1931年第3期；《咨民政厅为河套附捐暨民埝专款保委会成立情形由》，《山东河务特刊》1932年第4期；《呈省政府为送修改民埝章程请饬各县征收埝捐由》，《山东河务特刊》1928年第1期。
　　⑤《呈省政府为送修改民埝章程请饬各县征收埝捐由》，《山东河务特刊》1928年第1期。

《山东河务特刊》登载了其修改的民埝修守章程，即《山东河务局修正上游南北两岸民埝民修民守章程》。该章程大概是根据1923年的旧章程修订而来，具体实施时间不详。从该章程可以看出，"埝工局"由"各该县知事负责督理，指定险工地点设立"，每局"选择埝长一人、埝董一人或二人"，"呈由河务局审定加委"，并且埝长、埝董需要接受河务局的考成，如不合格，随时将被撤销。虽然这种方式可以保证埝长、埝董成为政府的有效代理人，但另一方面，这些埝长、埝董也可能不被地方社会所认可。至于民埝经费，该章程规定，仍然按照旧章从河套圈护地"按工分配加捐应用"，各处工程的用款数目则由河务局按工情估定。国民党执掌山东政权以后，延续了这一做法，并重新预估了各工用款与支配地亩附捐（如表1）。

表1　山东黄河旧运河以西河段各民埝工程实分各县地亩

(单位：顷)

工　程		濮县	范县	寿张	阳谷	郓城	总计
北岸	柳园（濮县）	2000	—	—	—	—	2000
	廖桥（范县）	—	2500	1000	115	—	3615
	总计	2000	2500	1000	115	—	5615
南岸	李升屯（濮县）	2286.5	—	—	—	1100	3386.5
	李楼（郓城）	—	214	—	—	1170.5	1384.5
	高堂（寿张）	—	—	205	52	100	357
	总计	2286.5	214	205	52	2370.5	5128

以廖桥工程为例，1928年份河务局预估的工款为7万元，范县、寿张、阳谷按圈护地亩数，各需承担约48409、19364、2905元，合每亩摊捐约0.19元。[1]但是寿张、阳谷两县实际并没有支付该款。[2]

1929年袁家普就任山东省财政厅厅长以后，即着手整理山东省财政。鉴

---

　　①《山东河务局修正上游南北两岸民埝民修民守章程》，《山东河务特刊》1928年第1期。该章程最后提到"本简章（注：大概是'监修委员简章'）自十二年三月一日施行"，由此猜测旧章可能是从1923年施行。

　　②据廖桥埝工局埝长称，1927—1928两年，寿张、范县应摊款项为2.4万余元，分文未交。见《呈省政府为报寿张县里长杨其琮等破坏廖工堵口合作议案请饬县强制执行由》，《山东河务特刊》1931年第3期。

于"河工原有六六附捐再加二角埝捐，负担未免过重"，袁家普于是呈请省政府"将六六附捐摊入地丁，每两征银四元"，其他的民埝附捐也同时被豁免。这样一来，民埝修守经费就不能再向地方摊派。为此，袁家普又与河务局核议，"仍在所收河工附捐项下拨出大洋二万元作为民埝补助经费"。①该两万元补助费分给了廖桥工程六千元。②当然，这种由"省库拨款补助"的办法不过是"一时救急之计"，并不能长久施行。③河务局还是希望由河套圈护地摊款自行修守。1929年大汛期间，山东河务局职员李润生奉命赴寿张、阳谷两县守堤。到达寿张以后，李润生便会同寿张县县长宋宪章将埝长白景文等人召集起来开会，对之"晓以缓急利害"，白景文等人最终答应"勉摊"廖桥民埝工款，每亩摊款一角。虽然此时民埝附捐已被豁除，但河务局认为1928年度的摊款还在"核准豁免之先"，仍然可以摊派。同时，经李润生、阳谷县县长与阳谷县埝董商量，后者也愿意接受寿张的办法每亩摊款一角。④然而，该款并没有顺当地征得，抗拒缴交的还是白景文等人。⑤从中我们可以隐约地看出，在白景文背后还有一群更强的反对势力，而白景文也没有绝对的权威。

1929年11月，时任河务局局长的赵会鹏又召集该河段民埝会议，商议恢复林修竹时期提出的由该河段五县共同修守的办法（即所谓"通力合作"的办法）。⑥从其改订的上游民埝修守章程来看，修守事宜仍由各埝工局办理，与1928年的修守章程相比，新章程更希望埝长、埝董不只是政府的代理人，而且也能够为地方所信任。其中规定埝长"由当地有关系之区、里长公推熟习河工、公正廉洁者二人，呈请县政府转呈河务局择一委任之"；埝董则"由有关系县份之区、里长公推素孚民望者数人（例如廖桥埝工局准由有关系之寿张、阳谷两县区、里长公推）呈请县政府转呈河务局择优委任"；并且只有"成绩

---

①《咨民政厅为河套附捐暨民埝专款保委会成立情形由》，《山东河务特刊》1932年第4期。

②《山东省政府训令》，《山东河务特刊》1931年第3期。

③《咨民政厅为河套附捐暨民埝专款保委会成立情形由》，《山东河务特刊》1932年第4期。

④《呈省政府为会核寿阳两县每亩应摊廖工洋一角请准予照办由》，《山东河务特刊》1930年第2期。

⑤《呈省政府为呈报会议上游民埝修守章程经过情形由》，《山东河务特刊》1930年第2期。

⑥《山东河务局训令》，《山东河务特刊》1930年第2期。

优良，民众悦服者得连任之"。对于民埝修守经费一项，该章程规定还是由民埝圈护地"按亩摊任"，由县政府征收、保管，同时提出要彻查民埝圈护地亩数。①具体征收数目为每亩二角，"每年分上下忙"征收。②在此以前，民埝圈护地的亩数仅为"约略大数"，从未进行过"清查丈量"，也就不免存在"隐匿漏报"及"以多报少"情形，成为各县民众纠纷的"口实"，因此河务局清丈的目的也是希望消除各县合作的障碍。然而，若要"切实清查"，必须"逐亩清丈"，这却是一件耗时费款的难事。③

然而寿张、阳谷两县代表白景文、里长张东甲（均为埝绅）等数人却坚决不认可该"通力合作"的修守办法，其理由为政府既然已经豁免民埝附捐，就不应该再去加征，且寿、阳两县与范县"龃龉意见甚深"，"不肯再出钱协助范县之廖桥工款"，所以该两县坚持"各修各境"。如表1所示，寿、阳两县境内并没有多少险工，若可以"各修各境"，该两县也不需要负担多少工款。虽然新章程已获多数通过，河务局还是担心白景文等"回县播弄民众"，引发更多麻烦。④白景文等人的反对也使得廖桥埝工局（亦称廖高罗埝工局）埝长仲肇礼辞职，该埝工局一时陷入停办状态。⑤

三、1930年廖桥堵口过程中范、寿、阳三县的冲突及合作

廖桥埝工局的停办一定程度上引发了1930年的决口。据河务局上游北岸第一分段段长报告，由于埝工局的停办，修守无人，廖桥工程因此"埽坝残缺，不足以御盛涨"，在抢险过程中，该处又没能事先备下相关料物，加之当

---

①《山东河务局改订上游两岸民埝修守章程》，《山东河务特刊》1930年第2期。

②《呈省府呈复核议廖桥民埝情形由》，《山东河务特刊》1931年第3期。

③《山东河务局委任令》，《代电财厅长为民埝地亩勘丈困难可否照报灾册亩数查报请示遵由》，《山东河务特刊》1931年第3期。

④《呈省政府为呈报会议上游民埝修守章程经过情形由》，《山东河务特刊》1930年第2期。

⑤《呈省政府呈报廖桥王庄以下民埝漫溢情形由》，《山东河务特刊》1931年第3期。需要补充说明的是，仲肇礼并不是传统意义上的乡绅，而是接受过新式教育的知识分子，他曾毕业于山东省法政学校，后又于劝学所任职，见范县地方史志编纂委员会编：《范县志》，河南人民出版社，1993年，第535页。

时 "大溜冲激,人力难施",最终于8月6日发生决口。①决口初期,口门不过二十丈左右,分溜约占全河水量的三成,至9月初已经刷宽到了二百三十丈,分溜已达七成。溃水从口门朝东北方向流去,宽达三十余里,经范县、寿张、阳谷等县至东阿县的陶城埠,又归入正河,途中淹没范、寿、阳三县民埝圈护地三千余顷,甚至危及北岸的大堤,使出现 "险工" ——若大堤决口,将可能危及平汉、津浦铁路乃至平津地区。②按照民修民守的原则,廖桥民埝的抢险、堵口工程应由地方自行办理,但此时埝工局已经停办,也就无人承担此事。若参考1925—1926年李升屯、黄花寺民埝堵口的前例,政府方面尤其是山东河务局也应当负责。然而当时的军事、政治形势使得政府的参与变得困难。据《申报》的一则报道称,决口的时候正当 "晋军退却、交通阻隔、电报断绝" 之际,等决口的消息传到济南已经是8月14日,此时济南还处在混乱当中,直到9月份,省政府才迁回济南,一切还没就绪又传出省政府 "改组" 的消息,以致当局也无心河务。而山东河务局一方面限于经费, "束手无策",另一方面,廖桥所处黄河北岸当时还在晋军势力范围之内, "事权不属",而晋军方面的河务局也无心关注河工。另外,黄河两岸又处军事范围内,不时互相炮击,开展工程也存在一定危险。在这种境况之下,河务局只能依靠地方先行抢堵。③要组织起地方人力、财力,就需先化解范、寿、阳三县间的纠葛,使之服从民埝修守章程。

河务局将这次决口的责任完全归咎于白景文等人,称正因为他们 "偏执己见,反对民埝修守章程" 才酿成此祸,责怪他们 "以三数人之私见,殃及一万余顷田庐财产,其咎固无可辞"。由此,河务局请求省政府 "严令范、寿、阳三县县长招集白景文等尽力调解,务令化除意见,切实遵照民修民守章程,积

---

①《呈省政府呈报廖桥王庄以下民埝漫溢情形由》,《山东河务特刊》1931年第3期。

②《呈省府呈复廖桥决口情形由》,《山东河务特刊》1931年第3期;《黄河北岸决口》,《申报》1930年9月9日;《鲁黄河上游廖桥决口》,《申报》1930年9月12日。

③《鲁黄河上游廖桥决口》,《申报》1930年9月12日。

极征收埝捐，购办料物，选举埝长，通力合作，以图补救"。[1]实际上，在河务局视野中白景文等人的"私见"，却也是寿张、阳谷两县河套土地所有者的"公意"（或"民意"），虽然也不排除白景文等人绑架"民意"维护"私见"。因此要化解他们的"意见"并不那么容易。

遵照省政府的命令，范、寿、阳三县县长召集各县埝绅举行了五次会议，最后于10月10日的第五次会议上就廖桥民埝的"旧欠新工"达成如下决议：一方面由寿张、阳谷两县归还范县1927年与1928年河工欠款6600元，旧欠自此"作结"；另一方面由三县埝董组织廖工堵口委员联合会，"新工"由三县"按亩摊办"。三县刚刚选定埝长（还是仲肇礼）、埝董，正要着手办理堵口等项工作的时候，寿张县里长杨其琮、张冠甲、马贵山带领该县十几位里长"混行捣乱"，将上述决议推翻。可见即使化除了埝长白景文等人的意见，还是会有其他的反对者。为此，白景文感到"心中不平"，"负气还家"。河务局则将这些里长的反对意见视作"少数人之私见"，并请求省政府借助行政力量严令三县"强制执行"以上决议，如果这些里长"再敢出头干预"，便让寿张县长"严行惩办，以儆凶顽"。[2]另据派往廖桥督饬办理堵口的职员报告，在堵口委员会筹划期间，各县的办公人员同样是"意见分歧"，加之"民力凋敝"，即使"有议决之办法"，但因为"事权不一"，也不能够实际执行。[3]该报告所谓各县的"办公人员"应为各县埝董，相比之下，里长在乡村社会的角色——尤其是在赋税征收方面——更重要一些；至于"民力凋敝"状况，确是一个客观情形，地方民众也希望政府可以资助堵口工程。寿张县里长张东甲等22人就曾联名上书政府，诉说当地因受水灾与战争影响无力负担堵口的情形，列举政府

①《呈省政府呈报廖桥王庄以下民埝漫溢情形由》，《山东河务特刊》1931年第3期。对于埝捐数，河务局建议"先将议定每地一亩摊交十七年廖款一角赶即交齐交送交廖桥埝工局，暂资救济，然后再照民埝修守章程征收本年河工二角亩捐"，见《呈省政府请饬寿阳两县召集埝绅对于廖工通力合作由》，《山东河务特刊》1931年第3期。

②《呈省政府为报寿张县里长杨其琮等破坏廖工堵口合作议案请饬县强制执行由》《山东河务局训令》，《山东河务特刊》1931年第3期。

③《呈省政府请严令范寿阳三县仍照民众原议通力筹堵廖口由》，《山东河务特刊》1931年第3期。

拨款堵筑民埝决口的前例，并强调廖桥民埝与大堤的唇齿关系，以此请求政府可以援例拨款兴堵廖桥决口；阳谷县埝长杨广学，范、寿、阳三县灾民代表徐丕钦（埝长）也曾向政府呈送过相似的请求。①对此，河务局却坚持该次廖桥堵口"完全系属民工"，且"工程亦不甚大"，应该由地方筹款兴堵，同时河务局也会派职员前去勘估，若"需款过巨，民力实有不逮"，会请省府"酌量补助"。②河务局或许也是希望透过这次机会统一事权，让民埝的管理与维护规范化、自主化，进而为大堤的安全增添一份保障，河务局也减少一份负担。

第五次决议案被推翻以后，寿张县县长王兰九便将黄河北岸十六里里长、庄长等人召集起来进行劝导。王兰九自称，在向他们"晓以利害"以后，"众皆感动，急欲迅完廖工，以弭水患"；由于白景文"办事不力"，"当场另举李希先为廖桥民埝埝长"；相关工作仍遵照第五次会议决议，对于"旧欠"，先由寿阳两县筹交600元给范县，剩余6000元待成立工程处再行返还。③至于如何说服各里长同意摊派，并没有相关细节的记录，而对于新推举的埝长李希先的身份，从其他材料可以获知，其为当地士绅，及后担任日军维持会的会长，④足见他在地方社会有一定的影响力。11月25日，范、寿、阳三县县长，各埝长、埝董等人汇集范县政府，商讨廖桥堵口委员会成立事宜，即召开"第六次廖工堵口会议"。从会议记录来看，寿张县到会人员中，便有里长代表杨奇琮（应该就是上述闹事的里长杨其琮），可见其已与寿张县埝长、县长达成妥协。此次会议预计堵口费用"至少须得十万余元"，并商定先由河套圈护地每亩摊派1.6元，同时向河务局请求补助，如果还不足够，就"再行分摊"。三县民埝圈护地亩计365000亩，可征收58400元。会议中还提到了归还旧欠的问题，决议由寿张县县长在廖工开工十日内负责还清。⑤这里并没有说清该欠款究竟是

①《山东省政府训令》（1930年11月24日）、《山东省政府训令》（1930年12月12日），《山东河务特刊》1931年第3期。

②《呈省府呈复核议廖桥民埝情形由》，《山东河务特刊》1931年第3期。

③《呈省政府呈复廖工已饬范寿阳三县长督饬进行由》《山东河务局训令》，《山东河务特刊》1931年第3期。

④ 台前县地方史志编纂委员会编：《台前县志》，中州古籍出版社，2001年，第280页。

⑤《呈省政府呈复廖工已饬范寿阳三县长督饬进行由》，《山东河务特刊》1931年第3期。

从县财政拨付，还是由民埝圈护地征收以后经寿张县县长交给范县，如果是前者，或许就是寿张县县长说服杨奇琮等人的一个条件。

此时中原大战已经结束，黄河汛期也已度过，堵口正当其时。河务局派出了工程科员刘星堂赶赴廖桥勘估工程费用。据其报告，此时口门的宽度还是230余丈，不过干河已经向南移动，与口门相距400余丈，并且口门前冲出来已不下200丈，所以从口门流出的是"倒溜水"（亦称回溜水），约占全河的1/5。就此状况，刘氏估计堵筑口门的工料费约需11.9万余元。[1]这与第六次廖工堵口会议的估计相差无多，所以应该需要省政府补助或者"再行分摊"。山东省赈务委员会决议补助廖工"以工代赈洋"1万元，但该款最后有无拨发难以考证。[2]另外，河务局还是担心三县河套民众"未能蠲除成见，互相推诿，延不兴工"，于是又派出郑际泰"前往认真督催"。[3]

堵口工作于12月12日开始。在整个230丈宽的工程中，土工占到了200多丈，水工占30丈。土工由附近的灾民"情愿按亩出夫"先行开展，不久便告完成；接着是水工，由河务局上游总段段长指挥，其下属各员兵等参与施工，于12月28日完成进占并告合龙。原本计划一个月的工程，不出20天就已完成。各县长、埝长也因为工作得力受到了嘉奖。工程实际用费比以上预算有所节省，具体数目暂时还没有找到可以参考的资料，不过其来源应主要是三县民埝圈护地的摊派。[4]

四、"南归南，北归北"：民埝治权的局部统一

廖桥决口也引起了中央政府的关注。中央政府负责办理黄河水利事项的建

---

① 《呈省政府呈送廖桥民埝口门估单草图由》，《山东河务特刊》1931年第3期。

② 《函山东省赈务会为廖桥灾民代表呈请补助由》《函赈务会请将补助费拨交丁局长由》《函赈务会请发廖工堵口以工代赈洋一万元由》《电廖桥堵口委员会复仰即转告范县王县长派员来省领以工代赈一万元由》，《山东河务特刊》1931年第3期。

③ 《山东河务局委任令》，《山东河务特刊》1931年第3期。

④ 《电饬廖工先修土工文日兴工仰即克日前往监督并电复由》《呈省府呈报廖工先修土工并派员前往监督由》《呈省政府呈报廖桥口门进占日期由》《呈省政府呈报廖工合龙日期并请将出力人员计大工一次由》，《山东河务特刊》1931年第3期。

设委员会从报章获悉廖桥决口的消息后，随即致电山东省政府转饬河务局详细报告受灾的情形并尽快兴工筹堵。河务局在随后的汇报中指出，造成此次决口的主因是范、寿、阳三县间的纠葛即事权不能统一的问题。为了"惩前毖后"，山东省政府饬令河务局"酌量地方情形，筹设民埝经费保管委员会"，各县征收的河套亩捐交由该会保管，由河务局"权衡工程之轻重缓急，无分畛域，妥为支配"，即再次回到上述林修竹提出的办法，以"求事权之统一，谋财力之集中"。①河务局随之拟订了《山东黄河上游民埝专款保管委员会简章》，并呈请山东省政府政务会议通过。②

简章规定民埝专款由五县民埝圈护地征收，每亩征收2角，总计可以收入21万余元；民埝专款的2/5用作"春厢"，2/5用作"大汛抢险工料费"，1/5用作"备防"与该会经费；民埝专款分两季征收，春季征收的部分"预备防汛抢险"，秋季征收的部分"预备次年春厢工费"；该委员会由河务局局长、河务局计核科科长、上游总段长，以及五县县长、埝长充任。③1931年1月26日，上游民埝专款保管委员会在河务局上游总段驻地寿张十里堡成立，上游总段长陈文谟、埝长仪鸿钧与李希先三人被选为常务委员，并于2月1日上任。④三位常委中间，陈文谟为河务局系统的官员，透过他便可以使民埝经费的管理植入河务局的管控；李希先、仪鸿钧两人为当地士绅，前者为寿张人，后者为濮县人、清代庠生，在当地具有很高声望，⑤透过他们似乎能够更有效推行该章程，但他们的影响力也只局限在小范围之内，并不能涵盖整个上游五县。值得注意的是，廖桥埝工局这次并没有出席专款保管委员会的成立会议，由此表明其对此章程持反对态度，该局同时请求"缓征二角亩捐"，但遭到河务局的驳

---

①《山东省政府训令》《呈省府呈复廖桥决口情形由》《呈省政府遵送筹设上游民埝专款保管委员会简章祈鉴核由》，《山东河务特刊》1931年第3期。

②《山东省政府训令》，《山东河务特刊》1931年第3期。

③《山东黄河上游民埝专款保管委员会简章》，《山东河务特刊》1931年第3期。

④《呈省政府为报上游民埝专款保委会成立日期请发关防由》《呈省政府为报上游民埝专款保管委员会成立由》，《山东河务特刊》1931年第3期。

⑤《仪鸿钧德行碑》，周方林主编：《鄄城文史资料·鄄城史萃》（第12辑），鄄城县政协文史资料委员会，2005年，第69~71页。

斥，河务局甚至"呈请省政府严令范县、寿张、阳谷三县县长督饬该埝长等切实遵照办理"。①

2月28日，山东省河务局训令上游各县县长遵照民埝专款保管委员会简章"设柜征收"民埝专款的春季款项。②尽管河务局自认为该项设立民埝专款保管委员会的办法"必能收通力合作、意见消融之效"，但其实还是顾虑各县的区、里长，以及"重要地方首事人"对该章程"有不甚明了之处"，言外之意即担心这些基层首事的阻挠，因此又致函专款保管委员会，请其向他们印送章程，"以示公开"。③由于河套地亩的清丈工作迟迟未能完成，各县大多也就没有开始着手征收。春厢工作已经迫在眉睫。专款保管委员会于3月20日致电河务局，请其转请省政府饬令各县县长在清丈工作未完成前先参照原报亩数征收。④然而，河务局这种"一厢情愿"的举措到底还是受到了地方的反对。

带头反对的是郓城县王庄村——该村位于黄河南岸靠近李楼民埝——的王瑞祥。王为郓城县的埝长、里长，在民众中享有一定威望，抗战期间曾被中国共产党任命为乡长。⑤可以说他是一个具有反抗性的人物。此次，王是以"郓、范、寿、阳四县民众代表"的名义请求撤销该专款保管委员会，其理由为设立该会只能"徒耗经费，与埝工有损无益"，并且"该会仅唱统一事权高调，不顾民意"。他所谓的"民意"具体为"照旧各修各境，免加附捐二角；或改成官堤，或豁免河滩"。省政府随后派出参议靳文溪前去各县调查。经过调查，该参议认为，保委会"既经省会议决，本不应再行取消"，不过考虑到"地方民隐"可以"曲予变通"，即在保留该会的前提下，不再由埝长、段长担任会务，而是"由各县县长，财政、建设局长等负责办理，河务局派员一人在

---

①《呈省政府为报上游民埝专款保管委员会成立由》《函上游民埝专款保管委员会为廖桥埝工局请缓埝捐由》，《山东河务特刊》1931年第3期。

②《山东河务局训令》，《山东河务特刊》1931年第3期。

③《函上游民埝专款保管委员会请将各项章则印送各县区里长以示公开由》，《山东河务特刊》1931年第3期。

④《呈省政府呈请令饬濮范寿阳郓鄄六县县长》，《山东河务特刊》1931年第3期。

⑤王瑞迎：《农会长为了保护群众英勇就义 村长被敌人送刑场处决九死一生》，郓城县政协文史委员会编：《郓城文史资料》（第3辑），山东省郓城县政协文史委员会，1988年，第70页。

各县监督工作，不准支薪"。如此或许解决了王瑞祥提出的"徒耗经费"的问题，也就可以收到河务局所称"两得其平而免争议"的效果。但是"徒耗经费"这一点并不是王瑞祥要求撤销专款保管委员会的主要理由，所谓"不顾民意"的问题事实上还没有解决。在河务局看来，王瑞祥背后不可告人的想法是该委员会的设立"使各埝长、埝董无从中饱，不能任意支销"，因此才"剧烈反对"。①河务局的这种推测虽然说不无道理，但也不能否定王瑞祥的要求也是符合民意的，并非"偏执己见"②。这一时期，范、寿、阳三县的民众代表刘光裕等人亦呈请政府将柳园、廖桥两埝工局改归官修官守，所陈理由无非也是为了减轻民众的负担，比如提到"埝捐按亩征收已超过正赋数倍"，且"国家定章河滩之民蠲免国课"，而柳园、廖桥灾区却不能享受此待遇等。③河务局的意见当然还是"仍照民埝修守章程办理"。④

靳文溪的意见经省政府政务会议议决通过之后，省政府即饬令河务局"督饬濮、郓、范、郓、寿、阳六县县长遵照改组"。接着，河务局命令六县县长"会商招集会议地点"，并"限于九月二十日以前改组成立"。但各县对此还是持"互相观望"的态度，迟迟没有动作。河务局只好单方面建议在濮县、郓城选一处设立保委会。之所以提议濮、郓两县，大概是与该两县无人反对该保委会有关。10月10日，山东省政府指令河务局称保委会以设在濮县为宜。22日，河务局将六县县长，财政局、建设局局长召集到濮县举行改组会议。濮县、范县以及郓城三县长在该次会议上被推举为常务委员。而代表地方的埝长却被边缘化了，加之担任常委的各县长又在河务局指挥之下，管委会自然就成了完全受

①《山东省政府训令》《山东河务局训令》《咨民政厅为河套附捐暨民埝专款保委会成立情形由》，《山东河务特刊》1932年第4期;《秘书处报告本府参议靳文溪呈为奉查郓范寿阳四县民众代表等呈请撤销上游民埝专款保管委员会一案拟请仍将该会存留由各县长财政建设局长等负责办理河务局派员监督以免争议请核示应如何办理请公决案》，《山东省政府委员会政务会议精案续编》(建设)，1932年。

②《咨民政厅为河套附捐暨民埝专款保委会成立情形由》，《山东河务特刊》1932年第4期。

③《山东省政府训令》，《山东河务特刊》1932年第4期。

④《呈省政府为复柳园廖桥埝工改为官守官修一案由》，《山东河务特刊》1932年第4期。

控于河务局的机构。改组以后的管委会于12月1日在濮县正式办公。①新修订的管委会简章去掉了每亩征收埝捐二角的规定，这也就意味着征收的额度还是有调整的余地；管委会委员列表中增加了各县财政局、建设局局长，并保留了各县县长、埝长。②

既然该章程没能符合"民意"，即使强制推行，也难以取得实际效果。1932年1月23日，上游民埝专款保管委员会电请河务局令各县暂时按照1931年的成例"每亩随上忙征收埝捐一角"。此时各埝预估工程款还没有经过河务局复估确定，之所以急于在上忙征收，在保委会看来，"若不随忙带征，则各县鉴于往事，必更观望"。③该年实际征收状况暂无资料可考。不过据1933年2月9日河务局反映，其制定的各项民埝章则实际难以执行，地方并不认同各县统一修守尤其是南北两岸统一修守的办法，并引发了多起纠纷案件。④1933年春季埝捐征收期间，前述寿张县被免去埝长职务的白景文出面组设了"河北埝工委员会"，自行征收埝捐。白景文以委员长名义"决议每亩征洋一角，令各花户赴会完纳"，寿张县县长庄守忠甚至"为之张贴布告"。⑤大概县长也认为各修各境要比统一事权来得实际。该年寿张县境黄花寺又因凌汛漫决（2月9日），淹及30余村，如果不解决民埝修守纠纷，问题会变得更为严重。⑥河务局最后认为，如果将民埝"收归官办"，政府并没有此方面"财力"，而要"照章办理，命令又不能实行"，如此僵持下去，一有溃决势必会对大堤构成威胁，因此还不如"曲从民意，略示变通，将各项章程酌量修正，准令南归南、北归北"，即南、北两岸民埝圈护地所征埝捐分别归南、北岸各自支配，若"再有

①《呈省政府转报改组民埝专款保委会并成立日期由》《山东省政府指令》，《山东河务特刊》1932年第4期。

②《山东黄河上游民埝专款保管委员会简章》《山东河务河（注：应为"局"）训令》，《山东河务特刊》1933年第5期。

③《呈省政府请饬濮郓等六县随上忙征收一角埝捐由》《山东河务局训令》，《山东河务特刊》1933年第5期。

④《呈省政府为拟具解决上游民埝纠纷意见请鉴核由》，《山东河务特刊》1934年第6期。

⑤《山东河务局指令》，《山东河务特刊》1934年第6期。

⑥《黄河上游黄花寺民埝漫决》，《申报》1933年3月2日。

不肖绅董违章把持",就对之进行"严惩"。①这里所谓的"民意",应该是北岸的意见。随后,河务局便将各项章则进行了修改,并呈请省府政府会议议决通过,值得注意的是,随上游民埝"形势工情"的变化,民埝修守章程已将上游民埝埝工局调整为康屯(鄄城)、李楼、高义庄(寿张)以及柳园、廖桥(亦称"廖罗")五处。②

虽然修改后的统一修守办法有了南、北岸之分,但两岸内部各县因隐瞒地亩等问题还是难免存在纠纷,尤其是在南岸鄄城、寿张、郓城三县间。早在1926年林修竹推动各县合作修守时纠纷就已浮现,互控多年仍未解决。③一边是郓城控告鄄城、寿张两县埝绅隐瞒地亩,并以此反对统一修守;一边是鄄城控告郓、寿两县,寿张控告郓城县不按规章纳捐。比如郓城民埝圈护地"民众代表"(或称"灾民代表")刘幹灼、夏兆勤(实为李楼埝长)等,乡镇长(即以前的里长)李荫阶等就曾向省政府呈诉过鄄、寿两县隐地的状况,据李荫阶称,"鄄城县实有地亩八千余顷",但其所报地亩却只有2286.5顷,隐瞒超过2/3;鄄城县康屯埝工局局长仪鸿钧反过来也呈控过郓、寿两县欠缴1933年度春厢费用。④1933年凌汛期间,寿张县黄河南岸的黄花寺民埝"漫决",⑤为堵合口门,按照章程应该由郓城县李楼埝工局拨付高义埝工局5900元,该款系该年度"经保委会议决支配春厢之款"。然而,郓城民众却以寿张隐瞒地亩为由,拒不拨付。⑥

面对"隐地"问题,如前所述,1929年河务局局长赵会鹏推行五县"通力合作"办法时曾提出要清丈民埝圈护地地亩,但最后还是因为难度、成本过大

①《呈省政府为拟具解决上游民埝纠纷意见请鉴核由》,《山东河务特刊》1934年第6期。

②《山东河务局训令》,《山东河务特刊》1934年第6期。各项新章程见《山东黄河上游民埝专款保管委员会简章》《山东黄河上游两岸民埝修守章程》《山东黄河上游两岸埝工局组织简章》,《山东河务特刊》1934年第6期。

③参见《呈省政府呈请派员会同职局委员勘丈民埝地亩并送章程由》,《山东河务特刊》1931年第3期;《呈省政府为奉令核复鄄寿隐地郓寿欠款一案由》,《山东河务特刊》1935年第7期。

④《会呈省政府为复郓城滩内民众代表刘幹灼等呈为鄄寿隐地一案》《呈省政府为奉令核复鄄寿隐地郓寿欠款一案由》,《山东河务特刊》1935年第7期。

⑤《黄河上游黄花寺民埝漫决》,《申报》1933年3月2日。

⑥《山东省政府训令》,《山东河务特刊》1935年第7期。

未能施行，因此也就未能息止争端。"南北分治"以后，此案又再次摆上案桌，欲行统一，就不得不考虑清丈的办法。河务局先经该三县县长查复获知：鄄城设治较晚，无案可稽；寿张"因修堤占压及埝外抛弃，并积水淹没"，一时也难以查清"实在亩数"。又鉴于之前清丈的难度，河务局提出两个解决纠纷的方案：一是维持现状，即在未清丈前，按原报亩数征捐；二是彻底清丈，即请拨款项，设立专局，逐亩清查。①省政府最后决定按照"维持现状"的办法征捐。②但是河务局认为这种办法对解决各县纠纷无补，而如果通过增加鄄、寿两县地亩来消除郓城的意见，势必又会引起后两县的反对，因为郓城自身也难免不会存在隐地的问题。在河务局看来，此事只能透过协商，让各县"各加若干亩"，尽量"息事宁人"。河务局或许清楚，即便耗上巨大成本彻底清丈，也不能保证各县自愿纳捐；而各县埝绅可能也明白，如果河务局采取彻底清丈的办法，必将暴露所有隐地，增加赋税支出，因此也不会希望河务局采取该法。通过内部方式解决争端就是双方最期待的结果。就在河务局、财政厅正派委员到各地协商问题期间，鄄城与郓城两县埝长主动向省府、河务局呈称，两县间的纠纷，即鄄城隐地与郓城欠款问题，经范县、寿张两县民众代表，濮县埝长调和，已经自行解决，达成的方案如下：郓城拨付鄄城康屯埝工局埝款2000元，对于隐地问题，鄄、郓分别加出1213.5顷、29.5顷。既然问题已经内部解决，两县埝长便请求河务局就此销案。这自然也是河务局乐见的结果，不过出于程序上的考虑，河务局还是以"案情复杂，未便擅专"为由，先饬所派委员"查照参考"。该委员奉命到各县以后，即会同县长召集各埝长、埝董、区乡镇长等开会磋商，最后议决各县均增加一定地亩（如表2），自此各县"雪释冰消"，多

---

　　①《会呈省政府为复郓城滩内民众代表刘幹灼等呈为鄄寿隐地一案》《呈省政府为奉令核复鄄寿隐地郓寿欠款一案由》，《山东河务特刊》1935年第7期。
　　②《山东河务局训令》，《山东河务特刊》1935年第7期。

年的纠纷也就"暂告结束"。①至于上述郓城欠拨寿张高义埝工局埝款的问题，河务局认为无论其"责郓照拨"与否都会引生问题，因此还是希望地方内部处理，即由两县县长出面"各加劝导，会同设法妥为解决"。②

表2　山东黄河旧运河以西河段南岸各县民埝圈护地增加地亩

单位：顷

地亩	鄄城	寿张	郓城
原征地亩	2286.5	205	2370.5
加出地亩	1217.4821	97.83655	74.54117
总计	3503.9821	302.83655	2445.42117

结　语

"通力合作"正是一种斯科特（Scott）所谓的国家在政策制定过程中的"简单化"也是"理想化"的做法，即在民埝修守制度的设计过程中，河务局将地方社会内部的利益纠纷简单化了，忽视了地方社会的"运作逻辑"与地方农民（河套居民）的"生存逻辑"。③如果把山东黄河旧运河以西"河段"的民埝视作两条"线段"，构成线段的每个点均对应一个"扇面"——该点所圈护或者说决口后可能波及的区域。基于自然环境特征，在同一个扇面以内，土地的所有者出于共同利益会结成一个联盟，保护该点的安全。相对以"线段"或者"河段"为中心，这种以"点"为中心缔结水利联盟的办法是最公平的，因为每个点的工情与险情不同，其所对应的圈护地需要付出的修守成本也就有所差异。

在20世纪20—30年代，山东黄河旧运河以西河段民埝存在五处险要"点"（险工），理论上也会存在五个水利联盟。联盟内部结构是以赋税征收单位也就

---

①《会呈省政府为复郓控郓寿隐地一案已经各县委等召集会议和平了结请鉴核由》《会呈省政府为郓欠康款刘夏违章支捐两岸已和解可否准予销案请核示由》，《山东河务局训令》，《山东河务特刊》1935年第7期。

②《呈省政府为核复郓城欠拨高义埝款一案由》，《山东河务特刊》1935年第7期。

③詹姆斯·C.斯科特：《国家的视角：那些试图改善人类状况的项目是如何失败的》，王晓毅译，社会科学文献出版社，2011年。

是"县"为基本单位（利益单位）的，险工修守的经费是按工程需款分摊到县的。然而，各县之间尤其在该河段北岸范、寿、阳三县，出于私利甚至是私人意见，容易相互攀扯，出现纠纷，以致联盟内部无法合作。为打破各县之间的"私见"，河务局推出了以"河段"为中心的六县（包括鄄城）"通力合作"的办法，各县"按亩摊捐"，统一支配。这却不被地方各县所认同。其后，河务局又退而改为以"线段"为中心的合作办法，即南北两岸各守各修。这种办法获得了北岸地区的认同，但在南岸，各县间的"私见"与北岸不尽相同，前者主要系因"隐瞒地亩"而引发"意见"，这种"私见"是不能透过"通力合作"的办法解除的。

从这一案例，我们也可以看到以河务局为代表的国家行政力量在介入地方社会事务时展现出的软弱无力。这种"软弱"既是当时国家政权本身的特性——并不意味着治水需要依赖集权，也与其在处理民埝事务上存在的"软肋"有关，即政府此时并无能力对民埝圈护地彻底清丈，再者，向民埝圈护地征收"附捐"也有违民生原则，况且此前山东省已经废除过民埝附捐，而政府亦不愿将民埝收归官守——视作"公共工程"，加之民埝又与大堤存在唇齿关系，河务局最后不得不做出妥协，满足地方的要求。至于南岸"隐地"问题，与其让政府介入，还不如以民间纠纷解决方式处理来得有效。最后两岸分治方案的达成，是地方与政府、地方各县之间互相博弈与妥协的结果。

本文原刊载于《中国历史地理论丛》2018年第3期。

作者简介：

张岩，1988年生，山东邹平人。香港中文大学历史哲学博士，现任南开大学历史学院副教授。研究方向为近代中外关系史、环境史。

华北自治运动与地方实力派的政治选择

贺江枫

1933年，日军兵临平津，国民政府被迫签订《塘沽停战协定》。此后，国民政府主张对日妥协，华北局势表面暂趋稳定。然而就在国民政府高呼"中日亲善"之时，1935年，日军先后制造河北事件、张北事件、华北自治运动，各地方实力派蠢蠢欲动。[①]内忧外患之下，华北危机日益深重。6月19日，驻日大使蒋作宾致电南京外交部，不无忧虑地报告到：日本"以中国将趋统一，认为不利，欲在北方组织一反中央势力。先以冀晋察绥鲁为范围，俾与中央脱离，以便为所欲为。现正积极进行，并欲利用阎主任为傀儡"。[②]此后，面对日军威逼利诱，韩复榘、宋哲元含糊其词、游移不定，阎锡山却逐渐转向与中央合作。蒋介石认为："倭寇在华北策动五省自治独立，必欲于六中全会或五全大会时达成其目的，对各省主官威胁利诱，无所不至，鲁韩尤为动摇，而阎则深明大义也。"[③]华北各地方实力派态度的不同实则反映的是华北地方实力派面对日军侵略，在夹缝之中谋求生存的现实逻辑，有其典型性与普遍性。海

---

① 地方实力派主要是指以地域为基础的政治军事集团，他们往往拥有固定的地盘与规模较大的军队，北伐时期虽然先后投奔或效忠国民党，但时常对国民党中央政权表示怀疑和不满。参见金以林：《国民党高层的派系政治：蒋介石"最高领袖"地位的确立》，社会科学文献出版社，2016年，第8~9页。

② 《蒋作宾致南京外交部电》（1935年6月19日），外交部档案，档号：0200101020252，台湾"国史馆"藏。

③ 《蒋介石日记》，1935年10月31日，"本月反省录"，斯坦福大学胡佛研究所档案馆藏（以下均出于此，不再注明）。

内外学界围绕1935年华北自治运动与中日关系已有诸多精深研究，[①]但重在探讨国民政府的危机应对与日军侵华政策的演变，至于华北自治运动过程中扮演主要角色的各地方实力派，彼此之间如何考量与抉择，缺乏充分探讨。李君山从华北内部权力格局的角度论述宋哲元与华北自治运动的复杂关系，但未展现华北地方实力派内部的差异与互动。马振犊比较分析了宋哲元、韩复榘、阎锡山对日态度的差异，但受时代与资料所限，无从展现地方实力派差异变化的具体过程。此外，肖自力通过考察20世纪30年代何键与中央、西南的彼此关系，分析地方实力派政治存在的特性，[②]但华北与南方地方实力派所处外部环境迥异，内在逻辑亦有所差异。故而，本文试图探究华北地方实力派在1935年华北危机的复杂局势之下，如何处理与日本、国民政府的关系，以及彼此之间的互动过程，进而管窥抗日战争期间华北地方实力派政治选择背后深层次的原因。

一、日军侵略与华北政治失序

1933年《塘沽停战协定》签订后，日军并未停止对华北的蚕食与渗透，"日方所亟亟求解决之根本问题，为近期的经济合作，远期的对俄作战之军事协定"，"膺白（黄郛）初到华北，未能顺利与之解决，于是日本改变方针，乃向华南、华北各部分别进行"。[③]1934年12月，日本外务省、陆军省、海军省联合

---

① 代表性论著包括马振犊：《华北地方实力派抗日态度之比较研究》，《民国档案》1993年第2期；刘维开：《国难期间应变图存问题之研究》，台湾"国史馆"，1995年；臧运祜：《七七事变前的日本对华政策》，社会科学文献出版社，2000年；柯博文：《走向"最后关头"——中国民族国家构建中的日本因素（1931—1937）》，马俊亚译，社会科学文献出版社，2004年；内田尚孝：『華北事变の研究 塘沽停戦協定と華北危機下の日中関係一九三二——九三五年』，汲古書院，2006年；光田剛：『中国国民政府期の華北政治—1928—37年』，御茶ノ水書房，2007年；彭敦文：《国民政府对日政策及其变化——从九一八事变到七七事变》，社会科学文献出版社，2007年；李君山：《全面抗战前的中日关系（1931—1936）》，文津出版社，2010年；黄自进：《蒋介石与日本——一部近代中日关系史的缩影》，台湾"中研院"近代史研究所，2012年。

② 肖自力：《南京政府前期地方实力派的政治生存——以何键为中心》，《历史研究》2014年第3期。

③ 《徐永昌致蒋中正函》，1935年7月17日，蒋档00208020000456070，台湾"国史馆"藏。

制定《关于对华政策的文件》，特别就华北问题提出三点：逐渐形成南京政府政令不及于华北地区的趋势；扩大日本在华北的各项权益；将华北政权官吏更换为便于日本实施对华政策的人物。①为落实这一文件，1935年1月4日至5日，包括关东军副参谋长板垣征四郎、沈阳特务机关长土肥原贤二在内的诸多日军在华高级将领，在大连召开幕僚会议，达成策动华北自治等若干共识：一是在华北地区，逐渐强化南京政府政令被削弱的局面；二是对能够实现华北独立的势力予以支援。②

华北军政要务此时名义上虽由国民政府组建的行政院驻平政务整理委员会（以下简称"政整会"）与军事委员会北平分会（以下简称"北平军分会"）全权负责，但所能控制的区域仅限于北平及冀东战区各县，晋察冀绥鲁五省仍由各地方实力派分别掌控。东北军自1930年中原大战后长期掌控河北，1932年由于学忠出任河北省省主席。二十九军亦因长城抗战的缘故进驻察哈尔，此后由宋哲元执掌察哈尔军政大权。韩复榘则在中原大战时期助蒋有功，获委山东省省主席，成为独占一省的大吏。尤其以阎锡山为首的晋系，自民国建立后长期控制山西，自成体系，逐渐成为华北地方实力派中历史最为悠久、影响最为广泛的派系。晋系虽在中原大战失败后实力严重受损，但根基尚存，各部经蒋介石、张学良改编后，仍得以保留四军兵力，即军长为商震的三十二军、军长为徐永昌的三十三军、军长为杨爱源的三十四军、军长为傅作义的三十五军。即便1931年8月商震与阎锡山心生嫌隙，率军进驻河北邢台，在冀南、豫北独树一帜，但毕竟同气连枝。徐永昌为山西省省主席，傅作义为绥远省省主席，晋系仍旧控制晋绥两地部分军政权力。故而阎锡山能够于1932年利用国民政府内忧外患、无暇顾及的时机，重掌晋绥政权。"查阎先生此次重主晋绥军政以来，虽声言从事建设，不问外事，

---

① 岛田俊彦、稻叶正夫解说：『現代史資料·日中戦争（一）』(8)，みすず書房，1965年，第22~24頁。

② 『昭和十年一月大連会議ニ於ケル関東軍説明事項』(1935年1月)，満受大日記(密)陸軍省，A03032000400，JACAR，アジア歴史資料センター。

而骨子里绝不如此简单，殆属人所共知"。①

鉴于晋系在华北实力最为雄厚，日方迅即将其确立为策动华北分离工作的重要拉拢对象。事实上，日方对阎锡山的联络早已有之，"九一八以后，日本军政人员来晋者时有所闻，就中往来最频且最惹人注目者为柴山氏（柴山兼四郎），与阎会晤之地点或在河边，或在省垣"，"并屡有表示"。②1934年3月26日，日本驻北平领事馆武官柴山兼四郎派人前往太原与阎锡山会晤，明言目前负责华北军政大局的政整会委员长黄郛与北平军分会代理委员长何应钦"皆不能主治华北"，日军必欲打倒而后快，至于山东省省主席韩复榘"不无可虑"，难堪重任，希望阎锡山出面重组华北政局，同时河北省省主席于学忠、察哈尔省省主席宋哲元"都非换不可"，为拉拢阎锡山，特别强调"于拟换以商，因商曾为阎先生部下也"。阎锡山面对日军诱导，态度含糊其词。③

随着推动华北自治成为日本侵略华北的首要目标，日军亦加速对阎锡山的引诱工作。1935年1月初，柴山兼四郎派人警告阎锡山："日本决不能坐待日俄战时，令中国袭击其后路，为自救起见，不能不造成华北为日本绝对友谊区域"，希望晋系迅即与日本联合策动华北自治，"今日华北，阎先生如能领导之，与日谋妥协，固甚佳，否则日本亦自有法"。阎锡山初始"表示苦无应付策"，当其得悉日军要求晋系选派徐永昌、杨爱源、傅作义、贾景德其中之一与日谈判，"乃曰：此有办法矣"，赵戴文主张由傅作义负责与日谈判，但傅作义再三推辞，晋系内部意见分歧，"请次陇（赵戴文）走河边回复之"。1月14日，阎锡山召集部属再次商议，决定"对日方之示意应再沉静，以观其究竟"。此次会议中，阎锡山"话极多，过虑及不切实际的想象亦复不少，唯结论至扼要"。2月8日，阎锡山获悉1935年1月4日日军大连会议详情，表示对日军仍应暂取观察态度，"因日甚疑阎先生倾赤"，但为消除日军顾虑，特令靳祥垣"往解释物产证券与劳资问题之意见"。④然而至5月河北事件爆发，日军提出

①《日本对华军事外交情报（二）》，国民政府档案0010662010003，台湾"国史馆"藏。
②《日本对华军事外交情报（二）》，国民政府档案0010662010003，台湾"国史馆"藏。
③《徐永昌日记》（第3册），台湾"中研院"近代史研究所，1991年，第74页。
④《徐永昌日记》（第3册），台湾"中研院"近代史研究所，1991年，第223~225、235~236页。

撤销河北省国民党党部、中央军退出河北、撤换河北省省主席于学忠等多项无理要求，何应钦在日军压力下被迫应允。《何梅协定》使得国民政府在华北的权力基础荡然无存，同时东北军被迫他调，河北省省主席于学忠亦宣布辞职，华北各派势力的脆弱平衡被日军打破。

河北省省主席的人选随即成为各方势力觊觎的目标。围绕河北省府改组问题，日方跃跃欲试，急欲安插亲日人士。日军鉴于商震与阎锡山关系密切，意图拉拢晋系，希望具有亲日背景的商震出任河北省省主席。[1]蒋介石则有意令何应钦重新北上，执掌河北。他于6月17日致电何应钦，强调"华北环境实为最苦痛恶劣之环境，然亦为民族生死存亡最大之关键，盖中本不欲强兄再任此难局，然兄不北返，则事实上以后华北纷乱日甚一日，更难收拾，此时唯有忍辱含羞，以维现局，而收人心，为我党国保持革命历史一线之荣光"。他认为何应钦"此时直接回平又非得计，故只可以河北主席名义先到保定就职，而将分会事务逐渐移保维持三月，再另觅人替代，此乃为今日唯一救国之道"。[2]为慎重起见，蒋介石同日致电阎锡山，征询华北应对方略，"华北事态急变至此，此中经过想尊处必略已有闻，瞻念前途，实深焦虑，如何应付，我兄老成谋国，卓见所及，切盼电示"。[3]阎锡山对蒋介石的信任颇为得意，[4]强调"为与否，当以国家大义为准，不能为威迫利诱所操纵"，[5]当即召集赵戴文、徐永昌商议如何回复蒋电，"结果以为乘机取消北平军政分会，使日在华北寻不见整个对象，则今后各省市纵受压迫，亦只枝节或部分的，此意并电何敬之主持，免受整个压迫"。[6]阎锡山随即致电蒋介石，主张裁撤北平军分会

---

① "Resume of the Political and Military Situation in China," August 31, 1935, *Records of the Department of State Relating to the Internal Affairs of China, 1930–1939*, Decimal File 893.00, The National Archives of the United States.

②《蒋中正致何应钦电》，1935年6月17日，蒋档00208010300021072，台湾"国史馆"藏。

③《成都蒋委员长铣申密蓉电》，1935年6月17日，阎锡山档案（下文简称"阎档"）131000007772M，台湾"国史馆"藏。

④《徐永昌日记》（第3册），台湾"中研院"近代史研究所，1991年，第272页。

⑤ 山西省地方志办公室、山西省政协文史资料委员会编：《阎锡山日记》，社会科学文献出版社，2011年，第338页。

⑥《徐永昌日记》（第3册），台湾"中研院"近代史研究所，1991年，第272页。

与政整会，由何应钦主掌河北。

阎锡山所提由何应钦担任河北省省主席的建议与蒋介石不谋而合，无奈何应钦再三推辞。6月23日，汪精卫询问晋系驻南京代表台林一，可否由徐永昌"犯难一往否"？徐永昌认为如若他出任河北省省主席，有引火烧身之虞，断然回绝，"当答以河北事难易及余个人愿去与否？均为另一问题！盖河北事果难，则谁去亦难，吾人于此时会，不应避难就易。今只就山西与日本交涉言，是否尚系两重，若余往，则恐有联成一气之虞"。阎锡山深以为然，"立电汪，仍主敬之北来"。①局面僵持之下，蒋介石决定由商震执掌河北，汪精卫认为"此次启予（商震）任河北主席，百川（阎锡山）颇不满"。为安抚阎锡山，汪精卫乃建议"赵丕廉可调为国府委员"，"可使百川安心也"。②6月29日，汪精卫请赵丕廉向阎锡山特为解释，商震出自阎部却又弃阎锡山而去，但毕竟同属晋系，因此阎锡山当即表示商震"亦甚相宜"。③

局势恶化显然不止于此。1935年6月张北事件爆发，日军本欲借此逼迫国民政府罢免宋哲元职务，调离二十九军，但天津驻屯军参谋长酒井隆等冀图离间二十九军与国民政府及商震之间的关系，"谓如将宋军他调，中央必另以他部填防冀察，反不如宋军之可利用云云。唯关东军始终坚持其主张，遂令土肥原向我提出免宋（宋哲元）及赵（赵登禹）师离察之要求，待我方照办后，彼复将计就计，乘机挑拨宋与中央与商阎间之感情，不曰宋之免职令非出日方之要求，即曰商启予曾电蒋委员长，对廿九军表示不满，此种伎俩近已逐渐施行，意在使我内部自生变化"。④张北事件使得晋系有唇亡齿寒之感。6月27日，徐永昌面见阎锡山，强调"察省关系晋绥较河北特甚，吾人安可坐视"，力主阎锡山向中央建议由宋哲元部属秦德纯出任察哈尔省主席，使二十九军仍可掌握察省。阎锡山表示赞同，迅即致电中央，同时决定派黄胪初劝说秦德

①《徐永昌日记》（第3册），台湾"中研院"近代史研究所，1991年，第276页。
②《汪兆铭致蒋中正电》，1935年6月27日，蒋档00208020000454135，台湾"国史馆"藏。
③《复南京赵芷青艳申电》，1935年6月29日，阎档131000007772M，台湾"国史馆"藏。
④《何应钦致蒋中正电》，1935年7月19日，蒋档00208020000455265，台湾"国史馆"藏。

纯，"恐其拘泥义同进退，不同意也"。①二十九军作为西北军旧部，与中央多有疏离之感，"罢宋案"使得中央与二十九军之间的矛盾冲突更趋激化。为避免二十九军被调离华北，宋哲元心腹萧振瀛建议与日本合作，"公开发表改变对日态度，主张中日合作的谈话，这样一方面缓和日本，一方面给南京政府一个颜色看看。他认为这样做，'官'一定会送上门来，而且官做得会愈来愈大"。②27日，吴鼎昌向蒋介石密报："宋部不愿退出华北，正与日方接洽，仍分住察平保，并希望中央予宋以冀察绥靖主任名义，日军方面认宋非国民党军系，且军队比较有力，逼走费事，乐得利用，似有谅解。"③恰逢28日白坚武煽动丰台兵变，萧振瀛以平乱为名，利用北平军分会委员的名义，急调二十九军冯治安部进入北平，顺势获得北平控制权。

随着二十九军势力从察哈尔拓展至北平，萧振瀛与商震对北平控制权的争夺日趋公开。萧振瀛向中央明言："商震何功？一日三迁！宋明轩（宋哲元）何罪免职？要求任宋以北平绥靖主任，渠为北平市长"。④商震与日军关系本甚密切，但此时日本态度有所转变，"唯近来日人态度似稍变，叔鲁（王克敏）曾言：土肥原数日前在津约商之秘书刘继昌往谈，谓河北情形复杂，不易应付，商主席对此有何办法？刘不能答。土续称，商来津已逾半月，未见有何办法，倘无相当把握，河北不如不就为妙"。⑤商震内外树敌，压力倍增，阎锡山极为忧虑，"谓启予不易就职，以日方既戏弄之于外，而万（万福麟）、宋等复痛恶之于内，前定五号就职，今已后推矣"。⑥在商宋政争的背景之下，阎锡山认为黄胪初赴津与宋哲元联络已无必要。

日军窥悉华北权力格局之关键，采取了两方面的措施。一方面，驱逐华北中央军势力，随着《何梅协定》的达成，国民政府在日军压力之下被迫禁止中

---

① 《徐永昌日记》（第3册），台湾"中研院"近代史研究所，1991年，第278页。

② 李世军：《宋哲元和蒋介石关系的始末》，中国人民政治协商会议江苏省暨南京市委员会文史资料研究委员会编：《江苏文史资料选辑》（第4辑），江苏人民出版社，1980年，第122~123页。

③ 《吴鼎昌致蒋中正感电》，1935年6月27日，蒋档002080103000022001，台湾"国史馆"藏。

④ 《徐永昌日记》（第3册），台湾"中研院"近代史研究所，1991年，第283页。

⑤ 《陈延炯致杨永泰函》，1935年7月7日，蒋档00208020000455200，台湾"国史馆"藏。

⑥ 《徐永昌日记》（第3册），台湾"中研院"近代史研究所，1991年，第285页。

央军进入河北平津地区，因此中央毫无钳制华北各地方实力派的军事力量。另一方面，日方周旋于各方实力派之间，"一面勾结阎锡山，一面联络白崇禧，对阎则谓白已同意，对白则谓阎已同意"，"同时谋煽惑韩复榘独立，以达其分化我整个国家之目的"，①利用华北地方实力派争权夺利的心理，引诱各方与日合作，"谓华北将来非由某某二公者，请一维持，所以政客又在各处奔走"，②从而使得"华北全局对外陷于竞卖状态，对内近于火并状态"。③华北政局又因北平军分会代理委员长何应钦拒绝北上，无人负责，顿失重心，华北各地方实力派密谋联络，北洋安福系、地方杂军、西南军阀又跃跃欲试，秩序混乱已达极点。

二、华北五省自治暗流涌动

河北事件、张北事件的爆发，使得于学忠、宋哲元相继被国民政府免职，引发华北各地方实力派对自身利益的担忧。韩复榘公开表达对国民政府的不满，"鲁韩近甚愤慨，认中央处理冀察事件失当，对人谈省主席权不在国府，而在日军部，日本不满于学忠，中央就撤于职，日本不满宋哲元，中央亦撤宋职，将来日本若对我不满，中央也必撤我职"。④他甚至对国民政府的信任丧失殆尽，认为中央终将放弃华北，"数月来日人希望甚殷，倘我方长此敷衍，仍无具体办法，恐阳历年底，平津方面终不免酿成巨变。届时政府如置平津于不顾，则山东亦当受其影响"。⑤他的担心某种程度上反映了华北各地方实力派普遍的生存焦虑。日本天津驻屯军对此有清晰的认知，强调"迄今为止，华北的各实力派都是站在各自的立场上与中央政府打交道，其态度各异。然而，大体而言，都惧怕中央政府对其行使武力，在独立问题上逡巡不前，难下决

---

① 《孔祥熙致蒋中正电》，1935年6月3日，蒋档00208020000452026，台湾"国史馆"藏。
② 《北平南佩兰、薄以众寒电》，1935年6月14日，阎档131000007772M，台湾"国史馆"藏。
③ 《日本对华军事外交情报（二）》，国民政府档案0010662010003，台湾"国史馆"藏。
④ 《日本侵华情报（一）》，国民政府档案0010705500006，台湾"国史馆"藏。
⑤ 《沈鸿烈致蒋中正电》，1935年11月18日，蒋档00208010300020124，台湾"国史馆"藏。

心。然而自河北事件以来，他们的对日依赖观念逐渐加强"。①日方虽对阎锡山出面组织华北自治运动多有疑虑，但仍试图施加压力，迫其就范。阎锡山面对华北政局重心缺失的混乱局面，亦开始试探性地与华北各地方实力派合作，意图实现利益最大化。

晋系此前对日本的"示好"，态度模棱两可，日军颇多微词。1935 年 6月，日本陆军中央中国科科长大城户前往太原拜访阎锡山，"系代表日陆相与主任直接谈判，问能否与日本提携合作？主任颇难遽答，只好婉词敷衍，谈约三小时，大城户不得要领，稍形不快"，日方对此大为不满。故而，当日本驻北平领事馆武官高桥坦计划再次赴太原之时，阎锡山为缓解来自日方的压力，态度开始发生变化。7 月 13 日，阎锡山与徐永昌商讨应对办法，询问是否应报告中央，徐永昌表示："拒绝应有妥善之法，若来，则必须报告，其如何来一节，可任其自然，不必管其乘车或乘飞机也。"②至于高桥坦所言华北经济合作，7 月 9 日阎锡山已知悉其内容，"其要点：一、开发山西东北南部各地矿产，建沧石线、大同通州秦皇岛线、赤峰、承德、多伦联络北宁线等铁路。二、开通内外蒙古生意。三、以现在满铁在山东种棉之资本为基础，图向华北扩大，使日本棉供给不缺，不久即在天津设统制机关"。③迟至 8 月 3 日，高桥坦才前往太原与阎锡山会谈，徐永昌本欲提醒阎锡山："注意彼来本有求于我，今因连日各代表之怂恿，应付间必至反有求于彼，犹之关贼于室内，此如何可者？"但当其观察到阎锡山态度暧昧之时，亦不再多言，"主任似已动心，说又何益，彼左右诚多喜事而藉图权利者，且此事与主任大不利，然主任果于不得已时出任艰巨，于人民或有益也，总比石友三等出来强得多"。④高桥坦为诱惑阎锡山出面组织华北五省自治，甚至承诺由晋系干部出任察哈尔省主席，晋

① 岛田俊彦、稻叶正夫解说：《现代史资料·日中战争(一)》(8)，みすず書房，1965 年，第 126 页。
② 《徐永昌日记》(第 3 册)，台湾"中研院"近代史研究所，1991 年，第 277、287 页。
③ 《南京台林一、关蕴中佳电》，1935 年 7 月 9 日，阎档 131000007772M，台湾"国史馆"藏。
④ 《徐永昌日记》(第 3 册)，台湾"中研院"近代史研究所，1991 年，第 296 页。

系势力可扩展至华北三省。①阎锡山态度模糊，请部属转告日方，"阎先生出来也办不了甚事，因为韩等纵拥阎出，有利他们接受，有害他们不听，徒毁阎与日，希望毫不能达到"，建议由日方"向我们中央要求阎先生出来负责"。日方"认为有理，当本此进行"。②8月8日，高桥坦向外界明言："阎对华北问题，看测甚透，所论极足，予虽与阎晤谈一次，而印象殊深"，强调"晋省之工业，将来之发展，与冀省农业改进之情形相埒，而与未来之中日贸易亦有重大关系"。③

此外，日方意欲加强对绥远的军事、经济渗透，并清除绥远国民党党部势力，高桥坦会晤阎锡山、傅作义之时，明确表示，"此后如有日人前赴绥蒙各地侦察等事，请予便利谅解，勿加干涉，但绥省府虽取缔排日行动，然党部为排日机关，现仍存在，前次冀察事件中央与日订约，业将平津冀察等党部撤消，绥察立于同一线上，此事似解决，不应以绥未生事件而与华北各省不一致，要知华北诸省已全无党部矣"，"近闻平绥路党部又暗移绥远工作，此事殊为日方所难允许"。在日方的压力下，8月6日，傅作义致电何应钦，请求裁撤绥远国民党党部，"此次高桥又来正式口头表示，情形势已至决意之时，究应如何办理之处，伏祈示遵"。④13日，蒋介石在获悉何应钦报告后，迅即命令叶楚伧、陈立夫，"绥省及平绥路等党部一律自行撤消"。⑤傅作义此举不仅使得日军无从寻衅，更借此清除国民党党部势力，免却中央权力向绥远扩展。至于日军在绥远的经济渗透，傅作义则采取消极抵抗之策，"对于赴西北视察之日人行动密加注意，并通令所部防范日人查询与努力使用国货各问题"。⑥

就在日方向晋系施加压力，迫使其与日本合作的同时，各派势力均欲拉拢

① "General Sung Che-Yuan's Increasing，"September 13，1935，*Records of the Department of State Relating to the Internal Affairs of China*，*1930-1939*，*Decimal File 893.00*，The National Archives of the United States.

②《徐永昌日记》(第3册)，台湾"中研院"近代史研究所，1991年，第297页。

③《高桥昨日由并返平，至政整会访王代委员长》，《大公报》(天津)1935年8月8日。

④《何应钦致蒋中正电》，1935年8月7日，蒋档00208020000243068，台湾"国史馆"藏。

⑤《蒋中正致叶楚伧、陈立夫电》，1935年8月13日，蒋档00208020000243068，台湾"国史馆"藏。

⑥《袁良致杨永泰函》，1935年9月9日，蒋档00208020000249043，台湾"国史馆"藏。

阎锡山，以期在华北自治运动中占据有利地位。华北各地方实力派为使其五省自治更具"合法性"，以李石曾的分治合作理论为依据，"石曾主张晋、绥、察、鲁对外之分治合作，即前此之分治合作是防内乱，今时是对外的。藉分治以缓和外交，藉合作以备万一，因为退让，亦有限度，不到限度，一切隐忍。至不能忍之限度，合而与敌致命，其约略之意义为排除障碍，不作权利分配"。1935年7月，韩复榘密派私人代表柴东生前往太原，与晋系展开联络。7月31日，柴东生向徐永昌表示希望阎锡山出面组织华北自治政权，"盖中央已无力问华北事，吾人若不早自为计，恐山东、山西祸患已到不远，即咱们自己不有组织，等到日本对咱失望后，他随便拥个任何无赖到北平，那时人家假日本力以临咱，恐山东、山西也只好低头服输，所以韩先生意，与其坐以待毙，何如早自打算，不过今日之事，韩决无任何野心或权利思想，纯为华北自身打算，以为请阎先生出任华北艰巨，为今日自救唯一决策"。①8月1日，贾景德在阎锡山的授意下询问徐永昌，"如仍北平现机关或将军政两分会合并，请阎先生出而领导之，唯须徐韩先见面一商步趋，柴意韩到平，太令各方先注意，询有何善法？贾意余（徐永昌）可借看汪，往青岛，韩可到青相晤"。徐永昌表示最好不去青岛，因柴东生曾言"可否怂恿王叔鲁召集五省主席会议，彼（王克敏）正谋召集而未敢遽行者"，在北平与韩复榘会晤更为合适。尽管徐永昌对华北五省联合自治颇多疑虑，"五省问题，我不敢有意见，因为站到国家方面看，前途太黑暗"，但顾忌同僚态度，最终仍勉强答应，"言下贾先生似很失望，然而即此，我也是勉强答复，否则不定误会些什么出来"。②

王克敏自1935年6月出任政整会代理委员长后，为见重于日方，计划8月初在北平召集察哈尔省省主席秦德纯、河北省省主席商震、山西省省主席徐永昌、山东省省主席韩复榘，举行联合会议，"商讨关于促进中日提携、开发华北产业、经济合作诸问题，届时关东军将派代表参加"。③8月13日，徐永昌从太原前往北平，入住协和医院治病。王克敏初始担心各省主席难以齐聚北平，

①《徐永昌日记》（第3册），台湾"中研院"近代史研究所，1991年，第285~286、295页。
②《徐永昌日记》（第3册），台湾"中研院"近代史研究所，1991年，第295~296页。
③《日本侵华情报（一）》，国民政府档案0010705500006，台湾"国史馆"藏。

王绍贤乃向王克敏明言："徐现在平，韩与最密，即不召，渠（韩复榘）亦且来晤徐，至宋等，则皆在附近，韩既来，他人更无问题也。"此时晋系内部围绕阎锡山主导华北五省自治一事展开讨论。贾景德主张与韩复榘联合，"至盼向方（韩复榘）出而倡行"；杨爱源以为不可；徐永昌认为，"如料日对华北无甚遽迫，则尽可以现状安渡下也，若向方料日必将遽进，则所谋是亦有益于国家者，总之，对外交问题，余素主由中央主持者，不过当兹非常之内外情况下，向方苟有利国主张，余决以全力助之"。最终决定顺势而为，以利害大小为依归。韩复榘的代表刘熙众急于促成华北五省联合会议，23日再次催促王克敏，"不然徐出院，即归晋矣"。①孰料28日行政院明令取消政整会，王克敏的计划胎死腹中，但华北五省自治运动并未因此停止，"日本军方仍旧试图依靠宋哲元和其他军事将领，努力扩大在华北的经济、政治权益"。②

事实上，华北各省拥护阎锡山领导五省自治，可谓各怀鬼胎，即如刘熙众向黄胪初所言："宋、商是个拥阎的么？韩是个拥阎的么？反之数年来，阎何事能令人满意，柴东生日前黄袍加身式的请阎先生答应出任五省首领，实则袍料在杭州还没有织"。9月13日，韩复榘驻北平代表刘熙众向徐永昌明言，"萧仙阁有一种野心，即拟于一年内运用外交，以二十九军统一华北"，认为"商太滑（一方拉日，一方拥蒋），宋太蛮，（又以萧仙阁能左右宋）无从提携，纵使强合，徒增纷扰"，建议"似不如晋鲁联盟，作华北之砥柱，既可安内，亦可攘外，即以阎先生之耕者有其田为主义，而渐行表见"，刘熙众坦承："如得晋方赞许，当归语向方也。"14日，刘熙众询问徐永昌，如若赞同他所提主张，可否亲笔致函韩复榘。徐永昌明确回绝，示意"此诸问题赞同则可，不愿自主张也"。③

日军窥知华北乱象，认为河北事件之后，各地方实力派"彼此相互联络，

①《徐永昌日记》（第3册），台湾"中研院"近代史研究所，1991年，第302~303页。

② "Johnson to Secretary of State," September 5, 1935, *Records of the Department of State Relating to the Internal Affairs of China, 1930–1939*, Decimal File 893.00, The National Archives of the United States.

③《徐永昌日记》（第3册），台湾"中研院"近代史研究所，1991年，第307~309页。

促进了与中央对抗的决心，这一点非常明显。有鉴于此，我们判断而今华北的独立只不过是时机成熟与否的问题，而且华北独立势必影响到西南及其他各地的杂牌军。可以预见在不久的将来会给中国全国带来重大变化"，[1]加速推进华北自治运动。9月，关东军沈阳特务机关长土肥原贤二、日本驻北平领事馆武官高桥坦前往张家口，"名虽视察特务机关，实系迫使华北改变局面"，[2]向宋哲元部兜售华北自治计划，"（一）先唱联省自治，使华北事实上脱离中央。（二）第二步逐渐实现华北之独立组织"。[3]为引诱二十九军，土肥原特别主张华北税收应由华北自治政权掌握，"第一步截留关盐等各税，年约四千万，予中央根本上之财政打击，以所截留之税款，作华北建设公债基金，由中日伪市场发行公债，其规划甚巨"，[4]"此为对军人最大之诱惑，最易促成变局之原因"。[5]经土肥原策动，萧振瀛等主张筹设华北防共自治委员会，"鲁方为缓和萧等急转起见，在原则上主张须共同缜密起草研商，闻三二日内刘熙众代表来平"；"晋方自板垣派人催逼，去后尚无报告，但杨星如（杨爱源）派人来声明，阎在可能范围内，救国总不后人"。9月27日，徐永昌得悉华北防共自治委员会内情之后，立即向阎锡山汇报："一、政整会取消，向方不能北来，刘熙众二次来平，未伸前题，迳谈华北局面，以为商不可靠，宋有大欲，均难拉拢。为消弭北方隐患计，莫若晋鲁先确实团结，对内对外完全一致等语，我以为此语完全系向方授意，盖对商、宋交恶，各走路线，不能贯彻其原来主张，既感不快，藉此收场。二、华北革命委会（即华北防共自治委员会）之酝酿固出于关东军对中国整个的压迫，但宋、商双方正在此幕中各有作用，故两方面传出消息都须斟酌，我于未晓

---

① 岛田俊彦、稻叶正夫解说：《现代史资料·日中战争（一）》（8），みすず書房，1965年，第126頁。

② 《何应钦致蒋中正电》（1935年10月1日），何应钦将军九五纪事长编辑委员会编：《何应钦将军九五纪事长编》（上），黎明文化事业股份有限公司，1984年，第440页。

③ 《何应钦致蒋中正电》（1935年10月7日），何应钦将军九五纪事长编辑委员会编：《何应钦将军九五纪事长编》（上），黎明文化事业股份有限公司，1984年，第442页。

④ 《殷同致何应钦电》，1935年10月10日，何应钦将军九五纪事长编辑委员会编：《何应钦将军九五纪事长编》（上），黎明文化事业股份有限公司，1984年，第444页。

⑤ 《宋子文呈蒋中正函》，1935年10月15日，蒋档00208010300026013，台湾"国史馆"藏。

宋、秦前，认为出入尚多，是以不愿轻下断语"。①

宋哲元、萧振瀛为尽早实现华北自治，急欲拉拢阎锡山和韩复榘。10月2日，宋哲元拜访徐永昌，提议与晋、鲁合作，实现华北自治，"华北在日本压迫、中央不管的处境下，不能不自己联合，阎先生首领、向方副之，咱们大家帮助办，实行李石曾的分治合作如何，我想请向方来，大家商议商议，大约十之六能来"。徐永昌不置可否，提醒宋哲元切莫因"一念之差，便身败名裂，为后世笑"。7日，宋哲元向韩复榘代表刘熙众明言："时局紧张，吾人不能坐视，误国等于害国，向方最好来平一聚，熙众到平，可请徐主席晚走几天聚会聚会，说之再再。"②

鉴于宋哲元、韩复榘等各派势力彼此各做主张、莫衷一是，此时无论是身处太原的阎锡山，抑或是北平养疴的徐永昌，均认为由晋系主导华北自治根本无从实现，故而对待华北自治的态度又趋消极。10月10日，徐永昌向秦德纯直言华北自治不可为，"以一个武官或一个特务机关长指上几个中国流氓扰乱的恫吓，我们几省即从之独立，我们如此，河南、陕西亦如此，安徽、江苏亦如此，是不是中国将来亡国，是被日本一个武官指挥上刘桂堂，即可臻事有余。华北真要亡了，你我可以说是阎、宋、商、韩亡的，他人能不把你我加上么"？③事实上，晋系自中原大战之后，实力已今非昔比，随着二十九军的异军突起，晋系固守山西有余，但掌控华北全局力所不逮。军政实力的强弱仍是华北政治博弈最为重要的现实规则。因此，保存实力、维持存在成为华北各地方实力派行为逻辑的关键，政治选择往往具有投机性与多变性，尤其是面对力量远超过自己的日军与国民政府，为避免引火烧身，地方实力派在抉择之时往往更加谨慎与善变。日军对此认知清晰："华北各将领为了自己维持将来的势力，也深知与帝国提携亲善的合作十分必要。对于这种情况，南京政府的压力和牵制也十分强烈，一旦和日本联合、轻易和南京政府公开背离的话，会被南京各个击破，导致严重的后果。所以各个军阀

①《徐永昌日记》(第3册)，台湾"中研院"近代史研究所，1991年，第310~311页。
②《徐永昌日记》(第3册)，台湾"中研院"近代史研究所，1991年，第312~314页。
③《徐永昌日记》(第3册)，台湾"中研院"近代史研究所，1991年，第316页。

都是非和别的军阀相联合，否则就不会轻举妄动，十分机智谨慎，他们都在逐渐变的青睐机会主义的做法。"①

面对日军策动以及韩复榘、宋哲元的拉拢，晋系对待华北五省自治的态度，从初始的含糊其词，转向顺势而为、主动参与，再至消极应付，看似反复无常，实则均以现实政治利益为依归，阎锡山所言"看利大害小出负责，即利害相半亦为之，如利小害大即不为"也就不难理解了。②

三、华北地方实力派内部分化

华北各地方实力派彼此合纵连横，尤其是在日方的压力与策动下，自治运动大有一触即发之势，乃至关东军信心满满地认为："实现华北分离，用内部工作的手段即有达成目标之希望。"③面对这一局面，蒋介石感慨："华北局势危急，其病尚在内部之将领不明利害，不知廉耻与轻重也"，④迅即采取措施，以图挽救华北危局。蒋介石对日方策动华北自治暗流并非毫不知悉，1935年7月5日，陈方向杨永泰密报："日来北平谣言甚炽，撮要报告：（甲）阎韩商合作，推阎成新局面。（乙）中日经济提携后，日拟组华北国。"⑤此后接连获悉的阎日合作密报，使得蒋介石不免心生疑窦，"在华北出现一个像日军期望的那样主要领导人，看上去并非不可能，谣言迅速蔓延开来"。⑥但是在华北地区现有的军事格局之下，相较于宋哲元、韩复榘，阎锡山需要承受更多来自中央的现实压力，"根据业已签订的《何梅协定》，中央军禁止进入河北境内。同时依照济南惨案先例，中央军碍难出兵山东，否则日军将派兵保护当地日侨。因此，南京政府对冀鲁两省无能为力"。日本对于山西的得失更为忧虑，"但是值此之际，我日本帝国应该担忧的是原东北军和中央军可能会从陕西和

---

① 「北支各将领の態度」，(1936年1月9日)，支那事局報綴C11110596600，JACAR，アジア歴史資料センター。

②《徐永昌日记》(第3册)，台湾"中研院"近代史研究所，1991年，第302页。

③ 「松井石根日誌」，1935年10月19日，支那事变日誌回想305，防衛省防衛研究所藏。

④《蒋介石日记》，1935年10月5日，"本周反省录"。

⑤《管翼贤、陈方致杨永泰电》，1935年7月5日，蒋档00208020000236013，台湾"国史馆"藏。

⑥ "General Sung Che-Yuan's Increasing"，September 13，1935.

河南方向进入山西一事"。① 与此同时，中共红军先后抵达陕甘，晋绥毗邻陕北，阎锡山倍感压力，曾向蒋介石报告陕北中共"日来澎涨甚速"，而"日方对兹极为重视，倘若澎涨，必以之借口"，哀叹"山曾迭次电呈，此任绝非孙楚所能事，仍请钧座注意为祷"。② 因此，当阎锡山处在日军南下与中共、国民党中央军先后北上的三重压力之下，抉择之时更须考量中央态度。

即便 1935 年 7 月，阎锡山决定与日方展开试探性接触，仍旧不忘维持与中央的联络以获取蒋介石的信任。7 月 18 日，阎锡山致电蒋介石，"国步艰难，一得之愚，屡欲派员密呈，难得适当人选，可否由钧座指派一人到晋，由山面请转达"。③ 蒋介石迟迟未予回复，25 日，他再次电蒋，请示可否派王靖国前往。26 日，杨永泰向蒋介石建议：王靖国"来川至为恰当，徐次宸（徐永昌）身为主席，现值华北外交紧张，阎未必准其远离，现既派王前来，故复电准之"，蒋介石当即允准。④ 邵元冲 27 日抵达太原，阎锡山向邵元冲坦言，"日寇中无赖浪人，近屡来晋纠缠，作不负责任及无聊之语，并散布与晋已默契之风说，甚为烦闷"，希望中央对日外交"总应确定一方针，即究竟退让应至若何限度，对地方负责者亦应明示应付办法，否则，枝枝节节，地方当局颇感困难也"。⑤ 8 月 3 日，王靖国启程南下，此行目的"除报告对外态度竭诚拥护钧座外，并携有清折一具，内系孙楚部赴陕北'剿匪'应需款项数目"。阎锡山希望以拥护中央为筹码，换取国民政府的财政援助，蒋介石悉数应允。⑥

此时，晋系内部对与日合作实施华北自治意见不同，但主张向中央靠拢者不乏其人，阎锡山对此亦须有所考量。徐永昌向阎锡山明言，山西拥护中央"其目的在安定国家、安定山西及进行其建设，非徒以拥护中央、助蒋为目的

① 『関東軍参謀長より参謀次長宛電報 372 号』，1935 年 11 月 14 日，中央戦争指導重要国策文書 467，防衛省防衛研究所藏。

② 《阎锡山致蒋中正电》，1935 年 8 月 26 日，蒋档 00209030000123129，台湾"国史馆"藏。

③ 《阎锡山致蒋中正电》，1935 年 7 月 18 日，蒋档 00208020000240019，台湾"国史馆"藏。

④ 《阎锡山致蒋中正电》，1935 年 7 月 25 日，《蒋中正致阎锡山电》，1935 年 7 月 26 日，蒋档 00208020000240019，台湾"国史馆"藏。

⑤ 王仰清、许映湖标注：《邵元冲日记》，上海人民出版社，1990 年，第 1298、1300 页。

⑥ 《钱大钧致蒋中正电》，1935 年 8 月 9 日，蒋档 00208020000456243，台湾"国史馆"藏。

也，希望主任以目的为前提，不必以私人为前提"，①华北危机的解决应待中央作最后决策，"因为日本国策在不要中国统一，凡是有统一力量的，日视之都如蒋，知己知彼也有分际，如做盾的不能听做矛的话，所以无论地方及中央，对外交只论应做与当做而已"。②8月29日，绥远省省主席傅作义又向蒋介石详细解释拒绝对日合作内情，"职前次到并（太原），日武官高桥晤阎主任及职，面提为防止赤化，拟在绥设连络员，经答以防止赤化，我中央已有整个办法，绥省刻正积极防遏，以绝蔓延，日在绥设任何名义之人员，均无权允可，须请示中央"。③

对于蒋介石与阎锡山关系而言，蒋介石嫡系吴鼎昌等人先后向蒋介石力陈，中央唯有与晋系合作，方能稳定华北。1935年8月6日，吴鼎昌致电蒋介石，直言"阎百川对日持负责应付之态度，日方诱其反中央，单独妥协，阎已明白婉拒，故日方对阎不满，北方今日阎为最识大体、有责任心之人，望公与之密切筹商，示以机宜，嘱其负责应付"。④正因如此，蒋介石对阎日合作的疑虑大为消减。蒋介石逐渐认识到"华北形势可危，其受倭煽惑，为中华祸首者，恐不在冀晋而在鲁乎"，⑤一方面"对华北各省明告其方针与其各人之地位"，并请沈鸿烈"劝韩以大义与利害"；⑥另一方面迅即展开对阎锡山的争取与安抚，试图将华北五省联合自治各个击破，消弭于无形。

10月12日，蒋介石接获张学良来电，"谈阎颇有觉悟，态度极佳"，⑦当即致电阎锡山翌日飞晋，"与兄相叙，如时间许可，拟当日回像，万勿有所招待，免人注目"。⑧13日，蒋介石"由开封起飞，十一时半到太原，下午与阎、赵协议各种注意问题。百川对土地问题，自信在山西有实行之把握，余未与详

①《徐永昌日记》（第3册），台湾"中研院"近代史研究所，1991年，第277页。
②《徐永昌日记》（第3册），台湾"中研院"近代史研究所，1991年，第293~294页。
③《傅作义致蒋中正电》，1935年8月29日，蒋档00208020000247092，台湾"国史馆"藏。
④《吴鼎昌致蒋中正电》，1935年8月6日，蒋档00208020000456242，台湾"国史馆"藏。
⑤《蒋介石日记》，1935年9月30日，"本月反省录"。
⑥《蒋介石日记》，1935年10月8日。
⑦《徐永昌日记》（第3册），台湾"中研院"近代史研究所，1991年，第317页。
⑧《蒋中正致阎锡山电》，1935年10月12日，蒋档00208020000255079，台湾"国史馆"藏。

讨，但确有解决之必要，唯此时对共俄与外交关系，亦不能忽诸，谈至晚深十二时始息"。①蒋介石向阎锡山明言：如果阎锡山能够说服华北将领，团结一致对外，可请阎锡山负责华北全局，并且该项工作所需经费由中央承担。此外，中央将赋予阎锡山统理华北外交、财政的全权。阎锡山考虑到山西经济萧条，接受中央援助政策有利无弊，决定出席南京全会。②蒋介石对太原之行极为满意，"冀鲁与华北之动摇与对倭之方略，皆得由此巡视豫晋之一行而定，颇以自慰"。③15日，蒋介石致电熊斌，令其转知宋哲元、商震，"阎主任态度光明，志意坚定，绝非已往之时可比，中可断定晋绥决不为日方威逼利诱所能屈，其对华北全局自甚关切，但彼决无领导华北之意。唯请明轩、启予兄随时与之切商，并推重之，俾得精诚一致，勿为日方间言所动，而且彼多有独到之见地也，只要华北各主官团结坚忍，则彼即无所用其技矣"。④

1935年10月21日，晋系驻南京代表李子范向阎锡山报告，"日方对某公到晋颇多猜忌，近日此间报纸载有钧座于开会时将来京一行，此言由何处造出，不得而知"，⑤阎锡山仍决定飞赴南京，参加国民党第四届中央执行委员会第六次全体会议及第五次全国代表大会，并于26日分电韩复榘、宋哲元、秦德纯等，"山应蒋委员长之约，定于宥日乘机赴京，知关爱注，特电奉闻"。⑥蒋介石对阎锡山赴南京参会，极为重视，22日致电孔祥熙"代为照拂"。⑦国内舆论界闻悉阎氏南下，悉表欢迎，《大公报》发表社论："阎为北方重要负责之军政领袖，际此华北阽危，特入京出席党国干部之会议，又俨然十七年共同负责处理国事之精神，凡渴望全国同心协力撑持危局者，当无不引

---

①《蒋介石日记》，1935年10月13日。

②岛田俊彦、稻叶正夫解说：《现代史资料·日中战争(一)》(8)，みすず書房，1965年，第130頁。

③《蒋介石日记》，1935年10月19日，"本周反省录"。

④《蒋中正致熊斌电》，1935年10月15日，蒋档00202020000025073，台湾"国史馆"藏。

⑤《南京李子范马电》，1935年10月21日，阎档131000007772M，台湾"国史馆"藏。

⑥阎伯川先生纪念会编：《民国阎伯川先生锡山年谱长编初稿》(第五册)，台湾商务印书馆，1988年，第1868頁。

⑦《蒋中正致孔祥熙电》，1935年10月22日，蒋档00201020000147018，台湾"国史馆"藏。

以为慰也。"①26日，阎锡山抵达南京，蒋介石称赞"百川到京表示共赴国难之决心，其晚节自励，殊为可慰"。②29日，蒋介石与阎锡山"谈话两次，研究外交问题，对倭应主动与之谈判，及对国民宣布方针，至最后不得已时，决心为最后之牺牲，如此或可转移倭寇外交之方针"。③

就在晋系与中央关系日趋紧密的同时，二十九军却因华北权力分配问题与蒋介石的矛盾日趋激化。随着二十九军势力扩展至北平及河北，何应钦主张由宋哲元出任驻平绥靖主任，如此或可使得华北局势趋于好转，"职意认为与其某方勾结汉奸及过去军阀政客组织所谓华北新政权，毋宁即以明轩为驻平绥靖主任，使负北平察省军事治安之责"，"且明轩人尚忠诚，颇识大体，钧座力加拔擢，崇其位置，必知感激图报，较之吴佩孚或其他不相干之人出而维持，似为利多害少"。④蒋介石认为此举将使得中央对华北之影响更形式微，明确拒绝宋哲元出任驻平绥靖主任的提议，"故驻平绥靖主任之设置，不唯对内对外，皆无益处，且徒多纠纷，转为对方造一压迫挟制之对象，以明轩性情之忠诚耿直，必不甘长期忍受外人之侮辱，则最后必仍蹈此次华北事态之故辙，而更形惨酷狼狈，当可想象而知，决难久安其位，故为国家之利害得失，为明轩个人及为爱人以德之道义计，此举似皆不相宜"。⑤同样，对于萧振瀛觊觎北平市长，蒋介石亦有意阻止，明言"萧事，当缓处之"。⑥宋哲元因此"不免有怨望之声"，高桥坦又极力挑拨蒋宋关系，声言"明轩当日反抗日本，今渐知日本可恃，中央不可恃"，使得中央"疑宋哲元输诚日本"。⑦蒋介石为避免二十九军倒向日本，10月12日与宋哲元代表王式九密晤，向其保证中央必为二十九军后盾，"如明轩不能在河北占住，则可退河南，我将河南给他，再不然可

①《社评:最近之政局》，《大公报》(天津版)1935年10月24日。
②《蒋介石日记》，1935年10月26日。
③《蒋介石日记》，1935年10月29日。
④《何应钦致蒋中正电》，1935年6月28日，蒋档00208010300022001，台湾"国史馆"藏。
⑤《蒋中正致何应钦电》，1935年7月1日，蒋档00208010300022001，台湾"国史馆"藏。
⑥《蒋介石日记》，1935年7月24日。
⑦李景铭:《六二回忆(六)》，中国社会科学院近代史研究所《近代史资料》编辑部编:《近代史资料》(总137号)，中国社会科学出版社，2018年，第222页。

退陕西，必将陕西给他"！然而事与愿违，蒋介石此举非但未能起到安抚华北将领的作用，反而使二十九军与中央关系更趋疏离。宋哲元闻悉王式九报告"大哗"，怒斥蒋介石毫无诚意："蒋言大半为诈，小半为实，且似始终未以华北为念者，且对事实问题皆未谈及，看起来，我们只能自行救华北矣"。①萧振瀛与日方密谋合作，意欲使北平市市长袁良去职，由其执掌北平，②局势急剧恶化，待至国民党召开第五次全国代表大会时，宋哲元、韩复榘明确拒绝南下，并通电要求国民政府结束训政。与此同时，30日，日本驻华使馆参赞清水董三面见河北省省主席商震，出示天津日本总领事川越茂第226号公函，要求国民政府实施如下三项要求：罢免北平市长袁良；裁撤北平军分会；严格履行《何梅协定》、禁止排日活动。11月4日，天津驻屯军参谋中井增太郎向商震代转参谋长酒井隆口头警告，要求国民政府迅速落实川越公函各项要求，否则"我方取自由行动，其责任则应由贵政府负之，特此预为通告，即请转达贵政府"。③"华北自治情势急迫，已到最后关头。"④

阎锡山与中央旗帜鲜明的合作，使得晋系面临的日军压力剧增。"土肥原到津策动北方独立甚急，并称将派机轰炸太原，以惩阎之南下。"⑤阎锡山鉴于蒋介石对日态度日趋强硬，颇多疑虑，乃至"阎先生似悔南京之行"。⑥为消除阎锡山顾虑，11月24日，蒋阎再次会谈。阎锡山表示："彼对华北愿负其责处理"，蒋介石认为，"中央对华北既不能派兵镇摄掌握，又为倭寇藉此以威胁，使全国政局求久不定，则不如另派百川，交其全权，使之应付，以谋一时之相安，如能耐过明年，则困难可以渡过矣"。⑦25日，殷汝耕、石友三率领

①《宋子文呈蒋中正函》，1935年10月15日，蒋档00208010300026013，台湾"国史馆"藏。

② "Comments on Current Events," October 26-November 8, 1935, *Correspondence of the Military Intelligence Division Relating to General, Political, Economic, and Military Conditions in China, 1918—1941*, MID 2055-622, The National Archives of the United States.

③《商震致蒋中正电》，1935年11月4日，蒋档00208020000258016，台湾"国史馆"藏。

④《蒋介石日记》，1935年11月19日。

⑤《何应钦呈蒋中正有关雷嗣尚来函》，1935年11月11日，蒋档00208010300020114，台湾"国史馆"藏。

⑥《徐永昌日记》（第3册），台湾"中研院"近代史研究所，1991年，第324~325页。

⑦《蒋介石日记》，1935年11月24日。

便衣队占领津沽保安司令部、天津市市政府，殷汝耕又自行宣布成立冀东自治政府。宋哲元部属雷嗣尚致电何应钦，建议中央默许华北自治，蒋介石忧心如焚，"闻宋哲元由津回平，土肥原亦已到平，可虑也"，旋又打消由阎锡山主掌华北的念头，改令何应钦北上出任行政院驻平办事长官，"本日为处理华北与人事问题甚费研究为难，决心以华北全责交阎，但因事急，不能发表，甚歉也"。①显然国民政府认为，由中央政府亲派大员在华北设置一个新的行政机关，要远比在日军压力之下形成的反对中央政府指令的地方政权更可取。②

此时晋系与宋哲元等其他华北地方实力派在对日问题上，均主张采取妥协退让的政策。阎锡山声称："一个人牺牲可以，若以国家民族来牺牲则不可。"乃至冯玉祥直斥"此话实大有病在，即秦桧一流之话也"。③晋系与宋哲元、韩复榘的歧异主要因中央与华北地方关系展开，阎锡山主张中央主导华北对日交涉，宋哲元、韩复榘试图依靠华北自治谋求生存发展。晋系与国民政府互动更趋积极，不仅因为晋系内部徐永昌、傅作义等人强烈主张向中央靠拢，更缘于日本与华北地缘政治的复杂作用。日军兵临平津城下，宋哲元、韩复榘感触到的日军压力远较阎锡山为烈。同时，受制于济南惨案日本出兵山东的先例及《何梅协定》的苛刻限制，相较于河北、山东，中央军进入山西的顾忌要少得多，而中国共产党北上陕西，又成为国民政府以"剿共"为由制约晋绥的重要砝码。贾景德明言："韩、宋等之酝酿，中央已有所闻，蒋令'剿匪'军追止于甘境，若阎主任出总华北军政，蒋先生真能驱'匪'于晋。"④由此而言，阎锡山与华北其他各实力派立场迥异，也就有迹可循。

---

①《蒋介石日记》，1935年11月25日。

② "Peck to the Secretary of State," December 4, 1935, *Political Relations and Conflict between Republican China and Imperial Japan, 1930–1939: Records of the U.S. State Department, Decimal File 793.94/7470*, The National Archives of the United States.

③ 中国第二历史档案馆编：《冯玉祥日记》（第4册），江苏古籍出版社，1992年，第645页。

④《徐永昌日记》（第3册），台湾"中研院"近代史研究所，1991年，第315页。

四、冀察政务委员会的成立

1935年11月3日，国民政府宣布实施币制改革，关东军司令官南次郎认为法币改革将威胁日本在华北的经济利益，主张加速推进华北自治，"最好让华北各省在经济上与南京中央政府分离，除此之外别无良策"，12日，致电东京陆军参谋总长，币制改革"为我方华北工作提供千载难逢的绝好机会。我们对此深信不疑。事已至此，痛感日本陆军中央及派出机构有必要齐心协力，尽最大努力"。①在日军加速策动之下，萧振瀛与多田骏、土肥原密议，"发誓要和日本合作，但是需要驻屯军给予指导"。②18日，萧振瀛在北平向报界表示，由于"日方要求立即实行，已商定展至号（20）日为止，否则日军当自由行动"，华北自治机关"暂定为华北防共委员会，宋为正委员长，韩副之，包括华北五省三市"。③

国民政府为阻遏华北自治，迅即调兵北上河南，试图向华北各地方实力派施加军事压力。在此背景下，不仅阎锡山倒向中央，韩复榘态度亦发生变化。据何思源密报，11月10日，日本武官花谷正携带萧振瀛起草的《五省防共会议章程》前往济南，要求韩复榘签字赞同，"韩当时拒绝，经花谷再三要求，韩始允于'五省防共'之条件下承认，但若缺少一省，或改变防共性质，则不受承认之拘束。当时韩与花谷及第三人某君均签字作证，花谷满意而归，韩大骂萧，谓不应听此无赖人之言，妄为举动"。④在经沈鸿烈劝说后，韩复榘向中央保证"决不听日人之言前往平津，并不与彼签定任何协定，请为放心"。⑤日本内阁命令驻华大使有吉明11月20日赴南京与蒋介石直接交涉，试图以华北自治为由，逼迫国民政府在"广田三原则"等问题上做出更多让步，

---

① 『関東軍司令官より参謀総長宛電報762號』，1935年11月12日，中央戦争指導重要国策文書46，防衛省防衛研究所藏。

② 『松井石根日誌』，1935年11月11日，支那事変日誌回想305，防衛省防衛研究所藏。

③《日本侵华情报（二）》，国民政府档案0010705500007，台湾"国史馆"藏。

④《何思源报告》，1935年11月，蒋档00208010300020102，台湾"国史馆"藏。

⑤《沈鸿烈致蒋中正电》，1935年11月18日，蒋档00208010300020124，台湾"国史馆"藏。

华北五省联席会议无果而终。但有吉明与蒋介石会谈未达日方预期，日本陆军中央强烈反弹，认为"蒋介石接受了此前由广田外务大臣提出的三大原则，但是又以此作为日方敦促华北实力派取消宣布华北自治的条件，可谓居心叵测"，经与外务省、海军省协商，决定命令关东军、天津驻屯军继续推进华北自治运动，"应通过对华北实力派进行适当的指导，促进自治运动的实现。通过让南京政府加深对华北的认识，来促进其纠正对日态度"。①宋哲元在日军压力之下，29日致电蒋介石，希望中央赞同华北自治，"近日征询多数意见，有主张如能在中央系统之下，政府予以适应环境办法，既不丧失主权，亦可应付艰迫外交，是否可备采择"。②

如何安抚二十九军，实为阻遏华北自治运动之关键。阎锡山深窥其间症结，向行政院副院长孔祥熙坦承："年来华北情形，还价每比要价高，此次紧张，其焦点亦在内而不在外。"③11月28日，宋哲元致电阎锡山，俾有所联络，"我公回并，华北有所依赖，北平环境困难，应付之术俱穷，请公指示一切，俾有遵循"。阎锡山当即转告中央对日政策，"中央对日决照委员长之宣言办理，提携亲善确具决心，我兄艰苦支撑，山在京时同人均表钦佩，此后对日希望在华北武官抛弃压迫做法，走入协商途径，刻正在交换意见中"。④次日，阎锡山召集徐永昌、傅作义至太原会商，徐永昌"对最近河北时局及当局应付经过，均将有所报告"。⑤30日，阎锡山决定派黄胪初亲赴南京面见蒋介石，"对明轩务尽力于消除隔阂工作"。徐永昌向黄胪初强调此举意义重大，"宋今时似走入不应付日本自治，即须与日拼，自治则中央不许，拼则恐失败后中央亦不收容，是华北之危险不完全在外也，所以中央对宋极需要急做消除隔阂工作"。⑥12月4日，黄胪初向蒋介石转达阎锡山意愿，蒋介石当即承诺"如与日人决裂，以后

①『次官より関東軍支那駐屯軍参謀長、北平、南京、上海武官宛電報762號』，1935年11月25日，中央戦争指導重要国策文書468，防衛省防衛研究所藏。
②《日本侵华情报（三）》，国民政府档案0010705500008，台湾"国史馆"藏。
③《阎锡山致孔祥熙电》，1935年12月2日，孔祥熙档案3/2，斯坦福大学胡佛研究所档案馆藏。
④《上南京蒋委员长勘戌电》，1935年11月28日，阎档131000007772M，台湾"国史馆"藏。
⑤《徐永昌到并谒阎报告》，《申报》1935年11月30日。
⑥《徐永昌日记》（第3册），台湾"中研院"近代史研究所，1991年，第335页。

官职、地盘、军饷毫不使其吃亏，并请阎先生担保，今拟定如明轩被迫不能立足，当担保以绥远省界之，其本人界以察绥绥靖主任"，希望阎锡山"代为表示，并言我不负阎，即不负宋，可作两层保障"。①阎锡山希望"先派妥人赍回委座亲笔书及禀函"，7日，黄胪初电阎，"今已上车，但钧座如感觉时局吃紧，可即照支酉电对明轩表示，委座意甚坚，盼速办，不必候手书也"。②

二十九军与晋系各成系统、互不统属，并且张北事件之后，"宋哲元痛感到身前背后没有靠山，十分寂寞，其所处的立场是将来不得不与日'满'合作，以寻找打开局面的良策。宋哲元察觉到华北形势的变化，不失时机地就任平津卫戍司令。与此同时，宋哲元还通过收揽华北民众的人心，企图扩大和加强自己的势力"。③随着萧振瀛与日本勾结日趋紧密，宋哲元颇有骑虎难下之势，况且绥远本属晋系势力范围，在视地盘如生命的逻辑之下，即便阎锡山书面承诺将绥远划为二十九军的后方基地，在宋哲元看来不过是虚妄之言。即如雷嗣尚向傅斯年所言："你们不要拿宋哲元当圣人看，他是要地盘的，若非与日本勾搭，早调走了！"④更不用说，宋哲元的权力诉求远非一纸保证所能满足，正如何应钦在致蒋介石的电文中所说，"此间一部分人（如萧仙阁等）拟在北平设一仿西南成例之政务委员会，在此预定之政委会成立后，拟与日方订三个协定"，⑤以期游走于中日之间，希冀最终在华北政局中占据主导地位。

为应对日军策动的华北自治，1935年11月30日，蒋介石决定督促何应钦北上，出任行政院驻平办事长官，相较于此前废除的北平军分会、政整会，行政院驻平办事长官的权限更为广泛，权力亦更加集中，其施政大纲涉及政治、经济、军事、外交、人事诸多方面。蒋介石致电阎锡山，希望其予以协助，"日来华北情势尤急，中央现授权敬之部长体察情形负责处理，顷已登车北来，

① 《南京黄胪初支电》，1935年12月4日，阎档131000007772M，台湾"国史馆"藏；《徐永昌日记》（第3册），台湾"中研院"近代史研究所，1991年，第335页。

② 《南京黄胪初阳电》，1935年12月7日，阎档131000007772M，台湾"国史馆"藏。

③ 岛田俊彦、稻叶正夫解说：《现代史资料·日中战争（一）》(8)，みすず書房，1965年，第129页。

④ 《傅斯年致朱家骅函》，1935年12月9日，蒋档00208010300019012，台湾"国史馆"藏。

⑤ 《日本侵华情报（三）》，国民政府档案0010705500008，台湾"国史馆"藏。

同行者有陈公侠、熊天翼、殷桐生诸兄，特电奉闻，并希随时迳与电洽"。①
12月1日，阎锡山向何应钦表示将予以全力支持，已嘱石华严"就近晋谒台阶，如有嘱件，请即令其转达为荷"。②此时，日本陆军、海军、外务三省已分别致电在华各机关，"值此之际，如果南京政府派大员去华北的话，会使得事态更加糟糕，有害无益，最好终止派遣大员北上的计划。当然，即便南京政府的这些要人向我日方提出面谈的要求，也要谢绝。对这些要人逗留华北期间提出的要求，决不能答应"。③何应钦计划依靠陈仪、殷同等"亲日派"与日本交涉的企图，无从着手。3日，日本陆军省致电关东军、天津驻屯军，命令日军阻止由何应钦等南京政府要人处理华北时局，避免与何应钦会谈，同时要求华北地方各实力派与日方保持一致态度，最终令何应钦放弃北上执掌华北政局的想法。④4日，高桥坦向北平军分会代表周永业提出警告："如何部长久在此地，恐生冲突，而成地方上之混乱状态。"⑤

宋哲元认为，如若他明确反对华北自治，日军必然用武力将二十九军从华北清除出去。同时鉴于何应钦北上并未携带任何具体计划，无益于改善宋哲元的地位与境遇。⑥故而，宋哲元对何应钦北上看似欢迎，实则抵制行政院驻平办事长官的设立。12月5日，北平爆发市民自治请愿游行，"闻此亦宋系之平市府自治监理处长吕均等包办，报界认为系演双簧，经密询道扬，亦不否认"。⑦何应钦在内外压力之下，决定向日方妥协，放弃出任行政院驻平办事

---

① 阎伯川先生纪念会编：《民国阎伯川先生锡山年谱长编初稿》（第五册），台湾商务印书馆，1988年，第1876页。

②《复北平何部长敬之东电》，1935年12月1日，阎档131000007772M，台湾"国史馆"藏。

③「広田外務大臣より北平武藤書記官、天津川越總領事、済南西田總領事宛電報」，1935年12月2日，中央戦争指導重要国策文書468，防衛省防衛研究所藏。

④「次官より関東軍支那駐屯軍参謀長、北平、南京、上海武官宛電報」，1935年12月3日，中央戦争指導重要国策文書467，防衛省防衛研究所藏。

⑤《何应钦致蒋中正支西电》，1935年12月4日，蒋档00208010300019082，台湾"国史馆"藏。

⑥ "Gary to the Secretary of State", December 6, 1935, *Political Relations and Conflict between Republican China and Imperial Japan, 1930–1939, Records of the U. S. State Department, Decimal File 793.94/7492*, The National Archives of the United States.

⑦《袁良致军政部李参事电》，1935年12月7日，国民政府档案0010662010005，台湾"国史馆"藏。

长官的计划，改由宋哲元组建冀察政务委员会，7日，萧振瀛就冀察政务委员会筹设等问题赴津与日接洽。日方强调行政院驻平办事长官是与政整会类似的机构，"设立上述机构无法适应华北的现状，反而有可能增加事态的复杂性"，主张地方实力派组建在地政权，①但碍于英美态度，希望华北自治"应尽量避免采取过于强硬的手段，如果迫不得已，目前实现类似西南地区的自治也是日方能够忍受的"。②萧振瀛赴津与日军沟通，日方并未予以否决，"首先应该承认这一委员会的成立，今后对其运营进行善意指导"。③冀察政务委员会迅即成立。

　　伴随着冀察政务委员会的筹设，河北省省主席商震在华北政局内部被彻底边缘化。因"宋商之间不甚融洽"，④宋哲元坚决反对商震留冀，"只允商军仍驻河北"。⑤商震则针锋相对，主张何应钦留驻北平，反对组建冀察政务委员会，12月7日致电蒋介石："闻何部长到平后，萧、秦等主张以冀察政委会代替伪自治，名义虽有不同，两省仍同断送，此种办法震意窃不赞同。"⑥与此同时，商震亦向阎锡山表示此时华北政局"最要关键，总望何部长勿急谋解决，轻离北平，以留回旋之余地"，请求阎锡山"速与蒋委员长电商，另谋解决方法，或电何部长加以指示"。阎锡山当即密电驻平代表石华严，"希密陈何部长，可否采纳启予之建议"。⑦随后，阎锡山又致电蒋介石，反对何应钦南下，认为"如果回京，世人不察，必谓无办法而归，一则示弱，二则政府今后处置不易，华北事件善后更难"，强调"敬之兄南归关系甚大，请钧座注意及

　　①《広田外務大臣宛有吉大使电報》，1935年12月3日，中央战争指导重要国策文书468，防卫省防卫研究所藏。
　　②《広田外務大臣より有吉大使宛电報326号》，1935年12月10日，中央战争指导重要国策文书468，防卫省防卫研究所藏。
　　③《北支自治運動二就テ》，1935年12月16日，中央战争指导重要国策文书464，防卫省防卫研究所藏。
　　④《熊斌致蒋中正电》，1935年10月16日，蒋档00208020000256027，台湾"国史馆"藏。
　　⑤《程伯昂致外交部电》，1935年12月8日，外交部档案11290102254，台湾"中研院"近代史研究所档案馆藏。
　　⑥《商震致蒋中正电》，1935年12月7日，蒋档00208010300023001，台湾"国史馆"藏。
　　⑦《上南京蒋委员长阳亥电》，1935年12月7日，阎档131000007772M，台湾"国史馆"藏。

之。弟意对敬之兄在北平之困难，应极力设法援助，务期华北事件在敬之兄此去中，求解决之方"。①为安抚晋系，蒋介石向阎锡山表示，"中央社所发布敬之日内南归消息，原属暂时和缓彼方，转移目标之一种作用"。②

12月8日，阎锡山获悉冀察政务委员会接洽已获结果，由宋哲元担任委员长，"范围为冀察两省平津两市，组织大纲约与黄膺白政整会情形相同，如有单行条例，仍须请准中央施行，商将辞冀主席，有以萧继任之说"。③次日，何应钦致电阎锡山，将北上内情相告，"弟此次北上本先与委座约定不就驻平长官之职，只将冀察事件处理告一段落即行回京，到平后，连日与宋秦萧诸人详谈，决遵委座指示之最后办法：（一）设立冀察政务委员会。（二）委员及组织由中央决定，人选以适宜于北方环境为主，并任明轩为委员长。（三）一切军事、外交、政治、经济保持正常状态。（四）绝对避免自治名目及独立状态"。阎锡山仍劝何应钦"毅然就驻平长官之职，始可以稳定将来，善后已往也"。④9日，蒋介石致电阎锡山，告知冀察政务委员会设置原则与组织大纲，"盖应付目前环境，稳定内部为先，对外顾虑尚属其次，非先谋一下台地步，亦殊难釜底抽薪"，"如日人压迫，中央与地方一致行动"。⑤阎锡山明白此时大势已定，难以挽回，但特别就商震归属询问蒋介石，"否则恐爱国者望而却步"。⑥11日，蒋介石致电阎锡山，告知华北人事安排，"启予兄调河南主席，明轩接河北主席，张自忠任察省主席，萧振瀛调天津市长，刘经扶（刘峙）改派豫皖绥靖主任，以上组织大纲及人事更动均拟于今夜发表"。⑦商震既已改调河南省政府主席，阎锡山亦不再多言，表示"只好如此，请钧座注意善后为盼"。⑧

何应钦强烈反对商震南调，认为鉴于《何梅协定》对中央军北调的限制，

①《上南京蒋委员长阳午电》，1935年12月7日，阎档131000007772M，台湾"国史馆"藏。
②《蒋中正致阎锡山电》，1935年12月7日，蒋档00208020000260073，台湾"国史馆"藏。
③《北平石华严齐电》，1935年12月8日，阎档131000007772M，台湾"国史馆"藏。
④《上南京蒋委员长蒸电》，1935年12月10日，阎档131000007772M，台湾"国史馆"藏。
⑤《南京蒋委员长佳西秘京电》，1935年12月9日，阎档131000007772M，台湾"国史馆"藏。
⑥《上南京蒋委员长蒸西电》，1935年12月10日，阎档131000007772M，台湾"国史馆"藏。
⑦《南京蒋委员长真午秘京电》，1935年12月11日，阎档131000007772M，台湾"国史馆"藏。
⑧《复南京蒋委员长真西电》，1935年12月11日，阎档31000007772M，台湾"国史馆"藏。

如若商震南调河南，三十二军"决难留河北，于将来国防上影响甚大"，①"河北兵力单薄，一有事变，其他部队又难调集，殊为危险"；②并且商震南调将加剧宋哲元与中央的矛盾，"宋部下每谓中央袒商抑宋，从前察省事件，中央免宋职后，两月余始予以卫戍司令之职。今若立即发表启予为豫主席，益予宋部下以口实，徒使其对中央发生不良印象"。③蒋介石向何应钦坦言此举重在安抚晋系，"启予离冀而不以豫省主席位置，无论对内对外、为公为私，皆于理不合"。④

随着商震及三十二军南调，国民政府受制于《何梅协定》，再难向河北增派军事力量，宋哲元悉数掌握冀、察、平、津四地主导权。面对中日与蒋宋多重矛盾纠葛的现实，宋哲元利用《何梅协定》后华北"特殊化"的状况，多方折冲，最终使得二十九军迅速崛起为华北举足轻重的力量。12月12日，蒋介石在中央政治会议上承认："事实上华北已经不是受中央统治的地方"，并且"中央已经只能希望宋哲元几个人听命令，并不能命令他们"！⑤阎锡山此前请蒋介石手书"对于明轩将来之实力与地位及官职等，必当确实为之保证，决勿令其失望"，已属毫无必要。当黄胪初派人至北平送来蒋介石函件时，阎锡山感叹"事过境迁，能否说起"。⑥

结论

华北自治运动是内政外交双重因素交互影响的产物，不仅是日本有预谋地蚕食华北、实施其侵略中国计划的重要步骤，亦是1935年6月《何梅协定》达成后，在国民政府对日妥协的背景之下，华北政治失序、中央与地方矛盾冲突激化的结果。事实上，南京国民政府自建立后，始终无法在华北实施全面有

---

① 《何应钦致蒋中正真午电》，1935年12月11日，蒋档00208010300023001，台湾"国史馆"藏。
② 《何应钦致蒋中正真巳二电》，1935年12月11日，蒋档00208010300023001，台湾"国史馆"藏。
③ 《何应钦致杨永泰真亥电》，1935年12月11日，蒋档00208010300023001，台湾"国史馆"藏。
④ 《蒋介石致何应钦真未电》，1935年12月11日，蒋档00208010300023001，台湾"国史馆"藏。
⑤ 王正华编注：《事略稿本》（第34册），台湾"国史馆"，2009年，第643、651页。
⑥ 《致北平徐主席蒸亥电》，1935年12月12日，阎档131000007772M，台湾"国史馆"藏。

效的管辖，必须与地方实力派合作，方能维持中央在华北的政治权威。而地方实力派对地盘与军队的关注，与中央急于实现华北地方的中央化，形成华北地方政治的结构性矛盾。1935年华北危机的爆发，使得中央与地方的结构性矛盾在日军侵略的外在压力下，被急剧放大，难以调和。中日实力悬殊，国民政府面对日军蚕食华北，妥协退让，毫无止境，特别是河北事件、张北事件爆发后，国民政府在日军压力之下，被迫答允于学忠、宋哲元免职他调，不仅引发华北各地方实力派的生存焦虑，"北方军队之心理，深惧退过黄河，地盘一失，饷项无着，人各有心，何能持久"！①更使得华北政治秩序紊乱，进而使得华北危机逐渐从外交传导至内部的政治冲突。冯玉祥向蒋介石建言：华北事件的解决，重在收军心、安地方，②亦是此理。

日方为推动蚕食华北计划的顺利实施，有意挑拨中央与华北地方实力派的关系，使得彼此冲突日趋恶化。商震与宋哲元矛盾冲突、萧振瀛与中央交恶，日方暗中策动，亦是重要原因。"萧为人粗暴，唯利是视，前欲为北平市长未偿，其愿欲为察省主席，而中央则发表张自忠代理，萧认为中央故意离间，又以高桥所造商氏请蒋公扣留萧氏之伪电，遂变本加厉，诋毁中央无所不用其极。"③中央与地方的结构性矛盾，成为国民政府控制华北难以克服的关键性因素，亦是管窥抗战时期中国政治与社会的重要路径。

本文原刊载于《历史研究》2019年第1期。

作者简介：

贺江枫，1985年生，南开大学历史学院教授、博士生导师。2013年香港中文大学博士毕业后，进入南开大学工作至今。主要研究中国抗日战争史、华北区域史。先后在《历史研究》《近代史研究》等刊物发表学术论文20余篇；获天津市社会科学优秀成果一等奖等荣誉。

---

① 《徐永昌致蒋中正函》，1935年11月3日，蒋档00208010300026004，台湾"国史馆"藏。
② 中国第二历史档案馆编：《冯玉祥日记》（第4册），江苏古籍出版社，1992年，第644页。
③ 《萧一山致朱家骅函》，1935年12月3日，蒋档00208010300019015，台湾"国史馆"藏。

饮食政治：抗战胜利后的上海酒菜业治理

邓丽兰

在开埠后的上海，社会运动有着丰富的表现形式，而社会运动中的日常生活与制度运作，则是研究者较少关注的视角。[①]本文以抗战胜利后上海酒菜业之个案，考察社会运动过程中，酒菜业职工与馆商各自之运动方式、利益诉求，以及上海市政府在劳资调解、征税管理、经济管制过程中的作用，从一个侧面揭示上海经济领域之多元利益博弈下运动式治理、制度化治理两种方式之纠缠。当时的酒菜业主要指中餐业。

一、"上海建筑在筵席上"

抗战时期，上海成为避风港，酒菜业一度繁荣。十余种菜系，近千家中西餐馆充分满足人们的味蕾享受。与其他行业比，餐饮业的技术含量与职业门槛相对较低，是容纳底层民众就业的蓄水库。而中国菜系的特色，使行业单位内部成为小共同体：员工与老板之间多有亲友、同乡、熟人之谊，从业与日常生活交集，一般情形下不易产生强烈利益冲突。员工收入除约定的工资外，餐饮业的传统做法是：顾客按照餐费的20%支付小账，作为员工补贴。另有"小小账"，是服务人员的赏金。因此，出外就餐是上海市民较为奢侈的一种消费。

随着西式行业组织引入中国，从业者分别被组织在代表劳方的职业工会、代表资方的同业公会里。上海中西餐饮业员工，分隶属于酒菜业、西菜咖啡业

---

① 上海工人运动研究成果累累，但现有研究鲜有涉及酒菜业职工运动，中共上海市委党史资料征集委员会主编有《上海酒菜业职工运动史料》。樊卫国（《民国上海同业公会与企业外部环境研究》，上海世纪出版集团，2014年）探讨了民国时期上海市同业公会兴起及其行业治理、社会治理与政治治理功能，认为抗战胜利后各同业公会绵里藏针，对抗南京政府的不法侵害，表现出依附国家与自主化两种相背离的功能，形成了对公权行使的外在制约。

职工会；资方则有酒菜业、西菜咖啡业商业同业公会。1946年4月3日，上海市酒菜业职业工会成立大会召开，选举出理监事8人。大会发表宣言说："今天是我们酒菜业职工的七个兄弟——粤帮、锡帮、西菜帮、川扬帮、苏帮、膳帮、本帮等正式团结合作的日子，我们的心里觉得非常的光荣！非常的快乐！"①酒菜业职业工会聚集了中菜馆商170余家，职工6000余人。酒菜业同业公会则是资方的行业组织，"以维持增进同业之公共利益及矫正弊害为宗旨"，致力于会员营业之指导研究调查统计及改进，同业教育及慈善事业，同业纠纷之调解，会员营业弊害之矫正，会员因公被累之公证及维护，主管官署及商会委办事宜，分为广帮、京杭帮、苏帮、宁帮等15组，理监事联席会下设福利委员会、设计委员会、调解委员会。②显然，传统的信任网络如同乡、熟人、师徒关系等，开始弱化。现代信任关系网络，即劳、资双方各自建立的内部信任已茁壮成长，这使利益博弈规模放大，且极易传递到整个行业。

财政为一切庶政之母。战前战后，上海市财政收入结构有较大变动，生产性税收萎缩，消费性税收增长。1945年9月开征筵席税，虽明定20%，但采用评议方式，故实际征收为10%。自1946年1月，照上年12月总额对折后，税率照20%征收。随后调整为取消评议方式，一律征20%。1946年上半年财政收入比，娱乐捐第一，为40.27%；筵席税第二，为33.44%。③到1946年7月，筵席税一度跃居上海财政收入之首位。上海市税收之日益依靠筵席税，甚至让人产生"上海建筑在筵席上"的感慨，"吃啊！吃啊！上海建筑在筵席上。如果没有了鸡鸭鱼肉，如果没有了鱼翅海参，上海的市政将闹饥荒"！④总之，上海市财政局征收筵席税的力度日益强化。

而为履行戡乱建国之职责，刷新行政面貌，南京国民政府推行厉行节约运

①《上海市酒菜业职业工会成立大会宣言》,《上海市酒菜业职业工会关于南国等酒家职工要求改善待遇的申请书》,档号:Q7-1-305,上海市档案馆藏。

②《上海市酒菜商业同业公会章程》,1946年2月,档号:S323-1-8-1,上海市档案馆藏。

③《施政报告》(1946年9月),《上海市首届参议会第一次大会会刊》,档号:Q215-1-872,上海市档案馆藏。

④柯九思:《上海建筑在筵席上》,《上海警察》1946年第3期。

动，1947年8月15日，颁布《厉行节约消费办法纲要》，明文规定公务机构及
国营事业机构"限制不必要之宴会及招待"；对于普通民众，规定"各大都市
政府酌据当地情形，规定筵席节约标准与价格，并令原有餐馆改设或附设经济
食堂"。①《筵席消费节约实施办法》具体规定：中餐每席不超过六菜一汤，
西餐每客两菜一汤，由当地政府根据物价制定每席、每客最高价格。政府禁止
出售之饮食品不得售卖，违犯规定情节重大者给予停业处分，且除经济食堂，
不得新设餐馆。筵席节约由社会局主管实施，警察机构取缔检查，饮食同业公
会应约束会员遵循，"主管官署得发动社会力量倡为运动，藉收社会协力及舆
论制裁之效"。②

总之，战后上海酒菜业中，酝酿着三股冲突，一是传统意义上的劳资矛
盾，二是资方针对政府的抗税诉求，三是国民政府展开的全方位的节约运动冲
击着酒菜业经营。

二、政治动员与工潮

抗战胜利后，与国民党集中于经济与政权"接收"不同，共产党人较早注
意到接收汪伪工会，利用国民党之合法手续组织群众。1945年8—9月，中共
地下党员甘田、朱岗、罗添等人召集工人填写会员表格，并与上海市总工会中
区办事处"工运督导员"接洽，以"先斩后奏"的方式，于9月8日、12日接
收原"上海特别市粤菜茶店业职业工会""上海特别市酒菜馆业职业工会"。

依上海市总工会规定，同一区域内之同种产业工人，不得设立两个工会。
然酒菜业按菜系分帮，粤菜帮尤其强大。粤帮有中共地下党员活动，为进退可
居，进步分子主张设立财政权独立的分会，反对者则认为"成立分会就是封建，
是违反三民主义的"。③统一内部意见后，粤帮代表在致总工会呈文中表示，上
海市粤菜馆林立，新型设备之大酒家如国际饭店、金门饭店等不下数十余家，

---

①《九一起实施节约》，《申报》1947年8月16日。

②《筵席消费节约实施办法》，1947年9月8日，《国民政府公报》第2923号。

③ 中共上海市委党史资料征集委员会主编：《上海酒菜业职工运动史料》，出版者不详，1988
年，第45页。

"规程之大堪称本市酒菜业之冠"，取消原有组织"必因情形隔阂而无从着手"，且上海市酒菜业职工会之会员不及粤菜茶点业职工会现有会员之半数，"更无以大并小之理"。①在给总工会的意见书中，他们强调："为适应各帮酒菜业职工特殊之要求起见，各处原有之工会组织可以独立存在，定名为上海特别市酒菜业职工会某帮分会。"②在粤菜业及其他分帮的协同呼吁下，上海当局接受了酒菜业职工分帮设立分会的要求。

接收委员会正着手工作时，1946年1月8日，上海市社会局按照社会部《收复地区人民团体调整办法》规定，指派朱朝锡等15人参与整理酒菜业职业工会。对职工会而言，委派不相认识与非职工为整委，且朝令夕改，无异晴天霹雳。该会指出，整理委员未依法产生，且人数前后变动，多为资方之走狗，尚有业外编辑记者，"无异视我职工会为同业公会矣"。该会呼吁，"钧局为我工人团体之主管官署，负有监督及维护我工人之责要，不能任非同业非职工及不忠实非我职工所认可之徒而潜占委员地位遂其摧残职工之目的"。③为防止军警以武力接收或社会局下令停止活动，酒菜业工会领导人决定召开新闻发布会，揭露社会局派出非同业人员与资方代表整理接收的做法。1946年1月25日，新闻发布会在南京路冠生园酒楼召开，13家报纸与2个通讯社记者参加，并有工友自动参加。与会者强调，如无合理解决，将发动全市酒菜业职工总工一天。

迫于劳方压力，社会局调整了不适合担任整理委员的人选，穆一农、朱朝锡、徐世扬、萧雨春、余天佑、徐锡章"均非酒菜业工人，于法不合，已令救

①《呈总工会呈文一件》(1945年9月)，《上海市酒菜业职业工会为工人福利事给上海市总工会的信稿集》(1945年9月)，档号：Q7-1-306，上海市档案馆藏。

②《上海市酒菜业职业工会组织问题意见书》，《上海市酒菜业职业工会为工人福利事给上海市总工会的信稿集》(1945年9月)，档号：Q7-1-306，上海市档案馆藏。

③《为奉令整理我酒菜业职业工会并委派不相认识与非职工为整委更朝令夕改深感奇突群情惶骇呈请收回成命以重法令而利团结由》(1946年1月16日)，《关于处理酒菜业职业工委整理委员会与工人纠纷问题与社会局的来往文书》(1946年1月—1946年5月)，档号：Q1-6-519，上海市档案馆藏。

辞去酒菜业职业工会整委职务"。①事实上承认了原接收者的身份。

身份认同是阶级意识的核心。分帮设会与整理风波，则是酒菜业职工阶级意识、身份认同强化的体现。职业工会的强势与组织化程度，也搭建了制度化博弈的平台。1946年1月27日至2月11日年关的工潮，3000多粤帮职工举行16天大罢工，酒菜业粤帮分会起了重要的领导作用。

南国酒家是一家有职工280多人的粤菜馆。沦陷时期，受进步思想影响的青年员工曾自发组织南国图书馆、现代知识讲座，在1944年有过争取待遇的斗争。抗战胜利后，南国酒家要求发给胜利奖金1500元，小账应属职工所有，成为工潮的带头羊。1946年1月30日上午，32家粤菜馆职工因要求改善待遇未遂而举行大罢工。罢工者提出每人发给35000元年赏，花红依照公司法分派，职工最低之薪金每月规定为5000元，一切小账外赏职工提取95%分派等7项要求。②

工潮迅速席卷52家粤菜馆参加。在其他各帮声援将采取一致行动、媒体批评资方无视员工利益之压力下，资方决定部分接受劳方要求：小账三七分拆，赏金八成半归劳方，不分上下堂混合分拆；薪金分1000、2000、3000，由经理核定；肥皂、毛巾、服装在七成内支付，学徒因公致残或伤亡由资方酌情支付；分红按各店契约办理，年赏无法负担，职工进出由经协理调遣；自复工起按级分拆小账。③罢工取得阶段性胜利。1946年2月，南国酒家建立中国共产党党支部，共产党对工潮的引导进一步加强。

部分酒家停业，导致员工生活无着。职工会工作的重点，一度转向要求资方开业，"查荣心酒家无故擅行停业一案一再拖延，虽经本会数度调解亦无切

---

① 《市社35组二字第2015号》（1946年3月8日），《关于处理酒菜业职业工委整理委员会与工人纠纷问题与社会局的来往文书》（1946年1月—1946年5月），档号：Q1-6-519，上海市档案馆藏。

② 《上海警察局新成分局三股关于经办上海市粤菜业三十二酒家为要求改善待遇未遂而怠工》（1946年2月）；《上海市酒菜业职业工会酒菜咖啡分会为七重天职工复工及要改善待遇未遂罢工事》（1946年1月），档号：Q142-3-101，上海市档案馆藏。

③ 《资方公决答复劳方最低条例》，《上海酒菜业与上海市社会局关于改善待遇、调整工资等纠纷之往来文件》（1946年2月—1949年1月），档号：Q6-8-262，上海市档案馆藏。

实答复，于理殊属不合。兹为保障职工福利起见，限期一天内作一切实答复或则宣告复业或则履行解雇手续"。①南京西路新沙华饭店于元旦无故停业，"职工伫立街头饱受风寒饥饿"。②资方只解决职工临时膳食而不愿复业，该会也呼吁社会局下令复业。

斗争中，职工组织化、制度化的建设也同步发展，职业工会有了自我教育、救济、福利功能。1946 年 4—5 月，职工会着手考虑自身经费筹集、财务制度问题。4 月 24 日，酒菜业职工联合代表会议，朱刚主持，讨论"本会经常费应如何筹备案"。初步决定"由各店小账外赏内提取，详细办法留待下周再行决定"。③职业工会甚至着手收集福利金，对"味心酒家"等失业职工代发职工解雇金。职工会还致力于举办足球赛、春节联欢会、提供医药救助、贫困救助等职工福利。而职工会横向的政治活动则更活跃，1946 年 4—5 月，决议参加上海各界人民团体联合会，聘请沙千里为该会常年法律顾问，还参与声援永安公司工潮、小学教师要求待遇的斗争，等等。

在 1946—1947 年、1947—1948 年的两度年关当中，酒菜业职工争取经济待遇的斗争则更加灵活，既有一致提出要求的行动，也采取分别谈判的方式与资方协商。显然，随着经营状况的恶化，行业内部冲突减弱，劳资冲突从激烈转而趋于缓和，劳工团体代替资方承担一定的福利职能，职工会由激进趋向温和，有从"反抗的工会"发展成"福利工会"的趋向。资方对待员工之诉求，从态度傲慢冷漠，转变为一定之协商、妥协。

通常，劳方在劳资对抗中处于相对弱势地位，资方往往认为职工无理取闹而置之不理。酒菜行业的特殊性，决定了劳资问题的特殊性。对烹饪技术与服务水准的依赖，使职工有讨价还价之本钱，尤其是对厨师的依赖，有时甚至导

---

① 《通知荣心酒家资方代表苏柴林书一件》(1946 年 4 月 17 日)，《上海市酒菜业职业工会粤帮分会文稿簿》(1946—1947)，档号：Q7-1-304，上海市档案馆藏。

② 《为呈请予以转呈社会局令饬该店主复业而保职工福利以维社会之安宁由》(1947 年 1 月 4 日)，《上海市酒菜业职业工会粤帮分会文稿簿》(1946—1947)，档号：Q7-1-304，上海市档案馆藏。

③ 《酒菜业职工代表联合会议》(1946 年 4 月 24 日)，《上海市酒菜业职业工会粤帮分会会议录》(1946 年 2 月)，档号：Q7-1-303，上海市档案馆藏。

致厨房与外堂的矛盾。其次，餐馆经营规模各异，利润千差万别且随时变动，决定了职工待遇高下差别，资方对于职工改善待遇诉求的满足能力自然也有高低之别，店员也较了解餐馆的经营状况，客观上使双方均有意愿避免鱼死网破的结果。应该说，猛烈的工潮趋向和缓，与这种行业特殊性相关。在处理劳资矛盾时，为维持社会稳定，上海市社会局多向劳工团体作一定妥协，并在调解劳资纠纷时以维持行业稳定为宗旨，调解结果至少在形式上获得双方接受。

三、筵席税与减税运动

面对工潮，资方前期之敷衍或无视，并非一定因傲慢所致。酒菜业馆商们，陷于比劳方更加漫长而无望的减税斗争中。税收是政府工具箱里最重要的管理工具，"税负作为一种政治函数"，则是工商集团与地方政府之间的税赋-盈利博弈游戏之利益所在。[1]

如前所述，筵席税为上海最重要的财源之一。为更严密地稽征筵席税，上海市财政局采取了多项措施，如抽查账簿、印制餐馆统一账单、顾客取得账单后无须加贴邮票信封直接寄交财局查核等。财局还印标语交各稽征处分发张贴："请你索取账单，投入路旁邮政信筒中，谢谢你"；"你在此用餐，已付筵席税，务请索取账单，帮助市政建设，谢谢你"。[2]财政局虽曾于1946年3月19日公布《日常饮食店免征筵席税标准及稽核办法》，但全市同业请发免税布告而颁给者寥寥无几，以致食用"咸菜豆腐血汤"的贩夫走卒也不在免征之列。总之，酒菜业负担有营业税、所得税、利得税、印花税、牌照税、筵席税，负担沉重。

上海市酒菜业同业公会成立后，捐税问题就成关注重点。1946年5月3日第2次常务理事会议认为，会员应纳捐税种款繁多，拟聘请会计顾问指导，并

---

① 樊卫国指出，各同业公会绵里藏针地对抗南京政府的不法侵害，但"反复的博弈没有演化为制度化的协商机制"，见樊卫国：《民国上海同业公会与企业外部环境研究》，上海世纪出版集团，2014年，第664页。

②《顾客吃完酒菜，账单寄交财局，毋需封袋邮票即投入信筒》，《大公报》（上海版）1946年12月25日。

组织捐税研究委员会加以研究。①在公会看来，政府征税应以培养税源为第一，其他各税多未实征，而筵席税却顶格征收，如不减轻，无异杀鸡求蛋，竭泽而渔。第9次理监事会议讨论筵席税与查账问题。与会者认为，筵席税税率过高，当局违反税法，日常饮食一律征税，甚至征及客饭，且局方派员分赴各店查账态度不良。除向上海市参议会呼吁外，并去呈上海市财政局请求："一、减低税率。二、迅定起征点。三、改善调查方式。"②财政局谷春帆局长的表态是，市库异常竭蹶，筵席税税率暂难减低，客饭菜免征标准可执行，会督促改善查账册态度。

1946年8月24日，第13次理监事会议再度讨论减低筵席税率。与会者有建议向各机构递交呈文，除财政局外，还有市政府、商会、党部、社会局、参议会；有建议常务理事到财政局试探消息；有建议向中央各部会请愿，再开大会解决；有建议各店放置舆论簿一本，征求吃家之支持。会议议决："一、先向财政局以外有关各机关具呈报告经过请求援助；二、电常务理事向财政局先行交涉；三、电理事会及各帮代表分向各机关请愿。"③

1946年9月16日，同业公会理事长刘松涛，向上海市参议会递交请愿书，要求明确征税标准，反对馆商代征与统一发票。请愿书指出，筵席税的本意是限制人民蓄意铺张糜费。应恢复抗战以前除筵席以外不征筵席税之办法，或者按照目前物价明定起征点。"一经动嘴，税已在侧"，则显系"置筵席税法第三条日常饮食不征税之规定于不顾"。其次，要求财政局派员坐征，不能苛求馆商代征，财政局及其稽征处搜查漏税以发票推算处罚，系违反证据法则，妨害经商自由，导致商誉破产，"按馆商代征筵席税，纯系义务性质，容有漏税之处，大都手续错误，衡情不无可原"，何况"属会所属各会员馆商，大小不一，

①《第二次常务理事会议记录》(1946年5月3日)，《上海市酒菜商业同业公会常务理监事会会议记录》(1946年4月—1946年12月)，上海市档案馆藏，档号：S323-1-5。

②《第九次理监事会议录》(1946年7月17日)，《上海市酒菜商业同业公会常务理监事会会议记录》(1946年4月—1946年12月)，档号：S323-1-5，上海市档案馆藏。

③《第十三次理监事会议录》(1946年8月24日)，《上海市酒菜商业同业公会常务理监事会会议记录》(1946年4月—1946年12月)，档号：S323-1-5，上海市档案馆藏。

所雇职员其智识程度之高下，不可以道里计，而以使用中式薄据者占十分之九，亦有不用帐席者，或因手续上之关系或因上市忙碌之遗漏，难免稍有错误，设不问证据，遽科重罚，法理人情两欠允洽"。①再者，使用统一发票也有事实上的困难，多数小型菜馆门市计数收款多由家属妇女兼理，无力雇用帐席。请愿书还批评政府之规定未经立法程序为违法行为，财政局各稽征处罔顾馆商经营困境展开征税比赛。

多次请愿后，上海市财政局终于修改日常饮食店免征筵席税标准，并提高经济客饭价格。"日常饮食店免税标准"规定，不另点菜肴，售价每客不超过3000元的经济客饭，以及出售汤团、酒酿、元宵、糕饼、锅贴之点心店、冷饮店等，可免税。②显然，财政局的减税主要针对平民饮食，并无实质性让步。

而南京政府拟议中的新筵席税法将减税，馆商们如获至宝，第18、19次理监事会议上，馆商们幸灾乐祸议论，"前天新闻报上所登新税法实施本市一切建设将濒停顿，这是财政当局的反宣传，好使国防最高委员会见后置之高阁。我们也要发表文章，对新税法仍不满意，针孔相对，使国防最高委员会明了馆商痛苦"。③要跟财局对着干，"修正筵席税法昨阅申报登载上海财政局谷局长已启程晋京请求国防最高委员会缓议，本会似应设法促使早日公布施行以轻负担"。④

1946年12月4日，国民政府公布《修正筵席及娱乐税法》。第三条规定："凡菜肴每席价格达一定金额者为筵席，征收筵席税，其税率如左㊀筵席价格在起税点以上不满五倍者，不得超过百分之十。㊁筵席价格在起税点五倍以上

---

① 《为本市筵席税税率过高日常饮食未定免税标准并任意推算处罚限令使用发票吁请列入议程准予转咨市政府市财政局减低税率并依法稽征由》，《上海市酒菜业公会、西菜咖啡业公会等为历次修正筵席娱乐等税率起征标准一事给市参议会的来去函件（财政局、市政府）》（1946年9月），档号：Q109-1-897-1，上海市档案馆藏。

② 《减轻平民负担，客饭冷饮免捐，每客不超过三千元》，《大公报》（上海版）1946年10月6日。

③ 《第18次理监事会议记录》（1946年11月16日），《上海市酒菜商业同业公会常务理监事会会议记录》（1946年4月—1946年12月），档号：S323-1-5，上海市档案馆藏。

④ 《第19次理监事会议记录》（1946年11月28日），《上海市酒菜商业同业公会常务理监事会会议记录》（1946年4月—1946年12月），档号：S323-1-5，上海市档案馆藏。

者，不得超过百分之廿。前项起税点由市县政府按当地物价情形，自行拟订，提经县市参议会议决，层转财政部备查，并准予每三个月调整一次。"①

按理，南京政府减低税率之新筵席税法，上海市财政局应遵照实行。但上海市认为，税收不敷建设经费之需，设想的补充办法是：筵席税起税点，仍拟以3000元为起税点。不论中西菜肴，超过3000元者，一律征税。至税法规定5倍计算，财政局为防化整为零逃税，拟改为视营业设备及是否承办整桌菜肴分为甲、乙两等，甲等按20%、乙等按10%征税。有音乐跳舞设备者，按娱乐税25%。售平民饭食之饭店、点心店，仍予免税。②

南京政府之新筵席税法，使上海市酒菜业有了与上海市政府抗衡的武器。1947年1月4日，同业公会第23次理监事会议决定，乘市参议会召开第二届大会之机，会同西菜咖啡业前去请愿，以拥护新筵席税法，反对分等级征税为口号，办法为"1.每组推派代表十至二十人，2.六日上午八时在本会集中，3.至光明西菜社会同西菜业代表同往"。③

参议会大会上，当吴国桢作施政报告时，二楼旁听席上出现了请愿者，"约共三百人左右，手执巨幅白布大旗，及红绿小纸旗，并携有传单，其口号为拥护新筵席税法，反对分等级征收筵席税，请参议员决定公正起税点，有音乐设备之馆商不能征收娱乐税"。④筵席税起征点、是否分等级，引发议员热烈争论。吴国桢认为，如按照中央规定，筵席税将从240亿中减少60亿，全年各税共减少254亿，"吴市长说，参议会不能把中央法令看得太死板，参议会有权决定新议，而向中央建议；如中央坚持不从，可再加以变更"，他赞同姜屏藩的修正案，即不分等级，在5000元以上者一律收15%，"结果以六十四票

---

①《修正筵席娱乐税法 国府明令公布施行》，《大公报》（天津版）1946年12月7日。
②《修正税法本市难行筵席税已订变通办法，饭馆分甲乙两等征收》，《大公报》（上海版）1946年12月28日。
③《第23次理监会记录》（1947年1月4日），《上海市酒菜商业同业公会常务理事会及理监事会等会议记录》（1947年1月—1948年5月），档号：S323-1-6，上海市档案馆藏。
④《四团体请愿，新成区场外菜贩二千人摇旗呐喊，裁撤艺师学生吁请大会复议，酒菜业大喊口号拥护新税法》，《申报》1947年1月7日。

通过姜屏藩修正案"。①同业公会希望起征点上调，为参议会所拒。

不过，直到1949年4月，上海解放前夕，馆商们仍在开会，讨论如何应对财政局使用统一账单、预先缴税的种种要求，决定"因记账及以票据付账之营业太多，每致收款延时，遵行困难，请求维持原状"，"营业收入，旺淡不一，预计预缴，事实上颇多困难"，"于理不合，于法无据，万难接受"。②此时财政局仍在严查漏税，强调酒菜业馆商应使用统一账单，不得自备账单，或账单并不填给顾客，"如再故违，显有逃税之嫌，即"坐查营业，审核账册，从重处罚"。③

资方的减税运动，是一种被动回应型的抗议运动，没有上海市政府严征筵席税，也就没有减税运动。他们频繁地召集理监事联席会议、常务理事会议、各组代表会、临时紧急会议，频繁地奔走、请愿，要求合理税率，调整起征点、调整限价，反苛刻查账、反代征税款，奔波于财政局、参议会、商会，甚至直接找市长。而常常因参议会闭会，要求得不到圆满答复，又暂时服从规定，继续漫长的马拉松长跑。在同地方政府的韧性对抗中，资方有时气馁与绝望程度不亚于工人，反有由温和转趋激进的趋势，不得不举起旗帜走向街头，甚至多次不惜以停业相威胁。减税运动中，职工则是不参与的旁观者甚或不知情。

对上海市财政局而言，酒菜业是纳税大户，防止偷漏税是他们的头号目标。在减税问题上，上海市政府仅在平民饮食方面有所松动，馆商的减税希望落空。相对于劳方，馆商是剥削者，被抗争的对象；相对于权力而言，他们又是弱势群体。这里，政治权威的力量甚于资本之权威。研究城市政治学的学者指出，代议制政府机构与商业团体是城市政治的两大表面分离但内部紧密联系的权威系统，与其他公民团体相比，商业团体具有结构性或工具性力量，因为

---

① 《筵席捐以五千元为起税点，均征收百分之十五》，《大公报》(上海版)1947年1月14日。

② 《第19次理监会议记录》(1949年4月8日)，《上海市酒菜商业同业公会第二届理监事会及常务理事会等会议记录》(1948年6月—1949年5月)，档号：S323-1-7，上海市档案馆藏。

③ 《上海市财政局训令》第34105号(1949年4月16日)，《上海市酒菜业公会、西菜咖啡业公会等为历次修正筵席娱乐等税率起征标准一事给市参议会的来去函件(财政局、市政府)》(1946年9月)，档号：Q109-1-897-1，上海市档案馆藏。档案馆整理所标日期似乎有误。

它关联着政府收入与社会福利，承担着"不可缺少的执行性功能"。①从上海的状况看，商业团体与公权的博弈依然是不对等的，哪怕是上海税收颇为依赖的酒菜业。

四、饮食节约运动与行业衰落

如果说，工潮、严征筵席税是冲击酒菜业的第一、二波，那么，国民党推行的厉行饮食节约运动，则是冲击酒菜业的第三波。

1947年10月20日起，上海实行筵席节约。由社会局召集警察局、宪兵队、新生活运动委员会、酒菜业、西菜咖啡业、厨房业、旅馆业、海味业等推派代表，随时分组巡查各酒菜馆用菜情形，经常检查工作由警察局担任。规定中西菜节约标准，禁用鱼翅、海参、洋酒等奢侈物品。如各酒菜馆查获违反节约办法，处以警告、罚款、短期停业甚至吊销营业执照。②

为配合节约运动，上海市警察局于1947年11月成立少年警察队与女子警察队，到1948年1月，"分赴各酒菜馆及公共场所严格执行筵席节约消费事项，颇收宏效。先后检查违反节约消费规定之酒菜馆共86次，计57家，其中除情节较轻者，予以劝导外，余均先后传局申诉，或罚锾示儆"。③1948年2月至5月间，"共计检查餐馆达2455次，其中查有违反限价经申诫者，计37家，罚锾者计12家"。④

1947年12月末，酒菜业同业公会理监会议上，馆商们讨论节约运动中的困境，强调饮食节约运动必须辅以减低税率。有提议"快邮代电"请人民向政府说公道话，有表示应仿照镇江、无锡，使税率与员工数照节约比例递减，甚

---

① 乔纳森·S.戴维斯、戴维·L.英布罗肖主编：《城市政治学理论前沿》，何艳玲译，格致出版社，2013年，第38页。

② 《酒菜节约即将实行，社局议定检查办法，中餐六菜一汤西餐两菜一汤，禁用鱼翅海参洋酒等奢侈品，定廿日起实施，警局负责检查》，《大公报》（上海版）1947年10月16日。

③ 《施政报告》，《上海市第一届参议会第五次大会会刊》（1948年3月），档号：Q215-1-876，上海市档案馆藏。

④ 《施政报告》，《上海市第一届参议会第六次大会会刊》（1948年7月），档号：Y2-1-607，上海市档案馆藏。

至提议"我们酒菜业要组织一个通讯社把我们的困难常常对外界发布消息",有要求财政局在饮食节约期间减税为10%,还有馆商称不如请求无条件解雇职工以省开销。①

而筵席节约运动中,员工与资方结成统一战线,消极应对节约检查。少年警察之检查,往往直接与餐馆下层员工发生冲突。在南京路新雅酒楼,少年警察在厨房冰箱里查到鱼翅、海参类违禁品,"有几个厨子和侍者,竟拦住他们,不放他们出门"。②该店一侍者因妨害公务嫌疑被带去老闸分局司法股讯问。

在小账问题上,酒菜业职工致函《大公报》抗议说,数万酒菜业职工因家境贫寒才侍候那些阔佬,"现在小账禁收了,我们怎么办呢?苦了我们,乐了阔佬们"。③社会局应酒菜业职工会代表之请求,与少年警察负责人商定,"嗣后少年警察在各餐馆执行节约检查职务时,对于食客之小账,不再予干涉,但侍应生不得强索"。④台湾高雄商会、厦门渔会则呼吁解除禁售鲍鱼、鱼翅禁令,以免摧残渔民生计。

而在猛烈的通货膨胀中,因物价上涨,商家忍痛按限价出售,天天希望政府提高限价。限价反复被突破,甚至最低档次筵席也超过最高限价。节约菜之菜品定价成为双方博弈的关键。1948年6月26日,同业公会第二届理监事会第三次理监会议通报,参议会审查通过以经济客饭为免税标准,仍由同业公会比照米价报社会局后施行。讨论后的集体意见是,按月调整价格无法生存。与会者强调,卖客饭一定下月照上月米价出售,事实上办不到。甚至一度决议"请愿不达目的,馆商不能生存。只有被迫停业,不要公会负责"。⑤

---

①《45次理监会议记录》(1947年12月29日),《上海市酒菜商业同业公会常务理事会及理监事会等会议记录》(1947年1月—1948年5月),档号:S323-1-6,上海市档案馆藏。

②《节约菜解释不一致,少年警表示执行难,他们希望和有关机能能够统一》,《大公报》(上海版)1947年11月22日。

③《节约应该从大处着想,治标办法不能收实效,一个酒菜业职工的呼声》,《大公报》(上海版)1947年12月2日。

④《食客小账随意赏,少年警不加干涉》,《申报》1947年11月30日。

⑤《第3次理监会议记录》(1948年6月26日),《上海市酒菜商业同业公会第二届理监事会及常务理事会等会议记录》(1948年6月—1949年5月),档号:S323-1-7,上海市档案馆藏。

而物价飞涨经营难以为继时，国民党更加高调地发起"勤俭建国运动"。1948年8月19日南京政府宣告币制改革，同时实行限价。蒋介石旋即亲自发动"勤俭建国运动"。1948年10月，行政院节约指导委员会通过《饮食消费节约办法》14条，细节具体到"中餐每席不得超过六菜一汤；如兼用小盘碟素菜时，至多以四小盘碟为限。西餐每客不得超过二菜一汤。由当地政府依当地物价限制每客之最高价格，其筵席税并得在法定最高税率范围内使用累进税率，于该税实施细则内分别规定之"。在处罚方面，"餐馆及顾客违反本办法之规定，由警察官署予以检查取缔。如系公务人员并得通知其直属长官处理"。①

勤俭建国运动与经济管制同步推行。蒋经国坐镇上海期间，亲自去菜市场查看菜价，饮食管制也管到了"鸡"身上。1948年10月5日，公会第九次理监会议，传达当局指令，停止用鸡："为消灭黑市自本月一日起，暂停用鸡。二日又经会同西菜厨房等三业联席会议决定去函冷藏公司予以协助，并登新申大公商报四种紧急启事公告周知"。公会要求"全体会员一律出具不抬价不买黑市原料切结，以表拥护政府决心"。②

到10月中旬，各餐馆面临米、油、肉蔬菜购买困难，40余家宣告歇业，"故每日午晚餐时间内，较大之酒菜馆均拥挤不堪"。7/10以上为经济客饭，客饭分量减少1/3，营业时间缩短。午餐1点、晚餐8点左右，饭菜即告售罄，"食客均以不能果腹为苦"。③到10月28日，酒菜业公会第13次理监会议通报：本会会员因原料售完购买困难被迫停业已报来会共计136家。④猪肉实行配售，由每日5000头下降至1000头，就每日宰杀总数提售15%给酒菜业馆商，配给面粉而不复业者取消配给。此时，减税运动中酒菜业馆商们的停业威胁，终于成为无可避免的事实。

①《水电饮食节约办法，政院节约指委会通过》，《大公报》（天津版）1948年10月22日。

②《第九次理监会议记录》（1948年10月5日），《上海市酒菜商业同业公会第二届理监事会及常务理事会等会议记录》（1948年6月—1949年5月），档号：S323-1-7，上海市档案馆藏。

③《饭菜供应份量减少，食客大都不能果腹，菜馆业请疏导来源》，《申报》1948年10月19日。

④《第十三次理监会议记录》（1948年10月28日），《上海市酒菜商业同业公会第二届理监事会及常务理事会等会议记录》（1948年6月—1949年5月），档号：S323-1-7，上海市档案馆藏。

南京政府推行的筵席节约，无疑是将经营活动政治化、道德化的治理方式。强制出售经济客饭或设置小吃部，有违市场原则，良好的初衷与实效背道而驰。限价变成催涨，经济管制变成连餐饮业之原材料也需政府特批供应。在严苛的经济管制中，馆商对政府的依靠，发展到面粉、猪肉也需依赖的程度。餐饮营业一落千丈，酒菜业由政府税收所指望的待宰肥羊，几成无米之炊。

正是在筵席节约运动引发的严峻行业危机中，劳、资双方均受节约限价与检查之冲击，劳资结成了利益联盟，共同应付、抗议节约检查。不过，因南京政府的道德高压与强势，无论劳方、资方的抵制都是零星的、不规则的，或者说是软弱的，且陷于对政府的日益依赖当中，抵抗的独立性消失。

五、结论

抗战胜利后，上海酒菜业之状况是上海社会的缩影。酒菜业内部，形成了目标不一的政治运动。而无论工潮、减税运动还是节约运动，皆是抗战胜利后经济危机深化的反映。

酒菜业工潮，是较典型的政治动员型运动，由中共地下党组织发动，从南国酒家卷入更多粤菜馆，粤帮又在整个行业中起带动作用，形成滚雪球效应。而馆商的减税运动是典型的被动回应型运动，受上海市强化税收政策刺激，没有税收政策变化，也就没有减税运动。同业公会聚合馆商们的利益诉求，形成马拉松式的长期请愿运动。南京政府发动的节约运动也是一种政治动员，无论针对浪费现象或豪门资本，皆不以餐饮行业作为直接目标。最初酒菜同业公会甚至参与节约检查，自动订立行业节约规约。但具体的节约措施导致行业危机时，引发餐饮业的不规则抵抗，劳资双方结成同盟关系，共同抵制节约。此时，行业利益覆盖了阶级利益的冲突。而在南京政府的道德高压与严厉经济管制之下，整个行业呈现一种温水煮青蛙的状态，大量餐馆倒闭歇业。

行业组织，是经济问题政治化的关键。抗战后的劳资运动，多经历了身份认同组织化、权利诉求理性化、利益博弈制度化的过程。共产党人的政治动员显著增强了酒菜业职工的身份认同与用制度化的工具捍卫自身权益的能力。工潮与减税运动无疑又使劳资双方的组织化、制度化都有所推进。工潮中职工会也增强了凝聚力、决策力，并获得资金来源，健全内部财务机制。资方在减税运动中，重视增加研究部门来研讨税政，并加强了内部组织的横向联系。上海市经济市场化、行业组织历史悠久的独特"市情"，使社会问题的解决带着相当的理性协商、彼此调和、相互妥协之色彩。当代从事城市政治学研究的学者将问题议程、政府与非政府成员的治理联盟、资源、参与者的合作看成是"地方政府的核心元素"，公民能力则体现为"修改和运用正式和非正式的机制去集中地解决问题"之能力。[1]显然，在战后酒菜业的治理问题上，行业治理的水平与能力较高。

站在行业经营的角度，工潮、开征筵席税、饮食节约运动，皆酝酿着行业危机。工潮是最表面化的，但却相对容易解决。减税运动的斗争目标是地方政府，针对的是具体税收政策，具有可调整的弹性与谈判空间。节约运动中的抗争，针对的是南京中央政府，且直接与国民党整肃政治的道德诉求、经济管制的具体措施、征集军费的事实目标相左，因此完全成为一场不对称的博弈，导致酒菜业经营越来越丧失活力与自主性，最后连面粉等原材料皆依赖政府提供。显然，节约运动出乎意料地成为最后一根稻草或最后那朵雪花，社会治理非但没有实现协作共赢，反而走向全盘皆输。

上海市政当局与南京政府、地方商业利益集团之间，有利益共同点也有利益冲突。对于上海市政府而言，维护社会秩序，提供公共服务是其基本的职责。面对资方的减税要求，当局一方面小幅调整，另方面拒作实质性让步。吴国桢利用参议会，以民意来对付南京政府的减税政策，资方则运用中央政策，通过参议会的立法权，抵制上海市政府对酒菜业的重税策略。然上海市政府在酒菜业管理上的缺陷也很明显，尤其表现为缺乏通盘考量而陷于碎片化治理。社会局、总工会在整理职工会问题上政出多门，财政局陷于竭泽而渔的短期行为，警察局过多地介入餐饮经营。更重要的是，上海市政府处于权力结构的中层，上要受制于南京中央政府的宏观决策与法规，下要对治理实效承担责任，

---

[1] 乔纳森·S.戴维斯、戴维·L.英布罗肖主编：《城市政治学理论前沿》，何艳玲译，格致出版社，2013年，第59页。

但它所拥有的资源与财力却十分有限，无疑导致治理空间之狭窄。

南京中央政府在财政问题上，一方面有减轻税率促进经济发展的考量，另一方面在中央地方的财权划分问题上，仍沿袭战时的中央集权政策，这势必使地方政府所承担的责任与财力不对等。以政治道德运动的方式解决经济危机，也成为一种药不对症的治理手段。如果说工潮中国民党处于相对超然的仲裁者、调解者地位，减税运动与节约运动中的抗争，则使国民党越来越成为被抗争的对象。

在同样的组织水平与制度化平台上进行博弈，但结果却有显著的差异，很可能与问题的性质与处置方式相关：工资待遇在行业内部，双输的结果可预期，也就可避免；税收调整主要针对地方政府，谈判的目标可调可控，停业只是一种威胁自杀的口头姿态；而节约运动面临的是南京政府整个的经济管控政策，停业成了事实上难以避免的结果。事实上，无论工潮还是减税运动，皆是带有强烈政治色彩的经济运动，通过政治问题行政化的途径，能够结束运动或使运动衰减。节约运动将经济问题作政治化的处理，行政处置往往上升到政治运动的高度，由此引发的行业危机往往造成不可控制的、出乎意料的结果。

这正是一种筵席中的政治经济学：现代社会已然成长为一种相互依赖与连带的社会共同体。社会治理中的多方博弈，需要的是精细化治理与各方利益协调，否则行业危机难免演化成一种经济的结构性垮塌。

本文原刊载于《南开学报》（哲学社会科学版）2019年第4期。

作者简介：

邓丽兰，1966年生，四川沐川人。南开大学历史学院副教授，曾获王宽诚基金、中英友好基金资助赴英国做访问学者。主要研究领域为民国政治史、近现代中西思想文化交流研究。曾在《近代史研究》《天津社会科学》《史学月刊》《南开学报》等刊物上发表学术论文。著有《临时大总统和他的支持者——孙中山英文藏档透视》《域外观念与本土政制变迁》《西方思潮与民国宪政运动的演进》《中国政治思想通史（民国卷）》等学术作品。

传媒、政争、工商业与五四运动的形成

江 沛

一、问题缘起：五四运动兴起的前提何在？

百年来，在中国近现代历史上具有重要指标意义的五四爱国运动，[①]引发历代学人的持续关注，讨论其的论著难以统计，[②]对五四运动的源起、过程、价值和意义均有精深分析。[③]论点诸多，但有一个现象或可为学者公认，即到目前为止，不少学者关注五四运动发生的时代背景及意义并讨论诸多因素时，

[①] 在学术的一般意义上，五四运动的概念有广义和狭义之分，广义的五四运动概念包括新文化运动和1919年发生的五四爱国运动，狭义的五四运动概念即专指五四爱国运动，本文讨论所使用的概念即限于五四运动的狭义范畴。

[②] 2019年9月8日下午18:00，本人以"五四"为关键词利用中国知网(CNKI)进行主题搜索，在学术期刊(网络版)库中共得到16533条结果(这只是中国大陆正规期刊发表论文的数目，不包括有关五四的学术著作数量)；如限定在CSSCI刊物里查询，则可得3921篇论文。以"五四"与"报刊""传媒""电报""邮政"等关键词分别叠加查询的话，在CSSCI刊物中分别可得到79篇、5篇、3篇和0篇，在有关报刊的研究中，多是对某一报刊的文本分析，整体显示学界对五四的传媒、交通技术间关系并未予以特别关注。海外论著限于条件，难以汇集。需要说明的是，利用CNKI进行学术搜索时，无法区别五四运动概念的广义、狭义之分，上述统计只能是广义概念下的统计。

[③] 有关五四运动史研究的代表性著作有：彭明的《五四运动史》(人民出版社，1998年)、周策纵的《五四运动史》(岳麓书社，1999年)和陈平原的《触摸历史与进入五四》(北京大学出版社，2005年)等，强调的是五四运动的细节及进程；陈万雄的《五四新文化的源流》(三联书店，1997年)，强调的是新知识群体形成对新文化运动发生的意义；欧阳哲生、郝斌主编的《五四运动与二十世纪的中国：北京大学纪念五四运动80周年国际学术研讨会论文集》(社会科学文献出版社，2001年)，杨河主编的《五四运动与民族复兴：纪念五四运动90周年暨李大钊诞辰120周年理论研讨会学术论文集》(北京大学出版社，2010年)，中国历史研究院近代史研究所、中国现代文化学会主编的《纪念五四运动一百周年国际学术研讨会论文集》(1—3册，2019年)和台湾"中研院"近代史研究所主编的《五四运动100周年国际学术研讨会论文集》(电子版，2019年)，代表着这一时期海内外学者对五四运动研究的学术趋势。在五四运动阐释及其形象构建问题上，郭若平撰写的《塑造与被塑造——"五四"阐释与革命意识形态的建构》(社会科学文献出版社，2014年)具有代表性。

却极少从具有根本意义的传播、交通技术的社会价值切入，实质上只是探讨了一场影响深远的爱国运动的思潮意义与社会影响间的直接关系，却未深究这场席卷而来的思潮所以形成的技术根源，从而割裂了技术、经济与思潮变革、政治动向间的关系，极易形成社会变革只须思想文化先行且与工业技术发展关系不大的错觉。研讨五四的政治价值的论著不少，但较少从政治力量推动角度考察。[1]这一现象近年来有所改变，[2]但尚有较大空间可以讨论。

从社会组织和文化演变的一般规律来看，一个区域或国家范畴内共同体的形成，建立在民众间持续的相互交流并逐步形成血缘、情感、习俗和思维方式上近似性认同的基础上，表象与结果是认同，前提与必要条件是借助于交通、通讯技术方可完成的相互交流。在前近代时期，基于自然力的交通方式运行成本过高、效率过低，阻遏了人类成规模、远距离、高效率的交流，社会型组织因环境阻碍难以形成，家庭、家族成为社会自治的无奈选择，人们的地方主义意识、家族意识浓厚，文化认同和民族国家意识不易凝聚，政治性群体动员难以奏效，如郑观应所言，中国幅员辽阔，"各省距京师远则数千里，近亦数百里，合沿海、沿边诸属国、属部、属藩周围约四五万里，鞭长莫及，文报稽延"，[3]信息传播极其困难，社会信息空间极小，如此广袤区域内自然难有共同

① 讨论诸种政治派别与五四运动爆发关系，可参见邓野的《巴黎和会与北京政府的内外博弈》（社会科学文献出版社，2014年）第5章。

② 与本文相近主题的研究仅见江沛的《二十世纪一二十年代沿海城市社会文化观念变动评析》（《史学月刊》2001年4期）和《虚拟与历史：五四漫谈》（《绍兴文理学院报》2011年9月15日）；董振平的《信息传递与五四运动》（《齐鲁学刊》2010年第2期）；冯筱才的《政争与五四：从外交斗争到群众运动》（《开放时代》2011年第4期）；熊玉文的《巴黎和会、谣言与五四运动的发生》（《民国档案》2012年第4期）、《政争、传媒与五四运动起源》（《求索》2012年第11期）和《信息传播技术与五四运动》（《社会科学动态》2018年第7期）等。相关成果有周永明的《中国网络政治的历史考察：电报与清末新政》（商务印书馆，2013年）；李仁渊的《晚清的新式传播媒体与知识分子：以报刊出版为中心的讨论》（稻乡出版社，2013年）；夏维奇的《"政治之利器"：通电与近代中国政治生态的变迁》（《历史教学·下半月刊》2014年第8期）；王东的《技术·话语·权利——电报与近代中国社会的政见表达（1899—1927）》（南开大学历史学院博士学位论文，2016年）；王珣、李翔的《政争、舆论与五四——以研究系为中心探究》（《贵州文史丛刊》2017年第1期）等。

③《盛世危言·开源》（卷6），任智勇、戴圆编：《郑观应卷》，中国人民大学出版社，2014年，第103页。

的文化心理基础，更遑论基于此的群体性运动。孙中山所称中国人缺少民族国家观念，政治上时常表现为"一盘散沙"，即是这种落后生活方式的后果之一。

由此或许可以理解，1895年甲午战败后的割地赔款和1900年庚子事变失败及其耻辱性赔偿条款的信息，限于技术条件仅在知识、政治精英层面间传播；清廷甚至制造清军大胜的图画四处散发以愚弄民众，[1]各地民众难以了解真相，即使获得相关信息，也因不具有民族国家意识、自觉事不关己，无法凝聚成群体性的共同感受，自然不可能形成群体性的抗议事件。

现代传媒技术的兴起，功能在于快速传播信息，并使信息呈现出即时性、公开性和受众广泛性的特征，在短期内使一两个社会问题成为关注焦点，舆论浪潮常会亢奋民众情绪并相互激荡，造成集体社会行为的氛围，政府不得不做出反应以免社会暴动不期而至，对立力量却会极力推动以达相反目的。这种博弈潜藏于思潮背后或不为人知，却是一时思潮的重要推手。1919年巴黎和会上中国外交失败的消息，所以能刺激全国并形成巨大的舆论压力和群体性抗议活动，关键在于19、20世纪之交中国社会处于一个基于外贸拉动、被迫对外开放、新式传媒与交通技术改变信息传播方式、科举废除后西式学堂渐兴、倡导政治共和但又新旧纷争深刻激烈的复杂社会形态中，近代民族主义思潮传入并激发起"亡国灭种"的心理压力，政治力量于其间兴风作浪。在此复杂背景下，或许才可以理解那一时代人们的价值观与思想方式的变革。

二、奠基民族主义：技术推广及现代教育展开

如果放眼以工业技术为基础的市场经济体系向全球持续扩张的世界近代历史进程可知，其实中国社会的巨大变革并非由此开始，也不只是发生在政治体制巨变上，而是自19世纪60年代洋务运动始展开的技术与经济变革，才推动起"千古未有之变局"。至1920年前，中国有近代工厂1759家，总资本额5亿元，工人数量达55.8万人。[2]成长中的工业尽管薄弱，但对能源、交通、通信

---

① 蒋梦麟：《西潮·新潮》，岳麓书社，2000年，第41页。

② 刘明逵、唐玉良主编：《中国近代工人阶级和工人运动》（第1册），中共中央党校出版社，2002年，第84页。

业产生了持续性需求。60年代，西方外交人士及商人尝试推动在中国铺设电报线路。在直隶总督李鸿章的支持下，以天津为中心展开全国电报网络的建设，铺设了多条国际电报线路，线路总长3300余公里。[1]至20世纪10年代，全国重要城市均接通了有线电报线，无线电也在扩大联通中，莫尔斯自动电报机被批量引进，以电报为主的近代通讯技术，联通世界，信息得以长距离快速传输，各大报纸有了充足稿源，直接改善了新闻采集和传播的方式。

19世纪以来，传教士将西方近代印刷术带入中国，历经改造与适应，使报纸、书籍、杂志的批量印刷有了可能，也使知识的廉价复制及快速且广泛的传播成为可能。1912年，上海申报馆购进亚尔化公司的双轮转印刷机，最高印速2000张/时，虽非世界最高水平，但印刷效率大大提高。商务印书馆引进了世界上最好的凸印、平印、凹印、珂罗版设备及技术，印刷质量显著提升。[2]同一时期，大英机、米利机、轮转铅版等各类印刷机相继进入上海和全国各地。[3]在印刷技术推动下，清末最后10年间，出现了140余种白话报及杂志。[4]1919年，全国有报刊400余种，如北京的《新青年》《每周评论》《晨报》，上海的《申报》《东方杂志》，天津的《大公报》等，适合于不同程度的读者。同时，印刷机可以快速印制小册子、传单、揭帖等宣传品，其宣传效应在五四运动中广受关注，"揭帖标识视同仇敌"，[5]形成维护主权的滔滔民意。口口相传、纸笔传抄是最传统的信息传播模式，近代印刷术的应用，带来了信息网络的颠覆性变革，文字及信息的传播，带来本国语言的无限扩张，这是民族国家观念形成的核心基础。如詹姆斯·W.凯瑞（James W. Carey）所言：

---

① 罗澍伟主编：《近代天津城市史》，中国社会科学出版社，1993年，第245~246页。

② 曲德森主编：《中国印刷发展史图鉴》（下册），山西教育出版社、北京艺术与科学电子出版社，2013年，第578页。

③ 1919年，上海进口印刷机及造纸机费用达67470关平两，数额虽远不及纺织机器和动力机器，但每年均在增长。《上海进口机器统计》，上海市工商行政管理局、上海市第一机电工业局编：《上海民族机器工业》（上册），中华书局，1979年，第435页。

④ 陈万雄：《五四新文化的源流》，生活·读书·新知三联书店，1997年，第134页。

⑤《江苏教育厅转饬镇压反日运动保卫日人函》（1919年5月26日），中国社会科学院近代史研究所、中国第二历史档案馆史料编辑部编：《五四爱国运动档案史料》，中国社会科学出版社，1980年，第198页。

"把广袤的地域和庞大的人口凝聚成一个文化整体"，这就是印刷机和土木工程的社会意义。①

1842年中英《南京条约》签订后，伴随着五口通商而来的是现代轮船运输业的展开，沪港航线于1851年设立。其后沿海航线联结了所有开埠港口，内河航线则沿长江深入南京、武汉、九江等内陆河港。自1875年英人在上海修建淞沪铁路（后拆除）以来，陆上交通方式发生巨变。至1912年底津浦铁路通车止，中国共有9000余公里的铁路线，京汉、津浦、沪宁、正太、胶济、陇海、京张、京奉、南满、中东等线联结了东中部主要城镇和港口城市，为邮政业开通奠定了交通基础。

1878年3月23日，天津成立海关书信馆，对公众开放，这是中国近代邮政事业诞生的标志。英法租界开办了邮局对外服务。上海等开埠城市也相继开设邮政业务。在传递信件同时，邮局还开办了邮递报纸的业务。1919年，全国各地邮局邮务工役14697人，②交寄报纸达6789万余件，1920年增至8052.8万件。③以铁路、航运和邮政为代表的交通运输体系，进一步推动了信息的大规模、快速交流。

进入近代，多数国家都设立大学以培养人才。大学因知识密集、思想多元而成为信息交流的区域中心；处于青春时代的青年学生，少有生活负担，最具敏感性，不乏激情，这使得学生常处于民族主义思潮建构的前沿，也是传播新思想和实践新理念的主要群体。1905年清廷废除科举制后，由政府、私人团体、教会等建立的新式学堂、中学校、大学校逐渐发展起来。1909年，在校注册生超过10万人的有四川等3个省，5万~10万人的10个省，2万~5万人的7个省，学生数量最少的吉林、黑龙江和新疆也有7000~10000余人。④辛亥革命

---

① 詹姆斯·W. 凯瑞：《作为文化的传播》，丁未译，华夏出版社，2005年，引言。

② 刘明逵、唐玉良主编：《中国近代工人阶级和工人运动》（第1册），中共中央党校出版社，2002年，第165页。

③ 张樑任：《中国邮政》（中卷），上海书店，1990年影印版，插表。

④ 桑兵：《晚清学堂学生与社会变迁》，学林出版社，1995年，第3页。

前，20余个省份的各类学堂，发生过502次大小不等的学潮（见表1）。①原因固然不同，对于学生的群体动员与组织能力却是一个重要训练。

表1　1902—1905年间各省市学潮统计表

年份	江苏	浙江	湖北	广东	直隶	安徽	北京	湖南	福建	江西	河南	广西	贵州	四川	云南	陕西	甘肃	总计
1902年	4	5		2		1				1	1	1		1				16
1903年	20	6	5	5	2	4	4	1	2	3	2	1	1	2		1		59
1904年	18	8	10	4	7	3	3	5	5	1	1		1				1	67
1905年	6		1	2	1	1	2	2	1	1	1				1			18
总　计	48	19	16	13	10	9	9	8	8	6	5	2	2	2	1	1	1	160

资料来源：桑兵：《晚清学堂学生与社会变迁》，学林出版社，1995年，第100页。

历经民初"壬子学制""壬子癸丑学制"的改造，中国近代教育体系渐趋完整。至1917年，全国有大学84所，在校大学生19823人，②平均每校有235名学生。1915年，全国有中学805所，在校生87929人，③平均每校有109名学生。1918年，全国有小学生4852642人。④大中学校集中于沿海、沿江城市和省府所在地，与城镇新兴职业群体联系密切，在文化上对于城镇具有辐射力，现代信息技术的运用也更有利于信息传播和学生群体的联络、组织和动员。此外，民国初年不少公立学校的设立，多为争取庚款，一些政治集团借此培植势力，对于学运影响颇大。⑤

知识群体的规模增长，在"天下为公"的思维模式和救国救民的危机意识导向下，必然产生群体性的时政思考与关怀，也必然发出群体性声音。清末学潮本身即是对学生的参政训练，由此逐步形成相应的思维惯性和行为路径。然而清末学潮尚处于一个积累阶段，多为一校一地或区域性的，因人数过少、地域层次和信息传播的限制难以扩展，但这种积累在民初信息技术渐成体系、信

---

① 桑兵：《晚清学堂学生与社会变迁》，学林出版社，1995年，第5页。

② 陈翊林：《最近三十年中国教育史》，上海太平洋书店，1930年，第270~272页。

③ 教育部教育年鉴编纂委员会：《第二次中国教育年鉴》，商务印书馆，1947年，第1428页。

④ 陈学洵主编：《中国近代教育史教学参考资料》（下册），人民教育出版社，1987年，第367页。

⑤ 吕芳上：《从学生运动到运动学生（民国八年至十八年）》，台湾"中研院"近代史研究所，2015年，第6~7页。

息传达较为流畅，特别是民族主义情感因"亡国灭种"的时代危机益发强烈的背景下，学生群体间、学校间和区域间的联合水到渠成，五四运动的发起及延续显然并非凭空而来。

如本尼迪克特·安德森（Benedict Andersen）所言，印刷语言"奠定了民族意识的基础"，并"使得一个新形式的共同体成为可能"。[1]20世纪初的中国，借助信息与交通技术的应用，一个统一的信息共享系统渐次形成，人、物与信息交流的范围及频率大大提升，社会流动加快，传统的社会结构不断被解构，一定区域内人们的同质性成分大增，社会成员间凝聚力与一体感明显增加。国家主权和民族国家的观念持续散布，面积广大的中国有可能在思想、文化观念上既与世界同步，也与各地相近，达成基本的思维近似和文化认同。在民族主义思潮推动下，五四运动产生的共同心理基础得以奠定。正在是这个意义上，麦克卢汉（McLuhan）才形象地称印刷机是"民族主义的建筑师"。[2]

三、政治纷争掀起抗议浪潮

如果仅仅相信只要有信息技术的推动，即可实现新知识的传递，进而引发思潮纷涌和社会运动的话，那未免过于天真了。[3]影响社会运动产生和发展的诸因素间没有某种非历史性的、一成不变的联系。[4]在从传统向现代转型的清末民初中国社会，政治管控和意识形态的压力，同样是约束信息传播、思想自由的巨大障碍。

然而历史的巧合在于，1911年的辛亥革命结束了延续两千年的帝制，这一政治巨变的深刻影响力似乎并未得到足够重视。民国建立后，彻底废除了皇权体制对舆论的控制，政党纷起是社团林立、报刊繁荣、思潮纷涌的重要助力。从政治传承意义上讲，辛亥革命与新文化运动发生间具有不可分割的关

① 本尼迪克特·安德森：《想象的共同体：民族主义的起源与分布》，吴叡人译，上海人民出版社，2005年，第45页。
② 马歇尔·麦克卢汉：《理解媒介——论人的延伸》，何道宽译，商务印书馆，2000年，第217页。
③ 熊玉文：《信息传播技术与五四运动》，《社会科学动态》2018年第7期。
④ 赵鼎新：《社会与政治运动讲义》，社会科学文献出版社，2006年，第22页。

系。1916年6月袁世凯病故后，黎元洪、段祺瑞上台，废除了《报纸条例》，取缔了报刊稿件预审制度。当有人提议以清朝的《大清报律》取代《报纸条例》时，段祺瑞认为"报律系定自前清，尤不宜共和政体，应暂持放任主义，俟将来查看情形再定办法"。[①]这一宽松政策为新文化运动兴起提供了必要的舆论空间。《新青年》不仅鼓动文学革命，也同时支持对德宣战，段氏政权由此容忍了新文化人士的一些过激言论。此外，北京大学革命派几乎无一例外受聘于政府，在教育部领导下从事国语统一工作。这一时期"强南以就北"的国语统一计划与"武力统一"的政治计划，有着文武协同、齐头并进的意义。[②]试想，如果没有北京政府的容忍，没有教育部下令整合全国教育体系并强制推广白话文，仅靠几位北大教授的号召，就可以得到文学革命及推广白话文的革命性效果吗？

此外，伴随着袁世凯的辞世，北洋军阀逐步分化。皖系段祺瑞，直系冯国璋、曹锟及吴佩孚，奉系张作霖，以及西南军阀各据一方，围绕中央政权争执不下，致使北京政府总统及国务总理如走马灯般更替，不少报刊各有背景、倾向明显，如研究系支持的《晨报》《国民公报》等，安福系和段祺瑞支持的《公言报》等；国民党虽处非法状态，但以广东为据点的对北方宣传和抨击一刻未停；国会议员则在多方争夺中各擅其场，莫衷一是。在沿海开埠城市上海、天津、青岛、厦门、广州等地的租界中，具有域外视野的中英文报刊发出大量外来信息及对中国社会变革的别样理解。此时，政治信息的场域早已划分清楚，形成了政争的暗流与明潮。

为什么是20世纪10年代中期形成了新文化运动的高潮？民国初年的共和体制引发了政党纷起，党争、军阀纷争及外方势力的多方博弈，以及他们为自身合法性及权力正当性所进行的针锋相对的宣传，使长期以来中国舆论一律的形态，渐渐演变成了多元场域。在传统文化无法为近代中国的发展提供方向性指引时，以现代性为核心的新思想、新文化便蜂拥而入。在中国向何处去的时

---

① 《国会与报界之今后责任》，《申报》1916年7月22日。

② 程巍：《"五四"：漂浮的能指》，《中华读书报》2009年4月29日。

代主题下，先进的知识人群体纷纷找寻西方理论并大力译介，敏锐和朝气的大中学校青年学生群体迅速接受，可谓既有时代需求，又有政治空间，更有积极响应者，新文化运动的高扬自然水到渠成。此时正在中国讲学的美国教育学家杜威敏锐地意识到，此前从未进行过政治游行的学生，现在变成了民族主义运动的领袖。①民族主义思潮在"救中国"的共同心理基础上席卷一切，成为最能激发情感、最能刺激神经、最能感动亿万民众的滔天巨浪。

1919年1月18日，巴黎和会在法国外交部召开，陆征祥、王正廷代表中国出席，两人是当时南北政府在"一致对外"背景下经妥协后达成的参会人选。此后4个月，由5人组成的中国代表团采取各种方式，力求将德国在山东的主权直接归还中国。然而在一战期间英、法、意与日本达成让渡山东权益的密约，美国为自身利益最终也选择支持日本的外部环境下，中国还要承受着一战即将结束之际将原与德国签署的高徐、济顺铁路借款合同转给日本，从而留下默认日本继承德国在山东权益"口实"的压力。中国代表团先是提出直接归还山东权益遭拒，美国继而提出将山东权益置于五国共管被日本否决，中国再提出五国共管于一年后交还中国等议案不被受理，大会决议山东权益由德国转至日本再转交中国。直至5月6日和会议定对德和约公布、中国外交失败，中方代表团所有努力始终未获大会认可。

3月22日，面对欧美四大国日益倾向日本意见的压力，中方代表团一再寻求对策、尚在权衡利弊之际，受命前往巴黎参与中国代表团幕后商讨的梁启超，以电报形式将外交失败信息泄露给报刊，舆论为之沸腾，激于爱国热情的学生，立即掀起了一场反对日本接管德国在山东权益的抗议声浪。

当得知北京学生意欲抗议后，安福系与皖系的政敌找到了一个反对皖系主导北京政府的最佳机遇。他们以抹黑态度将山东问题的责任人确定在段氏政权内部的曹汝霖、徐树铮、陆宗舆、章宗祥等，以引导舆论的风向。②《申报》在3月31日、4月17日、18日、20日、23日连续报道曹、章、陆三人在对日

---

① 爱丽丝·C.杜威：《杜威家书：1919年所见日本与中国》，刘幸译，北京师范大学出版社，2016年，第160页。

②《七团体和平抗议》，《民国日报》1919年4月18日。

外交中的行径，《每周评论》连续刊文痛责三人，其他报刊迅速跟进，大量报道引导公众目光锁定三人。同时，掌握外交委员会的研究系成员汪大燮、林长民、梁启超持续合作，将巴黎和会消息传入国内，继而与国民外交协会等团体联合致电中国代表团，意在既影响中方代表团决策又引起国内舆论关注。①

处于"南北统一"压力下的西南诸省，号召各省议会"一致电巴黎会议，拥护陆、顾、王诸使……此电事关重要，绝对宜守秘密，万勿向外发表"。②明为维护权益，实则意在煽动政潮，冲击北京政府，以减轻西南诸省的军事和政治压力。

在致电巴黎和会四国领袖时，安福国会尽力强调对德宣战后中德条约自然中止，意在既将德、日继承权划分开，强调归还中国的必然性，更意在开脱段氏政权在外交上的失败责任。在和会外交败局已定、民族主义浪潮达于顶点之际，主管外交的北京政府及背后的皖系自然难以控制局势，一切解释都是徒劳的。

5月2日，外务委员会委员、干事长林长民在《晨报》发表"代论"，声称："胶州亡矣、山东亡矣、国不国矣！愿我四万万合众誓死图之"，③成为五四运动的导火索。5月3日下午，研究系主导的国民外交协会决议定5月7日为国耻纪念日，将在中央公园召开国民大会。北大校园躁动起来，学生们决定4日赴天安门游行示威。在和平请愿不得要领之后，不得发泄的学生转奔较近的曹汝霖宅进行抗议。已派去曹宅防范意外发生的警察，却以上级命令"文明对待"为由，任由学生将抗议活动发展至砸门而入、怒打章宗祥并火烧赵家楼后才出手抓人。④

"火烧赵家楼"事件发生后，学生抗议方式引发争议。为避免再起冲突，国民外交协会取消了原定在中央公园举行的国耻纪念会，但发表声明直斥山东密约签署人曹、章、陆三人。康有为也通电支持学运。安福系操纵的《公言

① 邓野：《巴黎和会与北京政府的内外博弈》，社会科学文献出版社，2014年，第95~96页。
②《吴景濂函电存稿》，中国社会科学院近代史研究所近代史资料编辑组：《近代史资料》（总第42号），中华书局，1980年，第87~88页。
③ 林长民：《外交警报警告国民》，《晨报》1919年5月2日。
④ 曹汝霖：《曹汝霖一生之回忆》，中国大百科全书出版社，2009年，第206页。

报》为曹、章、陆三人辩护，称指责纯属"捕风捉影"；批评学生扰乱社会治安、侵害私权实不应该，①此后连续发文批评《晨报》与研究系操纵学运。②北京政府严密封锁学潮消息的努力，在传媒技术手段面前显然无济于事。

此时，营救在曹宅被捕的32名学生成为舆论焦点。最早联名出面保释的是研究系首领梁敬錞、汪大燮、王宠惠、林长民、熊希龄、范源濂等，远在法国的梁启超致电大总统徐世昌为学生求情。属于直系的江西督军陈光远、皖系卢永祥也感动于学生爱国热情而通电吁请放人。吴佩孚在湖南支持驱逐督军张敬尧，被誉为"革命将军"，此时也公开反对逮捕学生。③随即，北京各高校校长也联合保释学生。在各方压力下，首都警察厅终于5月7日答应释放学生。围绕释放学生与否，听命段氏的钱能训内阁与总统徐世昌间发生暗斗，差点引发内阁总辞职。④学生因爱国而被捕的悲情，通过电报和报刊等媒介向全国蔓延。

就在北京政府内部争斗之际，广东军政府也借机发起宣传战，致电北方要求释放学生，孙中山指示《民国日报》要多宣传学生运动，鼓动上海学生响应。⑤非常国会也通电谴责北京政府，支持严惩"外而阻挠赴欧代表之要求撤销中日密约及交还青岛；内则希图破坏上海和议"的曹、章、陆。⑥七总裁之一的唐绍仪通电声援学生，并将矛头直指曹、章、陆背后的段祺瑞，意在利用学潮抹黑北京政府。上海则在5月7日召开大会，国民党孙洪伊主持大会，但气氛较为温和。会后，素以亲日派著称的张继、戴天仇、何天炯等人，却在记

---

① 《昨天北京各校学生之大捣乱》，《公言报》1919年5月5日，转引自邓野：《巴黎和会与北京政府的内外博弈》，社会科学文献出版社，2014年，第104页。

② 邓野：《巴黎和会与北京政府的内外博弈》，社会科学文献出版社，2014年，第106页。

③ 陶菊隐：《吴佩孚将军传》，中华书局，1941年，第21页。出于反皖系的政治需要，此后吴氏对于学生运动的态度一如既往，参见《吴佩孚等对处理学生爱国运动态度电》（1919年6月9日），唐锡存等主编：《吴佩孚文存》，吉林文史出版社，2004年，第248~249页。

④ 邓野：《巴黎和会与北京政府的内外博弈》，社会科学文献出版社，2014年，第110~111页。

⑤ 《给邵力子的指示》（1919年5月9日），李吉奎、张文苑、林家有编：《孙中山全集续编》（第2卷），中华书局，2017年，第378~379页。

⑥ 《广东参众两院通电》，《大公报》（长沙版）1919年5月18日。

者招待会上直斥日本在甲午之后的对华侵略行径。①

政治势力的利用推动五四学生示威活动逐步走向高潮。此时，总统徐世昌与操纵国务院的段祺瑞间矛盾日激。进步党首领汤化龙，指使其秘书长林长民协助徐世昌在舆论上倒段。林长民每天到各高校讲演，"明晰事实，鼓励情感"，大力抨击段系曹汝霖经办的高（密）徐（州）、济（南）顺（德）铁路借款，甚至连与之毫不相干的吉林森林借款等也被加以抨击。与政界来往密切的记者吴虬日后记载："林长民利用学生爱国热诚，将各项借款，与巴黎和约，糅杂牵连，以乱学生耳目，日与徐世铮勾结曹汝霖卖国之说，聒于众耳"，学生到赵家楼所以痛殴章宗祥，均以为其是曹汝霖。他推断，"在革命史上有名之'五四运动'遂由林氏一人造成。学生心地光明，其行动在历史上确有价值，不过就当日实际情形而论，却为林氏利用而不觉"。由此感叹："学生一片赤忱，焉有余暇探索政治内幕。殊不知此事徐世昌为幕后政战总司令，林长民为临时前敌总指挥，徐（世昌）意在对段示威，林意在对段泄愤，徐、林各有隐情，倒段目标相同，成则利己，败则损人，此中微妙作用，局外乌得洞悉。"②曹汝霖也有类似的评价。③

已有研究认为，推动五四学潮的力量有徐世昌为首的力量、研究系势力和教育界的国民党势力。④然而日本人的情报认为，参与推动学潮反段者除了研究系外，⑤还有直系，矛头直指曾任内阁总理的熊希龄和前代理总统冯国

---

① 在上海有吉總领事ヨリ内田外務大臣宛（電報）:｢上海ニ於ケル五月七日ノ国耻記念日大会ノ情況ニ関スル護軍使盧永祥ノ談話等報告ノ件｣（1919年5月8日），外務省編:｢日本外交文書（大正八年）｣（第2冊下卷），外務省，1970年，第1161~1162頁。

② 吴虬:《北洋派之起源及其崩溃》，荣孟源、章伯锋主编:《近代稗海》（第6辑），四川人民出版社，1987年，第240~241页。

③ 曹汝霖:《曹汝霖一生之回忆》，中国大百科全书出版社，2009年，第210~211页。

④ 冯筱才:《政争与五四:从外交斗争到群众运动》，《开放时代》2011年第4期。

⑤ 在中國小幡公使ヨリ内田外務大臣宛第672号電（1919年5月5日）:｢北京ニ於ケル支那学生暴行ニ関スル件:曹汝霖、章公使遭難ニ関スル件（分割1）｣，JACAR（アジア歴史資料センター）Ref.B11090275300外交史料館藏。

璋；①判断支持学运的部分经费来自旧交通系的梁士诒、冯国璋等。②此外，欧美同学会意欲夺取亲日派的权力支持学运，一些教会学校因地位特殊而成为学运的大本营，甚至美英势力也积极参与了天津、济南、汉口等地的民众抗议运动。③进入6月，日本人甚至认为美国驻北京兵营是运动的"阴谋本部"，将1918年在中国募集的欧战伤员救济经费中的40万元用于支持反日的五四运动。④为辟幕后势力操纵学运之谣，北京34校公布接受社会各界捐款，共计2426.34元、票洋819元、铜元28047枚。⑤这个捐款数额显然并不能支撑学运。

由此可知，此时存在着助推五四学潮持续发展的明暗两股力量，一股是民族情感与爱国情怀，在当时由学生抗议、被捕的"哀兵"之势遍染全国，形成了强大的心理感染力；山东问题也让不少中国人意识到，日本对中国的渗透与侵略已非常深重，必须采取抵抗行动才有希望。⑥这也是推动五四运动的主要力量。一股是诸种政治力量在反对皖系政权和安福系的旗帜下南北呼应，在对学潮的充分利用中助推运动向全国蔓延，意在形成配合政争的舆论力量。两股

---

① 在中国小幡公使ヨリ内田外務大臣宛第692号電(1919年5月8日)：『巴里講和会議ニ於ケル山東問題処理ニ憤激ノ北京学生ノ暴動及其後ノ状況ニ関シ詳報ノ件』(1919年5月8日)，外務省編：『日本外交文書(大正八年)』(第2冊下卷)，外務省，1970年，第1147~1148頁。

② 在中国小幡公使ヨリ内田外務大臣宛第271号電：『北京学生ノ排日運動費出所ニ関スル件』(1919年6月16日)，外務省編：『日本外交文書(大正八年)』(第2冊下卷)，外務省，1970年，第1296~1297頁。

③ 東在中国日本公使館附陸軍武官ヨリ上原参謀総長宛(電報)：『北京学生暴動ノ原因及英米人ノ行動ニ関スル情報報告ノ件』(1919年5月12日)，在天津亀井总領事代理ヨリ内田外務大臣宛：『青島直接還附要求及日貨排斥運動ノ天津ニ於ケル状況報告ノ件』(1919年5月12日)，在济南山田領事代理ヨリ内田外務大臣宛：『国恥記念大会開催前後ニ於ケル英米人ノ活動振リニ関スル件』(1919年5月12日)，外務省編：『日本外交文書(大正八年)』(第2冊下卷)，外務省，1970年，第1171~1173、1175頁。

④ 東在中国日本公使館附陸軍武官ヨリ上原参謀総長宛(電報)：『時局ニ関スル安福派領袖ノ談話ノ報告ノ件』(1919年6月11日)，外務省編：『日本外交文書(大正八年)』(第2冊下卷)，外務省，1970年，第1500頁。

⑤ 在中国小幡公使ヨリ内田外務大臣宛：『北京学生ノ排日運動費出所ニ関スル件』(1919年6月16日)，外務省編：『日本外交文書(大正八年)』(第2冊下卷)，外務省，1970年，第1297~1298頁。

⑥ 爱丽丝·C.杜威：《杜威家书：1919年所见日本与中国》，刘幸译，北京师范大学出版社，2016年，第168页。

力量借助由电报、报刊、邮政和交通构建的信息与人员的快速流动，持续发酵，欲罢不能。

四、舆论、工商利益、政力助推抗议延伸

在当时信息传播的条件下，电报无疑是最便捷的信息通达工具，学生与工人、商会的通电抗议和动员，政治家间的相互诘难都借此展开。一些政治家如吴佩孚等，还借机树立起"开明将军"的政治形象。作为信息传递起点的北京、天津、上海、济南等地的学生联合会，均派联络员赴各地省会及城乡传递信息以寻求支持。[①]33个小时即可从北京到达上海的津浦、沪宁铁路，以及20小时可从北京到达汉口的京汉铁路，发挥了承载北京学生南下宣传的作用。铁路开通了近代邮政的运输通道，使南北报刊快速流通起来，并由沿线城市再散向偏僻城乡。很难说，信息所到之处必会引发抗议浪潮，但心有所同，情有所系，民族主义情感在无声地滋长。

由于电报、报刊等媒体将巴黎和会外交失败、北京学潮消息的传播扩散，各地学生均有所反应。北京政府担心学潮蔓延，连续下令各地严禁学生干政，声称学生爱国，"端在持以镇静，稍涉纷扰，恐速沦胥，名为爱国，适以误国"，[②]学生"高谈政治，心志易纷"，"苟有踰越范围者，虽素所亲爱，亦未敢放弃职责"。[③]然而学潮必然推动民众运动，也不易控制在法律范围，北京出现"制成泥偶，指作日人，陈列道路，加以种种污辱"的现象，学生在游行中声言日本是敌国。上海商业公团联合会、洋货商业公会、国民励耻会、全国和平联合会等社团，多次致电巴黎和会中国代表团和国务院，要求在山东问题上坚持勿让。安徽芜湖等地先后出现"击毁日人商店，殴伤

---

① 董振平:《信息传递与五四运动》,《齐鲁学刊》2010年第2期。
②《内务部转饬严禁学生干预政治训令稿》(1919年5月22日),中国社会科学院近代史研究所、中国第二历史档案馆史料编辑部编:《五四爱国运动档案资料》,中国社会科学出版社,1980年,第192~193页。
③《内务部转饬镇压学生爱国运动训令稿》(1919年5月22日),中国社会科学院近代史研究所、中国第二历史档案馆史料编辑部编:《五四爱国运动档案资料》,中国社会科学出版社,1980年,第194页。

日人情事"。①5月23日，济南中学以上学校一律罢课，"学生激于爱国愚诚，时有开会集议、游行演说、散布传单、抑制日货情事"。②5月25日，南京大中桥附近有学生投鸡翎信于某杂货店，声言"日本散放镪水、制造牙粉丸药，毒害中国人"等，以激发众怒。③孙中山则在上海接见学联代表时鼓励要大胆行动，"要有牺牲精神，要有突击运动，要扩大阵线，要设法激起怒潮来"。④由于临近暑假，有的高校提前放假以免学潮持续，学潮由此走出校园、城市，进而向社会底层蔓延。

5月底6月初，"五四"学潮从北京向以上海为中心的南方扩展，尽管各地当局采取了阻碍学生深入城乡宣传的种种措施，如交通部下令上海电报局"概不得收发"学生罢课的电报，检查北京官商各电，⑤但收效甚微。5月17日，《申报》《新闻报》《时报》《神州日报》《时事新报》《中华新报》《民国日报》联合宣布，自5月14日起不收日商广告。⑥5月26日，上海48个大中学校约万人在公共体育场集会，随后上海、南京、苏州等地多所学校宣布罢课，⑦拉开了以上海为中心的大规模抗议运动的序幕，运动也从北京时期主要由单一学生

①《内务部镇压北京反日运动训令稿》(1919年5月23日)，《芜湖警察厅报告日领无理要挟及日水兵寻衅文电》(1919年5月—7月)，中国社会科学院近代史研究所、中国第二历史档案馆史料编辑部编：《五四爱国运动档案资料》，中国社会科学出版社，1980年，第195~196、219~220页。

②《张树元等报告山东学生罢课游行已严令取缔密电》(1919年5月29日)，中国社会科学院近代史研究所、中国第二历史档案馆史料编辑部编：《五四爱国运动档案资料》，中国社会科学出版社，1980年，第207页。

③《江苏省教育厅关于侦防智愿救国党等反日活动函》(1919年5月26日)，中国社会科学院近代史研究所、中国第二历史档案馆史料编辑部编：《五四爱国运动档案资料》，中国社会科学出版社，1980年，第213页。

④《对上海学联的建议》(1919年5月29日)，李吉奎、张文苑、林家有编：《孙中山全集续编》(第2卷)，中华书局，2017年，第380页。

⑤《扣留文电之官场手段》，《申报》1919年6月1日；《连日外国电报局之忙碌》，《晨报》1919年6月7日。

⑥《广告》，《申报》1919年5月17日。

⑦《李纯等报告沪宁等地学校罢课电》(1919年5月29日)，中国社会科学院近代史研究所、中国第二历史档案馆史料编辑部编：《五四爱国运动档案资料》，中国社会科学出版社，1980年，第216页。

群体参与的形式，逐步发展到大批工人、商人参与，学潮向着罢课、罢工、罢市的纵深持续前行。

如前所述，如果说诸多信息的传播激发了知识群体的民族主义情感和爱国热情，进而使学生群体具有了救国反日的共同心理基础，加上一些城市开办了"学生储金"以支持罢课行为，[①]在政潮暗涌助推下，学潮自北向南推展具有内在逻辑。那么，为生活奔波的工人群体、为利益而逐的商人群体，有着一定的亡国忧患意识，受教育程度和生活的限制，则未必能理解学潮抗议的价值，他们支持学生又各怀诉求，以不失去生活来源为根本。

在爱国运动轰然而起后，基于民族国家立场，一些商人深受感染，也倍感压力。以营利为根本的商人群体，对于是否参加罢市、罢工，肯定有利益考量。总体而言，从事对外贸易者损失极大，极不情愿参加罢市；从事企业生产者，特别是与日本产品雷同并具有竞争关系者，多会积极支持抵制日货，可以借此占有空缺出来的市场。[②]《申报》上连篇累牍的"倡导国货"广告，公与私的考量令人难辨。从事店铺经营的小商贩，小本经营，不愿长期罢市，否则难以生存。

表2 《申报》所载1919年5月12日—6月3日间上海各业公会抑制日货决议一览表

发布时间	行业名称	主要内容
5月12日	火车转运业	不代客商运输日本货物，勿收用日本钞票。
5月14日	颜料什货公所	抑制日货，不装日轮，不用日钞
5月14日	花纱业	停止对日商交易
5月14日	煤炭业	不用日货，使用国内自产煤
5月15日	麸业	不买日货，不用日钞，不装日轮，拒绝日人支票
5月17日	绸缎业	不再续定日货，所存日货售尽为止
5月19日	西药业	概不进货

① 《各界对外表示之昨讯》，《申报》1919年5月17日。

② 资料表明，1920年上海华商纱厂增加10家，1919年只有11家，纱锭也从21.6万枚增至30.3万枚。如申新系统各厂的纱锭1918年为12960枚，1919年猛增至55872枚，1920年再增至74280枚。这一快速增长显然与主要竞争对手日商纱厂因抵制日货而减少生产有着密切关系。参见上海社会科学院历史研究所编：《五四运动在上海史料选辑》，上海人民出版社，1980年，第8~9页。

发布时间	行业名称	主要内容
5月20日	糖业	不再订货，业外之货，不得冒混，违规罚银二两
5月20日	木商公所	现货订货卖完为止，不再订货。
5月20日	沪绍水木业公所	所有木料、五金、玻璃、水门汀等，不再进货
5月22日	铁业公会	不购日货，不载日本汽船，不用日币，始终如一
5月22日	海味商帮	停止订货，调查现货情况
5月22日	各钱庄	不收受日币
5月22日	中餐馆	所用日本海味如鱼翅以燕窝代之，其他一律不用
5月22日	粮食商	断绝交易
5月22日	树木商	禁购一切日材，不用日钞
5月22日	五金商	停购日本五金货物
5月22日	运输公所	不许搬动一切日船货物，违者罚500元
5月23日	洋布业	日货只出不进
5月23日	纸业公会	不准买进及卖出日货，违者照货值一半处罚
5月23日	南货业	抑制日货
5月31日	通商各口转运公所	一概拒不装运日货
6月3日	腌腊业	不进日货，不用日币
6月3日	洋杂货海味同业	违章私进日货者，充公存银，再罚500两
6月3日	沪南商船公会	概不装运日货，不收日钞

资料来源：上海社会科学院历史研究所编：《五四运动在上海史料选辑》，上海人民出版社，1980年，第203~212页。

没有经营活动，商人必然损失惨重，那么他们何以参与长时间的抗议活动呢？资料表明，第一，他们并非积极参与，如5月7日在议会召开的国耻纪念会，六七百人到会，"均系学生、议员与改良会、讲演社等人，商界一人未到"。[①]第二，北京学生运动爆发后，上海总商会表示同情但无行动，以通电

---

①《庞作屏报告济南各界集会声援北京爱国运动及日本进行干涉密呈》(1919年5月7日)，中国社会科学院近代史研究所、中国第二历史档案馆史料编辑部编：《五四爱国运动档案资料》，中国社会科学出版社，1980年，第206页。

呼吁中日协商解决，要求国民"静以处事"。[①]一些商人贪图日产纱布便宜，依旧购买。[②]在学生"不批日货、不售日货"的压力下，先施公司声称，公愤所在，停办日货，但"现存之货，既属买入，则血汗所关，不得不忍辱须臾，竭力沽清，即行停止"。[③]这一广告立即遭到救国十人团"徒尚空言，不务实行"的谴责。[④]先施公司立即再表态，定于 5 月 22 日"概将日货完全收束不卖，宁愿牺牲血本，以示与人共弃之决心"。[⑤]6 月 3 日后，上海运动兴起。上海总商会依旧认为示威运动"非大国民所宜有"。[⑥]不少宣传罢市的学生，"先在南市要求商号罢闭，或用劝告，或用跪泣，加之途人附和，人势汹汹，各商店非闭门不可。于是俄顷之间，南市一律罢闭"。学生如法炮制，北市"各商店亦只有闭门一法"。[⑦]不少商人是在学生、店员及市民的内外压力下被迫罢市的，买卖日货现象大减。为了生计，不少商家在上海的四天罢市中，只参加了两天后即开始营业。面对罢市风潮，银行公会"对外态度不能不随众转移"，决定 6 月 6 日停业。银行业停业，迅速造成金融汇兑问题，导致一些银行发生市民挤兑现象，[⑧]金融业面临危机。

一些商人顺应时势，借机发国难财，"那时，有一种'威古龙丸'就大登广告来'敬告热血男儿'，说什么血不热则志不奋，血不足则热不能久，能爱国者须求热血之充分，则热血者须求补血之妙药。威古龙丸补血之第一灵丹

---

① 《总商会对于青岛问题之主张》，《申报》1919 年 5 月 10 日。

② 《正义团揭发纱业奸商》，上海社会科学院历史研究所编：《五四运动在上海史料选辑》，上海人民出版社，1980 年，第 201 页。

③ 《先施公司特别启事》，《申报》1919 年 5 月 17 日。

④ 《各界对外之消息》，《申报》1919 年 5 月 18 日。

⑤ 《广告》，《申报》1919 年 5 月 20 日。

⑥ 《上海学生罢课之第九日》，《申报》1919 年 6 月 4 日。

⑦ 《上海交通银行报告上海罢市罢工金融危急函》（1919 年 6 月），中国社会科学院近代史研究所、中国第二历史档案馆史料编辑部编：《五四爱国运动档案资料》，中国社会科学出版社，1980 年，第 241 页。

⑧ 《上海交通银行报告上海罢市罢工金融危急函》（1919 年 6 月），中国社会科学院近代史研究所、中国第二历史档案馆史料编辑部编：《五四爱国运动档案资料》，中国社会科学出版社，1980 年，第 243、245~247 页。

也，爱国志士，盍一试之"。①上海振胜制烟厂的广告牵强附会地称："振民气，御外侮，作商战，胜用兵，此我振胜烟厂之定名"，呼吁"同胞同胞事急矣，莫谓香烟小品无关宏旨，须知救亡图存，唯此是赖，国人其可忽乎哉，国人其可忽乎哉"！②

处在社会底层的工人群体，受教育和生活的限制，难以深刻理解学潮抗议的价值，即使支持学生也不会以失去生活来源为代价，然而史料所示出乎意料。自6月5日上午始，上海日本内外棉第三、四、五纱厂工人首先罢工，接着日华纱厂、上海纱厂工人参加罢工，商务印书馆、中华书局的工人及部分码头工人、沪宁铁路分部工人也开始罢工。在学生及店员支持下，上海各商号迫于形势，从6月5日上午陆续开始罢市，至中午华界、租界大小商店多已关门，娱乐场所多停止售票。上海各界代表举行联席会议，成立上海商学工报各界联合会，决定将斗争目标设定在惩办"卖国贼"上，不达目的决不复业。③

时人考察表明，1919年全国工人罢工66次，参加者91520人，其中因爱国或者对外因素而起的罢工35起（见表3），其他罢工均为争取经济利益；在有天数记载的52次罢工中，平均每次罢工5.65天，是1918至1924间罢工平均天数的最低值，仅高于1925年的5.32天。从地域上看，1919年罢工66次，集中在上海（57次），其他如松江县2次，苏州1次，杭州2次，汉口1次，香港1次，中东路、京绥及京汉铁路共2次。④这一统计与罢工范围较广的传统观感有差异，原因在于上海工商业发达程度远超其他地区，工人较为集中，帮会、同乡会凝聚力较强，"客观上是革命势力之一"。⑤上海商人势力也较大，可以提供更多资金支持罢工进而达到曲线抢占日货市场份额的目的，故而上海罢工较易形成。6月初上海的几次罢工游行，工人身后都有帮派、同乡会的影子。

---

① 严谔声：《五四运动中的上海商界》，《20世纪上海文史资料文库》(1)，上海书店出版社，1999年，第83页。

②《广告》，《申报》1919年5月17日。

③《沪上商界空前之举动》，《申报》1919年6月6日。

④ 陈达：《近八年来国内罢工的分析》，《清华学报》1926年第3卷第1期。

⑤《中国革命中之争论问题第三国际还是第零国际？——中国革命中之孟雪维克主义》(1927年2月)，《瞿秋白文集（政治理论编）》(第4卷)，人民出版社，2013年，第460、451页。

他们与地方政府、学生运动相互配合，控制社会秩序，[①]避免上海政府的镇压。其他城市工人规模较小，难以适应罢工需要。

表3　五四时期上海等地罢工行业一览表（1919年5月—10月）

序号	时间	地点	行业	人数	原因	经过
1	6月5日—11日	上海	内外棉第三、四、五厂	5000~6000人	请罢免曹、陆、章，释放学生	
2	6月5日—11日	上海	日华纱厂		同上	
3	6月5日—11日	上海	上海纱厂		同上	
4	6月9日—11日	上海	日商纱厂数家	万余	同情学潮、请罢免曹、陆、章	
5	6月10日—11日	上海	香礼饭店		同情学潮	西人劝说无效
6	6月9日—11日	上海	亚细亚美孚煤油栈		同情学潮，请罢免曹、陆、章	
7	6月9日—11日	上海	漆匠	宁绍帮	同上	
8	6月10日—11日	上海	水木工人	本、绍、宁、苏帮	同上	
9	6月6日—11日	上海	祥生铁厂	400余人	同上	
10	6月8日—11日	上海	船坞铜匠、铁匠	2000余人	同上	
11	6月8日—11日	上海	华章造纸厂		同上	
12	6月9日—11日	上海	江南船坞	全体	同上	
13	6月9日—11日	上海	铜铁机器工人	万余人	同上	
14	6月9日—11日	上海浦东	和平铁厂		同上	
15	6月10日—11日	上海叉袋角	大有榨油厂	500余人（多湖北人）	同上	
16	6月10日—11日	上海	荣昌火柴第一、二厂		同上	
17	6月10日—11日	上海	华昌片盒工厂		同上	
18	6月6日—11日	上海	南市电车	卖票及开车人	同上	
19	6月6日—11日	上海	法新界电车公司	部分卖票及开车人	同上	

[①] 邱涛：《五四运动的领导权：进步政治力量与传统社会力量的离合互动》，《教学与研究》2012年第5期。

续表

序号	时间	地点	行业	人数	原因	经过
20	6月6日—11日	上海	英美电车公司		同上	
21	6月9日—11日	上海	洋车夫	2000余人	同上	
22	6月9日—11日	上海	沪杭、沪宁路机师及工人	全体	同上	
23	6月9日—11日	上海	各轮船水手	宁广两帮	同上	
24	6月10日—11日	上海	马车夫	全市	同上	
25	6月10日—11日	上海	英美德律风公司	接线人员	同上	
26	6月10日—11日	上海	中国电线局		同上	
27	6月11日	上海	沪南商轮公司		同上	
28	6月6日—11日	上海	锐利机器厂		同上	
29	6月7日—11日	上海	札新机器厂		同上	
30	6月5日—11日	上海	商务印书馆职工	全体	同上	
31		上海	清道夫		同上	
32	6月9日—11日	上海	英美香烟厂	5000余人	同上	
33	6月	上海	四明长生会	各洋行、住户及西人饭店之执业者	同上	
34	6月6日—11日	上海	锦华厂		同上	
35	10月20日—11月7日	松江	履和袜厂（华）		该厂因违背"五四"后各店不买日纱之约遭人破坏，遂唆使工人罢工。	履和捣毁广大昌，全体罢市，履和赔偿损失。

资料来源：陈达：《近八年来国内罢工的分析》，《清华学报》1926年第3卷第1期。

在"三罢"活动中，部分失业人员因失业、生活困难长期积压的郁闷终得宣泄，"适当狂热沸腾之时会，百不当意，遂走极端"。安徽省长吕调元希望北京政府采取措施，"优待劳动，奖励职工，偏设补助机关，限制垄断营业"，使民众多有职业，减少隐患。①一些军队如山东第五师也参与其中，各种其他诉求也相继出现。

①《吕调元为广开仕路奖励职工消弭隐患密电》（1919年5月26日），中国社会科学院近代史研究所、中国第二历史档案馆史料编辑部编：《五四爱国运动档案资料》，中国社会科学出版社，1980年，第199~200页。

在湖南长沙，华泰长洋货号"不遵守抵制日货规约，暗中勾结日商，偷进日货，夜入日出，以日货冒充国货出售"，被学生愤而捣毁。常德学生因宣传抵制日货而与日商发生冲突，学生遂捣毁城内洋行多处。醴陵、湘阴等县亦焚毁了一些日货。就连较为偏僻的辰州，也查封了所有洋货店的日货。①

上海的"三罢"迅速波及至天津、汉口、广州等大城市，渐向更多省份扩散。南京、苏州、镇江、常州、扬州、徐州、杭州、绍兴、宁波、福州、厦门、漳州、广州、梅县、安庆、芜湖、合肥、南昌、九江、汉口、武昌、宜昌、沙市、长沙、宝庆、南宁、成都、重庆、绥定、叙州、昆明、贵阳、济南、泰安、烟台、济宁、开封、彰德、太原、西安、沈阳、长春、吉林、龙江等地，②陆续爆发规模不等的游行示威活动。6月9日，直系第三师师长吴佩孚公开通电支持学生抗议。③原本同情运动的地方官员，也担心激起民变，酿成治安问题，淞沪护军使卢永祥、湖南督军张敬尧、江苏督军李纯等纷纷向北京政府提议罢免曹、章、陆三人，以平民怨。此时，日本也以军事相威胁要求迅速平息反日运动。6月10日，权衡再三的北京政府决定对曹、章、陆三人"准免本职"。"三罢"运动达到第一个目标。

此后，运动转向了要求在参加巴黎和会的中国代表团拒签和约。各地由学生、市民参加的各式抗议和宣传活动持续不断。直至6月28日中国代表团拒签和约，抗议浪潮方才渐渐退却。

五、直皖战前的宣传战

1919年春天，直皖矛盾渐趋紧张。尽管攻克湖南的主力由直系名将吴佩孚率领，北京政府却任命皖系张敬尧为湖南督军。心怀不满的吴氏不愿再为皖

---

① 蒋询:《"五四"时期湖南人民的反日爱国运动》，湖南人民出版社编:《五四运动在湖南回忆录》，湖南人民出版社，1979年，第57~59页。

② 彭明:《五四运动史》(修订本)，人民出版社，1998年，第355页。

③《吴佩孚等要求释放学生公布外交始末电》(1919年6月9日)，中国社会科学院近代史研究所、中国第二历史档案馆史料编辑部编:《五四爱国运动档案资料》，中国社会科学出版社，1980年，第351~352页。

系主导"武力统一"的马前卒，转而呼吁和平，成为南北和会的支持者。利用学潮作为可能爆发的军事战斗的舆论助力，是直系、西南势力一个政治性选择。参与广东军政府的国民党人，也在支持学潮并反对皖系主导的北京政府。

中国参加第一次世界大战，源于皖系控制的北京政府的决策，段祺瑞力求借机扩张皖系军力。国家利益与派系利用交织在一起，由此导致"府院之争"——总统黎元洪与内阁总理段祺瑞间的矛盾。徐国琦的研究表明，事实上，北京政府1915年即致力参加一战，并通过一战扩大自己的国际化进程，力求解决长期以来受条约、列强、势力范围压迫的命运。[1]一战结束时，宣布参战的中国自1840年以来第一次成为国际战争的战胜国，皖系及北京政府的外交政策获得空前好评。1918年11月17日，一战结束的消息传来，人们聚集在北京政府总统府门前，庆祝协约国的胜利，高呼"公理万岁""民族独立万岁"，北京学生在美国使馆门前高喊"威尔逊总统万岁"，美国总统威尔逊发表的"十四点"原则在青年学生中耳熟能详。李大钊声称："和解之役，必担于威尔逊双肩也。"[2]陈独秀称其为"世界第一大好人"，声明"无论对内对外，强权是靠不住的，公理是万万不能不讲的了"。[3]或许这种对公理及正义的高期望值，也是导致了五四运动爆发的重要心理基础之一。

然而，巴黎和会上中国外交的失败以及对日密约的公布，使段祺瑞及曹汝霖等蒙上"汉奸"声名，引发众怒，也让诸多势力极度失望。此时北京政府深陷各派系攻讦的漩涡中心。对于反对皖系的奉系及直系而言，通过抗议活动进而发动各地的罢工、罢市活动，形成打倒北京政府的声势，则是一个攻击对方的绝好机会。正是在维护国家利益、反对列强、反对北京政府、谋求自己利益的共同基础上，各派系形成了一个推动各地抗议浪潮的松散联盟。美国使馆及来华讲学的杜威也对反日运动推波助澜。5月7日北京政府释放学生后，运动

---

① 徐国琦：《中国与大战》，上海三联书店，2008年，第264页。

②《威尔逊与和平》(1917年2月11日)，中国李大钊研究会编注：《李大钊文集》(第1卷)，人民出版社，2013年，第458页。

③《〈每周评论〉发刊词》(1918年12月22日)，任建树主编：《陈独秀著作选编》(第1卷)，上海人民出版社，2009年，第453页。

就将告一段落。但各方势力均不想使运动就此结束，都希望继续发展以尽可能削弱段氏政权的威望。①

此时，政治上反对段祺瑞最力的是直系吴佩孚。1918年3月，吴佩孚奉命率部入湘，直指西南诸省。率先攻入湖南的吴氏并未受到重用，湖南督军由皖系张敬尧担当。吴氏极度不满，主动顺应停战，声称南北议和是必然，以种种借口退兵北上，目标直指皖系主导的中央政府。五四学潮爆发后，身为山东人的吴佩孚，接连通电全国称赞："彼莘莘学子，激于爱国热忱而奔走呼号，前仆后继，以草击钟，以卵投石……其心可悯，其志可嘉，其情更可有原。"②直言"盖青岛得失，为吾国存亡关头，如果签字，直不啻作茧自缚，饮鸩自杀也"，"日人此次争执青岛，其本意不只在青岛，其将来希望，有大于青岛数万倍者"，③他劝告总统徐世昌"勿为众议所感，勿为威力所制"。④此外，吴氏还主张南北议和，一致对外。吴氏的行动，显然是"反对日本帝国主义的侵略，攻击安福系新旧交通系的卖国，无论其动机怎样，这些行动总像是一个未为国际帝国主义所收买的军阀了"。⑤后世研究者也认为："吴佩孚在五四风潮中肯定带有派系私图，但也有主观上的抗日动机"，他联合西南军阀，"密电往来，进一步发展为采取一致倒皖行动"。此后，直皖战争一触即发。⑥吴佩孚通过持续通电，树立起同情学生与民众、以民族国家大义为重的"革命将军"形象，从位居偏僻的湖南衡阳跨越时空，以一师之长的地位达成了类似督军甚至更高权位的政治影响力。⑦

滇贵桂川各势力与吴佩孚勾结共同反皖，岑春煊等采取"联直制皖"策

① 程巍：《"五四"：漂浮的能指》，《中华读书报》2009年4月29日。

② 《吴佩孚等要求释放学生公布外交始末电》（1919年6月9日），中国社会科学院近代史研究所、中国第二历史档案馆史料编辑部编：《五四爱国运动档案资料》，中国社会科学出版社，1980年，第351页。

③ 《吴佩孚反对签字要电》，《大公报》（长沙版）1919年7月2日。

④ 《吴佩孚反对签字要电》，《大公报》（长沙版）1919年7月2日。

⑤ 《孙吴可在一种什么基础上联合呢》（1922年10月），《蔡和森文集》（上），湖南人民出版社，1979年，第97页。

⑥ 郭剑林：《吴佩孚大传》（上卷），天津大学出版社，1991年，第102、111页。

⑦ 马建标：《权力与媒介：近代中国的政治与传播》，北京师范大学出版社，2018年，第241页。

略，反对南北议和。奉系张作霖支持学生示威游行。浙江督军卢永祥（皖系）表态同情学潮后，省议会上书总统徐世昌，要求罢免曹、章、陆。①属于直系的江西督军陈光远同情学生，江西省议会也通电北京政府，要求在巴黎和会上"据理力争，还我山河，释我学生。并通电南北，速息内争，一致对外"。②学生也并非尽为书生，也有联合政治力量以图大业者。7月4日，全国学联许德珩、左学舜赴南京求见直系江苏督军李纯，李纯出于政治目的抱病不见。③在对于学潮态度上，只要不触及自身利益，各派都会公开支持。表面上的声援学潮爱国行为与其真实的政治目的间，存在着复杂的利益纠缠。

国民党人将示威学生看作是其反对北京政府的同盟军。五四运动爆发后，孙中山即说："此次外交急迫，北政府媚外丧权，甘心卖国，凡我国民，同深愤慨。幸北京各学校诸君奋起于先，沪上复得诸君共为后盾，大声疾呼，足挽垂死之人心而使之觉醒。"④他曾言："试观此数月来全国学生之奋起，何莫非新思想鼓荡陶溶之功？"受五四运动的启发，"文以为灌输学识，表示吾党根本之主张于全国，使国民有普遍之觉悟，异日时机既熟，一致奋起，除旧布新，此即吾党主义之大成功也"。⑤他还致电徐世昌，认为：中国代表团如在和约上签字，"将于外交史上铸一大错。务恳顾念民意，维护主权，勿令巴黎专使

①《浙江省议会为外交失败要求罢免章曹陆电》（1919年5月13日），中国社会科学院近代史研究所、中国第二历史档案馆史料编辑部编：《五四爱国运动档案资料》，中国社会科学出版社，1980年，第210页。

②《江西省议会转陈学生为青岛问题组织游行警告团电》（1919年5月13日），中国社会科学院近代史研究所、中国第二历史档案馆史料编辑部编：《五四爱国运动档案资料》，中国社会科学出版社，1980年，第210页。

③ 杜春和、耿来金整理：《白坚武日记》（第1册），江苏古籍出版社，1992年，第201页。

④《复陈汉明函》（1919年5月12日），中山大学历史系孙中山研究室、广东省社会科学院历史研究所、中国社会科学院近代史研究所中华民国史研究室合编：《孙中山全集》（第5卷），中华书局，1985年，第54页。

⑤《复蔡冰若函》（1919年6月18日），中山大学历史系孙中山研究室、广东省社会科学院历史研究所、中国社会科学院近代史研究所中华民国史研究室合编：《孙中山全集》（第5卷），中华书局，1985年，第66页。

以无条件签字，即使有碍情形，只能让步至保留山东三款而止”。[①]

在皖系控制区域，主政者对于学潮、工潮的态度大不相同。皖系督军张敬尧对于学潮、工潮极力压制，直系吴佩孚则暗中支持学生、工人抗议。安徽省督军倪嗣冲认为，在和约上签字更利于将来收回主权，主张政府“当以大局利害为前提，似不便徇悠悠之众论，而益陷国势于艰危。至内外相维，保持秩序，凡为疆吏，负有专责”。[②]他严令控制安庆学生罢课，“督饬教育厅切实开导，如果始终违抗，即将为首各生立予革除。倘再不服训诫，虽全体解散，亦所弗恤”。[③]五四期间，关注外交走向却始终没有明确立场的阎锡山，极力弹压学生，致使山西学潮终未成势。[④]

如果说前述条件均成立的话，民族主义浪潮应该在信息技术传播最快、交通条件最好的东部大城市及其周边流行，然而一些中部偏远县城也有五四运动的浪潮激荡，则另有原因。

在由直系“长江三督”控制的江西、湖北和江苏省，五四运动得到了官方的充分容忍。在西南军阀控制的滇贵桂川各省，由于信息传播缓慢，学潮及罢工运动较少，地方势力也对有关五四运动的信息宣传相对放松。在直系吴佩孚控制的湖南省，将学潮、工潮视为反对皖系政权的“第二条战线”进行扶助。在国民党领导的广东省，对学生和工人运动予以同情。主政东北的奉系张作霖，则远离运动主流而保持观望态度。河南省督军赵倜并非皖系，但担心引发时局动荡，对学生罢课等活动予以严控，甚至推动6月初开封各校放假以削弱学生活动，学生赶印大批宣传材料到各地散发扩大了运动影响。1920年初，北京政府宣布撤换河南省督军及省长，引发赵倜不满，他转而支持学生向北京

---

①《致徐世昌电》(1919年6月下旬)，中山大学历史系孙中山研究室、广东省社会科学院历史研究所、中国社会科学院近代史研究所中华民国史研究室合编:《孙中山全集》(第5卷)，中华书局，1985年，第79页。

②《为主张巴黎和会签约致国务院电》(1919年5月25日)，李良玉、陈雷主编:《倪嗣冲函电集》，社会科学文献出版社，2011年，第399页。

③《为镇压安庆学生罢课及保护日侨复内务部电》(1919年5月29日)，李良玉、陈雷主编:《倪嗣冲函电集》，社会科学文献出版社，2011年，第397页。

④ 林清芬编注:《阎锡山档案(要电录存)》(第5册)，台湾“国史馆”，2003年，第53页。

施压。

此时，并没有一支独立可控军队的段祺瑞派系，虽有皖系声名却无稳定势力范围。在皖系倪嗣冲控制的安徽省，严密管制学生的抗议宣传活动，学运开展困难，学潮冲击力有限。在卢永祥主政的浙江省和上海地区，因卢氏同情学生，也相对放任抗议活动的展开，前提是保证社会秩序平稳，不能出现动荡。

显然，五四时期的政治格局已明显分化。借助五四运动，反皖力量得以整合，以强大的军事力量为依托，借助捍卫民族国家利益的尚方宝剑，将"卖国贼"的帽子戴在段氏头上，陷其于众口一词的谴责中，终致皖系在1920年第一次直皖战争中大败而彻底失势。

六、结语

赵鼎新把变迁、结构、话语三个要素归纳为影响社会运动产生的宏观结构条件，并作为考察国家与社会关系的切入点。[1]以之观照五四运动的产生逻辑可知，晚清至民初的中国，正在经历从传统向现代转型的社会变迁，是李鸿章所谓的"千年未有之变局"。信息与交通技术引入形成了电报、报刊、邮政构成的信息传递体系，科举废除与新式学堂的兴起构成了知识系统更新，连同工业与外贸的活力，社会结构为之一变。民初政治体制的结构变革也是不可或缺的变量，政党、社团大量兴起，具有释放权力话语能量的功能。在此背景下，民族主义的意识形态占据上风，一般知识精英、部分民众基于情感对之高度认同，知识精英眼界大开，青少年学生融入新潮，官商学工界融合加强，社会组织日益发达，甚至连一些士兵也会感动于学生宣传并予以支持，[2]各界参与社会建设的力度大增。这一社会整合是在五四运动中逐步实现的，它的演练也为此后更大规模的五卅运动的爆发奠定了基础，直至塑造出影响深远的中国社会运动文化。

在20世纪初的时代条件下，五四运动的发生逻辑与传统社会运动的表现

① 赵鼎新：《社会与政治运动讲义》，社会科学文献出版社，2006年，第2页。

② 爱丽丝·C.杜威：《杜威家书：1919年所见日本与中国》，刘幸译，北京师范大学出版社，2016年，第185~186页。

形式差异很大。近代信息与交通技术的逐渐普及、近代教育与工商业的兴起，造就了五四运动在欧亚大陆、从北京到上海、从城市到乡镇的空间转换，形成了参与规模、话语策略、动员机制、影响力等方面的近代特征，进而形成民族主义等诸种思潮的传播及新的民族国家意识与凝聚性的文化认同。五四运动当然是一场以学生、工人为主体的高扬爱国主义的政治运动，是对平等国际关系的追求，其间也充斥着政学工商各界另样的利益追逐，但复杂的历史面相，无碍民族—国家时代百年来主流思潮对五四运动爱国主义的标志性认可，它促使我们从思想史、文化史角度的思考惯性中走出来，从近代信息与交通技术对社会文化传播方式产生深刻影响的广大视野去理解五四运动的时代意义。

传媒技术手段提供了学潮爆发的信息诱因以及凝聚民族情感的前提，在近代以来中外诸多政治及经济不平等所形成的反抗外侮思维路径下，巴黎和会外交失败的信息在学生群体中迅速扩展并推动了五四运动的勃发。不同的政治势力穿插助力并加以利用，学潮扩散为"三罢"，影响渐广，各地响应的效果与地方执政者的政治倾向、利益分析关系极大。代表团拒签和约的决定实际上是一个基于国际条约体系因素、国内民众压力综合考量的结果。这是一场融合国际因素、国内政局纷争、民族主义高扬、工商群体登台的历史大戏。

综上，从某种层次或意义上讲，五四运动是传媒技术、新式教育、工商业和政治纷争等因素的复合体，是近代中国转型时代的必然产物，是知识群体普遍觉醒、普通民众被广泛动员进而表达诉求的例证，其民族主义、爱国主义鲜明色彩毋庸置疑。

本文原刊载于《中共党史研究》2019年第9期。

作者简介：

江沛，南开大学历史学院教授、博士生导师，南开大学中外文明交叉科学研究中心执行主任，兼任中国史学会理事、中国现代史学会副会长、天津历史学学会副理事长兼秘书长。曾入选教育部新世纪优秀人才支持计划，2014—2020年间曾任南开大学历史学院院长，先后任日本大阪大学、广岛大学及中国台湾政治大学客座教授。著有

《战国策派思潮研究》、《国民党结构史论》（下卷）、《城市化进程研究》、《中国历史新编（近代史）》（下册）等著作；主编《中国近代交通社会史丛书》（7册）、《中国近代铁路史资料选辑》（104册）、《中国交通史料选编》（68册）等史料集；在海内外发表论文80余篇；获得国家级、省部级科研及教学类奖励多项，主要从事中国近代社会史、政治史等方向的研究。目前主持国家社科基金抗战研究专项重大项目的研究，任首席专家。

"相成相克"：20世纪三四十年代
费孝通的城乡关系论

李金铮

  城市和乡村是在一定区域内共同存在的两个实体。城市与乡村的关系或城乡关系，包括经济关系、政治关系、社会关系等诸多方面。城乡关系是生产力发展和社会大分工的历史产物，在原始社会末期和奴隶社会早期，随着城市的出现而产生。在中国近代，城乡关系问题直到20世纪三四十年代才受到社会各界的关注和讨论。这一讨论，与中国政治、经济和思想的变动有极为密切的关系。20世纪二三十年代，在乡村危机与复兴乡村的交叠声中，各种乡村改造的思想、方案纷纷出笼。[①]在此过程中，关于城乡关系的讨论只是其中的一部分，不仅出现的时间稍晚，声音也比较微弱，那时各界所关注的核心不是城乡关系，而是乡村和城市各自的命运。就费孝通而言，他关注最多的也是乡村而非城乡关系，对城乡关系的论述在其成果中仅占较小的部分，但他并未忽视这一问题的重要性，而是从乡村视角对城乡关系进行了分析和研究。

  费孝通是著名的社会学家、人类学家，20世纪三四十年代先后于燕京大学、清华大学、伦敦大学、云南大学、西南联大和清华大学求学和任教，对江南、云南等地乡村进行了一系列实地调查和深入研究，发表了不少享誉海内外的经典之作。这些作品对中国乡村社会经济的危机与出路进行了多方面的探讨，提出了诸多发人深省的见解。[②]其中关于城乡关系（更多是经济关系）的研究，既有专门文章，也有相关著述。主要论文有：1933年10月的《我们在农村建设中的经验》，此为费孝通第一篇对城乡关系有所涉及的论文。同年11

---

  ① 参见郑大华：《民国乡村建设运动》，社会科学文献出版社，2000年，第66~136页；王先明：《走近乡村——20世纪以来中国乡村发展论争的历史追索》，山西人民出版社，2012年，第37~259页。

  ② 参见李金铮：《"研究清楚才动手"：20世纪三四十年代费孝通的农村经济思想》，《近代史研究》2014年第4期。

月的《社会变迁中都市和乡村》，是费氏第一篇专门探讨城乡关系的论文。此后费孝通对城乡关系反映较多的作品有《复兴丝业的先声》《江村经济》《中国乡村工业》《禄村农田》《内地的农村》《乡土重建》《关于"乡村工业"和"绅权"》，专门研究城乡关系的著述有《乡村·市镇·都会》《论城·市·镇》《损蚀冲洗下的乡土》《关于"城""乡"问题》《城乡联系的又一面》等。[1]费孝通坦率地承认："我曾想逐渐踏进更复杂的市镇社区，可是因为种种限制，我并没有如愿以偿……至于比市镇更复杂的都会，我还不敢作任何具体的研究计划。"正因为此，其"知识偏重在乡村方面，所以我看一个问题时也不免从这方面入手"。[2]也就是说，他主要是从乡村视角来分析城乡关系的。不过，费孝通毕竟是在县城出生、成长，并在大城市求学、任教，对城市经济和城市生活不乏丰富的感性认识，这对他思考城乡关系是有益的。

一切思想、学说的产生，都与前人和同时代学者有或多或少的关联，费孝通对中国乡村以及城乡关系的见解也是如此。据笔者对其1949年以前发表论著的全面检索，引用或评论约计82位学者的观点，其中国内20人，国外62人。国内学者包括吴文藻、潘光旦、陈翰笙、顾颉刚、冀朝鼎、严复等。相比而言，国外学者对费氏的影响较大，包括马林诺夫斯基、史禄国、派克、布朗、托尼、戴乐仁等。从以上学者的论著中，费孝通主要是受到社会学、人类学的理论和方法启发。就城乡关系而言，马林诺夫斯基、托尼、戴乐仁和费达生对他有过直接影响。

与同时期其他学者不同的是，费孝通将新学训练与调查研究结合起来，对中国城乡关系提出了具有高度概括意义的"相成相克"概念，并以此为中心，对历史上和现实中城乡关系的一些具体问题展开了分析。也正因为此，费孝通成为同时代中对城乡关系研究最具影响力的学者。但不无遗憾的是，对于这一颇具思想史价值的学术贡献，无论是历史学界还是社会学界，迄今都未曾给予

---

①《我们在农村建设中的经验》《复兴丝业的先声》两文，均由费孝通执笔，以其姐费达生（在江苏吴江农村推广科学养蚕，办小工业）的名义发表。费孝通关于江南丝业乃至整个乡村工业的认识，受到姐姐较大影响，详见后述。在本文，两文作者都表述为费孝通。

②费孝通：《对于各家批评的总答复》，《乡土重建》，观察社，1948年，第152页。

应有的重视。如果说学界对费孝通所提出的"差序格局"概念比较熟悉，那么对"相成相克"则是比较陌生的，更缺乏具有学术意义的专门研究。[①]爰此，笔者试图通过解读费孝通比较零散的文本，并将之置于近代尤其是民国以来的社会实际以及与同一时代相关学者的比较中进行考察和评判。

时至今日，距离费孝通当年的调查、研究和阐释已经过去了七八十年，但中国城乡关系的问题并没有消逝，"相成相克"的内在张力依然延续。如何处理好城乡关系，如何实现城乡的融合发展和乡村振兴，依然是中国社会经济建设所面临的巨大挑战。为此，我们既要关注现实，也要追溯历史，建立现实与历史的连续性，尤其要挖掘历史上曾经产生的思想智慧，和现实思考紧密联系起来。在此意义上，加强对费孝通的"相成相克"说的研究和阐释，对今天的城乡建设一定会有所启迪。

一、城乡关系"相成相克"概念的提出

城乡关系"相成相克"的概念，是费孝通1947年4月正式提出的。他发表的《乡村·市镇·都会》一文，第一个小标题就是"相成相克的两种看法"，在正文中费氏指出："对于中国乡村和都市的关系有相成和相克的两种看法。"[②]1948年3月发表《关于"乡土工业"和"绅权"》一文中，费氏又指出："我认为城乡在经济上及政治上都有相成相克的两方面，在历史的演变中，双方的分量常有轻重的变化。"[③]这一表述，已不限于"相成相克"，还提出双方的分量在历史演变中常发生轻重的变化。那么，何谓"相成"，何谓"相

---

①迄今尚无一篇全面深入探讨20世纪三四十年代费孝通对城乡关系论述的文章。冯川的《费孝通城乡关系理论再审视》(《中国图书评论》2010年第7期)、吴宏岐的《费孝通城乡社会研究的历史地理学视野》(《陕西师范大学学报》2010年第4期)，虽皆有其论域所限之价值，但都较为简略，没有将费孝通的研究置于同一时代中国社会经济思想史，尤其是城乡关系论说的整体脉络中进行考察，也未结合中国近代社会经济乃至世界社会经济发展的历史实际，对费孝通的看法做出解释。李金铮的《"研究清楚才动手"：20世纪三四十年代费孝通的农村经济思想》(《近代史研究》2014年第4期)一文，也仅在"商品市场与资本市场"一节中对费孝通的城乡关系看法有所提及。

②费孝通：《乡村·市镇·都会》，《大公报》(香港版)1947年4月27日。

③费孝通：《关于"乡土工业"和"绅权"》，《观察》1948年第4卷第4期。

克"，又何谓"双方的分量常有轻重变化"呢？

"相成"是理解这一问题的关键，在费孝通看来，"相成"是城乡关系的一种理想化状态，带有"应当"的意味。费氏关于城乡关系中的"相成"的一段表述，在其城乡关系论中具有纲领性的作用，实际的城乡关系是以此为标准上下浮动的。他认为："从理论上说，乡村和都市本是相关的一体。乡村是农产品的生产基地，它所生产的并不能全部自消，剩余下来的若堆积在已没有需要的乡下也就失去了经济价值。都市和乡村不同，住在都市里的人并不从事农业，所以他们所需要的粮食必须靠乡村的供给，因之，都市成了粮食的大市场。市场愈大，粮食的价值也愈高，乡村里人得利也愈多。都市是工业的中心，工业需要原料，工业原料有一部分是农产品，大豆、桐油、棉花、烟草，就是很好的例子。这些工业原料比了粮食有时经济利益较大，所以被称作经济作物。都市里工业发达可以使乡村能因地制宜，发展这类经济作物。另一方面说，都市里的工业制品除了供给市民外，很大的一部分是输入乡村的。都市就用工业制造品去换取乡村里的粮食和工业原料。乡市之间的商业愈繁荣，双方居民的生活程度也愈高。这种看法没有人能否认。如果想提高中国人民生活程度，这个乡市相成论是十分重要的。"①这一阐释表明，所谓"相成"就是城乡经济相互需要、相互补充的一种理想状态。

所谓"相克"，显然是离开了"相成"的标准。费孝通指出："从过去历史看，中国都市的发达似乎并没有促进乡村的繁荣。相反的，都市兴起和乡村衰落在近百年来像是一件事的两面。"②也就是说，城市与乡村之间是对立的，反相成的。而所谓"双方的分量常有轻重变化"，则是二者的比重常互有变动，相互之间的张力形成城乡关系的不同面相，或相成相克并重，或偏向相成，或偏向相克。

在费孝通之后，另一社会学者袁方于1948年6月也发表文章谈到了城乡关系的"相成相克"问题。他指出：城乡关系大体上说来有相成相克的两方面，

---

① 费孝通：《乡镇·市镇·都会》，《大公报》(香港版)1947年4月27日。
② 费孝通：《乡镇·市镇·都会》，《大公报》(香港版)1947年4月27日。

"城市离不开乡村，乡村也离不开城市，彼此互相依倚，构成一体，这是相成；城市剥削乡村，榨取乡里人的血汗，或是乡里人围困城市，革城里人的命，彼此对立冲突，这是相克。从相成方面看，城乡是朋友，从相克方面看，城乡是仇敌……城乡关系，虽因时因地有不同的表现，可是这种表现不在它是朋友，或是仇敌，而是在'敌乎？友乎？'的格局如何相成相克的凑合"。①这一表述与费孝通的上述看法是基本一致的，但没有像费氏那样对"相成"做出深入的解释。袁方时任清华大学社会学系教师，与费孝通为同事。抗战期间二人曾为师生关系，费孝通的《人性和机器——中国手工业的前途》一文，袁方参与过讨论和写作。抗战胜利后，袁方也是费孝通主持"皇权与绅权"的讨论班的核心成员之一。

费孝通提出"相成相克"的概念并不是偶然的灵机一现。追溯他此前发表的论著，其实早就有迹可循了。1933年，费孝通在《我们在农村建设事业中的经验》一文指出：在讨论中国乡村和城市的问题时，中国的都市有两种不同的性质。第一种是旧式的"城市"，如苏州等。这种城市的出现，不是由于工商业的发达，而是在于一辈脱离土地工作、依收租为生的地主们安全的要求。从经济上论，这是一种消费的集团。第二种是新兴的都会，如上海等，它们是西洋文明东渡的产物，是现代的，最重要的是工业和商业，所以是生产的集团。"论中国都乡关系的，往往不分此种差异，熟悉前者的，常认为两者在经济上是冲突的。消费者的增加，资本的耗费，自然对于农村有极坏的影响。熟悉后者的，则认为两者是相成的，因工业和农业本来互相赖以发达的。"②在这里，费孝通对城乡关系已有"冲突"与"相成"的概括。1934年的《从"社会进化"到"社会平衡"》，虽然是讨论人类生活与处境之间的关系，但费孝通的"相成相克"概念已初具雏形。他认为：因为人要求生，所以他得处处和环境周旋。处境不同，处境有变，文化跟着也要有变。"人们的处境实可以分为相成相克的两方面。相成的就是供给生活的资源，相克的就是和自己竞争

① 袁方：《城乡关系：敌乎？友乎？》，《新路周刊》1948年第1卷第6期。
② 费孝通：《我们在农村建设事业中的经验》，《独立评论》1933年第73号。

获得此种资源的一切势力。""若土地有限，人愈多则自然资源愈难得，除非想
别的办法——就是分工，就是把社会组织复杂化，使个人的工作效率增加以维
持生活。这是相成一方面的。在相克一方面，即竞争的增加……在人类的处境
中，相成相克的双方都有一种潜在的趋势。"①1937年的《从社会变迁到人口
研究》，同样不是讨论城乡关系，但费孝通也提出了"相消相成""相成相克"
的说法。他根据马林诺夫斯基的结构功能理论指出：通过"接触情境"来明了
现实社区的变迁过程，即新环境、新势力与传统势力、传统环境"两种势力相
消相成的场合所造下的一切状态"。如果将这一理论应用于研究中国社会变迁，
则为新的"动变势力"与传统的"抗变势力"所导致的"变迁事实"，"是相成
还是相克"？②1946年，在《人性和机器——中国手工业的前途》一文中，费
孝通又谈到"相辅相助""对立"与"相成"。他指出：从理论上来说，农业和
工业是相辅相助的。都市的兴起，人口集中在都市里，增加农产品的需要，促
进工业原料品的生产，都市的繁荣也就是农村的繁荣。人和物不是对立的，不
像现代文明中，人和机器一般的隐藏着恶感；人和物是相成的，人在物里完成
他的生活。③这一阐述与他在1947年提出城乡关系的"相克相成"已经非常接
近了。

二、传统城乡关系的"平衡"与相成

中国城乡关系的历史演进，核心问题是传统、近代及其关系。传统与近代
既有连续性，又可能呈现为断裂状态。费孝通对中国传统城乡关系与近代城乡
关系都有所涉猎，从发表时间来看，后者甚至早于前者，他对近代城乡关系的
关注自20世纪30年代初就已开始，而对传统城乡关系的研究则是40年代以后
了。费孝通对传统城乡关系的研究主要有两个介入途径：一是在研究现实的社

---

① 费孝通:《从"社会进化"到"社会平衡"》,《费孝通文集》(第1卷),群言出版社,1999年,第
225~226页。
② 费孝通:《从社会变迁到人口研究》,《费孝通文集》(第1卷),群言出版社,1999年,第519~
520页。
③ 费孝通等:《人性和机器——中国手工业的前途》,生活书店,1946年,第9、22页。

会经济问题时，凭借着对历史文献的一些了解，对传统城乡关系有所追溯；二是从位置较为偏僻、经济落后地区的调研中，找到传统城乡关系的蛛丝马迹，最终目的仍是为了说明近代以来，尤其是费氏所处时代城乡关系的变动。

对传统城乡关系，鲜有具体研究成果。马克思、恩格斯对人类城乡关系史及其特征做过宏观的描述和概括，认为从原始社会、奴隶社会到封建社会、资本主义社会，人类社会城乡关系一般经历了城乡一体、城乡分离和城乡对立加剧的过程，并预测共产主义社会将达到城乡关系的融合。其中，自从有阶级的社会产生以来，城乡关系基本上处于分离和对立之中。[1]在中国学界，1947年，社会教育家童润之和经济学家姜庆湘结合国内外历史，也做过简略的总结。童润之时任江苏省立教育学院教授，他认为："一部社会演进史，大体可说是都市对乡村的压榨史。……在昔奴隶与封建时代，特权阶级大抵留居乡村或城堡里，对一般农民作面对面的直接剥削。"[2]姜庆湘时任上海《经济日报》主笔，他认为一切阶级的社会都是都市与农村对立的社会，不过它们相互之间对立的程度、范围与方式，却因各个国家民族的社会发展条件不同而有很大的差别。对中国历史而言，"经历了奴隶、封建以及当前这个畸形的过渡阶段，但就我们的都市对农村的关系而言，却无论是在这当中的任一社会阶段，仿佛都是都市在农村扮演着剥削与支配的角色"。[3]上述观点，与马克思和恩格斯的解释有类似之处，都特别强调城乡关系的对立、城市对乡村的压榨。

五四新文化运动之后，否定中国传统社会已成为潮流。然而，费孝通对中国传统城乡关系史的解释却没绝对化，不仅没有完全予以否定，反而认为主要是相成的。从理论上说，这一观念应该受到他的导师马林诺夫斯基功能论的影响，即一种传统制度总有它的作用。[4]

---

① 参见《马克思恩格斯选集》（第1卷），人民出版社，2012年，第236~275页；《马克思恩格斯选集》（第2卷），人民出版社，2012年，第724~825页；《马克思恩格斯选集》（第3卷），人民出版社，2012年，第191~276页；《马克思恩格斯选集》（第4卷），人民出版社，2012年，第29~35、174~195页。

② 童润之：《都市与乡村》，《世界农村月刊》1947年第1卷2期。

③ 姜庆湘：《当前中国都市与农村的对立关系》，《中国建设》1947年第5卷第3期。

④ 马凌诺斯基：《文化论》，费孝通译，华夏出版社，2002年，第15~20页。

　　在对中国传统城乡关系的理解中，首先是如何界定关系的一方——"都市"？在费孝通看来，主要是指"市镇"，有时也指作为政治统治中心的都市，甚至二者经常是合一的。但无论是市镇还是都市，都和现代城市不是一个概念，它们不是工业中心，而是官僚、地主的居住地和农村货物的交易场所。基于此，费孝通所理解的传统市镇、城市和乡村之间的关系，就不是近代以后主要表现为工业和农业差别的城乡关系，①而是更多地表现为贸易关系。所谓"相成"，指的就是贸易关系。

　　农民与都市进行贸易主要发生在市镇，而非县城以及更大规模的都市。譬如云南昆明，虽然是商业发达的大城市，却不是农民所依赖的市场，在这里进行交易的是昆明居民以及各县城来采办的商贩。在昆明附近六七个很大的市集，俗称街子，这里才是农民的商业交易场所。甚至有的县城不设集市，如呈贡县，市集设在离县城约15分钟的龙街。费孝通认为，县城与街子是两种不同性质的社区，县城选址首先要考虑治安问题，一般选择在易守难攻的地方；而街子以商业为目的，地点在交通要道，四周农民容易到达。他肯定地认为，此类在乡村贸易发展中逐渐形成的小市镇在中国各处都有，在当时经济相对发达的太湖流域尤为普遍。以费孝通的老家江苏吴江县为例，也是他最先进行乡村调查的地方，县城在商业上远不及该县的震泽镇、同里镇。②这就是说，在传统社会中，政治中心不一定是经济中心，恰恰是这些市镇为城乡贸易提供了空间的便利。

　　农民与市镇的贸易联系，主要是农产品、手工业品在市镇的交易。费孝通认为，乡村是中国经济的重心，不仅是农业生产的中心，也是手工业生产的中心，正是这种农工一体的经营模式形成中国传统经济自给自足的根本特色。不过，农业生产和农民的日常生活不可能所有物品都能做到自给自足，仍需要进行买卖交易，到市镇换取乡村不能生产的物品。在民国时期，有的

---

　　① 费孝通：《禄村农田》，商务印书馆，1943年，第189页；费孝通：《乡村·市镇·都会》，《大公报》（香港版）1947年4月27日。

　　② 费孝通：《乡村·市镇·都会》，《大公报》（香港版）1947年4月27日；《论城·市·镇》，《中国建设》1948年第6卷第2期。

地方甚至还保留了以货易货的方式，"带着货物上街的人，还是带了其他货物回家的"。①更有一些农民，尤其是佃农，通过出卖手工业品，使得一些资金回流到乡村。这就是费孝通所说的，"它在租税的项目下输出相当资金，而籍家庭手工业重复吸收回来一部分。乡镇之间，似乎有一个交流的平衡"。"交流平衡"是传统城乡贸易最为显著的特征，正是由于"平衡保持得住，土地权不会大量外流"。②

与农民所提供的产品相比，城镇里生产的大多物品对农民来说不是不可或缺的。③抗战时期，费孝通在云南禄村调查时发现，当地都市供给农村的物品，就不是农民生活中长期需要的，这些物品的缺乏不会影响到农业生产。因为农业生产的工具不但简单，而且都是可以长久使用的。所以，"我虽不说中国农家全是自给，但是我却认为他们在相当长的时间内是可以自给的"。④云南乡村是相对落后，"还不能脱离传统的农村社区"，⑤其城乡关系带有传统特点是不奇怪的。

在城乡贸易的"平衡"中，费孝通高度肯定了手工业所起的显著作用。他认为乡村工业帮助了农业，进而维持中国这样庞大的乡村人口。手工业甚至巩固了土地制度、租佃制度，维持了佃农生活。因为在租佃制下，经营小农场上的佃户不能单靠土地维持"不饥不寒"的生活水准，乡村工业作为一道"防线"挡住了佃户和地主之间的严重冲突，"那是手工业津贴了土地制度"。在这种情况下，即使地主拿走农民所属土地收入的一半，农民还是能通过经营手工业，休养生息而维持基本生活。从经济学的角度来看，农业技术、劳动需求、人口范围、农场面积、乡村手工业、地租数量和地主权利是一种真正的"有机调整"。只要这种"调整"给予农民一种"不饥不寒"的生活，传统中国社会

---

① 费孝通：《乡村·市镇·都会》，《大公报》（香港版）1947年4月27日；费孝通：《内地的农村》，生活书店，1946年，第75页。

② 费孝通：《禄村农田》，商务印书馆，1943年，第189页。

③ 费孝通：《乡村·市镇·都会》，《大公报》（香港版）1947年4月27日。

④ 费孝通：《不是崩溃而是瘫痪》，《时论》（长沙）1947年第1卷第2期。

⑤ 胡庆钧：《费孝通及其研究工作》，《观察》1948年第4卷第23~24期。

就可以继续维持，一切经济制度如果不能保证这样一种最低限度的生活都是不能持久的。①这里所提出的"有机调整"，是费孝通在"交流平衡"之外又一重要概括。这一评价也为阐论近代中国乡村手工业的衰落以及对城乡关系分裂的影响埋下了伏笔。

正是由于城乡之间的交易平衡和有机调整，费孝通才对传统城乡关系给予了相成的肯定："那种我称作镇的社区，因为是偏重于乡村间的商业中心，在经济上是有助于乡村的。"②从当代学者的研究来看，这一状况类似于欧洲古典时代的城乡关系。欧洲古代社会分古典时期和中世纪时期，两个阶段的城乡关系并不完全一致，古典时期的城乡分化还不明显，农村在经济上是独立的，是整个社会财富的主要来源。城市在政治上统治农村，但在经济上对农村具有依赖性，城乡经济基本处于一种统一状态。③

此外，中国传统城乡关系的"相成"还表现在政治与社会结构上，主要是士绅在乡村所发挥的作用。中国有叶落归根的传统，在科举时代，乡下人在城镇游学，到都市考试，只是短期的，并不放弃祖居，这就是费孝通所说的，"考了秀才，中了举人，点了翰林，他可能始终是一个乡下人"。之所以如此，在传统社会中，都市并未表现出比乡村更明显的优势和吸引力，即便为官在城，终究也要告老还乡。这一传统为乡村社会保留了士绅和地方人才。这些人物不但不损蚀本乡的元力，"对于地方事业的负责可以说比任何其他国家的中间阶级为甚。即使我们说这些人服务地方为的是保障他们自身的地主利益，是养鸡取蛋的作用，我们也得承认这和杀鸡取蛋是大大不同了"。尽管传统士绅主要是地主，"他们可能在土地制度之内剥削农民，但是乡间财富并不大规模的外流。以整个社会说，有如叉麻将，叉来叉去，最后不会有太大的输

---

① 费孝通：《中国乡村工业》，《费孝通文集》（第3卷），群言出版社，1999年，第6页；费孝通：《黎民不饥不寒的小康水准》，《大公报》（上海版）1948年1月11日；费孝通：《对于各家批评的总答复》，《乡土重建》，观察社，1948年，第164页；Hsiao tung Fei, *China's Gentry*, University of Chicago Press, 1953, p.116.

② 费孝通：《乡村·市镇·都会》，《大公报》（香港版）1947年4月27日。

③ 刘维奇、韩媛媛：《中国城乡资源流动与城乡互动关系研究——以比较经济史为视角》，《现代经济探讨》2013年第10期。

赢"。①总之，城乡之间的人才渠道是畅通的，对乡村是有益的。

费孝通对传统城乡关系偏于肯定的解释，受到一些学者的非议，甚至有人认为他是为地主阶级唱赞歌。如前文提到的姜庆湘就认为，在费孝通的眼中，传统社会的城乡经济对立始终未曾存在过，而且抹杀了地主对农民剥削的历史。②这一评论当然有所偏颇，其实费孝通在对传统城乡关系予以肯定的同时，也未否认地主对农民的剥削。城镇对乡村的剥削关系，主要是指城镇地主对农民的租佃剥削、利息剥削，以及国家对农民的赋税剥削。中国土地分配集中，缺乏土地的农民租种占地较多的地主的土地，由此形成租佃经营者和租佃农民之间的剥削关系。在费孝通看来，地主出租了土地，"自己就离乡住入较为完全的城里去。在乡间做个小小富翁并不是件太安心的事，那是我们中国人的普通经验，用不着我来举例作证。那些地主们在他们住宅周围筑个围墙，可以保卫。他们有资本可以开典当铺，可以在谷贱时收谷，谷贵时卖谷，可以放高利贷，可以等乡间的自耕农来押田借谷，过一个时候贱价收买"。③至于国家对农民的赋税剥削，费孝通认为，这一剥削主要表现为都市，尤其是作为政治中心的都市（以官僚地主为基础）对乡村的统治和剥削。④不过，他对于这一层关系的论述较少。

如果用费孝通所界定的城乡"相成"的理想标准来衡量，中国传统城乡经济的确不能说是完全"相成"的，因为二者并没有形成相互需求、相互补充的状态。乡村经济基本上可以不依赖城镇而生存，而城镇却离不开乡村，城镇通过对乡村的剥削而生存，一定程度上对乡村是"相克"的。也正因为此，费孝通也曾表达过，这种城乡关系是一种"片面关系"。⑤不过，如果仅从经济关系而言，城镇对乡村的确不存在明显的"相克"，因为乡村产品几乎单向进入

① 潘光旦、费孝通：《科举与社会流动》，《社会科学》(北平)1947年第4卷第1期；费孝通：《损蚀冲洗下的乡土》，《大公报》(上海版)1947年11月30日。

② 姜庆湘：《再论城乡对立的经济关系》，《中国建设》1948年第5卷第5期。

③ 费孝通：《乡村·市镇·都会》，《大公报》(香港版)1947年4月27日。

④ 费孝通：《论城·市·镇》，《中国建设》1948年第6卷第2期。

⑤ 费孝通：《关于"乡土工业"和"绅权"》，《观察》1948年第4卷第4期。

城镇，而城镇少有回流的产品进入乡村，这就等于出多入少的"顺差"或者导致了费孝通所说的"交流平衡"。农民能够从产品进入城镇的获利之中，一定程度地抵御了缴纳地租、赋税和利息的"相克"，对乡村是利大于弊的。

与费孝通相比，当代学者对传统城乡关系的研究，也看到了城乡贸易的单向流动，城市并不比农村有更明显的优越性和吸引力。但有所不同的是，多数学者是依据马克思所说的"无差别统一"或城乡一体化、同一性来概括的，而未吸收费氏"交流平衡""有机调整"的"相成"概念。①

三、近代城乡关系的相克与分裂

如果说中国传统城乡关系处于一种"交流平衡"和"有机调整"的状态，相成远大于相克，那么到了近代，尤其是民国时期则发生了相反的变化，城乡关系之所以成为人们关注的社会问题，原因即在于此。1947年，费孝通指出："我们的历史不幸走上了使两者相克的道路，最后竟至表现了分裂。这是历史的悲剧。"但所谓相克，并不是你克我和我克你的互克，而"只是依一方面而说，就是都市克乡村。乡村则在供奉都市"。②费孝通还用"瘫痪"而不是"崩溃"来形容乡村衰落，"在乡土经济中崩溃却似乎不容易发生，会发生是瘫痪的现象……所谓崩溃是好像一部机器因为零件脱落而陷于停顿，是一种有类于机械性的现象；瘫痪是构成一个有机体的各个不太相关的细胞的破坏，它所给全体的影响并不是致命的，而是逐渐的，亏耗性的，有一点相类于生物性的现象"。③但瘫痪比崩溃还要糟糕，因为现代工业国家的经济危机并不是每一部门的败坏，而常是某一部门受到阻碍或是活动周转不灵，只要把"零件修好"或是阻碍活动的因素矫正了，又可以重上轨道、照常运行，危机之后可以接着复兴甚至繁荣。但瘫痪却是"每个细胞的逐渐在瘫痪，病害得

① 张利民：《城市史视域中的城乡关系》，《学术月刊》2009年第10期；赵泉民：《从"无差别的统一"到"对抗性"形成——基于新式教育兴起看20世纪初期中国城乡关系演变》，《江苏社会科学》2007年第3期。
② 费孝通：《乡村·市镇·都会》，《大公报》(香港版)1947年4月27日。
③ 费孝通：《对于各家批评的总答复》，《乡土重建》，观察社，1948年，第156页。

重得多，是沉疴不是险症"。①

对此现象，同一时代也有其他学者提出过类似的意见，在时间上比费孝通还早。譬如，1933年，四川大学农学院教授蓝梦九发表文章指出："都市譬如湖海，农村犹如湖海周围的河流，河流中间的水，日夜不停地集注于湖海，而湖海具莫大的吸水力，使河流干涸。……都市使其生活的奢侈增高，实掠夺农村之生活而致者，都市酒肉臭，农村饥寒迫，奢侈淫靡的都市造成社会的万恶。"②1937年，张腾发也指出：都市愈发展，农村愈破产，都市的繁荣与农村的凋敝是资本主义世界的普遍现象。与此相比，在殖民地化过程中迈进着的中国，城乡矛盾更加尖锐，更加复杂。③进入20世纪40年代中后期，关注城乡对立的学者明显增加，有姜庆湘、童润之，以及万典武、王亚南等。不过，与费孝通相比，他们都没有给出"相克"这样高度概括性的结论。

那么，城乡对立与分裂的具体表现有哪些，何以导致这种结局呢？费孝通主要从三个方面做了阐述：

第一，近代以来都市对农村的索取比传统时代严重得多，都市更加离不开农村的供奉了。近代以来所谓都市，主要是指新兴的通商口岸，也包括其他以推销和生产现代商品为主的通都大邑。从通商口岸发展起来的城市，既不同于传统城镇（市场镇和驻军镇），也明显区别于西方的大都市。费孝通认为，纽约和伦敦那样的西方都市可以看作一个广大经济区域的神经中枢，中枢的发展就代表了核心区域的发展，它们是联系在一起的。通过这种关系，促进了不同区域的劳动分工和经济分工，这是一个城乡相成的都会形式。但中国的上海等通商口岸却有所不同。首先，它不是普通的现代都会，不是一个经济独立的区域中心，而是一个被外国列强政治条约所打开的通商口岸。它不是一个像纽约或伦敦那样从它们自己的核心区域经济发展中成长起来的城市，而是西方掠夺对中国经济冲击的结果。通商口岸的繁荣并不意味着内地的繁荣，它们代表的不是互相发展，而是一种超经济的力量统治不发达地区的方式，在很长一个时

---

① 费孝通：《不是崩溃而是瘫痪》，《时论》（长沙）1947年第1卷第2期。
② 蓝梦九：《都市与农村的根本关系》，《中国经济》1933年第1卷第2期。
③ 张腾发：《中国的都市与农村》，《农声月刊》1937年第210~211期。

期它们是和中国整体经济的发展相偏离的。它们作为外国商品进入的门户，在经济上只是一个缺口，一种漏厄，不断地流出中国的财富。有的学者对此提出不同意见，认为商业是互利的，外国商品的输入必然由其他商品的输出而平衡，否则的话贸易会停止。费孝通却认为，这只适用于纽约、伦敦，却不适用于上海，上海输出的是中国的原材料，或者说从农村得到的工业原料，而且当货物的输出不能保持贸易平衡时也输出金银，输出商品并没有得到相等价值的进口商品。其次，上海等通商口岸与传统市镇又有类似之处，即它们都主要是消费者而非生产者的社区。不同的是，二者的消费来源有别，传统市镇的消费品是当地或者是附近所生产的，而通商口岸消费的商品大多却是从外国进口的。外国商品的主要市场之所以在通商口岸（或国际租界），是因为这些地方吸收了所有那些不能待在内地的人，这些人大多数是带了钱到租界里来花的。这些钱不是来自通商口岸本身，而是周围的农村，各种吸管把从中国农村吸出来的财富输入这些口岸。所以，费孝通认为，即便是仅次于纽约和伦敦的上海，也是一个工业不发达的都市，它是被供养着的，是用了从乡村里剥削来的财富换取外国工业品来消费，这是城乡相克的形式。[①]当然，所谓"从乡村里剥削来的财富"，费孝通并没有明确所指，但显然是前述传统城市对农村的租赋剥削，并且由于近代都市增加了洋货的消费，向农村的索取更加严重了。

与费孝通相比，其他学者也多强调近代都市对农村的剥削关系，但分析角度有一定的差别。譬如农业经济学者杜修昌，当时任职于国民政府中央农业实验所，他主要从农民与工人之间生产与消费关系的角度，分析都市对农村榨取的问题。他认为，从纵的方面说，农村的金钱概为都市所吸收；从横的方面说，农民是生产者，都市工人是消费者，都市工人所消费的生活资料是农民的生产物，这是都市榨取农村的一种形态。反过来，因交换经济的发达，农村已

---

① 费孝通：《对于各家批评的总答复》，《乡土重建》，观察社，1948年，第153~155页；Hsiao tung Fei, *China's Gentry*, University of Chicago Press，1953，pp.104–107；费孝通所认为的西方发达国家城乡的相成关系，在当代不少实证研究中得到印证，参见易文彬：《城乡关系演变的历史与理论阐释》，《河南大学学报》2010年第3期；薛晴、任左菲：《美国城乡一体化发展经验及借鉴》，《世界农业》2014年第1期。

失去自给自足的经济状态，农民的消费品大都由都市而来，物品价格随着都市工人生产费用的增加而增加。由于农民不得不消费高价的商品，这种贱卖贵买的关系又构成都市榨取农村的一种形态了。[①]这一说法有一定道理，但不如费孝通所论全面和深刻。

第二，都市工业的发展，导致乡村手工业的衰落以及农民生活的贫困化。这是费孝通所论都市克乡村的核心。如前所述，费氏所谓传统城乡关系的"交流平衡"和"有机调整"，主要是因为家庭手工业在农家经济中扮演了重要角色，但近代以来却发生了相反的动向，"交流平衡"和"有机调整"开始崩溃了。费孝通指出："一个重要的齿轮——乡村手工业脱落了。……随着乡村工业的衰落，对农民而言，维持一种最低限度生活的传统调整机制失去了效力。"[②]

农村手工业之所以衰落，根源在于和都市工业的市场竞争中完全处于劣势。都市工业品，即机器制造品，无论是成本还是出品质地都比手工业产品具有压倒的优势。费孝通指出：机器所用的是无生能力，富有累积性和正确性。手工业用的是有生能力，限于一个人的或若干人能加得起来的体力。这种能力不但不易累积，而且不易正确。因此，机器生产超越了手艺生产。人工要和机器去竞争，有如挑夫对飞机火车一般望尘莫及，若单就抽象的手工业和机器工业来讲，手工业确是处在不利到无法抬头的地位。江南缫丝工业击败了传统蚕丝手工业，就是一个典型的例证，传统的手艺敌不过现代的机器，土丝的价格因市场的日缩，一落千丈，竟至不能支付生产的成本。结果，国内蚕丝市场随之缩小。市场缩小的结果带来了农村地区传统家庭蚕丝手工业的破产。在机器制造品里面，洋货的输入是更为致命的。费孝通指出：中国手工业的"地方产品"成了劣等物的同义词，"费了较高成本制造出既不雅观，又不适用的土货，怎能在既便宜又漂亮的洋货旁争得购买者呢？……引起了乡村里无数靠着制造

---

① 杜修昌：《农村与都市之关系》，《中华农学会报》1932年第101~102期。
② Hsiao tung Fei, *China's Gentry*, University of Chicago Press, 1953, pp.116–117.

土货的工人们的失业"。①在传统社会，乡村手工业还可以脱开城市而发展；而在近代大机器工业面前，依靠手工的农民是没有抵抗力的。

一般来说，现代机器工业取代手工业是历史的进步。然而，进步并不是对所有人都有利，对于中国农民而言就产生了痛苦的结果。费孝通指出："我们中国的经济已犯了一种绝症"，以往用来帮助农业来养活庞大农村人口的手工业，因机器的发明而沦于不可救药的地位。手工业没有了希望，也就等于说中国农村经济没有了希望。②他以江村蚕丝业的衰落对农民的影响为例，做了两个方面的阐释：首先是入不敷出。当蚕丝业兴旺时，佃户尽管要缴纳租米，大量财富从乡村流入城镇，但他们仍能从手工业品的销售中获得利润得以补偿，维持足够的生活水平，并用于应付经常发生的灾难和昂贵的礼节性开支。但蚕丝业萧条之后，村里的平均收入减少了1/3，而消费和社会义务方面的开支仍然像过去一样，结果自然是亏空。其次，乡村地权外流和佃户数量增加。土地问题虽然早已存在，但在手工业兴盛的时代，问题不是很严重。手工业衰退后，农民入不敷出，不得不向城镇富裕的地主或高利贷者借债。借贷仅靠个人信用是不可能的，抵押地权成了唯一的出路。当不能按时偿还债务时，地权就不得不转移出去，有田的农民也就降为佃户了。在江村调查时，费孝通发现全村已有70%的人家成了没有田的佃户。③

在农民土地向城市流失的问题上，费孝通受到英国经济学家托尼的启发，但有较大的修正。费氏认为托尼的《中国的土地与劳动》是研究中国农村经济生活最好的一本书。托尼指出：在中国农村的某些地域，"又出现了另一种地主阶级，即在外地主阶级。在外地主并不居住在土地所在地的乡村，他们和农

---

① 费孝通等：《人性和机器——中国手工业的前途》，生活书店，1946年，第10页；费孝通：《禄村农田》，商务印书馆，1943年，第2页；费孝通：《江村经济》，戴可景译，江苏人民出版社，1986年，第12页；Hsiao tung Fei, *China's Gentry*, University of Chicago Press, 1953, p.117；费孝通：《黎民不饥不寒的小康水准》，《大公报》(上海版)1948年1月11日。

② 费孝通等：《人性和机器——中国手工业的前途》，生活书店，1946年，第10~11页。

③ 费孝通：《江村经济》，戴可景译，江苏人民出版社，1986年，第187~188、195~196页；费孝通：《关于"城""乡"问题——答姜庆湘先生》，《中国建设》1948年第5卷第6期；费孝通：《禄村农田》，商务印书馆，1943年，第2页。

业的关系纯粹是金融关系"。他认为靠近都市的农业生产力高，有吸收都市资本的倾向，因此都市资本较多流入农业中。譬如在广州和上海邻近地带，农民中的佃户分别高达85%和95%。而在陕西、山西、河北、山东及河南等传统农业区，据说有2/3的农民是土地所有者。[①]费孝通在《江村经济》中不仅引用了托尼的观点，还认为该观点在太湖流域的江村得到证实。不过，费孝通在调查云南禄村之后，发现这里的土地状况是托尼的观点无法解释的。禄村的单位面积产量比江村多，但事实上这里的地权却很少流失流到市镇。费孝通认为，其中的奥秘仍在于手工业，"若是要解释江村佃户充斥的现象，我们决不能忽略了该地手工业崩溃的事实。用手工业崩溃和现代工商业势力的侵入来解释江村土地制度的现象"。反之，"若是一个原来就不靠手工业来维持的农村，它遭遇到都市的威胁，决不会那样严重"，所以费氏非常自信地说："是我个人的一种见解。"[②]

为了进一步说明都市工业对乡村工业的破坏及其影响，费孝通还进行了逆向论证。他发现，抗战时期的大后方农村一旦与都市隔绝，经济发展和农民生活反而得到了改善。这一见解，呼应了他对传统城乡关系所说的"相成"论。以日常生活用品为例，抗战爆发后，很难依靠都市企业来满足。因为沿海都市工业遭到破坏，政府又限制日用品的进口，外国日用品不能大量的输入；而在敌机轰炸之下，后方都市也不易建立起大规模的工厂企业；在国防需要之下，政府尽力维持的工业也大都偏于军需性质。如此一来，日用品的供给只能留给乡村工业自谋解决了。乡村工业一旦脱离了洋货和机器产品的竞争，竟走上了繁荣之路，到处可以听到各种手工机器的声音。在都市附近的乡村，经营这些手工业的农民，谋得了利益，生活水平普遍提高，比以前吃得好了，衣服穿得整齐了，新建筑比以前加增了。由此导致"乡村没有了都市是件幸事……老百

---

① 理查德·R.托尼:《中国的土地和劳动》,安佳译,商务印书馆,2014年,第31、68页。
② 费孝通:《禄村农田》,商务印书馆,1943年,第2、189页。

姓所求之不得的"。[1]这一现象，可谓中国近代史上极具讽刺意义的一幕！

费孝通还发现，乡村手工业的衰败不仅影响了乡村，还影响了都市。因为都市不能孤立地发展现代工业，"如果乡村不能繁荣，农民收入不能增加，都市工业尽管现代化得和西洋比美，工厂里出产的货品试问向哪里去销售？工厂不是展览会，不是博物馆，没有市场就得关门"。[2]这一点其实与传统社会有一脉相承之处，城市终究不能离开乡村而顺利发展。

不仅如此，手工业的衰落还导致了租佃冲突乃至社会动荡，这是更大的社会问题，费孝通指出：当地主下乡收租时，发现他们的佃户并不像以往一般驯服了。地主也许不明白为什么佃户变了，他还是收取和以往同样的租额，并不是过分的要求，但佃户们眼里的收租者变成了来要他最后一粒谷的催命鬼，"看不见的是没有声音的西洋工业势力，它打碎了传统有机配合中的一个齿轮，那一个地主本来不关心而其实是保证他们特权的齿轮，乡土工业"。在此基础上，费孝通预言，乡村工业的崩溃既然打击了地租的基础，也就决定了地主阶层的命运，而失去手工业的农民也会引起社会扰动，"这些问题，决不是杞人忧天之类，若不及早预防，迟早会逼到我们头上来的"。[3]费孝通的提醒，已经在中国革命的浪潮中得到了验证。

第三，精英离村进城及其对乡村社会的负面影响。与传统社会中的叶落归根传统相比，[4]近代尤其是民国以来，"以官为家"以及乡村精英脱离乡村的现象成为常态。费孝通感叹道："以前保留在地方上的人才被吸走了；原来应当回到地方上去发生领导作用的人，离乡背井，不回来了。……乡土培植出来

---

① 费孝通：《中国乡村工业》，《费孝通文集》（第3卷），群言出版社，1999年，第13~14页；费孝通：《内地的农村》，生活书店，1946年，第84页；费孝通：《乡村·市镇·都会》，《大公报》（香港版）1947年4月27日。

② 费孝通：《现代工业技术下乡》，《乡土重建》，观察社，1948年，第103页。

③ 费孝通：《江村经济》，戴可景译，江苏人民出版社，1986年，第133~134页；费孝通：《黎民不饥不寒的小康水准》，《大公报》（上海版）1948年1月11日；费孝通：《复兴丝业的先声》，《纺织周刊》1934年第4卷第20期。

④ 唐宋时出现了"以官为家"的新现象，但这样一种"家"与"乡"的疏离，并非成为长期的普遍现象，为官者"落叶归根"的现象更为常见。参见罗志田：《地方的近世史："郡县空虚"时代的礼下庶人与乡里社会》，《近代史研究》2015年第5期。

的人已不复为乡土所用，这是目前很清楚的现象。"①

之所以出现这一现象，与清末科举停废和新式教育的兴起有关。费孝通发现，来自乡村但已受到新式教育的毕业生，不是不愿回到乡村，而是由于与乡村格格不入，不能回乡村了。譬如大学生，几年的离乡生活已把他们和乡土的联系割断了，生活方式、价值观念的变化使他们觉得自己异于乡下人，而无法再和充满着土气的人为伍了。"他向哪里去找可以应用他在大学里所学得的那一套知识的职业呢？说是英雄无用武之地可以，大才无法小用也可以。"不只大学，中等教育与乡村也是不合拍的。费孝通在云南禄村做研究，靠近村子不远有个农业学校，乡下朋友常指着学校的农场说笑话，说老师们种菜像是种花，赔本的。学生们出来，也没有那么多"校农场"给他们"实习"和"实验"；回家去，家里也没有这么多本钱来赔。最终，有些学生当了小学教员，有些学生转入军校，还有些学生在家里赋闲，整天无所事事的鬼混。无论是大学生还是中等教育学生，都是不曾利用新知识去改良社会的一批寄生性"团阀"阶层，既不能从事生产去获取生活，就只有用权势去获取财富了，转而阻碍了城乡生产事业的发展。有鉴于此，费孝通断言，现在这种教育不但没有促进中国现代化，反而发生了副作用，成了吸收乡间人才的机构，有一点像"采矿"，损蚀了乡土社会。②现代教育原本是进步的事业，但对于中国乡村却导致了人才外流，城乡相克可见一斑。

当然，科举废除之后并不是所有的乡村精英全部流失，而是关心和从事乡村事业的人越来越少了。费孝通以故乡吴江县自己的家庭现身说法，证明父辈和他们兄弟一辈与乡村的关系有了重要的区别。费氏的父亲是在最后一次科举考试中取得生员资格的，科举废除后，由清政府选派赴日留学。留学归国后，父亲关心本乡的教育、政治和经济，创办中学，组织县议会，主持开拓耕地，疏通水利。但30多年为地方服务的实践，结果却令其"失望而老了。他期望于他的下一代，而他的下一代呢"？费孝通说：除了姊姊还继续着本乡丝业的

---

① 费孝通：《损蚀冲洗下的乡土》，《大公报》(上海版)1947年11月30日。
② 费孝通：《损蚀冲洗下的乡土》，《大公报》(上海版)1947年11月30日。

改良，兄弟4个全飞出了家乡，不再回去了。吴江这个小县城，在抗战前考取公费留学欧美的，至少有7个，但是没有一个回到本乡的，"都不回去了，而且也没有人想回去了"。由此造成的结果是，在费孝通调查的江村，要想选择一个有文化有抱负的村长都很难，中学毕业生认为村长工作枯燥无味，缺乏前途。①乡村已经越来越远离人才精英了。

正是由于传统领袖的缺乏，为那些利用权势构成种种法外的"团阀"鱼肉乡里提供了机会。"地方上现在已没有任何挡得住那种借权势和暴力来敲诈劫掠的力量了。贡爷老爷已经不存在，洋秀才都挤在城里，农民除了束手待毙，只有自己出来抵抗，而整个机构也就难免于瘫痪了。整个中国，不论上层下层，大小规模，多少正在演着性质相似的悲剧，但在生活已经极贫困的乡间，这悲剧也就演出得更不加掩饰，更认真，更没有退步。日积月累，灾难终于降临，大有横决难收之势了。"②乡村社会完全劣化了，所谓土豪劣绅之说是有社会基础的。

除此以外，费孝通对普通农村劳力离村进城也给予了关注。他指出：农民守不住耕地，向都市集中。在农村，是经济的破产；在都市，是劳动后备队的陡增，影响到都市劳动者的生机。③与其相比，有的学者看得更为严重，如《东方杂志》主编钱智修认为："都市集中之危害最烈者，尤在将全国之资本劳力，吸收于少数之大都会或大事业，使田野荒芜，食粮匮乏，而农村之自治与教育，皆无人过问。"④

应当说，近代城乡对立、都市克乡村已成为大多数学者的共识，只是对这一问题认识的程度轻重不同罢了。但也有少数学者对城乡关系提出了不同意见，认为都市的发展有益于乡村。费孝通读清华大学研究院时的老师、社会学家吴景超就指出："社会上还有许多人，误认都市为农村的仇敌。他们以为都

---

① 费孝通：《漫谈桑梓情谊》，《中国建设》1948年第5卷第4期；费孝通：《江村经济》，戴可景译，江苏人民出版社，1986年，第77页。

② 费孝通：《损蚀冲洗下的乡土》，《大公报》（上海版）1947年11月30日。

③ 费孝通：《复兴丝业的先声》，《纺织周刊》1934年第4卷第20期。

④ 坚瓠：《都市集中与农村改造》，《东方杂志》1921年第18卷第17号。

市对于农村，不但没有贡献，反可使农村的破产加深。这种误解，是应当矫正的。……都市与乡村的关系，不是敌对的，而是互助的。"[1]社会经济学家、历史学家陈序经也强调：都市是帮助乡村的好友，乡村并不因都市的发展而零落。反之，乡村的人口也差不多增加了一倍。虽说乡村发展和都市发展有了分别，事实上，所谓都市的发展，差不多也就是乡村的发展。[2]显然，以上观点是费孝通不能同意的，由此还形成与老师吴景超的争论，其具体表现主要为后述乡村工业与都市工业的发展道路之争。

从学界对中国近代城乡关系的实证研究来看，费孝通当时对城乡对立、都市克乡村的问题深表忧虑，在一些方面的评价的确有些过低。譬如从上海与周围农村的关系的研究中可以发现，一个外向开放型的城市对周围农村经济的影响和作用也有积极的一面，乡村也为城市经济的进一步发展提供了有利的社会环境和物质基础，城乡双方都是有利的。在面临洋货倾销时，农村传统手工业也能够调整生产内容或另辟谋生途径。农村商品经济的进一步发展，给近代工业产品打开了销路，为城市经济的繁荣和民族工业的兴起提供了一些市场。当然，受中国近代半殖民地半封建社会性质的制约，近代上海的城乡关系也存在很多局限和弊端。其他如福州、厦门、宁波等地，城乡关系也多如此。[3]以上近代城乡关系的实例，大致反映了相成与相克之间的张力，而非绝对的都市克乡村。不过，费孝通对近代城乡关系的描述和判断基本上是正确的。

四、重建城乡之间的有机循环

18世纪以来西方学界对城乡关系如何才能实现良性发展，提出过一些不同的看法。亚当·斯密认为，农业是工业原料的来源，都市财富的增长要按照

---

[1] 吴景超：《发展都市以救济乡村》，《大公报》(天津版)1934年9月9日。

[2] 陈序经：《乡村文化与都市文化》，《独立评论》1934年第126号。

[3] 戴鞍钢：《近代上海与周围农村》，《史学月刊》1994年第2期；林星：《近代东南沿海通商口岸城市城乡关系的透视——以福州和厦门为个案》，《中国社会经济史研究》2007年第2期；孔伟：《近代宁波的城市化水平与城乡关系》，《宁波经济》2012年第12期。

乡村耕作及改良事业发展比例而增长。①杜能认为，以工农产品互换为基础，城乡间产业要合理分工布局。②马克思认为，要消灭城乡差别，必须统筹城乡产业，将大工业在全国尽可能平衡地分布是消灭城市和乡村分离的条件。③以上学说反映了欧洲地区的情况。20世纪三四十年代的中国学界，主要是根据中国城乡关系的历史和现实提出了看法，与上述西方学界所提出的学说并无明显的借鉴关系。

基于中国近代城乡对立的认识，费孝通等大多数学者都是以此角度来提出解决之道的。费孝通呼吁："我们决不能让这悲剧再演下去。这是一切经济建设首先要解决的前提。""我们必须从速恢复城乡之间的循环关系"，"最后的目标是重建城乡的有机循环体，互相有利的配合"。④换句话说，就是达到城乡关系的"相成"。

在都市与乡村之间，费孝通强调二者"至少是有同样的重要"。他还提出"城乡互补"论，认为工业品和原材料、粮食之间不断地交换的城乡贸易类型，将会提高双方的生活水平。因此，要提高中国人的生活标准，加强城乡经济联系具有头等的重要性。⑤与费孝通一样，也有其他学者强调都市与乡村并重。如袁方认为，城乡的关系不仅是利益的结合，还是一个共同不可分割的整体——互助共存。都市的繁荣要建筑在农村的繁荣之上。发展都市呢？还是繁荣农村呢？不是孰轻孰重的问题，而是都市与农村如何并行不悖的重建的问题。⑥童润之也指出：城乡社会相依为命，脉络贯通，其关系犹心脏之与全身

---

① 亚当·斯密：《国民财富的性质及其原因的研究》（上卷），郭大力、王亚南译，商务印书馆，1974年，第347~366页。

② 约翰·冯·杜能：《孤立国同农业和国民经济的关系》，吴衡康译，商务印书馆，1997年，第255~264、344~345页。

③《马克思恩格斯选集》（第3卷），人民出版社，2012年，第677~685页。

④ 费孝通：《乡村·市镇·都会》，《大公报》（香港版）1947年4月27日；费孝通：《损蚀冲洗下的乡土》，《大公报》（上海版）1947年11月30日；费孝通：《关于"乡土工业"和"绅权"》，《观察》1948年第4卷第4期。

⑤ 费孝通：《社会变迁中都市和乡村》，《费孝通文集》（第1卷），群言出版社，1999年，第111页；Hsiao tung Fei, *China's Gentry*, University of Chicago Press, 1953, p.109.

⑥ 袁方：《城乡关系：敌乎？友乎？》，《新路周刊》1948年第1卷第6期。

血管。拿农工的关系来说，其间不是孰轻孰重的问题，而是如何密切联系，以达到整个经济繁荣的目的。整个社会建设的关键，正好落在城乡的联系与平衡发展这一点之上。①

费孝通还强调要从都市入手进行研究，认为乡村社会的变迁常策源于都市，要明了乡村社会的变迁，不能不从变迁的源头都市入手。若把天津、上海、汉口、广州等都市撇开不论，要明了中国乡村变迁的原因和趋势是无从说起的，只有从都市入手研究中国社会变迁，才能解释乡村中所发生的现象，而且可以推测将来所会发生的结果。②不过，费孝通从城市角度所提的改革意见是很少的。他的主要建议，是把都市变成一个生产基地，改变都市对农村的索取和不断地吸血的状况。"最急的也许是怎样把传统的市镇变质，从消费集团成为生产社区，使市镇的居民能在地租和利息之外找到更合理，更稳定的收入。这样才容易使他们放弃那些传统的收入。"为此，他建议地主进城，地主掌握着农业生产的盈余，可以把这笔游资用于工业生产。只要他们在城市里得到了谋生的职业或是投资的机会，即使没有"重重困难"迫使他们出卖土地，他们也不会留恋于已不一定收得到租的土地。现在的关键不是地主们愿意不愿意放弃土地，而是他们怎样转变为生产者的问题了。但残酷的现实尚无提供实现这一途径的条件，因为中国民族工业的萧条使得地主不易在土地之外找到一个稳定的经济基础，"结果他们的收入还是直接间接的取之于农民"。③可见，实现都市工业化、将都市变为生产基地是非常困难的。

相比之下，费孝通主要是站在乡村立场，对乡村经济的发展道路提出自己的意见。乡村经济的主体是农业和手工业，费孝通正是从这两个领域进行阐论的。农业发展有多种途径，最重要的是土地和产量。不过，在费孝通看来，这

---

① 童润之：《都市与乡村》，《世界农村月刊》1947年第1卷2期。

② 费孝通：《社会变迁中都市和乡村》，《费孝通文集》（第1卷），群言出版社，1999年，第115~116页。

③ 费孝通：《乡村·市镇·都会》，《大公报》（香港版）1947年4月27日；费孝通：《战后经济问题讨论》，《费孝通文集》（第3卷），群言出版社，1999年，第88页；费孝通：《地主阶级面临考验》，《大公报》（上海版）1948年2月14日。

两个方面目前或短时期还没有解决的可能，也就是说他基本否定了从农业上想办法的思路。首先，土地问题难以解决。以往对土地问题的解决有三种方案，但费孝通均不持肯定态度。其一，土地分配关系的改革。倾向马克思主义的学者认为，土地改革是解决中国乡村乃至整个经济问题的核心，①这也是中国共产党领导的革命所进行着的实践。费孝通曾被批评为保守，反对土地改革。其实，他并不反对土地改革，也认为土地平均分配是合理的，如果农民拥有自己的土地，不需要交付租息，将使他们提高福利，保持最低的"不饥不寒"的水准。只是费孝通认为土地改革不能解决根本问题，因为中国人口众多，土地改革之后农民的平均耕作面积不能增加，不会减轻人口对农业资源的压力。从经营着眼，必须扩大农场规模，但要想扩大农场规模，重要的不是土地分配，而是人口和耕地的比例，是农业人口怎样能减少的问题，分配远没有技术及组织重要。②其二，扩张耕地面积。有的学者认为中国尚有大量荒地没有开垦，仍有增大耕地面积的空间。费孝通对此没有太多论证，但他认为东北和西北地区的开发仍不确定，前景并不乐观。其三，发展都市工业，吸收农村人口。如前所述，吴景超是著名的都市发展论者，他认为：中国乡村的人口太多，而都市的人口太少，只有从发展都市工业上努力。如果都市工业发展了，那么不仅一部分的农民迁入都市可以有立足之地，就是那些留在乡下的农民，生活也可略为舒适一点了。③费孝通对此是赞成的，认为兴办都市工业确有必要，英国、美国都通过都市工业的发展成功地减少了农村人口。但与吴氏不同的是，费孝通仅是从理论上赞成都市工业化，实际上却认为都市工业化在当下中国已经是一条很难走得通的路，由于在经济和政治处于次殖民地的地位，中国还没有实现大规模工业化的条件。更为重要的是，费孝通认为近代以来中国都市的发展

---

① 万典武：《从"城""乡"对立论中国经济的症结及其出路》，《中国建设》1948年第6卷第1期；金向明：《论城乡经济与乡土工业——请教费孝通、姜庆湘两先生》，《创世》1948年第17期。

② Hsiao tung Fei, *China's Gentry*, University of Chicago Press, 1953, pp.112–113；费孝通：《黎民不饥不寒的小康水准》，《大公报》(上海版)1948年1月11日。

③ 吴景超：《近代都市化的背景》，《清华学报》1933年第8卷第2期；吴景超：《发展都市以救济乡村》，《大公报》(天津版)1934年9月9日。

是克乡村的，城市工业引发了乡村手工业的衰败并导致了农民生活的贫困。正是在此基础上，他说"我并不反对都市化，但是如果都市化会引起乡土的贫乏，不论是物质的或人才的，我总觉得并不是一个健全的趋势"。①这一看法表明，与其说费孝通较少从城市角度考虑城乡相克的解决之道，还不如说他本来就认为从都市出发的角度就是有问题的，城乡相克的解决必须从乡村经济的发展入手。

其次，提高农业产量也无太大空间。费孝通曾向农业专家请教，如果我们利用一切科学所给我们的知识，像选种、除虫、加肥，等等，土地生产能增加多少？有的认为不过20%，最高的估计可能达到100%。但即使做到加倍的程度，可以增加的限度还是很低。这就意味着，"我们不能再期望单靠农业就能拯救中国，并使人民的生活水准大大提高"。②其中的道理并不难理解，农业受到土壤、工具和技术的限制很大，要想跨越式提高产量是非常困难的。

在以上认识的基础上，费孝通认为只有从乡村工业着手才能解决城乡相克的问题，最终"不在于紧缩农民的开支而应该增加农民的收入。因此，让我再重申一遍，恢复农村企业是根本的措施"。③这与前述费孝通认为手工业衰退为城乡相克论的核心理论是互为呼应的，他从传统经营方式中看到复兴

---

① 费孝通：《内地的农村》，生活书店，1946年，第20页；费孝通：《损蚀冲洗下的乡土》，《大公报》(上海版)1947年11月30日；费孝通：《小康经济：敬答吴景超先生对"人性和机器"的批评》，《观察》1947年第3卷第11期；费孝通：《〈云南三村〉英文版的"导言"与"结论"》，《费孝通文集》(第2卷)，群言出版社，1999年，第426页；费孝通：《漫谈桑梓情谊》，《中国建设》1948年第5卷第4期。

② 费孝通：《现代工业技术下乡》，《乡土重建》，观察社，1948年，第100页；费孝通：《〈云南三村〉英文版的"导言"与"结论"》，《费孝通文集》(第2卷)，群言出版社，1999年，第426页。

③ 费孝通：《江村经济》，戴可景译，江苏人民出版社，1986年，第202页。费孝通也提出过其他改进乡村经济的办法，如以减租为主，辅以农贷和土地债券，扩大经济作物种植，供给城市工业原料等，见费孝通：《战后经济问题讨论》，《费孝通文集》(第3卷)，群言出版社，1999年，第88、90页；费孝通：《内地的农村》，生活书店，1946年，第108页，但从城乡关系角度而言，发展乡村工业仍是其核心主张。与费孝通相比，梁漱溟也特别强调乡村建设的重要性，不过他认为一定要从农业入手，农业生产增加，农民购买力增加，工业才可兴起。然而，梁氏又说，中国工业只有以我们自己的原料、劳力来进行生产，满足我们自己的需要，成为一种乡村工业，才能立足(梁漱溟：《往都市去还是到乡村来？——中国工业化问题》，中国文化书院学术委员会编：《梁漱溟全集·第5卷》，山东人民出版社，1992年，第637~642页)，这与费孝通又是相通的。

的希望。

　　费孝通复兴乡村工业的主张，曾受到英国人、燕京大学经济系教授戴乐仁的启发。他1933年发表的《我们在农村建设事业中的经验》里说道："我记得几年前燕大教授泰娄氏就在中国评论报上发生（声）提倡农村小规模的副业。从副业入手，非但是增加农场收入的良法，亦是采用机械的平坦大道。"[①]同一时期杨庆堃、张世文、吴知、方显廷、郑林庄等学者也大致持类似观点。[②]不过，费孝通的主张也受到都市发展、都市工业论学者的反对。有的说费孝通以恢复旧式的农村副业来为中国经济找出路，是"开倒车"，是"留恋"于过去，是退回到闭关时代的经济形态，是"梦呓"，是"幻想"。[③]他们强调，中国乡村手工业是落后的生产方式，在机器工业的冲击下必然导致解体，是没有前途的，不值得惋惜。只有发展机器工业，才是中国经济的唯一出路。产业革命的结果是使机器代替人工，使工厂制度代替手工业制度，使工厂生产代替家庭生产，工业化是一种必然的趋势。[④]如前所述，费孝通并非反对都市工业化，而是认为眼下条件下难以实现，所以他形象地说都市工业化论者看得远，自己看得近，他们是企图根本解决的"心肠硬"，而自己是寻求过渡办法的"心肠软"。乡村工业这个名字是不够漂亮，不够生动的，但是在这乡土中国，漂亮和生动常等于奢侈；"让我冒着'落伍'的指责，再回到乡土工业上来说

---

　　① 费孝通：《我们在农村建设事业中的经验》，《独立评论》1933年第73号。戴乐仁1934年在中央农业实验所乡村工业系做过演讲，见《中国今日亟需兴办农村工业》，《农报》1934年第1卷第24期。

　　② 李金铮：《毁灭与重生的纠结：20世纪三四十年代中国农村手工业前途之争》，《江海学刊》2015年第1期。

　　③ 汤德明：《小商品生产的梦呓——评费孝通等著"人性和机器"》，《理论与现实》1946年第3卷3期；费孝通：《关于"城""乡"问题——答姜庆湘先生》，《中国建设》1948年第5卷第6期；费孝通：《现代工业技术下乡》，《乡土重建》，观察社，1948年，第101页；费孝通：《对于各家批评的总答复》，《乡土重建》，观察社，1948年，第166页。

　　④ 吴景超：《中国手工业的前途》，《经济评论》1947年第1卷第20期；姜庆湘：《再论城乡对立的经济关系》，《中国建设》1948年第5卷第5期；张培刚：《第三条路走得通吗?》，罗荣渠主编：《从"西化"到现代化——五四以来有关中国文化趋向和发展道路论争文选》，北京大学出版社，1990年，第783页。

说"。①他主要从三个方面对乡村工业进行了辩护：

第一，不否认手工业比机器工业存在着巨大弱势，但现实却不容许放弃手工业。费孝通认为：残酷的现实使我们最关心的，不是两三代或更长时间才能兑现的大规模机器工业的诺言，不是都市工业效率高还是乡土工业效率高，不是工业的理想型或者最有效的工业组织，而是过去几十年来和现在还在继续发生的手工业崩溃所引起的失业现象，以及由此导致农民生活的贫困。不能为了追求工业的充分现代化而让80%的农民收入减少，而是如何迁就现实并用最可能实行的有效方式谋求农民收入的增加，提高农民的生活水平。因此，在过渡时期仍要发展乡村工业，"中国的经济条件拉着我，插不起翅膀飞向'前进'，如果这是落后，落后的不是我的选择（谁不想一转眼中国就有美国那样多的工厂），而是我们这个古老的国家，这片这样多人耕种得这样久的古老的土地"。②显然，这是颇为无奈的选择。

第二，工业尤其是轻工业不一定要集中于都市，也可以分散于乡村。费孝通从更深层次的区位角度，对都市工业化论者进行驳斥。譬如，在原料出产地就可以建立小型轻工业工厂。以丝绸业而论，小型工厂也能制出品质很高的生丝。而且，这种小型工厂还是促进农村技术改革的动力，工农业在技术改进上都可以联系得起来。③尤其是从电力和内燃机成为工业的动力后，用电力来推动单位较小的制造机就不必挤在一个工场里面，从而造成了工业由集中而分散的新趋势。在此基础上，就可以在农村兴办小工业，只有农村里容不下的工业才在都市中发展。进一步言之，在一件工业品的制造过程中，有些部分可以由手工来做，有些部分用机器来做。把那些不一定要机器做的保留在农家，而把须机器做的集中到小型工厂里去，则出品的质地不因部分的手工制造而不易改

① 费孝通：《小康经济：敬答吴景超先生对〈人性和机器〉的批评》，《观察》1947年第3卷第11期；费孝通：《现代工业技术下乡》，《乡土重建》，观察社，1948年，第103页。
② 费孝通：《小康经济：敬答吴景超先生对〈人性和机器〉的批评》，《观察》1947年第3卷第11期；费孝通：《〈云南三村〉英文版的"导言"与"结论"》，《费孝通文集》（第2卷），群言出版社，1999年，第426页；费孝通：《现代工业技术下乡》，《乡土重建》，观察社，1948年，第103页。
③ 费孝通：《重访乡村》，《江村经济》，戴可景译，江苏人民出版社，1986年，第227页。

良。以上所说的是就制造过程中纵的分段，把那些不必需要机器的部分留给手工业，借以利用乡村多余的劳力。制造过程横的方面，也能分成不同部门分别在小型工厂中进行。"若我们把制造过程拆断了，其中有不少部分是不需要大机器的，都可以分配到用电力推动的小型工厂或用体力的家庭工场中去制造，结果，以前乡村工业在技术上所受的限制就破除了。"①

第三，乡村工业也可以是机器工业。费孝通认为，将乡村工业仅仅理解为传统的手工业、副业是一种误解，乡村工业不能等同于"手工业"，它可以是手工的，也可以是机器的，可以是家庭性的，也可以是工厂性的。真正有前途的乡村工业，并不是那种纯粹以体力作为动力的生产方式，也不是每家或每个作坊各自为政的生产方法。"除非乡村工业在技术上和在组织上变了质，它才能存在，才能立足在战后的新世界里"。②也就是说，要想发展乡村工业，必须提高生产技术和改进生产组织。

所谓提高生产技术，就是将生产工具和生产方法趋于机器化。费孝通认为，必须使乡村工业在技术上逐渐现代化，脱离纯粹的手工和人力基础。有多少可用的机器就用多少，有多少可以引入的现代知识就引进多少。所谓改进生产组织，即提倡乡村工业合作社组织，这是费孝通更为关注的。他以养蚕制丝为例指出，单靠技术的改进还有不足，一定须有一个适当的社会制度。新制度的原则是很简单的，就是要使每个参加工作的人，都能得到最公平的报酬。同时在经济活动上，能和资本主义经济制度的营业丝厂相竞争而不致失败。而要实现这一目标，就必须在经济组织中提倡合作原则。有了这样一个协调组织，散布在各个村庄的制造中心就可以只承担机器生产的一部分，或只承担制造过程中的特定环节，然后把产品汇合在一个大的中心工厂里组装。由此，"大规

---

① 费孝通等：《人性和机器——中国手工业的前途》，生活书店，1946年，第28页；费孝通：《中国乡村工业》，《费孝通文集》（第3卷），群言出版社，1999年，第15~18页。

② 费孝通：《对于各家批评的总答复》，《乡土重建》，观察社，1948年，第166页；费孝通：《中国乡村工业》《费孝通文集》（第3卷），群言出版社，1999年，第15页。

模生产的优越性在人口不用向城市中心带集中的同时保存了下来"。①费孝通的姐姐费达生在吴江县进行了丝织业的成功实验，在开玄弓村成立生丝精制运销合作社，规定一切生产器具由参加工作的农民所有，一切管理及行政的权力由合作员掌握，一切利益由合作员平均分配。费孝通对此给予了高度评价，认为合作社里面工作的人，态度和营业丝厂中的工人不同。她们的工作是为了自己，愈努力愈满足，不会发生罢工的风潮。如果说"一切营业丝厂非每年能获到利益，就不能维持，因为股东的目的，并不在给工人的工作的机会，而在股息的收入。资本主义愈发达的地方，资本向高利的流动率愈大。所以企业家一定要使他的工厂能维持高度的利率，不然立刻会有倒闭的危险"。而合作社则不然，其目的大部分在维持工作的机会，合作社的维持是建筑在每人生活的实际利益上，而营业丝厂则建筑在股东的股息上，两者相去自然很远。②可以说，开玄弓蚕丝合作生产的成功是费孝通提倡发展乡村工业的一个非常重要的思想来源，也是特别有力的佐证。

还值得注意的是，费孝通从费达生的乡村工业工作中发现了城市人才回乡建设的转机。他曾针对都市对乡村精英的吸附及其影响，提出"有专长的人才退回到乡间去"的建议，非常羡慕英国乡村有"从都市里退休的医生、公务员、学者和富于服务心的太太们"。③但难题是如何才能使人才下乡，以往乡村里缺乏可以应用现代知识的事业，人才是无法回去的。他认为，在种种能应用现代知识的事业中，最基本的生产事业就是乡村工业。④费达生并不是一个人在江南乡村开展丝织业改良，而是她所在的江苏省立女子蚕业学校推广部有几百个女知识青年到乡里服务，费孝通认为这是现代技术与农民之间"最适当

---

① 费孝通：《人性和机器——中国手工业的前途》，生活书店，1946年，第12页；费孝通：《对于各家批评的总答复》，《乡土重建》，观察社，1948年，第166页；费孝通：《我们在农村建设事业中的经验》，《独立评论》1933年第73号；费孝通：《〈云南三村〉英文版的"导言"与"结论"》，《费孝通文集》（第3卷），群言出版社，1999年，第429页。

② 费孝通：《我们在农村建设事业中的经验》，《独立评论》1933年第73号。

③ 费孝通：《再论双轨政治》，《大公报》（上海版）1947年10月26日。

④ 费孝通：《对于各家批评的总答复》，《乡土重建》，观察社，1948年，第163、167页。

的桥梁"，是"一个极正确的道路"。①为此，他还对一些知识分子偏重文字教育、卫生教育而不能直接增加农民收入的乡村建设实验提出质疑。

结 语

任何思想和学说都是时代的产物。在20世纪三四十年代中国城乡关系的讨论中，费孝通由表及里，提炼出了"相成相克"的概念，从而突显了其独到的学术贡献。②他以"相成相克"概念为中心，对中国城乡关系的历史和现实进行了多方面的阐发。从中国城乡关系的历史来看，费孝通认为一定历史时期的城乡之间并非是绝对的相成或者绝对的相克，相成与相克之间的张力影响和决定着城乡关系的历史趋势。对于古代中国传统的城乡关系，费孝通对"交流平衡""有机调整"的相成一面给予了较多的肯定。对中国近代尤其是民国时期的城乡关系，则主要是否定的，他认为城乡对立、都市克乡村的现象极其严重。当然，费孝通只是从城乡关系的角度阐论乡村遭受都市之害，而不是完全否定都市的社会经济发展。在为城乡相克提出解决的办法时，他的目标是重建城乡之间的有机循环，达到城乡关系的相成与互补。但无论是关于古代传统城乡关系还是近代城乡关系，费孝通关注和分析的着眼点主要是乡村而非城市，而且乡村工业是其中最为重要的方面。这一看法符合他对传统和近代城乡关系的基本评判，如果说乡村手工业的发达成就了古代传统城乡关系之相成，而乡村手工业的衰败也标志着近代都市对乡村的相克。正是这种一以贯之的思维，费孝通认为恢复和发展乡村工业才是解决城乡相克、促进整个乡村经济发展和提高农民生活水平的关键之道。所谓乡村工业，不仅仅是指传统手工业，而是在传统基础上与现代的结合，既可以是传统的手工业，也可以是机器工业。应该说，费孝通以上理论和建议是基本

---

① 费孝通：《乡土工业的新形式》，《乡土重建》，观察社，1948年，第121~122页。
② 20世纪50年代以来，国外学者刘易斯、缪尔达尔、赫希曼、芒福德、费景汉等发表了关于城乡关系的理论。参见折晓叶、艾云：《城乡关系演变的制度逻辑和实践过程》，中国社会科学出版社，2014年，第16~20页；易文彬：《城乡关系演变的历史与理论阐释》，《河南大学学报》（社会科学版）2010年第3期。费孝通的主张可称为他们的前辈。

正确的，这是一条和西方发达国家不同的工业化之路。不过，正如他自己所说："一个被视为'书生'的人，有责任把合理的方向指出来，至于能不能化为历史，那应当是政治家的事了。"①事实证明，当时的政治与社会环境并没有为此提供付诸实施的条件，乡村改造的思想和理论尚未变成强大的物质力量。

中华人民共和国成立以后，费孝通继续见证了城乡关系的剧烈变迁。在计划经济时期，我国在发展农业的同时，对副业有所忽视；从农村汲取资源，发展城市工业（有其国际国内环境的要求和重大意义），诸此都在一定程度上影响了农家收入，强化了城乡"相克"的格局。费孝通1957年重访江村，鉴于粮食增产而农民日子并未好过的情况，发出了"副业和农业不应当是矛盾"的呼声，显然是延续了以前曾有过的思路。②改革开放以后，随着市场经济的逐步推行，中国社会发生了前所未有的巨大变化。费孝通的学术研究进入了一个新的阶段，他继续调查和研究乡村经济、乡村工业和城乡关系的发展，发表了《谈小城镇研究》《农村工业化的道路》《小城镇，大问题》《加快城市建设，推动区域经济发展》等著名篇章，提出了许多具有重要影响力的思路和建议，获得政府的重视。③他的城乡"相成"论和发展乡村工业的建议恢复了应有的活力，对中国农村工业化以及城乡建设起到了实际的推动作用。从他最为关注的江南地区来看，现代化工业已经遍布乡镇，村镇交通连成一片，城乡关系基本上实现了他所期望的"相成"目标。④当然，我们也要看到，迄今仍有不少经济落后地区，城乡差别依然很大，城市对乡村的支配关系并没有发生根本改

---

① 费孝通：《黎民不饥不寒的小康水准》，《大公报》（上海版）1948年1月11日。

② 费孝通：《重访江村》，《江村经济》，戴可景译，江苏人民出版社，1986年，第234页。

③ 费孝通的相关论著主要有：《三访江村》《谈小城镇研究》，《费孝通文集》（第8卷），群言出版社，1999年，第139~155、489~503页；《农村工业化的道路》《小城镇，大问题》，《费孝通文集》（第9卷），群言出版社，1999年，第85~87、192~234页；《加快城市建设，推动区域经济发展》，《费孝通文集》（第15卷），群言出版社，2001年，第126~129页；《中国城乡发展的道路——我一生的研究课题》，《费孝通文集》（第12卷），群言出版社，1999年，第300~315页。

④ 2016年4月6日—12日，笔者在苏州市吴江区村镇（费孝通的老家，也是他的研究基地）进行考察发现，江南城乡一体化的进程在全国处于领先地位。

变，甚至乡村凋敝成了媒体的新闻热点。如何解决这些地区的城乡差距和改善农民生活，是从城市经济找出路，还是继续关注农村的发展，具体路径是什么，一直是学界争议不断的问题。①然而，在争论现实的同时，也应该回观历史，历史与现实是无法割断的，著名学者的思想遗产更是值得汲取的资源。立足于21世纪当下的中国，展望城乡发展的未来，重新梳理和反思20世纪三四十年代费孝通提出的城乡"相成相克"论和重视乡村建设尤其是乡村工业的理念，仍是颇有必要的。

本文原刊载于《中国社会科学》2020年第2期。

作者简介：

李金铮，南开大学杰出教授，历史学院暨中国社会史研究中心教授，教育部长江学者特聘教授，国务院特殊津贴专家，教育部高等学校历史学科教学指导委员会委员。主要研究中国近代社会经济史、中共革命史。出版《治史理念与方法：基于中国近现代史的讨论》《近代华北乡村的经济与社会》《借贷关系与乡村变动》《重访革命》等专著；在《中国社会科学》《历史研究》《近代史研究》《台湾"中研院"近代史研究所集刊》《中共党史研究》《中国经济史研究》《社会学研究》等发表论文百余篇；获教育部及其他省部级奖多项。

---

① 折晓叶、艾云：《城乡关系演变的制度逻辑和实践过程》，中国社会科学出版社，2014年，第285、427~426页；韩俊：《中国城乡关系演变60年：回顾与展望》，《改革》2009年第11期；周立：《新型城乡关系与中国的城镇化道路——对城乡二元结构本质问题的再思考》，《人民论坛·学术前沿》2016年第8期。

退避三舍：一战初期中国的中立
（1914.7—1915.1）

郭 宁

近代中国最重要的两次中立分别发生在日俄战争时期与一战前期。但与日俄战争时期中国的中立相比，对于一战时期中国中立的研究则相对较少，一般认为是北京政府的被动应对，且被日本破坏而评价不高。[1]与日俄战争不同，一战时期的远东国际环境对中国更为不利。日俄战争前后，列强大体上维持了在远东的均势，而一战爆发后，由于欧洲列强忙于战事，无暇东顾，日本趁机在远东扩张。因此，日俄战争时期中国的中立离不开列强各国的推动，并得到包括交战双方在内的各国承认，而一战前期中国的中立则是北京政府的主动选择。在一战初期，北京政府自1914年8月6日宣布中立，到1915年1月7日宣告恢复完全中立，期间可谓是一波三折，而这每一步都与远东国际关系，尤其是日本密切相关，特别是日本对德宣战，与英国一起攻打德国租界的胶州湾，使中国的中立地位不断面临威胁。可以说，北京政府宣布完全中立、实行局部中立、恢复完全中立都是为了防范日本，但仍被其逐步破坏。日军龙口登陆侵犯了中国的完全中立，占据胶济铁路破坏了中国的局部中立与武装中立。北京政府的应对除了抗议与要求日本撤军外，主要是宣布恢复名义上的完全中立及

---

[1] 关于日俄战争时期中国的中立研究状况，可参看杨国栋的《日俄战争期间清政府中立政策研究》（东北师范大学硕士研究生论文，2005年），该文比较全面分析了中国宣布局外中立的内外因素及其经过；王雁的《中国近代两次"局外中立"异同之比较》（《理论学刊》2013年第5期），从中国两次宣布中立的背景、具体措施、结果等方面进行了比较分析，但认为中国两次中立均倾向于日本的观点笔者不敢苟同，一战初期中国宣布中立主要就是为了防范日本。

积极准备参与战后和会。这些问题也是一般论著多未提及的。①

一、中国宣布中立与寻求限制战区

1914年7月28日，奥匈帝国对塞尔维亚宣战，第一次世界大战爆发。也在此日，北京政府外交部致电本国驻俄、法、英、德、奥、意及日本公使，"奥塞失和，所驻国对此持何态度，有何举动，确切密探，随时电部"。②当时北京政府还未收到战争爆发的消息，但十分关注欧洲的紧张局势，特别是列强各国对战争态度，希望了解战争有无爆发与扩大的可能。29日，北京政府收到奥匈宣战的消息，除继续致电驻欧日公使外，还增加驻美公使，"奥塞开战，各国守中立如何情形，希速探明电复"，③在打探各国态度以外，并已开始考虑中立问题。此一时期，中国的舆论也多主张"欧洲将起大战，而中国亦将宣布中立"。④应该说，选择中立是中国当时朝野双方的共同意见。

然列强在华均有军队，难免不起冲突。为避免卷入战争，北京政府首先希

---

① 对一战初期中国中立问题的主要研究有黄嘉谟：《中国对欧战的初步反应》（《"中研院"近代史研究所集刊》1969年第1期），主要分析了中国争取限制战区，避免远东卷入和争取收回青岛的努力；王建朗：《北京政府参战问题再考察》（《近代史研究》2005年第4期）涉及中国从中立走向宣战的过程；侯中军：《中国与一战：中立国身份下的预筹与会》（《人文杂志》2014年第11期）则论述了中国在中立国身份下为争取参加和会所做的努力；刘平、江林泽：《第一次世界大战中的远东战场青岛之战述评》（《军事历史研究》2014年第4期）指出中国从中立到参战均是为了避免日本的侵害；中国社会科学院近代史研究所编：《日本侵华七十年》（中国社会科学出版社，1992年），主要论述了日本对中国中立的肆意破坏；徐国琦：《中国与大战——寻求新的国家认同与国际化》（上海三联书店，2008年），则开辟了以国际史的角度研究中国与一战的关系，也涉及了战争初期中国的中立；Madeleine Chi, *The China Diplomacy 1914—1918*（East Asian Center Harvard University, 1970），侧重从英国出发分析其与日本在对待中国中立等相关问题上的矛盾与合作；Thomas E.La Fargue, *The Entrance of China into the World War*（Pacific Historical Review, V.5, 1936），则讨论了美国在中国由中立转为参战中所起的作用。

② 《发俄法英奥义德日本各驻使（刘镜人、胡惟德、刘玉麟、沈瑞麟、高尔谦、颜惠庆、陆宗舆）电》（1914年7月28日），台湾"中研院"近代史研究所编：《中日关系史料：欧战与山东问题（1914—1916）》，台湾"中研院"近代史研究所，1964年，第1页。

③ 《本部发电》，1914年7月29日，外交部档案03-12-014-01-029，台湾"中研院"近代史研究所档案馆藏。

④ 《保守中立》，《申报》1914年8月1日。

望由列强合作，将战争局限在欧洲，保证远东的中立，当时最无参战可能的大国便是美国，因此首先寻求由美国向各国提议远东中立。8月1日，驻美公使夏偕复询问美国政府，"有无可能使交战双方达成协议，以确保远东的中立"，但未得到明确答复。[①] 8月3日，北京政府致电有关各国，要求不得在中国领土、领海及英俄德法日等租借地交战，[②] 并派员与美国驻华代办马克谟（Mac-Murray）商议，希望由美国出面，限制列强在远东区域内的作战。马克谟当晚也向美国政府建议："即便所有阻止欧战的措施都归于无效，类似的战争也不应波及远东，美国可以提议各交战国不要在远东处于敌对状态。"[③]

北京政府在8月3日急于与美国商议，源于8月2日日本的中立声明。日本政府虽表示目前严守中立，但"万一局势转变，英国投入战涡，以日英协约目的或濒危境，日本以协约义务，必至执必要之措施"。[④] 一战爆发后，中国最担心的便是日本利用列强无暇东顾之机，侵害中国，"此次战端若开，势必全球震动，列强之不受牵动者，唯美与日。而列强既争竞于欧，尤难保日本不施其自由行动于东亚"。[⑤] 因此，北京政府对日本的动向十分关注。早在7月31日，外交部就收到驻英公使刘玉麟的电报："倘俄先动兵，不但英法助俄，即日本国亦须助英。"[⑥] 日本的中立声明实际上为日后参战埋下了伏笔。为此，北京政府外交部于8月3日致电驻俄、德、英、法四国公使，要求其探询"战

---

① Memorandum by the counselor for the department of state(lansing) on course to be pursued to preserve the "statue quo" in China.Rober lansing, Washington, August, 7, 1914.LANSING PAPERS, 1914–1920, volume I, *Foreign Relation of the United States* (hereafter as FRUS), 1914, U.S.Government Printing Office, 1939, p.2.

② 郭廷以编著：《中华民国史事日志》（第1册），台湾"中研院"近代史研究所，1979年，第151页。

③ The Chinese legation to the department of state, Washington, August.3, 1914.LANSING PAPERS, 1914–1920, volume I, *FRUS*, 1914, p.1.

④《日本外务省关于欧战的最初声明》（1914年8月2日），程道德等编：《中华民国外交史资料选编》（第1卷），北京大学出版社，1988年，第149页。

⑤《收山东交涉署函》（1914年8月4日），台湾"中研院"近代史研究所编：《中日关系史料:欧战与山东问题(1914—1916)》，台湾"中研院"近代史研究所，1964年，第3页。

⑥《收驻英刘公使(玉麟)电》（1914年7月31日），台湾"中研院"近代史研究所编：《中日关系史料:欧战与山东问题(1914—1916)》，台湾"中研院"近代史研究所，1964年，第1页。

区能否限在欧境，在华各租借地，是否注重"及"英国能否守中立"两个问题上所在国的态度，[1]而关注英国中立，实际上就是关注日本是否中立。英籍顾问莫理循（Morrison）也注意到"袁氏特别害怕日本"，[2]而不断咨询日本与英国的关系。

8月6日，由于英国已在4日对德宣战，公使团内关系破裂，交战国双方代表互不说话。也由于马克谟只得到有限授权，仅可参与讨论相关问题，结果当天召开的驻北京公使团会议上，各国使节"皆缄默无言，旋即纷纷散会"，"对于租界及东郊民巷，应如何布置，以保中立一层，并未提议"。[3]由于战争的迅速升级，欧洲列强错过了对远东局势进行安排的机会。当晚马克谟将此情况报告给国务院，建议由美国向各国倡议保证中国的中立，"即使不能把远东完全置于敌对的战区之外，但交战国仍可指示它们的驻华代表，可在其管辖的地区中保持中立"。[4]美国政府则于8月7日表示同意中国全部领土含租界均保持中立，但不包括租借地，也不愿出头。[5]

也在8月6日，经过政事堂与外交部的商议，特别是总统袁世凯决定，不待取得列强保证远东无事，由中国径自宣布中立。北京政府发布大总统令："本大总统欲维持远东之平和与我国人民所享受之安宁幸福，对于此次欧洲各国战事，决意严守中立"，并照会各国。[6]除宣布中立外，北京政府还颁布

---

① 《发驻俄德英法公使（刘镜人、颜惠庆、刘玉麟、胡惟德）电》（1914年8月3日），台湾"中研院"近代史研究所编：《中日关系史料：欧战与山东问题（1914—1916）》，台湾"中研院"近代史研究所，1964年，第2页。

② 乔·厄·莫理循：《致劳·约·鲁·邓达斯》（1914年8月2日），骆惠敏编：《清末民初政情内幕：〈泰晤士报〉驻北京记者袁世凯政治顾问乔·厄·莫理循书信集》（下卷），知识出版社，1986年，第369页。

③ 《顾参事（维钧）赴美馆会晤马代使问答》（1914年8月6日），台湾"中研院"近代史研究所编：《中日关系史料：欧战与山东问题（1914—1916）》，台湾"中研院"近代史研究所，1964年，第9页。

④ The chargé d'Affaires in China（MacMurray）to the Secretary of State, Telegram, Peking, August.6,1914, *FRUS*, 1914, Supplement, pp.162–163.

⑤ The Secretary of State to the chargé d'Affaires in China（MacMurray）, Telegram, Washington, August.7,1914, *FRUS*, 1914, Supplement, p.163.

⑥ 《外交部致驻京各使照会》（8月7日），《政府公报》第818号，1914年8月15日。

《局外中立条规》，要求："各交战国在中国领土领海内不得有占据及交战行为，凡中国海陆各处均不得倚之为根据地，以攻敌人"，并且"军队军械及辎重品，均不得由中国领土领海经过"，如若"有破坏中国之中立条规者，中国如以各种方法阻止之时，不得视为启衅之举"，[1]所谓"各种方法"自然包括武力手段。此次中立，北京政府宣布依据1907年《海牙公约》，享受中立国的全部权益并履行相应义务，属于"武装中立"的范畴，已是尽可能做出防范，尽量预防列强，特别是日本将战火引入中国。8月11日，北京政府设立中立办事处，各国则迟至8月12日承认了中国的中立国地位。[2]

在自身宣布中立的同时，北京政府继续寻求远东中立。但是，列强已纷纷卷入战争，只有日本与美国分别在8月2日和8月4日宣布中立。因此，北京政府提出由远离欧洲的中、美、日三国合作，限制战区，避免远东卷入。8月6日，外交部致电日本方面，指出中日之间关系密切，"甚望日廷主张限制战区，保全东方"，如果日本赞同，则由日、美、中三国联合向各交战国提出。[3]同一天，外交部参事顾维钧会晤美代办马克谟，提出："拟请日本帮同主张，限制战区之议，作为中美日三国之提议。"马克谟起初认为远东中立过大，不如仅提中国，顾维钧则表示："如仅言中国领海领土，恐日本未必十分注意。"[4]显然，中国更希望日本能够切实中立，中、美、日三国合作实际上是期望能对日本产生约束，特别是借助美国的力量约束日本的行动。

然而，此时美国外交的注意力集中在调停欧战上，对远东事务不甚关心，虽同意中国限制战区的提议，但仍希望由所有在华有利益的列强共同维持中国的中立，认为如果自己继续观望，不主动提议维护中国的中立和现状，则在日本参战前，不一定会是第一个向日本提出这个问题的国家，因而倾向于暂不急

---

[1]《中华民国局外中立条规》(1915年8月6日)，中国第二历史档案馆编：《中华民国史档案资料汇编·外交》(第3辑)，凤凰出版社，1991年，第380、382页。

[2] 风冈及门弟子编：《三水梁燕孙先生年谱》(上)，上海书店，1939年，第193页。

[3]《发驻日本陆公使(宗舆)电》(1914年8月6日)，台湾"中研院"近代史研究所编：《中日关系史料：欧战与山东问题(1914—1916)》，台湾"中研院"近代史研究所，1964年，第6页。

[4]《顾参事(维钧)赴美馆会晤马代使问答》(1914年8月6日)，台湾"中研院"近代史研究所编：《中日关系史料：欧战与山东问题(1914—1916)》，台湾"中研院"近代史研究所，1964年，第10页。

于行动。①而且美国希望由英国来约束日本，或者英德之间达成协定，不在远东地区交战，不给日本创造参战的机会。但是，英国的态度一直处于摇摆中，直到8月11日早，英国外交大臣格雷（Grey）表示愿意"防止战事发生在中国或中国的领海内"，避免中国陷入混乱。②在得到英国的认可后，美国开始"询问德国政府关于限制远东战区及维持该地区现状的可能性"。③8月13日，德方回复："德国并不想与日本作战"，如果各方同意，"日、英、德将约定，三国均不攻击其他任何一国在东方的军舰、殖民地、领土或商业"。④

但是，日本驻华公使日置益早在大战爆发初就表示："怕他战不成，战则大妙。"⑤随着战事的升级，日本自然不愿继续受其他列强的约束。就在中国向日本提议三国合作的第二天，即8月7日，英国向日本提出协助搜索攻击德国在太平洋的军舰，并谈到，"当然，这也就意味着日本对德宣战，但是，英国政府认为这是难以避免的"。⑥日本当天连夜召开内阁会议，于8日决议："由于战乱余波涉及东亚，日英同盟之目的濒临危险，英国政府根据该条约向日本政府要求援助"，⑦正式决议参战。日本以英国盟友身份参战，除了易于得到英、俄、法等协约国的赞同外，还在于1911年第三次英日同盟条约宣称两国的目的是"维持东亚及印度的和平"，"保全中国的独立与领土完整，维持

① The counselor for the department of state(lansing) to the Secretary of State, Washington, August.14, 1914. LANSING PAPERS, 1914-1920 , volume I, *FRUS*, 1914, p.4.

② The Ambassador in Great Britain(Page) to the Secretary of State, Telegram, London, August.11,1914, *FRUS*, 1914, Supplement, pp.165-166.

③ The Secretary of State to the Ambassador in Japan (Guthrie), Telegram, Washington, August.11, 1914, *FRUS*, 1914, Supplement, p.167.

④ The Ambassador in Germany(Gerard) to the Secretary of State, Telegram, Berlin, August.13, 1914, *FRUS*, 1914, Supplement, pp.169-170.

⑤《收驻日本陆公使(宗舆)电》(1914年7月31日)，台湾"中研院"近代史研究所编：《中日关系史料：欧战与山东问题(1914—1916)》，台湾"中研院"近代史研究所，1964年，第2页。

⑥『加藤外务大臣在本邦英国大使会谈』(1914年8月3日及4日)，外务省编纂：『日本外交文书』(1914年第3卷)，外务省，1966年，第96～97頁。

⑦『加藤外务大臣ヨリ在英国井上大使宛(電報)』(1914年8月8日)，外务省编纂：『日本外交文书』(1914年第3卷)，外务省，1966年，第106頁。

各国在华机会均等及共同利益"。①日本宣称自己是为了捍卫东亚和平而参战，并以此为借口扩大在东亚特别是在中国的影响力。

英国邀请日本参战，主要是由于8月7日英国商船在中国海域遭到德舰袭击，希望借助日本的海军力量。然而8月9日，英国收到了日本政府的参战备忘录，日军的行动将不仅限于与德奥海军作战，还要对"可能使日本及英国在东亚利益遭受损害的德国势力，必须采取一切可能采取之手段和方法"。②英国意识到日本的野心，不仅包括德国在中国的租借地，还有太平洋上的德属岛屿，担心会激起美国、中国等反对，因此在收到备忘录的当天向日本表示希望暂停两国的军事行动，10日拟收回对其的参战邀请，③并转而支持美国关于远东中立的建议。但到11日，日本强硬表示如果英国撤销对日本参战的邀请，那将会给日英同盟带来极其恶劣的影响。英国不得不妥协，并在11日晚通知美国，"日本看来已不能不与德国作战。东京的德国大使已不可能进一步使日本避免战争。日本已向英国保证，它非常愿意尊重中国的中立与领土完整"。④

这样，由于日本态度的强硬与英国立场的动摇，美国联合英、德等国约束日本的计划破产。在此背景下，中国的处境更加困难。日本一方面为稳住北京政府，宣称："其所希望者，在整顿财政扩充商务而已"，"其他野心敢断其无"；⑤一方面告诫中国，"宣言限制战区，如他国不听，须以兵力干涉，美总统仅以空言宣告，有何效力"。⑥中国知日本不愿与美国合作，至8月11日不得不

---

① 『第三回日英同盟協約』(1911年7月13日)，外務省編纂：『日本外交年表竝主要文書』(上)，日本國際連合協會，外務省，1955年，第351頁。

② 『加藤外務大臣ヨリ在本邦英国大使ニ手交ノ覺書ノ和訳文』(1914年8月9日)，外務省編纂：『日本外交文書』(1914年第3卷)，外務省，1966年，第110頁。

③ 『加藤外務大臣ヨリ在英国井上大使宛(電報)』(1914年8月10日)，外務省編纂：『日本外交文書』(1914年第3卷)，外務省，1966年，第114~116頁。

④ The Ambassador in Great Britain(Page) to the Secretary of State, Telegram, London, August.11, 1914, *FRUS*, 1914, Supplement, pp. 161-168.

⑤ 《总长(孙宝琦)会晤瑞典公使问答》(1914年8月7日)，台湾"中研院"近代史研究所编：《中日关系史料：欧战与山东问题(1914—1916)》，台湾"中研院"近代史研究所，1964年，第2页。

⑥ 《收驻日本公使(陆宗舆)电》(1914年8月9日)，台湾"中研院"近代史研究所编：《中日关系史料：欧战与山东问题(1914—1916)》，台湾"中研院"近代史研究所，1964年，第9页。

放弃计划，"原拟联合日、美，日不赞同，出头无益，美国方面已电令夏使婉辞取消"。[①]尽管中国已经放弃，但日本仍以中国不与其协商而先向美国建议为由提出抗议。中国则向其解释纯属程序问题。[②]三国联合中立计划的失败，如顾维钧所述："本国政府以日本既不能赞同，则原议之中日美联合提议之宗旨势难贯彻。且美总统此时亦向各交战国提议调停，故本国政府遂将此事作罢"，[③]即日本的反对和美国过度关注调停欧洲，不愿在远东出头是三国联合中立计划未能成功的主要原因。但是，当时中国国力太弱，缺乏对远东事务的发言权，也是失败的重要因素。

二、在中立与参战之间

限制战区的失败，表明远东卷入战争已在所难免。特别是日本决心参战，这是中国最不愿意看到的局面。北京政府担心日本表面进攻德国，而"究其实际皆为图谋我国之伏着也"。[④]而且日本与德国交战，必先攻取胶州湾，其虽属德国的租借地，但主权仍在中国。总统袁世凯的幕僚寿荣就指出："日本因之有履行日英同盟条件之宣言，是日本已有意加入战争明矣，如果见诸实行，则必首先攻取胶州湾，必用中立地带，于是中国之中立为所侵犯，且胶州湾一带落于日人之手，则与满洲势成犄角，实足夹击京师，而制中国之死命。"[⑤]日本进攻胶州湾，首先破坏了中国的中立国地位，特别是中国的中立属于武装中立，面临着中日爆发冲突的可能；其次，在地理位置上日本占据青岛对中国

---

① 《发驻日本公使(陆宗舆)电》(1914年8月11日)，台湾"中研院"近代史研究所编：《中日关系史料·欧战与山东问题(1914—1916)》，台湾"中研院"近代史研究所，1964年，第29页。

② 《总长(孙宝琦)会晤日本小幡代使问答》(1914年8月13日)，台湾"中研院"近代史研究所编：《中日关系史料·欧战与山东问题(1914—1916)》，台湾"中研院"近代史研究所，1964年，第35页。

③ 《顾参事(维钧)赴英馆会晤朱使问答》(1914年8月11日)，台湾"中研院"近代史研究所编：《中日关系史料·欧战与山东问题(1914—1916)》，台湾"中研院"近代史研究所，1964年，第26页。

④ 《参谋部报告日本对华方策及结局税帖》(1914年8月19日)，张黎辉等编：《天津市历史博物馆馆藏北洋军阀史料·黎元洪卷》(7)，天津古籍出版社，1996年，第2页。

⑤ 《寿荣拟呈袁世凯中国在欧战中封英、美、日、德之办法及理由书》(1914年8月6日以后)，王宜恭等编：《天津市历史博物馆馆藏北洋军阀史料·袁世凯卷》(2)，天津古籍出版社，1996年，第1019页。

构成了严重威胁。因此，北京政府一方面增派张树元率陆军第五师驻防潍县等地，另一方面筹划直接收回青岛，以杜绝日本侵犯的可能。

随着日本参战意图越发明显，在华德国商人间开始私谈德国可以先将胶州湾交还中国。为此，8月13日，日本小幡酉吉代理公使向北京政府打探消息。外交总长孙宝琦表示如果德国愿意无条件交还，中国自然愿意收受，但德国未必有此意愿，而且战前尚可商谈，此时已错过了交还的时机。①实际上，北京政府一面对日本虚与委蛇，一方面加紧同德方磋商。8月15日，外交部佥事王景歧赴德国驻华使馆探听消息，得到的答复是德皇坚定反对，德外交界没有最终决定的权力。②同时，外交部指示驻德公使颜惠庆直接同德国政府交涉。但是，德方坚持："按照德国的传统习惯，任何挂着皇家旗帜的驻防区都不能未经抵抗就撤出"，而"青岛的命运取决于欧洲战场的情况，他们坚信德国将取得最终的胜利"，③最终拒绝将胶州湾交还。

中国内部乐观的观点认为："德力主抵抗，未有骤受日本国要挟而议交还，但有关系全局，万难听日占去。若我以土地主权名义，自向德收回，在彼理有可允。"④但实际上，中国此时同德国的矛盾正在加剧，北京政府急于宣布中立的重要原因之一便是阻止各国在中国发生冲突。尤其是山东方面不断电请中央中立，提出："既未宣布中立条规，即不便以海军监视德舰，亦不能要求俄

① 《总长（孙宝琦）会晤日本小幡代使问答》（1914年8月13日），台湾"中研院"近代史研究所编：《中日关系史料：欧战与山东问题（1914—1916）》，台湾"中研院"近代史研究所，1964年，第40~41页。

② 《王佥事（景歧）接见德使馆夏参赞问答纪要》（1914年8月15日），台湾"中研院"近代史研究所编：《中日关系史料：欧战与山东问题（1914—1916）》，台湾"中研院"近代史研究所，1964年，第47页。

③ 颜惠庆：《颜惠庆自传：一位民国元老的历史记忆》，吴建雍等译，商务印书馆，2003年，第115页。

④ 《收驻和唐公使（在复）电》（1914年8月20日），台湾"中研院"近代史研究所编：《中日关系史料：欧战与山东问题（1914—1916）》，台湾"中研院"近代史研究所，1964年，第65页。

兵解除武装"，[1]而且"战机逼紧，青岛更加吃紧"。[2]北京政府宣布中立后也
要求各地"于各交战国商船出口时严切查验。如有安置炮位，装载军火，或船
上涂用战时油色，既一切准备战事等实在形迹，即行阻止出口。或将船内炮
位，及军用所关物件，扣留卸下。使其不能再改战舰，方许出口，以尽中立义
务为要"。[3]特别是协约国方面宣称："但使德舰在东方无侵犯英舰举动，日本
断不干预战事。"[4]为避免战争，相对而言中国方面对德国也比较严厉，引起
其严重不满。直到临近日本正式参战，德国在华外交人员才积极与中国联络讨
论归还胶州湾，"但这是非正式的、非官方的，因其代办已与政府失去联系，
没有得到任何训令"。[5]因此，由于未得到德国中央政府的同意以及时机的错
过，青岛最终未能直接交还中国。

这一时期，北京政府内部有意见认为，除与德国交涉外，可以直接宣战，
攻取胶州湾。袁世凯的重要幕僚，时任税务处督办的梁士诒建议："我国趁今
日日本未动兵之前，密与英约，彼居其名，我居其实，即日与德使磋商，刚柔
并施，一面派兵前往围守青岛，强彼交还，迅雷不及掩耳，使日本无所措手。
青岛若下，日本又以何说进兵？此不特防日本之侵略，且以杜将来之后患
也。"[6]原国务院秘书长张国淦也提出："最好能运动德国自动的交还青岛，日
本自无所借口。如不行，则我即宣战，亦是与日英共同动作，不使在中国土地
上，我守中立，彼来用兵"，这得到陆军总长段祺瑞的赞同。[7]但经过几番考

---

①《收政事堂交电》(1914年8月6日)，台湾"中研院"近代史研究所编：《中日关系史料：欧战与
山东问题(1914—1916)》，台湾"中研院"近代史研究所，1964年，第11页。

②《收山东将军(靳云鹏)巡按使(蔡儒楷)电》(1914年8月6日)，台湾"中研院"近代史研究所编：
《中日关系史料：欧战与山东问题(1914—1916)》，台湾"中研院"近代史研究所，1964年，第12页。

③《发各埠交涉员沿江海各省巡按使电》(1914年8月13日)，台湾"中研院"近代史研究所编：
《中日关系史料：欧战与山东问题(1914—1916)》，台湾"中研院"近代史研究所，1964年，第40页。

④《收上海道尹(杨晟)电》(1914年8月12日)，台湾"中研院"近代史研究所编：《中日关系史
料：欧战与山东问题(1914—1916)》，台湾"中研院"近代史研究所，1964年，第34页。

⑤ The chargé d'Affaires in China(MacMurray) to the Secretary of State, Telegram, Peking , Au-
gust.19,1914, *FRUS*, 1914, Supplement, p.169.

⑥ 风冈及门弟子编：《三水梁燕孙先生年谱》(上)，上海书店，1939年，第195页。

⑦ 杜春和编：《张国淦文集·北洋从政实录·对德奥宣战》，燕山出版社，2000年，第153页。

虑，袁世凯最后决定："现下手夺回青岛，于情势未尝不是，但我国既经宣布中立，忽翻前意出兵，以助同盟，恐外交上益增纠纷，且更恐动日本之猜忌，此说俟可行而不可行"，①最终未采纳出兵夺取青岛的意见。另据俄国驻华使馆的报告，"当时中国已向英国驻华公使馆提议中国军队与日、英两国军队一起对青岛采取行动"，只是未下定决心，②也反映了北京政府决策过程中的摇摆。

袁世凯的顾虑确实反映了北京政府面临的外交困境。对于中国收回青岛，德国不愿主动交出，而日本更是强烈反对。代理公使小幡酉吉致函北京政府，"中国议收回胶湾，此事不向英日咨，直接与德商，必生出日后重大危险。嘱警告政府，速即停止以上之进行"，③直接威胁中国不许收回胶州湾。而张国淦、梁士诒等主张联合的英国，也因日本的压力而表示："因本国已与德国开战，彼将该项租借地交还，本国亦不能承认"。④英国驻华公使朱尔典（John Newell Jordan）则向中方透露，即使德国将胶州湾无条件交还中国，日本仍将开战。⑤而且早在8月8日，日本军舰已出现在胶州湾附近海面，中国若采取军事行动，难保不与日军发生冲突。在此情况下，美国成为中国最后的希望。8月19日，交通总长梁敦彦代表北京政府向马克谟提出："为了避免冲突，德国在胶州的权利可先让与美国，之后立刻移转给中国。"⑥但是，美国政府已决定不介入胶州湾事务，以"这样的办法激起战争的可能远远超过了避免战

---

① 风冈及门弟子编：《三水梁燕孙先生年谱》（上），上海书店，1939年，第195页。

②《俄国驻北京公使致俄国外交大臣电》（1915年11月7日），陈春华编译：《沙俄等列强与中国参战（一）——俄国外交文书选译》，《民国档案》2005年第1期。

③《外交部致陆宗舆电》（1914年8月15日），王芸生：《六十年来中国与日本》（第6卷），生活·读书·新知三联书店，1980年，第41页。

④《顾参事（维钧）赴英馆会晤朱使问答》（1914年9月10日补收），台湾"中研院"近代史研究所编：《中日关系史料：欧战与山东问题（1914—1916）》，台湾"中研院"近代史研究所，1964年，第157页。

⑤《顾参事（维钧）赴英馆会晤朱使问答》（1914年8月19日），台湾"中研院"近代史研究所编：《中日关系史料：欧战与山东问题（1914—1916）》，台湾"中研院"近代史研究所，1964年，第61页。

⑥ The chargé d'Affaires in China（MacMurray）to the Secretary of State, Telegram- Extract, Peking, August.20, 1914, *FRUS*, 1914, Supplement, p.174.

争"为由拒绝。①

就在中国为收回青岛而多方接洽时，8月15日，日本向德国发出最后通牒，要求："一、立即撤退日本及中国海上之一切德国军舰，不能撤退者立即解除武装。二、在九月十五日以前，将全部胶州租借地，无偿无条件交付于日本帝国官宪，以备将来交还中国"，②并要求其在8月23日之前答复。日本政府之所以宣称会将胶州湾交还中国，一方面是为了缓和同英、美等国的关系，一方面也是为了安抚中国。在发出最后通牒的同一天，日本外相加藤高明会见中国驻日公使陆宗舆，将此消息告知中方，并解释："此为永保东亚和平起见，并无占领土地野心，且对中国诚表友谊。"③8月17日，小幡酉吉也向北京政府声明："此次日本干涉青岛本旨，约分三项，（一）履行日英同盟之条约，（二）维持东亚之和平，（三）不侵占中国之土地。"④日本虽表示无侵犯中国之意，但一再强调出兵是为了履行英日同盟的义务，实际上也暗示中国无参战的资格与理由，反对中国武力收回青岛。日本早先也曾宣布中立，但却借口中国已经中立而不必参战，强调："日英德即至开战，区域有限，中国既守中立，自无预战之虑。"⑤这里所谓的恪守中立只是日本阻止中国参战的借口。

日本声明会将胶州湾交还中国，主要是英国以此作为同意日本参战的条件之一。在此基础上，英国驻华公使朱尔典8月15日提议日英两国共同向北京政府发出照会，并写进"保证归还胶州湾"的字样。⑥但是，日本拒绝这个建议，表示："现在不能做出归还胶州湾的保证。付出很大牺牲而取得之胶州湾，

---

① The Secretary of State to the chargé d'Affaires in China(MacMurray), Telegram- Extract, Washington, August.20, 1914, *FRUS*, 1914, Supplement, p.174.

② 「對獨最後通牒」(1914年8月15日)，外務省編纂：『日本外交年表竝主要文書』(上)，日本國際連合協會，1955年，第381頁。

③《收驻日陆公使(宗舆)电》(1914年8月15日)，台湾"中研院"近代史研究所编：《中日关系史料：欧战与山东问题(1914—1916)》，台湾"中研院"近代史研究所，1964年，第51页。

④《驻京日本代理公使向外交部声明干涉青岛事》(1914年8月17日)，《东方杂志》第11卷第4号。

⑤《收驻日陆公使(宗舆)电》(1914年8月15日)，台湾"中研院"近代史研究所编：《中日关系史料：欧战与山东问题(1914—1916)》，台湾"中研院"近代史研究所，1964年，第51页。

⑥「在中国小幡臨時代理公使ヨリ加藤外務大臣宛(電報)」(1914年8月16日)，外務省編纂：『日本外交文書』(1914年第3卷)，外務省，1966年，第162頁。

即令归还，日本也须附有条件。"①对此，英国政府最终让步。而对于日本的最后通牒及归还胶州湾的声明，美国政府表现了乐观的态度，"美国满意地注意到，日本要求德国交出胶州湾全部租借地，是以归还该地给中国为目的，且日本的行动，不是为了追逐领土的扩大，只是为了严格履行英日盟约"，但提出如果中国出现混乱，需要各国行动时，日本要先与美国磋商。②正是英、美对日妥协，寄希望于日本将来遵守诺言，成为两国不支持中国直接收回胶州湾，更不支持中国参战将其直接夺回的重要原因。

北京政府则向日本表示："日政府通牒第二款为胶州租界全部交还中国之目的等语，足征主持公道，诚表友谊，至为感谢。倘不幸德国不听劝告，致日德相见以兵，日政府既声明并无占领土地之野心，且尊重中国中立，我政府固已深信不疑。"③这一表态除了外交礼节的考虑外，主要是为了敦促日本遵守诺言。但实际上，北京政府对日本政府的信用并无太大的信心，"唯日人野心勃勃，未必如此仗义，战事终了之言，复为归还条件耳"。④外交总长孙宝琦与美国驻华公使芮恩施（Reinsch）谈到日本的声明时就指出："日本的政策不能根据这种声明来判断，而只能根据他们过去二十年来的行动来判断，这些行动不断地违反诺言，侵犯中国的权利。"⑤

中国若要收回青岛须与德国开战，且从交战双方的力量对比看，协约国较占优势，加入这一阵营，对德奥作战更为有利。但从中立国的角度出发，侵犯中国中立权益最严重的国家却是日本，中国若行使武装中立，则要与日本作战。顾维钧就认为日军出兵山东是公然违犯国际法的行动，"因为中国

① 信夫清三郎编：《日本外交史》（下），天津社会科学院日本问题研究所译，商务印书馆，1980年，第396页。

② The Secretary of State to the Ambassador in Japan（Guthrie），Telegram，Washington，August.19, 1914, *FRUS*, 1914, Supplement, p.172.

③《外交部致陆宗舆电》（1914年8月18日），王芸生：《六十年来中国与日本》（第6卷），生活·读书·新知三联书店，1980年，第44页。

④《收云南特派员（张翼枢）电》（1914年8月18日），台湾"中研院"近代史研究所编：《中日关系史料：欧战与山东问题（1914—1916）》，台湾"中研院"近代史研究所，1964年，第56页。

⑤ 芮恩施：《一个美国外交官使华记》，李抱宏、盛震溯译，文化艺术出版社，2010年，第121页。

已宣布对欧战保持中立，根据国际法，交战国双方应尊重中国的中立。因此，为了表明中国确在尽其中立国的责任，有义务保卫国土以维护其中立立场。因此，抵御日本侵略，理由至为明显"。①伍朝枢也赞同顾维钧的意见，提出应按照国际法以武力捍卫中立地位。但首先，中日两国军力悬殊，北京政府参谋部就认为"苟我之实力能胜固善，万一失败则彼可为所欲为，其害将不止于青岛，即其他方面亦必有损失之虑"；②其次，中日开战也难以得到属于协约国的英、法、俄的同情。在参战与如何捍卫中立中，北京政府面临两难的困境。最终，总统袁世凯决定放弃武装中立的权力，牺牲中国中立的部分权益，在山东划出战区，避免与日本冲突。

三、中国实行局部中立及日本的破坏

中国无力阻止日本侵犯，自身又无法参战，"遂不能不有此牺牲一部分之中立，以保全大局"。③北京政府已意识到无法收回青岛，不得不开始与英、日交涉，希望尽量缩小战区。8月19日，顾维钧与朱尔典会谈，提议战区仅限于胶澳租借地，"如若在此境内登陆，或者尚有所借口，若在此境外登岸，则不啻纯粹侵犯本国中立之举"。但朱尔典建议："贵国实力不足，不宜提及中立二字。"④19日，参谋部也认为："万不得已之际，可暂将彼此交战时使用之地带先行划开，以避国际上直接之冲突。"⑤德国使节风闻英日将借道，要求中国切实中立，8月20日致函："急请中华民国政府，禁止外国军队，经过中立

---

① 顾维钧：《顾维钧回忆录》（第1册），中国社会科学院近代史研究所译，中华书局，1983年，第113页。

② 《参谋部报告日本对华方策及结局税帖》（1914年8月19日），张黎辉等编：《天津市历史博物馆馆藏北洋军阀史料·黎元洪卷》（7），天津古籍出版社，1996年，第3页。

③ 《中国保和会准备会关于德日英青岛战役中国划出行军区域案稿》（1915年，原件无时间，编者判定为1914年，笔者认为有误，应为1915年），中国第二历史档案馆编：《中华民国史档案资料汇编·外交》（第3辑），凤凰出版社，1991年，第387页。

④ 《顾参事（维钧）赴英馆会晤朱使问答》（1914年8月19日），台湾"中研院"近代史研究所编：《中日关系史料：欧战与山东问题（1914—1916）》，台湾"中研院"近代史研究所，1964年，第62页。

⑤ 《参谋部报告日本对华方策及解决说帖》（1914年8月19日），张黎辉等编：《天津市历史博物馆馆藏北洋军阀史料·黎元洪卷》（7），天津古籍出版社，1996年，第6页。

中国领地。"①至8月23日，由于德国未对最后通牒做出答复，日本对德宣战，由天皇颁布诏书，称日本与英国"业已一致，为防护同盟协约所预期之全般利益，决执行必要之措置"。②所谓"必要之措置"便主要指动用武力，由英日两国组成联军，攻打德国租借的胶州湾。

8月25日，日本驻华公使日置益向北京政府提议划定战区，"最好黄河以南划出中立外区域"。中方认为："以黄河以南，几包山东全省，一有此议，必致中外惊疑，万难应允"，但愿意作出让步，建议："最好在潮平环界百里以内，必无冲突。次则附近环界一带，亦少惊扰。必不得已，在莱州登岸，则应由平度直达。绕越潍县等处，本政府不能承允。"③29日，陆宗舆电告北京政府，"缩小战区一节，日外部允如我请，云已照日置公使"。④日本最终提出中国将潍县至诸城的南北一线以东直至海滨划为战区，并声称即使中国不同意，日军的计划也不能变更。⑤

对于日军在中国领土的登陆，北京政府原拟进行形式上的抗议。但日本提出其进攻青岛的目的，是要将其占领后归还中国，中国仍提抗议，有伤两国关系，希望北京政府不提抗议而增加其出兵的合法性。⑥孙宝琦向日方解释抗议并非针对日本，而是"预先防备德国之要求"，但日方仍坚持对于中国的抗议决不接受。⑦对于日本的行动，德国则要求中国进行抗议，"如果英日破坏，

①《收德馆照会》(1914年8月20日)，台湾"中研院"近代史研究所编:《中日关系史料——欧战与山东问题(1914—1916)》，台湾"中研院"近代史研究所，1964年，第66页。

②『詔書 对独宣战布告』(1914年8月23日)，外务省编纂:『日本外交文书』(1914年第3卷)，外务省，1966年，第217页。

③《外交部致陆宗舆电》(1914年8月25日)，王芸生:《六十年来中国与日本》(第6卷)，生活·读书·新知三联书店，1980年，第45~46页。

④《收驻日陆公使(宗舆)电》(1914年8月30日)，台湾"中研院"近代史研究所编:《中日关系史料:欧战与山东问题(1914—1916)》，台湾"中研院"近代史研究所，1964年，第110页。

⑤『加藤外务大臣ヨリ在中国日置公使宛(電報)』(1914年9月24日)，外务省编纂:『日本外交文书』(1914年第3卷)，外务省，1966年，第369页。

⑥《总长(孙宝琦)会晤日置使问答》(1914年8月31日)，台湾"中研院"近代史研究所编:《中日关系史料:欧战与山东问题(1914—1916)》，台湾"中研院"近代史研究所，1964年，第111页。

⑦《总长会晤(孙宝琦)日本日置公使问答》(1914年9月2日)，台湾"中研院"近代史研究所编:《中日关系史料:欧战与山东问题(1914—1916)》，台湾"中研院"近代史研究所，1964年，第123页。

自应严行抗议，方不失中立之意"。驻德公使颜惠庆也建议："在我是否亦应虚张声势，以谓禁阻之实"，希望仍以抗议为佳。[1]德国驻华代办甚至提出，按照国际惯例，中国应将日本驻华公使驱逐出境。[2]此举实际上将断绝中日两国的外交关系，北京政府自然不会采纳。最终由于日本的压力，北京政府外交部虽认为"为中立国体面计，万不可少"，[3]但袁世凯决定外交部不对日本提出抗议。

9月2日，日军在龙口登陆，北京政府外交部未做表态，但由山东地方政府提出抗议："龙口为中国完全领土，贵国军队等倘由此登陆，实属侵犯中国中立，相应照会贵领事查照，禁阻登陆。"[4]9月3日，北京政府通告各国，仿效日俄战争先例，"声明在龙口莱州及接连胶州湾附近各地方，确实为各交战国军队必须行用至少之地点，本政府不负完全中立之责任"。[5]同时致电各省长官，解释："我既不能实行禁止双方侵害中立之举，唯有划出交战最小区域，不使蔓延，籍轻祸害，此不得已之政府办法。"[6]自此，中国的中立从全部领土的完全中立，变为局部领土的中立，胶澳租借地及所划出行军区域不在中立范围内。同时为安抚德奥，北京政府向其解释："日英之军事行动，中国政府即不能以实力抵制，纸上抗议终无效果"，并强调："所有划出战区各地方，交

---

①《收驻德颜公使（惠庆）电》（1914年9月1日），台湾"中研院"近代史研究所编：《中日关系史料：欧战与山东问题（1914—1916）》，台湾"中研院"近代史研究所，1964年，第119页。

②《总长（孙宝琦）会晤德马代办问答》（1914年9月3日），台湾"中研院"近代史研究所编：《中日关系史料：欧战与山东问题（1914—1916）》，台湾"中研院"近代史研究所，1964年，第127页。

③《外交部致陆宗舆电》（1914年8月30日），王芸生：《六十年来中国与日本》（第6卷），生活·读书·新知三联书店，1980年，第48页。

④《收烟台交涉员（吴永）详 附件一·与日领事交涉往返文牍五件》（1914年9月26日），台湾"中研院"近代史研究所编：《中日关系史料：欧战与山东问题（1914—1916）》，台湾"中研院"近代史研究所，1964年，第233页。

⑤《中国外交部照会北京各国公使为宣告划出行军区域事由》（1914年9月3日），《外交公报》1921年第4期。

⑥《致各省将军巡按使通电》（1914年9月4日），中国第二历史档案馆编：《北洋政府档案》（75），中国档案出版社，2010年，第338页。

战国如有必要，均得一律行用，中政府于各交战国毫无歧视，当可共谅。"①
尽管如此，德国仍提出抗议，认为此项划界对英、日有利，使德国受害。②奥
匈帝国更是指出，"现在中国境土作为攻打青岛之根据地，是中国政府自行破
坏中立"。③

　　日本政府则对北京政府划出战区表示感谢。④中日之间的交涉，也使北京
政府对日军行动有大体了解。在龙口日军登陆前，中国陆军从此处撤退，前一
天晚，原驻扎此处的永详、登州两艘军舰也离开港口。⑤中日之间虽未就行军
区域达成明确协定，但经过协商大体上约定日军不过潍县以西。但是，这一约
定只是日本外交部门和中国政府的约定，日本军方并无意遵守。9月13日，日
本参谋本部通知外务省，计划占领包括潍县以西的整个胶济铁路。23日，日
参谋总长长谷川好道指令当地部队司令官神尾光臣占领胶济铁路。⑥日本驻华
公使日置益担心激起中国的反感，要求推迟这一行动，并约束日军纪律。⑦日
外相加藤高明也要求军方推迟行动，由外交部门先与中国交涉。但在25日，
日军仍派兵占领潍县车站。⑧对此，陆宗舆报告了日本政府的内部分歧，"潍
县举动，所闻确系军人所迫，非加藤初意"，主张"我军似宜离开路线，万勿

　　①《致驻德颜公使电》（1914年9月3日），中国第二历史档案馆编：《北洋政府档案》（75），中国
档案出版社，2010年，第334页。
　　②《收德馆照会》（1914年9月4日），中国第二历史档案馆编：《北洋政府档案》（75），中国档案
出版社，2010年，第347~348页。
　　③《收奥讷使照会》（1914年9月4日），中国第二历史档案馆编：《北洋政府档案》（75），中国档
案出版社，2010年，第359~360页。
　　④《收日本陆公使（宗舆）电》（1914年9月8日），台湾"中研院"近代史研究所编：《中日关系史
料：欧战与山东问题（1914—1916）》，台湾"中研院"近代史研究所，1964年，第149页。
　　⑤《收胶东道尹（吴水）电》（1914年9月2日），台湾"中研院"近代史研究所编：《中日关系史料：
欧战与山东问题（1914—1916）》，台湾"中研院"近代史研究所，1964年，第123页。
　　⑥『尾野参谋本部第一部长ヨリ小池政务局长』（1914年9月24日），外务省编纂：『日本外交文
书』（1914年第3卷），外务省，1966年，第402~403页。
　　⑦『在中国日置公使ヨリ加藤外务大臣宛（電報）』（1914年9月24日），外务省编纂：『日本外交
文书』（1914年第3卷），外务省，1966年，第403~404页。
　　⑧《外交部致陆宗舆电》（1914年9月26日），王芸生：《六十年来中国与日本》（第6卷），生活·
读书·新知三联书店，1980年，第51页。

与冲突，致中掠地之计"。①

9月26日，北京政府向日本政府提出："如此行动，蔑视中国友谊，有心破坏中立，殊堪诧异。查胶澳在东，潍县在西，非行军必须之路，前经声明潍县不在战区之内，已经贵政府同意"，②并于27日提出正式抗议，强调胶济铁路各站"向无德国军队，均归中国保护，潍县系完全中立地点"，要求日本归还车站。③30日，北京政府继续指责日军仍"有西进之意"，要求其立即撤出中国中立区域。④10月2日，日本政府答复竟称胶济铁路属于德国财产，是胶澳租借地的一部分，且出于作战需要，"将其经营管理归于我手，不得谓为违反中立"。⑤此照会表明日本的图谋不仅是潍县车站，而是整个胶济铁路。对铁路的重要性，中国方面早有认识，山东将军靳云鹏就提出："闻德人颇鉴于日本阴谋，有交还青岛之说，固难实行，然我国果能于此时提议，将胶济铁路收回，德人绝不拒绝"，"成约后该路即属中立，战胜国不能侵犯，鲁省大局尚不致十分危险"。⑥但与青岛问题相似，中国未能及早将胶济铁路收回。

9月29日，北京政府向美国方面寻求帮助，指出："通过铁路问题，明显地表明了日本欲接管德国所应归还在山东的权利"，⑦10月2日，进一步希望美

---

①《收驻日陆公使（宗舆）电》（1914年10月3日），台湾"中研院"近代史研究所编：《中日关系史料：欧战与山东问题（1914—1916）》，台湾"中研院"近代史研究所，1964年，第258页。

②《外交部照会日使日置益》（1914年9月26日），王芸生：《六十年来中国与日本》（第6卷），生活·读书·新知三联书店，1980年，第51页。

③《中国外交部照会北京日本公使为抗议违反中立事由》（1914年9月27日），《外交公报》1921年第4期。

④《中国外交部照会北京日本公使为抗议占据胶济铁路事由》（1914年9月30日），《外交公报》1921年第4期。

⑤《北京日本公使照会中国外交部关于占据胶济铁路之抗议事由》（1914年10月2日），《外交公报》1921年第4期。

⑥《收山东将军（靳云鹏）巡按使（蔡儒楷）电》（1914年8月13日），台湾"中研院"近代史研究所编：《中日关系史料：欧战与山东问题（1914—1916）》，台湾"中研院"近代史研究所，1964年，第41页。

⑦ The chargé d'Affaires in China（MacMurray）to the Secretary of State, Telegram, Peking, September.29,1914, *FRUS*, 1914, Supplement, p.182.

国会同英国阻止日本擅自扩大行军区域。①美国在华外交人员也较为同情中国，向日本指出："德国铁路是在中国领土之内，若尔夺取即算侵犯中国之中立。"②美国政府的态度则较为谨慎，寄希望于与英国合作制止日本，因此致电英国政府"勿任日军占潍济路"。③但是，英国已建议中国慎重，"此次日本用兵，已声明为交还青岛与中国起见，勿可授以口实，使其改变初心也"，④并且表示很难对日本的行动进行干预，⑤仍然劝告中方将希望寄托在日本遵守诺言上，不愿意为此开罪日本。但是，英国自身则较为尊重中国的中立，9月27日，其军队直接在胶澳租借地内的崂山湾登陆，并始终未使用中国划出的行军区域。

此外，北京政府也向德国提出："拟请德国公司将该路交还中国管理，一面与日人交涉，勿再进占由潍至济铁路，似于各方面均有裨益。"由于日本的军事压力，德国驻华代办表示："胶济铁路公司本系中、德合办，今承贵部总长提议交还中国管理，以免日人借词侵占，用意其善，本代办亦甚赞同。已委托柯达士商议一切办法，应请贵部或交通部，特派委员与柯君速为商办。唯最要者，该路只能交与中国自行管理，不得交与日人。"⑥德国方面最终同意将胶济铁路交还中国，并在10月4日达成协议。因此，北京政府向日本提出："今德人既允让出此路，交我接管，候战后解决，在日本可以不必烦兵力，碍

---

① The Minister in China(Reinsch) to the Secretary of State, Telegram, Peking, October.1, 1914, *FRUS*, 1914, Supplement, p.183.

②《总长接见美馆马代使暨丁家立参赞问答》，1914年9月29日，档号：03-05-064-01-028，台湾"中研院"近代史研究所档案馆藏。

③《驻美公使夏偕复电》(1914年10月3日)，章伯锋、李宗一编：《北洋军阀》(第2卷)，武汉出版社，1990年，第718页。

④《参事顾维钧赴英馆晤朱使问答》(1914年9月28日)，章伯锋、李宗一编：《北洋军阀》(第2卷)，武汉出版社，1990年，第710~711页。

⑤《致英朱使照会》(1914年9月4日)，中国第二历史档案馆编：《北洋政府档案》(75)，中国档案出版社，2010年，第411~412页。

⑥《金事程遵尧奉派赴德馆晤马代办问答》(1914年10月3日)，章伯锋、李宗一编：《北洋军阀》(第2卷)，武汉出版社，1990年，第717~718页。

我中立，免彼此生出许多误会恶感。"①但是，日本对此不予承认，并强硬表示："由德人交中国接管手续，根本不能承认，实无再商余地。"②

同时，北京政府为换取日本不继续侵占胶济铁路，一面向其解释："交战国官产在中立国领土，其他交战国尚不能侵犯"，况且胶济铁路属于中德合作商办；③一面表示中国方面"愿声明于日德战事未完期内，遍示如有将该路请卖或转授与日本国外之第三国，本国政府看重日本政府之意，概不允许。至于将来战事完毕时，日本与德对于该胶济铁路订立何等协定，中国政府预为声明，不持异议"。④可以说，对于胶济铁路北京政府已向日本做出了非常大的让步。但是，日本仍决心一意孤行，10月3日强迫中国军队撤出路区附近，5日占领青州车站，6日占领济南车站。北京政府内部就是否武力抵抗产生分歧，最终袁世凯决定退让，日军得以基本控制胶济铁路全线。

北京政府既得不到英美列强的支持，又不能凭自身武力制止日军，唯有不断向日本政府提出抗议。10月9日，北京政府指责日本占据胶济铁路全线"破坏中国中立，侵占友邦在本国领土内之产业，且侵犯本国商人有股份制产业，实于贵国宣言之宗旨未符合，本国政府深以为憾，不得不再提出抗议"。⑤日本占据胶济铁路对中国的危害，远高于其占据青岛。仅就对中国中立地位的破坏而言，日军自龙口登陆破坏了中国的完全中立，进占潍县车站及胶济铁路，进一步破坏了中国的局部中立，实际是彻底破坏了中国的中立地位，即"日军侵犯中国中立，已达极点"。⑥在北京政府看来，划出行军区域已是"爱重邦交，

---

①《外交部致驻日公使陆宗舆电》（1914年10月4日），章伯锋、李宗一编：《北洋军阀》（第2卷），武汉出版社，1990年，第718页。

②《驻日公使陆宗舆电》（1914年10月5日），章伯锋、李宗一编：《北洋军阀》（第2卷），武汉出版社，1990年，第719页。

③《外交部致陆宗舆电》（1914年9月30日），王芸生：《六十年来中国与日本》（第6卷），生活·读书·新知三联书店，1980年，第55页。

④《北京政府外交部致陆宗舆电》（1914年10月3日），程道德等编：《中华民国外交史资料选编》（第1卷），北京大学出版社，1988年，第174页。

⑤《中国外交部照会北京日本公使为再行抗议占据胶济铁路事由》（1914年10月9日），《外交公报》1921年第4期。

⑥《外交部向日使抗议日军占据济南车站》（1914年10月7日），《东方杂志》第11卷第5号。

消弭战祸，委曲求全，宣布局部中立，日兵乃得安然由各口岸登陆，以达战地，我国对于日本可谓情至义尽"。①但日本不知满足进占胶济铁路，完全激化了两国的矛盾。派驻济南的日本公使馆书记官船津辰一郎就报告："自占领胶济铁路以来，中国官民态度为之一变。对于攻下青岛的消息，没有一个人向我们表示祝贺之意。"②

四、中国恢复完全中立与筹备参与和会

11月7日，英日联军攻克青岛，北京政府开始计划取消行军区域，恢复中国的完全中立地位。9日，北京政府通知英国："现在青岛战事既毕，无军事上之必要可言，前次宣布之行军区域，当然在青岛至陷落之时取消矣。该区域内所有各交战国军队，即当撤退，嗣后不得再有青岛交战时所有之各种行为，盖自今后以后，当与他处一律中立也。"③不久之后，英军撤出青岛。同在9日，北京政府向日本提出："现在战事既毕，贵国守备铁路及因此次战事派来之军队，自应早日撤退。本国政府查从前德国在青岛之兵队，为数无多，且不出中德条约所载租借地内，百里环界亦不驻兵。在青岛根本问题未能解决以前，甚盼日本政府，亦与德国从前一律办理。"④北京政府要求日本军队从行军区域及胶济铁路沿线撤退，但已不要求其撤出青岛，只希望其军队尽量少驻。

北京政府不急于收回青岛，首先与德国有关。中国并未与德国宣战，两国条约依然有效。而且北京政府也担心，即使德国战败，仍然有可能如日俄战争

---

① 《收政事堂交文》（1914年9月30日），台湾"中研院"近代史研究所编：《中日关系史料：欧战与山东问题（1914—1916）》，台湾"中研院"近代史研究所，1964年，第248页。

② 《产经新闻》社撰：《蒋介石秘录》（第1卷），《蒋介石秘录》翻译组译，湖南人民出版社，1988年，第43~44页。

③ 《顾参事（维钧）赴英馆会晤朱使问答》（1914年11月9日），台湾"中研院"近代史研究所编：《中日关系史料：欧战与山东问题（1914—1916）》，台湾"中研院"近代史研究所，1964年，第418页。

④ 《次长（曹汝霖）会晤日本日置公使问答》（1914年11月9日），台湾"中研院"近代史研究所编：《中日关系史料：欧战与山东问题（1914—1916）》，台湾"中研院"近代史研究所，1964年，第434页。

后的俄国，依然是一个大国，因此，"若现在表示希望日本将青岛交还中国之意，自德人观之，必谓中国早蓄夺回青岛之意，前此之划定交战区域，即为达此目的而设"，不愿将其开罪。另外，则是担心日本趁机勒索，不愿向其主动提议。总统秘书曾彝进就指出："彼之出兵，非为我也。于彼议交还之时，交换条件可由我酌定。何也，彼原以青岛见还，非我向彼索还，交还条件当然由我酌定"，认为只有先让日本提出，中国才可以与其讨价还价。①此外，北京政府也希望英军与日军共同驻扎青岛，英日共同管理青岛。顾维钧就向朱尔典建议："青岛既由贵国军队与日人会同攻取，在未交还中国之前，即应归两国会同治理。"②此举实际上是希望英国能够在一定程度上牵制日本，但是随着英军撤离，这一期望落空。

日本自然也不愿归还青岛，"须知即以青岛还附中国，徒有复活中德关系之恐，且有使其再蒙德国压迫之虞"，借口中国无力保护青岛，而主张先由日本暂为保管，直到"日德外交关系终了，而转移中日之协议时，其两国之厉害，东洋之永久和平等，自以特殊之事情为基础而决定"。日本提出先由日德两国商定，再由中日协商两国关系的一系列问题，由此可见日本的野心已不止青岛。另外，日本政府内部强硬的观点则认为："九十九年间，中国之主权已逐渐为所限制，德国在该地域之内，完全行使其主权。再进一步言之，青岛地方可视为德国领土之延长。今本国政府占领青岛，与占领德国领土无异"，③完全否认青岛属于中国。

北京政府虽不急于收回，但一再声明青岛主权仍属中国，且"青岛之权利，仅属实力所及之权利而已，即国际公法所谓以武力占领者也，盖德人既未与日本签订和约，是于法律上尚未承认以青岛授与日本也。德人既未承认，日

---

① 《收政事堂交曾彝进说帖》（1914年11月25日），台湾"中研院"近代史研究所编：《中日关系史料：欧战与山东问题（1914—1916）》，台湾"中研院"近代史研究所，1964年，第504页。

② 《顾参事（维钧）赴英馆会晤朱使问答》（1914年11月9日），台湾"中研院"近代史研究所编：《中日关系史料：欧战与山东问题（1914—1916）》，台湾"中研院"近代史研究所，1964年，第418页。

③ 《次长（曹汝霖）会晤小幡代理公使问答》（1914年12月1日），台湾"中研院"近代史研究所编：《中日关系史料：欧战与山东问题（1914—1916）》，台湾"中研院"近代史研究所，1964年，第522~523页。

人更不能援引中德胶澳条约而要求中国，享用该约所许德之利益"。①况即使德国承认，但因中德《胶澳租界条约》规定："德国向中国所租之地，德国应许永远不转租与别国"，②德国于法理上也无权与日本决议青岛归属。实际上，青岛问题已涉及中、日、德、英等国，十分复杂，因此，伍朝枢提出："我国似宜于英国提携，慎勿与日本单独交涉，主张日英中三方交涉，或中英日德四国交涉。或最好俟战局既终，付之国际公会，则尚或有主持公道之国，而我之丧失，或可挽回一二"，总之反对中日直接交涉，寄希望于战后和会。③

不仅伍朝枢，陆征祥、顾维钧、曹汝霖等人也认为青岛问题须在战后和会解决，此点已成为中国外交界的共识，"青岛问题必待欧洲战事告终，于媾和大会时解决之，此人人而皆知之也。中国既有种种利益主权上之关系，当然有加入此和会之资格"。④早在一战爆发之初，北京政府内部就有应设法加入战后和会的主张。⑤而青岛就成为中国与大战的连接点，成为从巴黎和会到华盛顿会议中中日关系的核心。中国开始在中立国的身份下，筹备参与和会。一般中立国可参与和会中与自身相关问题的讨论，但能否直接参会还存在一定的不确定性，使得北京政府对此格外认真。王慕陶就向袁世凯提议："将来平和会议，中立国能否加入，此节虽无把握，青岛问题必为会议中之论点，倘能于列强政府预为疏通，银行资本家以及与中国利益有关之社会团体预为运动，报纸舆论力加鼓吹，即不正式列席会议，其为功效已非浅显"，主张从外交、经济、舆论等各个方面进行准备。⑥

①《顾参事(维钧)赴英馆会晤朱使问答》(1914年11月9日)，台湾"中研院"近代史研究所编：《中日关系史料：欧战与山东问题(1914—1916)》，台湾"中研院"近代史研究所，1964年，第419页。

②《胶澳租界条约》(1898年3月6日)，王铁崖编：《中外旧约章汇编》(第1册)，生活·读书·新知三联书店，1957年，第739页。

③《收伍朝枢交说帖》(1914年11月6日)，台湾"中研院"近代史研究所编：《中日关系史料：欧战与山东问题(1914—1916)》，台湾"中研院"近代史研究所，1964年，第437页。

④《王秘书赴俄馆问答》(1914年1月13日)，台湾"中研院"近代史研究所编：《中日关系史料：欧战与山东问题(1914—1916)》，台湾"中研院"近代史研究所，1964年，第660页。

⑤侯中军：《中国与一战：中立国身份下的预筹与会》，《人文杂志》2014年第11期。

⑥《王慕陶为青岛问题上大总统第一书》(1915年1月12日以后)，王宜恭等编：《天津市历史博物馆馆藏北洋军阀史料·袁世凯卷》(1)，天津古籍出版社，1996年，第1019页。

　　而能否参加战后和会，最重要的是各大国的态度。英、美两国一直主张日本须将青岛交还中国，自然不反对中国参加和会解决青岛问题。驻美公使夏偕复报告："唯战后会议时，美似欲出而主持一切，不特防卫己之利益，并欲解决关于公法之种种问题。"①美国公使芮恩施也建议北京政府，"大战后凡与有关系之国，必有大会议，于彼时必有公断，中国不致吃亏，若现与日本决断，会议时恐无挽回机会"，②且认为中国与和会有密切关系，"即不正式厕列，亦当派代表到会陈说"。③因此，北京政府对获得美国支持报以极大的期望。法国早在日本决定参战时，就建议北京政府："将来战事平定，各国必有一大会议，届时中国当设法加入，此为中国必应设法办到之举。得各国许可，中国政府之代表即可参列会议，而中国之问题，亦可不任各国随意解决。"④俄国也表示："贵国当然可以加入此和会，讨论青岛问题。"⑤除了德国根本就不赞成召开和会外，⑥只有日本认为中国非交战国，无列席的资格，反对中国参加。⑦为此，日本之后也不断反对中国参战。

　　因此，关于与日本的交涉，北京政府总的方针是"青岛问题，或须俟大会议时解决，其因此次战事发生之事实，与青岛问题无关涉者，仍应于此时讨

---

　　①《收驻美夏公使(偕复)电》(1915年3月22日)，台湾"中研院"近代史研究所编：《中日关系史料：欧战与山东问题(1914—1916)》，台湾"中研院"近代史研究所，1964年，第788页。

　　②《总长会晤美公使芮恩施问答》(1914年10月7日)，章伯锋、李宗一编：《北洋军阀》(第2卷)，武汉出版社，1990年，第720页。

　　③《收驻美夏公使电》，1914年12月19日，外交部档案，档号：03-37-001-01-014，台湾"中研院"近代史研究所档案馆藏。

　　④《秘书刘符诚赴法馆会晤法康使问答》(1914年8月17日)，台湾"中研院"近代史研究所编：《中日关系史料：欧战与山东问题(1914—1916)》，台湾"中研院"近代史研究所，1964年，第55页。

　　⑤《王秘书赴俄馆问答》(1914年1月13日)，台湾"中研院"近代史研究所编：《中日关系史料：欧战与山东问题(1914—1916)》，台湾"中研院"近代史研究所，1964年，第660页。

　　⑥颜惠庆：《颜惠庆日记》(第1卷)，上海市档案馆译，中国档案出版社，1996年，第155页。

　　⑦《收驻日本陆公使(宗舆)函》(1914年11月30日)，台湾"中研院"近代史研究所编：《中日关系史料：欧战与山东问题(1914—1916)》，台湾"中研院"近代史研究所，1964年，第515页。

论，至军事已了，更无驻留军队之必要"，①即青岛问题留待战后和会解决，先与日本协商撤军和取消行军区域。为此，伍朝枢提出："德国无转移青岛于日本之权。青岛失守，应归中国管理，此法律上言之也。自事实上言之，诚恐不能办到，然未始不可以此为交涉之资，挟之以为交换利益之品。如我许其暂时接管青岛，则彼须撤退胶澳之外之兵队，胶济铁路更不能借口于军略之需要而占领，应全部交还，由我管理，前所划出之区域，今可缩小为胶澳租界。"②这一建议实际上就是允许日本在战争期间管理与驻军青岛而换取日本从胶济铁路与行军区域内撤出部队。由此可见，与青岛问题相比，北京政府更看重日本的撤军。

11月25日，北京政府告知日本拟取消行军区域，希望其撤出军队，"现在战事既经终了，此项例外区域，当然宣告撤销。唯因与日本撤兵事有关，故以非正式的预为接洽，以期办理迅速"。③11月30日，外交部又告知陆宗舆，决定待日置益从日本返回北京时即行通知取消行军区域，并照会各国使节，同时由陆宗舆直接通知日本政府，不必征得其答复。但是，陆宗舆认为日本在山东留有重兵，"一旦由我径自取消，难保不与我为难"，建议做好准备，选择有利时机。④日本政府拟在12月5日举行庆祝攻克青岛的凯旋礼，趁此机会，外交次长曹汝霖12月2日向日方提出："本国政府拟早日宣告撤回例外中立区域，此时能否乘日军凯旋之际实行宣告"，但日本以时机太早为由拒绝。⑤

---

① 《次长(曹汝霖)会晤日本日置公使问答》(1914年11月9日)，台湾"中研院"近代史研究所编：《中日关系史料：欧战与山东问题(1914—1916)》，台湾"中研院"近代史研究所，1964年，第422页。

② 《收伍朝枢交说帖》(1914年11月6日)，台湾"中研院"近代史研究所编：《中日关系史料：欧战与山东问题(1914—1916)》，台湾"中研院"近代史研究所，1964年，第437页。

③ 《次长(曹汝霖)会晤日本小幡代理公使问答》(1914年11月25日)，台湾"中研院"近代史研究所编：《中日关系史料：欧战与山东问题(1914—1916)》，台湾"中研院"近代史研究所，1964年，第505页。

④ 《发驻日本陆公使(宗舆)电》(1914年11月30日)，台湾"中研院"近代史研究所编：《中日关系史料：欧战与山东问题(1914—1916)》，台湾"中研院"近代史研究所，1964年，第559页。

⑤ 《次长会晤日本小幡代理公使》，1914年12月2日，外交部档案：03-33-123-04-033，台湾"中研院"近代史研究所档案馆藏。

北京政府急于取消战区，除了日本占据山东带来的威胁外，还由于日军在山东的种种不法行为引起了中国舆论的普遍反感，甚至北京政府参政院向国务院提交了外交书质问书，列举了日军在山东的种种劣迹，要求政府切实保障国权。[1]北京政府虽一再要求，"凡日军过境之地，吾国官民生命财产，悉切实尊重，以免惊扰而滋误会"。[2]日本驻华公使日置益也多次致电日本政府要求约束军队的举动，但始终没有太大的效果，日军依旧我行我素。最终，北京政府判断："此项例外区域，如不早日撤销，一般人民及外国人，均将生疑"，[3]希望通过撤销战区来釜底抽薪，使日本丧失继续驻军的合法性，争取其早日撤退，从根本上解决这一问题。

面对北京政府的态度，日本外交部就日军骚扰山东地方致歉，但认为行军区域"系两政府协商而定，必须商妥后取消为佳，如政府单独取消，反生窒碍"，且日本外交部门也需要与陆军当局协商。[4]至1915年1月2日，日置益通告北京政府，日本外务省决定，取消行军区域一事"现尚非时机，歉难照允"，并要求就此问题同中国领导人直接会谈。[5]此举实际上是希望再次越过外交部门，直接同总统袁世凯协商，通过施加压力，再次由袁世凯直接让步。但是，恢复完全中立已得到袁本人的同意，日方的意图未获成功。

最终，北京政府决定虽然日本政府商请两国继续协商，但"本政府以人民受痛已深，参政院又责问，亟拟取消，恢复原状"。[6]1月4日，外交部决定取

---

①《参政院之外交质问书》（1914年10月2日），《东方杂志》1914年第11卷第6号。

②《发驻日本陆公使（宗舆）电》（1914年9月25日），台湾"中研院"近代史研究所编：《中日关系史料：欧战与山东问题（1914—1916）》，台湾"中研院"近代史研究所，1964年，第225页。

③《次长（曹汝霖）会晤日本小幡代理公使问答》（1914年11月25日），台湾"中研院"近代史研究所编：《中日关系史料：欧战与山东问题（1914—1916）》，台湾"中研院"近代史研究所，1964年，第505页。

④《收驻日本陆公使（宗舆）电》（1914年12月31日），台湾"中研院"近代史研究所编：《中日关系史料：欧战与山东问题（1914—1916）》，台湾"中研院"近代史研究所，1964年，第625页。

⑤《收日本公使函》（1915年1月2日），中国第二历史档案馆编：《北洋政府档案》（75），中国档案出版社，2010年，第551页。

⑥《发驻英施公使（肇基）电》（1915年1月6日），台湾"中研院"近代史研究所编：《中日关系史料：欧战与山东问题（1914—1916）》，台湾"中研院"近代史研究所，1964年，第641页。

消行军区域，拟正式照会日本政府，并得到了总统袁世凯的批准。[①]1月7日，北京政府照会日本及英国政府，宣布："所以前此本国划出该项区域之通告自应声明取消，恢复原状。"[②]但是，为了缓和同日本的矛盾，同意日方的要求，致德国政府的照会暂时未发。[③]同时，外交部发出照会，向日方解释："青岛即下之后，则该处战事，当然消灭。日本军队自无使用该区域及警备之必要。本国反正延至今日，始行提议取消，实已予以最长犹豫时间。"[④]至此，中国在名义上恢复了完全中立。

余 论

面对日本的咄咄逼人，一战初期中国的中立政策，发生了三次大的退让：一是由寻求远东中立转为自己单独宣布中立；二是放弃完全中立，转为局部中立，即"日攻青岛，假道胶莱，使我完全局外中立变为局部之中立"，[⑤]所划行军区域不在中立范围内；三是面对日军突破行军区，强占胶济铁路，无力行使国际法所赋予中立国的武装中立的权力，遂使中国的局部中立也被完全破坏。在此过程中，北京政府欲联合英日进而参加战争，但得不到支持，只能继续保持中立国地位，但为了避免与日本的冲突，又不得不不断放弃中立国的权力，其中立国的地位最终也被日本完全破坏。直到青岛战役结束后，北京政府开始筹划恢复中立，但由于与日本交涉无果，只得不待其撤军，于1915年1月7日自行宣布撤销行军区域，名义上恢复了本国的完全中立地位。

对于中国的中立及相关问题的最终解决，北京政府则寄希望于战后和会，

①《致日本公使节略》(1915年1月7日)，中国第二历史档案馆编：《北洋政府档案》(75)，中国档案出版社，2010年，第552~553页。

②《中国外交部照会北京英日两国公使为通知取消行军区域事由》(1915年1月7日)，《外交公报》1921年第4期。

③《发驻日本陆公使电》(1915年1月9日)，台湾"中研院"近代史研究所编：《中日关系史料：欧战与山东问题(1914—1916)》，台湾"中研院"近代史研究所，1964年，第651页。

④《发日本公使节略》(1915年1月7日)，台湾"中研院"近代史研究所编：《中日关系史料：欧战与山东问题(1914—1916)》，台湾"中研院"近代史研究所，1964年，第642页。

⑤《收政事堂交电》，1914年10月14日，外交部档案03-02-090-02-038，台湾"中研院"近代史研究所档案馆藏。

"青岛胶济铁路及鲁省中立问题，非待欧战告终，加入议和大会解决，恐无公允结果"，但又"恐他国从中梗阻"。[①]"他国"自然是指日本。为此，驻美公使夏偕复建议中美联合，则"日本政府当不至有异词，然后与美国提携，预筹入会"。[②]至于中日之间的问题，北京政府采取不急于同日本直接交涉的策略，期待延至和会解决，为此开始积极准备，并致电各驻外使节，"以青岛地主之权，乃属我有，届时自应加入会议，以期补救万一。除密商陆专使，在京先期筹备，并电知驻巴西刘使，前往欧洲会商驻使，先期密与各国公法家接洽，俾得各国各交战国同意外，相应将关于中立事宜往来文件，以及各种足资参考之论报，一并函送冰案，籍资研究"，开始先行联络各国，并进行国际法上的准备。[③]

对于中国取消行军区，恢复完全中立，日本表示不予承认，并宣布："帝国军队之行动施设，在必要期间以内，依然存续，决不受此等取消之影响及拘束也。"[④]北京政府意识到日本的反对是"实欲藉词军区，布置一切，为扩张势力之计"，[⑤]担心其"继续提出更多的特权要求"，趁机在中国扩张势力。[⑥]1915年初，俄国也提醒北京政府，预计日本将有进一步行动，请中方早日筹备。[⑦]结果，取消行军区，被日本视为对其"蓄意的恶意的侮辱"，并趁机提出"二十一条"。[⑧]其实，日本早在1914年12月已制定了"二十一条"的主要

①《发驻美夏公使电》，1914年12月14日，外交部档案03-37-001-01-009，台湾"中研院"近代史研究所档案馆藏。

②《收驻美夏公使电》，1914年12月20日，外交部档案03-37-001-01-015，台湾"中研院"近代史研究所档案馆藏。

③《发驻外各使馆函》（1914年1月18日），台湾"中研院"近代史研究所编：《中日关系史料：欧战与山东问题（1914—1916）》，台湾"中研院"近代史研究所，1964年，第679页。

④《北京日本公使照会外交部声明不能承认取消行军区域之通知事由》（1915年1月9日），《外交公报》（1921年10月）第4册"专件"，第24页。

⑤《发驻英施公使（肇基）电》（1915年1月8日），台湾"中研院"近代史研究所编：《中日关系史料：欧战与山东问题（1914—1916）》，台湾"中研院"近代史研究所，1964年，第645页。

⑥顾维钧：《顾维钧回忆录》（第1册），中国社会科学院近代史研究所译，中华书局，1983年，第114页。

⑦风冈及门弟子编：《三水梁燕孙先生年谱》（上），上海书店，1939年，第221页。

⑧芮恩施：《一个美国外交官使华记》，李抱宏、盛震溯译，文化艺术出版社，2010年，第123页。

内容，①只是将此作为借口。与中国外交关注战后和会不同，日本政府充分利用欧战的形势，必欲在战争期间，取得中国让步，并争取其他列强的认可，最后迫使中国在和会中承认。

对于山东问题，在"二十一条"交涉中，北京政府起初坚持："日德交战状态尚未停止，我国立于中立地位，不便先与预为约定，应俟日德讲和时，中国加入讲和会议，同时处断。"②只是在"二十一条"交涉结束后，为了缓和两国关系，1915年9月，日本撤去龙口至高密的电线及护线兵，并承认中国取消行军区。③但是，日军仍继续占据青岛及胶济铁路直到华盛顿会议的召开。在华盛顿会议中，中国不仅收回了青岛及胶济铁路，而且由于美国的支持，"缔约各国，除中国外，协定于发生战事时，中国如不加入战团，应完全尊重中国中立之权利"④被写入《九国公约》，得到包括日本在内的各缔约国的承认。中国的中立权利得到了重申，并成为约束日本在华扩张的重要举措之一。

本文原刊载于《民国档案》2020年第1期。

作者简介：

郭宁，1988年生，河南南阳人。北京大学历史学博士，南开大学历史学院助理研究员。研究方向为中华民国史、中共党史。曾在《中共党史研究》《民国档案》《抗日战争研究》《史林》等刊物发表若干学术论文，其中多篇文章被中国人民大学《复印报刊资料·中国近代史》《复印报刊资料·中国现代史》转载。

---

① 「對華要求に關する加藤外相訓令」(1914年12月3日)，外務省編纂：「日本外交年表竝主要文書」(上)，日本國際連合協會，1955年，第381~384頁。

② 《外交总长陆征祥报告参政院中日交涉始末情形》(1915年5月26日)，骆宝善、刘路生编：《袁世凯全集》(第30卷)，河南大学出版社，2013年，第196页。

③ 《总长会晤日本日置使问答》(1915年8月13日)，台湾"中研院"近代史研究所编：《中日关系史料：欧战与山东问题(1914—1916)》，台湾"中研院"近代史研究所，1964年，第879页。

④ 《九国间关于中国事件应适用各原则及政策之条约》(1922年2月6日)，王铁崖编：《中外旧约章汇编》(第3册)，生活·读书·新知三联书店，1962年，第219页。

抗战时期的中泰武装冲突及其影响

王文隆

前 言

抗战期间，国民政府军①浴血奋战，抵御侵华日军，战火范围极广，北自东三省，南到云南，东起上海，西至青海（日机轰炸），都有日军肆虐的痕迹。然而，侵华的轴心国部队，不仅有日军，还有泰军。

在两岸的抗战史研究中，泰国所扮演的角色经常受到忽视，这一方面大概是受"抗日战争"这四字的影响，使得研究者多将视野置放在中日间的武装冲突上，并未留意其他国家与中国武装冲突的案例。当然，日军在华行动的范围极广，影响极大，相较之下，泰军的武装行动显得微不足道，即使在当时报道亦不多见。②另一方面是地理因素，泰国与中国并未接壤，诸多研究者并未留意泰国因参与轴心国之后与日本结盟，借日本支持，出兵进逼中国国境南缘，甚至还占领过云南部分国土的史实。在二战结束之后，联合国接受泰国对同盟国宣战是遭日本武装胁迫的说辞，不追究其战争责任，泰国军政人士也没有受到战争罪行审判，似乎它曾为轴心国一员的历史也就这样被忘却，成了一个被遗忘的"敌人"。

基于此，关于抗战时期中泰关系的著作为数不多，地方史志上，仅有寥寥数语出现于《西双版纳傣族自治州志》《思茅地区志》等书，部分引用了九十三师的作战报告，却没有深入讨论。③在中国大陆学术研究成果中，比较重要

---

① 为了行文方便，以下简称"国军"。

②《泰军犯我边境滇南战争激烈》，《时与潮》(重庆)1943年第15卷第2期。

③ 西双版纳傣族自治州志编纂委员会编：《西双版纳傣族自治州志》(上、下册)，新华出版社，2002年；思茅地区地方志编纂委员会编：《思茅地区志》，云南民族出版社，1996年。

的是中山大学东南亚研究所余定邦教授于2000年发表的《1937—1946年的中泰关系》一文。①该文以宏观的视角，以已刊布的史料集与当时的报刊资料为基础，站在同情泰国的立场，强调泰人并不支持其高层与日本合作，因而有识之士高揭"自由泰"（Free Thai）运动的旗帜，不仅与中、美等盟国秘密联络，也在境内建立游击组织。或受限于境外资料难以取得，该文对于相关的记述只是点到为止，然其新视野的开拓，值得肯定。尔后，余定邦与陈树森合作出版《中泰关系史》一书，纳此文于该书第七章第四节。②

在中国台湾，政治大学历史系陈鸿瑜教授于2004年出版《中华民国与东南亚各国外交关系史》，对抗战时期中泰关系的研究有较大的突破。他利用庋藏于中国国民党党史馆的"特种档案"、台湾"国史馆"的相关档案，以及战时在泰出版的报刊等，描述了战时泰国对华政策，并论及重庆当局的反应和"自由泰"秘密与重庆当局接触的细节。③该文虽然细致，但多以台湾地区较易取得的资料为基础，间或利用部分在曼谷出版的侨报，对于中泰间的关系着重于外交往来，关于两国的武装冲突仅稍谈及，加以该文未利用日文资料与泰文资料，故而对于日泰合作北犯的经过未能深入讨论。

2014年，新加坡国立大学李恒俊与泰国法政大学李玉珊共同发表《中泰现代外交关系的建立：以20世纪30年代后两国正式建交努力为中心的考察（1932—1946）》，以泰国国家档案馆所藏史料，结合中方已出版的史料集，探讨中泰历经十余年方建立正式外交关系的努力，所论时段跨越二战，但对于二战期间中泰间的互动，或因该文所着重的是双边正式关系的建立，两国战时冲突仅点到即止。④

王文隆于2019年发表的《抗战期间中泰军事上的冲突与秘密往来》，厘清抗战期间泰国试图透过与其交火的九十三师为渠道，在武装对峙之余，秘密向

---

① 余定邦：《1937—1946年的中泰关系》，《世界历史》2000年第1期。

② 余定邦、陈树森：《中泰关系史》，中华书局，2009年。

③ 陈鸿瑜：《中华民国与东南亚各国外交关系史》，鼎文书局，2004年。

④ 李俊恒、李玉珊：《中泰现代外交关系的建立：以20世纪30年代后两国正式建交努力为中心的考察（1932—1946）》，《南洋问题研究》2014年第4期。

重庆传递信息的史实。然该文仅利用藏于台湾的资料以及相关出版物为核心，并未利用泰国与中国大陆的资料，对于中泰武装冲突的情况也没有深入。①

外文的研究成果，英文以圣荷西州立大学教授雷诺斯（Reynolds）的研究对本文最具帮助。他于1994年出版《泰国与日本南进政策（1940—1945）》一书，讨论泰国精英如何在二战期间，采取对日合作模式取代以往的权力平衡外交（balance of power diplomacy）以维持独立地位，不致在日军袭卷下成为傀儡。②基于上述成果，他复于1997年发表《国际孤儿：二战期间在泰国的中国人》，利用大量美、日两国外交档案，描绘日泰关系下华侨的苦境，以及日本收编华侨侨报、压制侨社、遏制国共两党在泰发展的种种，并论及汪伪政权在日本支持下对当地侨务的渗透。③尔后，雷诺斯又以对泰情报工作为主题，于2005年出版《泰国的秘密战争：二战期间的自由泰、美国战略情报局与英国特别行动执行处》一书。④该书特辟一章，讨论东南亚战区开辟与划分过程中，中美英三方的角力，以及重庆当局配合英美在东南亚布建情报网络的史实，然对于泰国官方在战时中泰关系上扮演如何角色并未多谈。

日文论著，以早稻田大学教授村岛英治的研究最为重要，他1996年发表的《日泰同盟与泰国华侨》一文，利用藏于泰国国家档案馆的国防档案、泰国外交部档案等泰文资料，佐以日本外务省及防卫省的档案，以日泰关系为核心，讨论二战期间日泰同盟关系的演变，以及在此关系变化中华侨问题所扮演的角色，强调泰国此时坚持主权，与日本为了华侨管理权而针锋相对，从中找寻日泰同盟破裂的原因。⑤该文史料丰富多元，然主要谈的是日泰关系，中泰关系并非该论文的主线。延伸着此一问题，村岛教授复于2006年发表《泰国

---

① 王文隆：《抗战期间中泰军事上的冲突与秘密往来》，《"国史馆"馆刊》2019年第59期。

② E. Bruce Reynolds, *Thailand and Japan's Southern Advance, 1940–1945*, Macmillan, 1994 .

③ E. Bruce Reynolds, "International Orphans: The Chinese in Thailand During World War II", *Journal of Southeast Asia Studies*, No. 2 , 1997, pp. 365-388.

④ E. Bruce Reynolds, *Thailand's Secret War: The Free Thai, OSS, and SOE during World War II*, Cambridge University Press, 2005.

⑤ 村嶋英治：﹝日タイ同盟とタイ華僑﹞，成蹊大学アジア太平洋研究センター：﹝アジア太平洋研究﹞1996年1月第13号。

史的纪念特征：1942—1943年泰军在掸邦之战被塑造成拯救民族与泰国独立的故事》，该文大量利用1997年出版的战时泰国官僚及军人的回忆录，以及日本防卫省资料与部分已刊中文史料，建构1942年之后泰国西北军出国前往英属缅甸掸邦地区作战的经过，质疑泰国声称出兵掸邦是应日方所求的辩解，更不认同泰国战后所谓战时与日本结盟乃维护独立地位之违心之举的主张。①中泰间的往来与冲突不是他文中讨论的重点，着重的仍是日泰关系。

本文将利用藏于台湾"国史馆"的"蒋档""国民政府外交部档案"，结合中国第二历史档案馆所藏国民政府"国防部史政局及战史编纂委员会档案"，与日本外务省外交史料馆资料、《日本外交文书》、日本防卫省所藏战史档案、泰国国防部出版《大东亚战争下的泰军史》，②以及其他已刊方志资料、回忆文件等，探讨中泰武装冲突的背景与起因，兼及中泰武装冲突的经过与围绕于此的中日泰关系。另须一提的是，本文用"武装冲突"取代"战争"二字，表述中泰双方交火的情况，并不意味着笔者否认中泰两军曾有战争行为，而是基于中泰两国从未宣战。

一、泛泰主义（Pan-Thaism）与泰日关系演变

要理解抗战时期泰国（暹罗）的作为，就必须先理解暹罗这时出现的泛民族主义——泛泰主义。③而要了解暹罗的泛泰主义对中日关系间的微妙影响，就必须回溯中日冲突爆发的起点九一八事变时，当时暹罗的作为与思维。

1931年九一八事变爆发，此时暹罗仍为完全的君主体制，拉玛七世（Lama VII）巴差帝帕（Prajadhipok）当政，当时中暹并无外交关系，不仅没有领

---

① Murashima Eiji, "The Commemorative Character of Thai Historiography: The 1942—43 Thai Military Campaign in the Shan States Depicted as a Story of National Salvation and the Restoration of Thai Independence", *Modern Asian Studies*, No. 4, 2006, pp. 1053-1096.

② กรมยุทธศึกษาทหารกองบัญชาการทหารสูงสุด, *ประวัติศาสตร์การสงครามของไทยในสงครามมหาเอเชียบูรพา*, กรุงเทพฯ : อมรินทร์พริ้งติ้งแอนด์พับลิชชิ่ง จำกัด, 1997.

③ 关于泰国的国名,因本文所讨论的时间段刚好跨越1939年暹罗改称为泰的时刻,因而在全文撰述时,将以文脉所指时间的国名叙述。

事关系，也没有签署任何约款。①这是因为暹罗当局顾虑到其境内华侨华人为数众多，且掌握暹罗经济命脉，如允许中方在暹境内设立外事机构，极有可能影响泰化政策的推动。此外，中国在辛亥革命之后建立中华民国，改行共和政体，在泰华侨也曾受辛亥革命影响，发起推翻皇室的行动，让暹罗对华侨华人及其母国深具戒心。②

　　相较于暹罗对中国的刻意疏远，暹日关系要紧密许多。暹日两国自1897年起建立外交关系，复于1899年互派公使，同有王室的两国亦颇为亲善。③九一八事变爆发后，国民政府透过国际联盟寻求国际声援，《李顿调查团报告书》提交大会讨论时，暹罗代表并未在大会讨论中发表意见，但于1933年2月24日该报告书是否通过的投票中表了态。赞成通过《李顿调查团报告书》的有42国，反对的仅日本一国，智利缺席，而暹罗则投下了唯一一张弃权票。④

　　暹罗代表对《李顿调查团报告书》如此表态，有其脉络可循，一方面是基于暹日外交关系紧密，一方面是基于其国内政局的变化。1932年6月24日，暹罗爆发宪政革命，改行君主立宪，自此暹罗成为内阁制国家。⑤首任总理玛

---

　　① 直到1933年1月，为了贸商的便利，国民政府才获准在曼谷设置商务委员办事处，仅能处理商务贸易事务，不能兼领侨务，因此形式上看似官方机构，但只能说是半个领事馆。而相对的，暹罗所派的商务官也仅驻节香港，在中国本土并没有驻扎。参见陈鸿瑜：《中华民国与东南亚各国外交关系史》，鼎文书局，2004年，第315~316页。

　　② 陈鸿瑜：《中华民国与东南亚各国外交关系史》，鼎文书局，2004年，第309~310、330页。

　　③ 日本驻暹首任代理公使为稻垣满次郎，派驻时间是1897年3月31日，1899年11月19日担任首任驻暹罗公使；暹罗驻日首任公使为Phya RithirongRonachet，派任时间是1899年10月19日。参见日本外交史辞典编纂委员会编：『日本外交史辞典』，山川出版社，1992年，第74、147页。

　　④ "Records of the Special Session of the Assembly, Vol.3", in *League of Nations Official Journal*, Special Supplement No.111, Geneva: League of Nations, 1933；『矢田部公使ノ对暹工作』（1942年6月15日），JACAR（アジア歴史資料センター），Ref. B02031580000第48画像目から、諸外国内政関係雑纂／暹羅国ノ部第二巻，外務省外交史料館；中国社会科学院近代史研究所译：《顾维钧回忆录》（第2册），中华书局，1983年，第181页；伊香俊哉：『満州事変から日中全面戦争へ』，吉川弘文館，2007年，第46页。

　　⑤ Christopher John Baker, PasukPhongpaichit, *A History of Thailand*, Cambridge University Press, 2009, pp.116-119；朱振明：《泰国：独特的君主立宪制国家》，香港城市大学出版社，2009年，第111页。关于泰国此次颁行的宪法，中译本参见曼谷日日邮报：《暹罗现代史》，王又申译，商务印书馆，1933年，第142~151页。

奴巴功（Phraya ManopakornNititada）于1933年4月通过了严格的"反共"法令，只要被指为共产党成员，不经审判便可逮捕、驱逐，以此震慑与弹压境内共产党人士。但由于他难以平息国内保皇势力与一般人民的冲突，不久就在6月的政变中黯然下台，改由政变领袖披耶帕凤·丰派育哈色纳上将（General Phraya PhahonPhonphayuhasena）组阁，他未取消"反共"法令，并根据暹罗被英法两国殖民地包围的情况，寻求以同样"反共"的日本为外援。在军事上，暹罗不仅添购日本军械，还派遣留学生赴日学习，聘请日本军事教官训练泰军；在经贸上，1936年日暹贸易约占暹罗贸易总额的1/4，仅次于与暹罗接壤的英国殖民地。[①]政治、军事、经济的紧密联系，使得暹罗很自然地与日本越走越近。

此时，泛泰主义发挥了推波助澜的作用。泛泰主义的高扬与民族国家概念的广泛传播和一战之后所倡民族自决有关。1939年暹罗改称泰国时，呼吁泰族人民团结一致，恢复19世纪以来因西方帝国主义国家在东南亚扩张所失领土，诸如1893年受法国压迫而丢失的湄公河以西约46.7万平方公里土地，以及1909年为了换取英国同意撤销在暹领事裁判权、争取英国400万英镑贷款用以修筑曼谷至吉隆坡铁路而割让的玻璃市（Perlis）、吉打（Kedah）、吉兰丹（Kelantan）、登嘉楼（Terengganu）。[②]另外，泛泰主义也自历史上找寻脉络，主张7世纪的南诏为泰族历史不可分割的一部分，因而将云南境内的西双版纳、英属缅甸的掸邦（Shan State）都视为"失土"。[③]"失土"的国耻，是泰国着意塑造的历史记忆之一。[④]

---

① Maurizio Peleggi, *Thailand: The Worldly Kingdom*, Reaktion Books, 2007, pp. 120-124；关于日泰民间往来及商贸，参见村嶋英治：『海外における日本文化の受容に関する実証的研究：タイとその周辺地域の事例』，統計研究会，1992年，第50~53頁；蔡文星：《泰国》，正中书局，1943年，第61~62页；侠文：《暹罗内幕》，香港南洋问题研究会，1940年，第16~17页。

② 陈鸿瑜：《泰国史》，台湾商务印书馆，2015年，第197、208页。

③ 谢世忠：《国族论述：中国与北东南亚的场域》，台大出版中心，2004年，第110~111页。重庆国民政府对此的反驳，参见王连浩、陈勇：《抗战时期国民政府及知识界对大泰族主义之响应》，《南京大学学报》（哲学·人文科学·社会科学版）2012年第3期。

④ Shane Strate, *The Lost Territories: Thailand's History of National Humiliation*, The University of Hawaii Press, 2015.

1938 年 12 月接替披耶帕凤·丰派育哈色纳担任暹罗总理，赓续亲日路线的銮披汶（Luang Phibunsongkhram）对归复失地亦念念不忘。二战的爆发，为泰国带来新的契机。1939 年 8 月间，法国预判欧洲战端将起，为避免法属印度支那落于险境，盼能与泰国签订互不侵犯协定，唯泰国要求必须重划法泰边界才会予以考虑，迫使法国让出湄公河以西区域，双方于 1940 年 6 月 12 日在曼谷签字。①同一天，英国基于类似的考虑，也在曼谷与泰国签署了互不侵犯条约。英泰顺利地在同年 8 月 31 日换文生效，然而法泰换文却横遭波折。法国政府同意与泰国签字之日，恰是德国发起闪电战进逼巴黎之时，使得法泰间的约款虽经双方代表签署，但未及换文生效。②

日本基于日后南进或也需要泰国相助，出面协调法泰边境争议，于 1941 年 1 月商定由日、法、泰三方组织勘界委员会，重定湄公河国界。③在日方居间下，法泰于 1941 年 5 月 9 日在东京签订《和平条约》，法国将马德望（Battambang）和暹粒（Siem Reap）两省割让给泰国，并将湄公河以西的土地归还。日本愿意居间的背后，是期待泰国首肯借道，以便自泰南直取马来半岛。1941 年 7 月，日本与法属印度支那联邦总督德古（Admiral Jean Decoux）签署《共同防御法属印度支那议定书》，使日军进驻印度支那，实施"法印进驻"之后，借道的需求就更为急切。④但泰国并未直接应允，反而试图保持中立，仅于 1941 年 8 月 5 日宣布承认"满洲国"以回应日方压力，令日方感到不耐。⑤

日本于 1941 年 12 月发动珍珠港事变并挥军南侵，日军由泰国以东的法属印度支那与暹罗湾分由陆海两路入侵泰国，泰军经过短暂的抵抗之后屈服，投

---

① 谢犹荣:《暹罗国志》,南京国家图书馆,1948 年,第 156~157 页。

② Robert Cryer, Neil Boister(eds.), *Documents on the Tokyo International Military Tribunal*, Oxford University Press, 2007, pp. 469-470.

③「対仏印、泰施策要綱」(1940 年 1 月 30 日),外務省編:「日本外交年表竝主要文書」(下),原書房,1966 年,第 479~480 頁。

④「仏領印度支那の共同防御に関する日本国フランス国間議定書」(1941 年 7 月 29 日),外務省編:「日本外交年表竝主要文書」(下),原書房,1966 年,第 538~539 頁。

⑤ 陈鸿瑜:《中华民国与东南亚各国外交关系史》,鼎文书局,2004 年,第 328 页。

入轴心国阵营并与日军合作，双方签署了为期十年的同盟协议。①自此，泰国成为日军在东南亚扩张的跳板之一，允许日军进驻并利用军事设施，并进而在1942年1月25日对英美宣战。

二、日泰同盟下泰军对缅北掸邦的扩张

重庆方面为了因应日军进驻法属印度支那所带来的压力，在1941年11月，由军事委员会昆明参谋团协调卢汉与关麟征所部进驻滇越铁路河口、蒙自一带，加强滇南防御，并调杜聿明第五军、甘丽初第六军入驻云南，由第五军负责昆明一带守御，第六军进驻滇南开远为预备队。②与泰军距离最近的，是第六军第九十三师吕国铨部，所辖二七七、二七八、二七九共三个团奉命进驻佛海，并遣二七七团驻扎车里一带。③后九十三师复因1941年12月英国要求中国派军接管缅北防务，编入第一次中国远征军第一路军进入缅境，派二七七团进驻景栋（Kengtung），并在该地设置师部，负责防务，其他各团亦步行移动前往缅境，二七八团自车里经大猛龙进驻猛勇（Mong Yawng），二七九团由佛海出猛麻（Mongma）至景栋。④该部入缅之后，初期未见泰军，只遭遇了日军，这是日方的安排所致。

日本虽与泰国结盟，并由日军第十五军司令官饭田祥二郎代表与泰军签署协同作战要纲，言定泰军出境往景栋、密支那（Myitkyina）方向前进。泰国为此以驻防北碧府（Changwat Kanchanaburi）的第二师、呵叻府（Nakhon Ratchasima）的第三师，与那空沙旺府（Changwat Nakhon Sawan）的第四师为主

---

① 『日本国タイ国間同盟条約』（1941年12月21日），外務省編：『日本外交年表竝主要文書』（下），原書房，1960年，第575頁。关于日军如何进驻泰国，其准备及过程，参见『緬甸作戦記録（第一期）』，日本防衛省藏，南西-ビルマ-384，第18~32頁。

② 《国民革命战史第三部：抗日御侮》（第8卷），黎明文化事业公司，1978年，第166~167页。

③ 《陆军第九十三师抗战纪实》，国防部史政局及战史编纂委员会档案，中国第二历史档案馆藏，档号：七八七-6759；李拂一：《十二版纳纪年》，作者自印，1984年，第312、317~318页。

④ 《蒋中正写致孔祥熙函指示对美英贷款运用之方针首以收缩法币为最要，胡顿谒蒋中正要求我第六军开缅担任景东一带防务蒋中正乃嘱胡径与商震详商有关中国军队协防缅甸事宜等》，1942年2月4日，蒋档002-060100-00161-004，台湾"国史馆"藏；方国瑜：《抗日战争滇西战事篇》，云南大学出版社，1994年，第19~20页。

体，随同三十五及四十六骑兵团组成的骑兵师，于1941年12月24日组建一支外征军，又称"西北军"（KongthapPhayap），派社里龙里（Charun Rattanakun-Seriroengrit）将军为主帅，兵员达3.5万人，预备入缅作战，一雪"失土"国耻。①但日本南方军司令部认为泰军战斗力不足，如日泰合进，日军还得顾虑到泰军的补给、装备等，如泰军败退，更成日军负担，因而对缅作战初期，由日军第十五军所属第三十三师团、第五十五师团主攻，泰军西北军只担负泰缅边境警备，负责边境之交通警戒、后勤保障工作。②

然而，随着日军在缅甸战场的捷报频传，泰国对英美宣战，国内民族情绪激昂，为满足其泛泰主义中对掸邦的主权宣示，泰国方面强烈要求参战，并于1942年3月5日，下达西北军准备跨越泰缅边境的作战命令。③然而泰军西北军迟迟未能行动，乃日军南方军司令部阻挠使然。在缅甸战役结果尚未明朗前，日军南方军不愿泰军投入战场，毕竟泰军战力远不若日军，而日军或也需要考虑泰军军需问题，这些都使南方军不愿轻许泰军出境。同年4月25日，南方军总参谋长冢田攻指示日本驻泰武官守屋精尔，对泰军的指导以维持现状为要，未获南方军允许，泰军不得轻越边境。④

泰国为求得日本同意，自1942年4月底不断向守屋精尔表达出兵掸邦的意愿。⑤銮披汶甚至向守屋表示，如不能进兵掸邦，他恐将难挡国内众怒，或有

---

① 「7.南総特報第 7 号　南方軍特報（自 2 月 1 日至 2 月 20 日）」, JACAR（アジア歴史資料センター）, Ref. C14060104200、南方軍特報綴　其の 2 昭 17.2.1—17.3.11, 防衛省防衛研究所；กรมยุทธศึกษาทหารกองบัญชาการทหารสูงสุด , *ประวัติศาสตร์การสงครามของไทยในสงครามมหาเอเชียบูรพา*, pp.129, 134；พลเอกสายหยุดเกิดผล, *เชียงตุงและข้อคิดเขียนพูดท่า*, กรุงเทพมหานคร: โรงพิมพ์บริษัทด่านสุทธาการพิมพ์, 1994, p. 34.

② 关于日军第十五兵团伊藤大队与九十三师、暂编五十五师等部队接战的内容，参见第十五军参谋部：「缅甸作战経過の概要」, 日本防衛省蔵, 南西-ビルマ-30；กรมยุทธศึกษาทหารกองบัญชาการทหารสูงสุด, *ประวัติศาสตร์การสงครามของไทยในสงครามมหาเอเชียบูรพา*, pp. 135-136.

③ กรมยุทธศึกษาทหารกองบัญชาการทหารสูงสุด, *ประวัติศาสตร์การสงครามของไทยในสงครามมหาเอเชียบูรพา*, pp. 478-487.

④ 日本防卫省防卫研修所战史室编著：《缅甸攻略作战》，1997年，"国防部"史政编译局，第476~477页。

⑤ 「荒尾興功日記」, 1942 年 4 月 25 日, 南西-全般-33, 日本防防衛省蔵。

被推翻下台的可能。①泰国的企盼，在缅北战役即将落幕前终获得偿。

1942年5月2日，日军占领英属缅甸曼德勒（Mandalay）的次日，冢田攻收到来自东京参谋本部的电报，命令南方军设法指导泰军进击缅北，指示由泰军负责萨尔温江以东的东掸邦区域防务，并可对华作战。②为此，日泰双方军事负责人于同月5日签署了一份《日泰两军对华协同作战实施大纲》，确定参与对华作战的泰军西北军，须听从日军南方军司令部的指挥，如未获其同意不得撤军，这或许是为了避免泰军与盟军接战即溃，日军防务突生缺口的考虑。另为避免增加日军的负担，泰军在航空、通讯、运输、补给、卫生等方面，原则上自行准备，日军不加协助。虽说泰国急切地希望参与对缅作战，乃是希望夺回掸邦，但该协议中亦言明，这一地区的行政归属与作战无关。③可见日方一开始并没有让泰方收复掸邦的意思，仅是满足泰方民族情绪与其国内治理所需的权宜。

萨尔温江以东，正是第六军九十三师在第一次中国远征军后撤时，负责掩护其他部队的防地，与九十三师一同在此掩护的，还有四十九师彭璧生的部队。九十三师以景栋为据点布防，扼守湄公河以北至景栋一带，四十九师负责景栋以西至萨尔温江地区，以塔高（Takew）为据点。④

泰军进入缅甸战场的时间，依日本驻泰代理大使石井康所报，应在1942

---

① Murashima Eiji, "The Commemorative Character of Thai Historiography: The 1942–43 Thai Military Campaign in the Shan States Depicted as a Story of National Salvation and the Restoration of Thai Independence", *Modern Asian Studies*, Vol.40, No.4, 2006, p. 1079.

②日本防卫省防卫研修所战史室编著：《缅甸攻略作战》，"国防部"史政编译局，1997年，第476~477页。

③「タイ軍ノビルマ进击ニ伴フ对タイ措置ニ关スレ件」（1942年5月9日），外务省编：「日本外交文书日本外交文书：太平洋戦争」（第2册），外務省，2010年，第1098~1099頁；「日泰两軍協同作戦に関する追加協定」（1942年5月5日），JACAR（アジア歴史資料センター），Ref. C14060097100，南方军各方面作战计画等缀，1942年，防衛省防衛研究所。

④《陆军第六军缅甸战役战斗详报》（1942年8月），国防部史政局及战史编纂委员会档案，档号：七八七-11663，中国第二历史档案馆藏。

年5月10日之后，此时中国远征军在缅北已经开始后撤，日军乘胜北进。[1]然而，如依据第六军所呈《缅甸战役战斗详报》，在1942年5月6日15时，亦即《日泰两军对华协同作战实施大纲》签署次日下午，国军在猛百了（Mongpaliao）与总数200余人的泰军及便衣部队便已接火，国军后撤后，日泰军持续北进，终而爆发较大规模的武装冲突。[2]

三、滇缅边境的中泰交火

滇缅边境靠近泰国北缘地域，山地绵延，路多分歧，森林茂密，敌军易于躲藏。旱季时，天空晴朗，敌机常升空侦测、威胁；雨季时，每日降雨，温差极大，加以该地疟疾流行，官兵水土不服，患病者亦多，攻防皆不容易。[3]这区域对泰军也难说有利，泰国此时铁路仅通至清迈（Chiang Mai），清迈以北道路交通不便，行军与运补大多仰赖步行与驮运。[4]

自1942年5月泰军入缅，至1945年8月泰国因日本宣布投降而结束战争为止，中泰在滇缅边境爆发过四度较大规模的武装冲突，兹以中、日、泰三方情势为背景，分述如下。

（一）第一次猛麻之役（1942.5.6—1942.6.17）

泰军入缅的依据是《日泰两军对华协同作战实施大纲》，因而入缅之初，

---

[1]《电第955号》(1942年5月21日)，JACAR(アジア歴史資料センター)，Ref. B02033026600，大東亜戦争関係一件／館長符号扱来電綴第五巻(A-7-0-0-9_63_005)，外務省外交史料館。

[2]《陆军第六军缅甸战役战斗详报》(1942年8月)，国防部史政局及战史编纂委员会档案，档号：七八七-11663，中国第二历史档案馆藏。国民党军队一开始还不知道来袭是泰军，参见杜其良：《战火游子》，陈念萱主编，黄洛斐、谭端编撰：《烽火、离乱、老士官》，宁文创事业有限公司，2011年，第167页。

[3]《陆军第六军缅甸战役战斗详报》(1942年8月)，国防部史政局及战史编纂委员会档案，档号：七八七-11663，中国第二历史档案馆藏；《陆军第六军第九十三师二七九团猛麻之役作战详报》(1942年8月4日)，国防部史政局及战史编纂委员会档案，档号：七八七-11667，中国第二历史档案馆藏。

[4] Thak Chaloemtiarana, *Thailand: The Politics of Despotic Paternalism*, Cornell University, 2007, pp. 24-25.

日泰联军一同北进。泰军第二师为左翼，以猛萨（MongHsat）为目标，第四师为右翼，以大其力（Tachileik）、猛帕亚（MongHpayak）为目标，预留第三师为主力进取景栋，骑兵师为左方护翼，与日军十八师团并行北进。[①]1942年5月6日，国军与泰军接火之后，泰军协同日军持续北进，日军往赛蛮（Hsaimawn）方向进发。10日，泰军第四师有步兵约1600人，骑兵百余，山炮数门，在飞机掩护下进犯猛戈（Mongko），另一股步兵约300余人攻下猛海（Monghai），国军不敌退走。[②]接连五日，泰军第四师续向北方前进，在炮兵与空军的掩护下，连下数村，日泰联军进袭景栋通往泰北公路之猛林（Monglin），续往猛帕亚前进。[③]泰军的持续北进，使景栋国军突出过远，有了战略后撤的打算。

景栋地区位处中越泰缅交界，虽是南来北往的要地，然是否坚守必须考虑周围情势。该地以西为日军所占，以南为泰军所占，以东虽为法属印度支那，1940年9月，总督德古为谋法属印度支那不被日军直接占领，曾与日本签署协议，同意配合其桂南战役的进行，可利用法属印度支那的三处空军基地（富寿、嘉林、老街），且可自海防登岸，并准许为数六千以下的日军无害过境。[④]对重庆国民政府来说，法属印度支那已经失去中立地位。[⑤]由是观之，

---

① กรมยุทธศึกษาทหารกองบัญชาการทหารสูงสุด, *ประวัติศาสตร์การสงครามของไทยในสงครามมหาเอเชียบูรพา*, pp. 142-143.

②《龙云电蒋中正何应钦据甘丽初电称泰北敌增援反攻我方伤亡均重已退至三五高地等共七点战况呈报》，1942年5月11日，蒋档002-090105-00008-134，台湾"国史馆"藏。

③《陆军第六军缅甸战役战斗详报》（1942年8月），国防部史政局及战史编纂委员会档案，档号：七八七-11663，中国第二历史档案馆藏。虽说泰国西北军是由第二师、第三师、第四师及一支骑兵师与其他部队组成，然就第六军军长甘丽初所报，却是泰军第一师、第四师与日军十八师团的联合部队来逼。参见《龙云电蒋中正何应钦据甘丽初电称我远征军与敌激战情况并报因地理生疏正面太广人心不附补给及交通通信问题而致战役之失等战情汇报，1942年5月20日，蒋档002-090105-00008-137，台湾"国史馆"藏。

④ 陈鸿瑜：《中华民国与东南亚各国外交关系史》，鼎文书局，2004年，第88~89页；「佛印問題爾後の措置に関する件」（1940年9月13日），外務省編：『日本外交年表竝主要文書』（下），原書房，1966年，第454~455頁。

⑤ 秦孝仪主编：《中华民国重要史料初编——对日抗战时期》（第3编）（2），中国国民党"党史会"，1981年，第775~776页。日军进驻之后，维希法国一度希望德国能准许增兵法属印度支那，但遭拒绝，期间维希法国的反应与考虑参见 Ellen J. Hammer, *The Struggle for Indochina*, Stanford University Press, 1955, pp. 14-36.

景栋可说是三面受敌。

再则，萨尔温江以东的景栋地区，自东至西宽200英里，自景栋往南至泰北边境亦有百余英里，其间崇山峻岭，人烟稀少，四十九师与九十三师在此东西奔波，不仅兵困马疲，伤病兵多，兵员损耗也不及增补，每师仅5000余人，缺员严重，加以后方补给因交通不便难以跟上，就地征用又遭遇当地居民托言无粮可售，或为敌张目而抵抗，四十九师一度陷于无粮食、无弹药、无医药的窘境。①国军在无力防守如此广阔地域的考虑下，为避免无谓牺牲，自5月15日起，决定将国军大部撤回国内，九十三师主力放弃景栋东撤云南佛海，之后便以车里、佛海、南峤一带为主要防区。与九十三师一同撤往西双版纳地区的，还有四十九师与暂编五十五师，两支部队一度在车里布防整理，不久后便开往思茅，尔后四十九师留在思茅，暂编五十五师转往昆明整补。②留在缅境预留防御纵深的，仅剩九十三师二七七团的第一营及第三营、二七八团第七连、二七九团第二营，以位于英缅境内的猛麻为据点，划湄公河上游打丙江（Tar Ping）为防。③

猛麻位处佛海县边境打洛镇以西25公里，恰于南累河（Nam Lai）与打丙江之间，是通往中缅边境重镇打洛的门户。打丙江平时水深过顶，雨季时水流湍急，可作天然屏障，在此驻兵有扼守边境的防务考虑。④第六军主力退入国境，使蒋介石深深忧虑，认为敌军威胁日近，西南防务危急。⑤云南省主席龙

---

① 《陆军第六军缅甸战役战斗详报》（1942年8月），国防部史政局及战史编纂委员会档案，档号：七八七-11663，中国第二历史档案馆藏。

② 思茅地区地方志编纂委员会编：《思茅地区志》，云南民族出版社，1996年，第375页；西双版纳傣族自治州志编纂委员会编：《西双版纳傣族自治州志》（下册），新华出版社，2002年，第1038页。

③ 《甘丽初电报告蒋中正报告陈勉吾师已抵车里等共四点呈报》，蒋档002-090105-00008-138，台湾"国史馆"藏；《陆军第六军第九十三师二七九团猛麻之役作战详报》，（1942年8月4日），国防部史政局及战史编纂委员会档案，档号：七八七-11667，中国第二历史档案馆藏。

④ 《陆军第六军第九十三师二七七团猛麻之役作战详报》（1942年8月4日），国防部史政局及战史编纂委员会档案，档号：七八七-11667，中国第二历史档案馆藏。

⑤ 《蒋中正考虑日本进犯昆明如由昆缅越两方进取昆明以增强越缅与滇陆上之交通》，1942年5月30日，蒋档002-060100-00164-030，台湾"国史馆"藏。

云报称，敌机屡屡越境侦查南峤、佛海，使得滇缅边境颇有风雨欲来之感。①
而日军此时亦攻入滇西，与国军于怒江对峙，更使滇南防务压力加剧。

国军主力后撤后，泰军第三师于1942年5月26日进占景栋，31日第四师
自猛帕亚东行进占猛养（Mongyang），与国军九十三师二七九团所遣游击部队
接触，另亦遣兵两度进袭猛麻未得。②据二七九团所报，6月4日，曾与携带机
枪的泰军百余兵员，于打丙江南岸三三七六高地爆发冲突，泰军作战约半小时
后退去。③

6月11日起，泰军复遣兵力约三四百人，推有大炮两门，进袭三三七六高
地，后增援至五百余人并自高地左侧迂回，国军据高抵制，中泰双方在打丙江
南岸反复争夺。泰方为求突破，于6月15日自东侧迂回欲取蛮派（Wornpai），
迫使二七九团放弃打丙江南岸，转至打丙江北岸的制高点三五六〇高地及三六
八八高地布防。后泰军自蛮派北进，在蛮判考（Wornpangkow）遭遇自猛麻南
下的国军九十三师二七七团，次日拂晓国军发起突击，将该路泰军打退，续进
至打丙江边。6月17日拂晓，二七九团转守为攻，泰军不敌南撤，国军进至打
丙江边而止。④

---

①《龙云电蒋中正何应钦报告远征军各师位置并据谍报称日军连续侦察车里佛海南
峤一带》，1942年5月21日，蒋档002-090105-00008-021，台湾"国史馆"藏；กรมยุทธศึกษาทหารกองบัญชากา
รทหารสูงสุด，*ประวัติศาสตร์การสงครามของไทยในสงครามมหาเอเชียบูรพา*，pp. 152-153.

②《陆军第六军缅甸战役战斗详报》（1942年8月），国防部史政局及战史编纂委员会档案，中
国第二历史档案馆藏，档号：七八七-11663；李拂一：《十二版纳纪年》，作者自印，1984年，第323~
324页。甘丽初拍回的电报中，称前线士兵听到敌军中疑似有操粤语的伪军人员，参见《甘丽初电
蒋中正龙云据电称三三七六高地虽夺回后敌军增援再犯现正对峙中并报敌军中有操粤语之伪军》，
1942年6月12日，蒋档002-090105-00008-151，台湾"国史馆"藏；กรมยุทธศึกษาทหารกองบัญชาการทหารสูงสุด，
ประวัติศาสตร์การสงครามของไทยในสงครามมหาเอเชียบูรพา，pp. 152-159, 167.

③《陆军第六军第九十三师二七九团猛麻之役作战详报》（1942年8月4日），国防部史政局及
战史编纂委员会档案，档号：七八七-11667，中国第二历史档案馆藏。

④《陆军第六军第九十三师二七九团猛麻之役作战详报》（1942年8月4日），国防部史政局及
战史编纂委员会档案，档号：七八七-11667，中国第二历史档案馆藏；กรมยุทธศึกษาทหารกองบัญชาการทหารสูงสุด，
ประวัติศาสตร์การสงครามของไทยในสงครามมหาเอเชียบูรพา，pp. 170-172.

（二）第二次猛麻之役（1942.6.23—1942.6.29）

泰军进军猛麻不成，心有不甘，迅即组织第二次攻势。6月23日泰军约五六百人，炮两门，分三路进至打丙江北岸向驻守三五六〇高地之国军发起攻势，其间有军机七架助阵。军机的主要任务是瞄准国军在村寨内的弹药库轰炸，致使国军损失不少。次日，蛮判考附近发现泰军约400人，国军虽发起夜袭但也没能逐退，双方在东线僵持。[1]后泰军增援蛮判考至千余人，且遣兵冲入猛麻右侧蛮南也（Wannamy），皆遭国军击退。此次泰军有飞机助阵，攻势一度猛烈，二七七团死守三五六〇高地据点未失，且九十三师另拨二七八团增援，阻止泰军北进，而泰军为避免伤亡扩大，于同月29日退去，此役国军守住打丙江，双方仍沿江对峙。[2]为免泰军追袭，国军将猛麻往南道路全数破坏。[3]

或因雨季开始的影响，泰军两度攻势未果，日军对于泰军的作战评价甚低，称泰军进入缅境之后，受限于地形险阻与补给困难，战志急速滑落，雨季来临更锉其士气，一无出发时的意气风发。[4]泰军亦自承入境缅甸后，将士多染疟疾与肠胃病，而道路损毁带来的交通不便，不得不利用牛、驴、马与大象驮运，也使得运补备尝辛苦。[5]泰军战意不坚，依国军第六军所报亦是如此。泰军进攻时，会驱赶黄牛于前，一与国军遭遇便抛弃黄牛奔逃，甚至会脱去皮鞋，赤脚狂奔脱离战场，如遭国军包围便跪地求饶，几无战斗力。相对地，第六军所报日军在战场极为坚韧，即便遭国军切割，亦能三五成群顽抗数小时甚

----

[1]《陆军第六军第九十三师二七七团猛麻之役作战详报》（1942年8月4日），国防部史政局及战史编纂委员会档案，档号：七八七-11667，中国第二历史档案馆藏。疑似是五十六师团部分牟田口兵团成员参与泰军共同活动。

[2]《陆军第九十三师抗战纪实》（1945年12月），国防部史政局及战史编纂委员会档案，档号：七八七-6759，中国第二历史档案馆藏；กรมยุทธศึกษาทหารกองบัญชาการทหารสูงสุด, *ประวัติศาสตร์การสงครามของไทยในสงครามมหาเอเชียบูรพา*, pp. 172-173.

[3]《昆明行营电军令部第9966号》（1942年6月29日），《昆明行营1942年6月份法越军及泰越敌情文电》，国防部史政局及战史编纂委员会档案，档号：七八七-3597，中国第二历史档案馆藏。

[4] 日本防卫省防卫研修所战史室编著：《缅甸攻略作战》，"国防部"史政编译局，1997年，第481页。

[5] กรมยุทธศึกษาทหารกองบัญชาการทหารสูงสุด, *ประวัติศาสตร์การสงครามของไทยในสงครามมหาเอเชียบูรพา*, pp. 150, 168.

至一整天，抵死不退，以待救援。①

日本大本营于1942年5月9日召开的联络会议中特别提到，希望借中泰交火之机，劝诱泰国承认汪精卫政权，然此言并不能视同日方怀抱阻挠泰国对华宣战，进而希望泰国承认汪精卫政权的诡计。②这能从中日战争全面爆发，然日本从未对华宣战的前例观察。日本以承认汪精卫政权取代对重庆国民政府的承认，采用的是国际法中承认新政府以代旧政府的惯例，故泰军与国军接战而未宣战，恰如日本与中国交战而未宣战一般。况复泰军出境北进掸邦，是为了复土雪耻，故无论在掸邦是何方军队，只要是泰军收复"失土"的阻碍，都会遭其攻击。因此，泰军是为了收复掸邦而攻击在此驻防的国军，而非受日方压迫下与重庆为敌而进入掸邦。泰国于同年6月19日向日方表达即将承认南京国民政府的意愿，并于7月7日正式承认。③

（三）滇边车佛南之役（1942.12.10—1943.2.5）

泰军两度北进出击未果，借雨季休整，除第三师留驻景栋外，大部分入缅军队撤往清莱（Chiang Rai），后为了提振声势，自1942年8月起预筹动员准备。④据龙云所获情报称，景栋附近泰军有3000余人，召集附近寨头开会，准备兵分三路进兵云南，一自勐养进攻南峤、一自打洛进攻车里、一自大猛龙进攻佛海，每路约1000名。⑤

然实际上泰军整备的规模更大，借着修筑公路加强了运补能力，在雨季结束之后，于1942年12月初再度结集6万余兵力，配备军机10余架、山炮10余

---

①《陆军第六军缅甸战役战斗详报》（1942年8月），国防部史政局及战史编纂委员会档案，档号：七八七-11663，中国第二历史档案馆藏。

② 『タイ军ノビルマ进击ニ伴フ对タイ措置ニ関スル件』（1942年5月9日），外务省编：『日本外交文书：太平洋戦争』（第二册），外务省，2010年，第1098~1099页。

③ 『タイによる南京国民政府承認につき在本邦タイ大使より通報について』（1942年6月19日），外务省编：『日本外交文书：太平洋戦争』（第二册），外务省，2010年，第1099页。

④ กรมยุทธศึกษาทหารกองบัญชาการทหารสูงสุด, *ประวัติศาสตร์การสงครามของไทยในสงครามมหาเอเชียบูรพา*, pp. 168-169.

⑤《龙云电蒋中正景东泰军有分三路犯滇企图》，1942年7月14日，蒋档002-020300-00002-136，台湾"国史馆"藏。

门于景栋、猛养与猛勇，准备组织一波更强大的武装北进。1942年12月10日战斗打响，泰军先以主力进击猛麻，复派约六七百名官兵以步炮联合，由猛瓦（Mongwa）、蛮景六（Wankenghkung）、猛育（Mongyu）等地，越过南累河进袭二七八团第一营阵地。同月15日，二七八团第三营奉命增援，绕过交战区域转攻蛮索（Manhsuw）欲直取蛮景六。泰军抵抗甚烈，除自猛勇增调兵力支援外，并于同月23日增调山炮两门及飞机数架助阵，双方形成对峙局面。1943年1月7日，泰军炮击国军所占三五六〇高地，并在炮火掩护下强渡打丙江，为国军二七七团第一营击退后，增援至2万余人，分六路再度扑向三五六〇高地及猛麻。泰军另遣千余人由猛累（Mongloi）进占什南（Bokhsopnam）及五十八号界碑，自猛养进犯卡宝蛮西二七八团阵地，另有泰军强攻二七九团在猛安、猛蚌、猛林阵地，滇缅边境南界二百四十余公里范围全面开战。泰军以人数优势，一度包围二七七团于猛麻，迫使该团放弃猛麻阵地，突围退回国境，于打洛布防，然泰军紧追不舍，双方在打洛争夺，泰军一度攻入国境，占领打洛。二七八团则退往大猛龙，这是中国国土首度遭泰军占领。①

为夺回失土，国军在1943年2月1日发起反攻，由九十三师副师长彭佐熙亲往大猛龙督军，至2月5日终将泰军驱出境外，二七七团及二七八团还联手反攻缅境，进入英属缅甸与法属印度支那交界的什南地区，中泰再度呈现对峙局面。②即使如此，泰军仍掌握了大部分的掸邦地区，泰国政府将胜利大肆宣传，吹捧泰军洗雪多年耻辱的伟绩，并将泰军南退解释成达成战略目标后的主动撤离。③

---

① 《陆军第九十三师抗战纪实》（1945年12月），国防部史政局及战史编纂委员会档案，档号：七八七-6759，中国第二历史档案馆藏。此次攻势中，就该纪实所报，称有伪军一部参战，却未说明番号，应是误判。

② 《卫立煌电蒋中正据吕国铨电报告日军侦察与泰兵进犯情报并恳速派兵三团以备万一》，1943年1月24日，蒋档002-090105-00009-308，台湾"国史馆"藏；李拂一：《十二版纳纪年》，作者自印，1984年，第341~342页。关于泰军的攻势，参见 กรมยุทธศึกษาทหารกองบัญชาการทหารสูงสุด, *ประวัติศาสตร์การสงครามของไทยในสงครามมหาเอเชียบูรพา*, pp. 185-193。

③ Shane Strate, *The Lost Territories: Thailand's History of National Humiliation*, pp. 119-120；กรมยุทธศึกษาทหารกองบัญชาการทหารสูงสุด, *ประวัติศาสตร์การสงครามของไทยในสงครามมหาเอเชียบูรพา*, pp. 208-209.

随着日军在太平洋战场的进攻放缓，泰国的立场此时开始动摇，除了"自由泰"运动与盟国保持联系外，銮披汶也尝试透过中泰两军对峙的地区，密遣人员与国军接触。九十三师师长吕国铨逐泰军于域外后，曾上报截获泰军奉命与国军接触的电讯，也收得泰方要求停战的要求，并得蒋介石密派人员接触的指示。①基于此，蒋介石于1943年2月27日发表了《告泰国军民书》与其呼应，站在同情泰国受日迫胁的立场，一则表示从未将泰国目为敌国，一则呼吁泰国幡然改正，反击日本。②泰国并未直接回应蒋介石，然而中泰间却已建立默契。

泰国试图在轴心国与同盟国间的夹缝中获取最大利益，而日本也持续拉拢泰国。虽泰国在东亚战事上贡献有限，日本仍尽量满足泰国在泛泰主义的情感需求，图以修改1942年泰军在缅境不得具有行政管理权的谅解，诱使泰国更积极地参与日本主导的"大东亚共荣圈"。为此，日本首相东条英机特于1943年7月初访泰，与泰国总理兼国防大臣銮披汶见面，会后发表共同声明，代表日方认同泰国对掸邦及马来亚北部四州的领土主张。③在此共同声明的指导下，同年7月31日，日泰双方分别由日南方军代表及泰军代表，签署《日泰间关于马来亚与掸邦从属于泰国领土条约》，内中言明，将英属缅甸的景栋、猛邦（Mengbang）两省行政权，于条约实施60日内交与泰国。此外，亦将英属马来亚的玻璃市、吉打、吉兰丹、登嘉楼四地的行政权一并交与。④嗣后，与

---

① 《蒋中正电吕国铨告以龙云甘丽初电均悉对泰军希推诚联络严密警戒而与泰军接洽事应嘱泰军共同注意勿轻用无线电以免敌军窃取电码》，1943年2月20日，蒋档002-090103-00010-409；《龙云电蒋中正据报自日军进入泰后对泰苛迫且令出兵攻缅已希驻景栋第一军长速与中国军队商洽停战俾使英美华联军消灭缅泰日军进而收复新加坡》，1943年2月22日，蒋档002-090103-00010-412，台湾"国史馆"藏。

② 秦孝仪主编：《先总统蒋公思想言论总集》（第32卷），中国国民党"党史会"，1984年，第25～27页。

③ 『日タイ共同声明』（1943年7月5日），JACAR（アジア歴史資料センター），Ref. C14060613300、軍政施行上の諸規定方針計画要領等綴1942.8.23～1945.3.1，防衛省防衛研究所。

④ 『マライ及シャン地方に於けるタイ国の領土に関する日本国タイ国間条約』（1943年7月31日），JACAR（アジア歴史資料センター）、Ref. C12120220300、重要国策決定綴 其4 1943年1月14日—18年9月29日，防衛省防衛研究所。

九十三师相峙的，就仅有泰军，全无日军。

（四）缅甸猛瓦蛮景亢之役（1945.1.31—1945.2.1）

基于1943年1月14日卡萨布兰卡（Casablanca）同盟国联合参谋会议、同年4月华盛顿作战会议对于加强重庆当局运补的决议，以及准备打通陆路交通的共识，英国首相丘吉尔与美国总统罗斯福在1943年8月中旬于加拿大魁北克召开作战会议，讨论对轴心国的作战规划。重庆方面由外交部部长宋子文自美国出发，代表政府就近参加其中对日作战的讨论，商定在当年度雨季结束之后，发起对缅反攻。反攻作战于1943年10月底由中国驻印军首先发起，自胡康河谷（Hukawng Valley）出击，国内出发的第二次远征军亦于1944年5月渡过怒江发起反攻。随着中美联军陆续于1944年4月及同年12月中拿下密支那、八莫（Bhamo）等地，缅境泰军也开始动摇后撤。

泰国国内政情于1944年起亦有变化。掌握泰国权力的总理銮披汶，因盟军不断轰炸曼谷，计划迁都离曼谷北方约190公里的皮查汶（Pechabun），以及在泰北沙拉武里（Saraburi）建立一座佛教城市的两份提案，在1944年7月29日遭到国会否决而被迫辞职。他同时辞去所兼国防大臣与武装部队最高司令职务，首相遗缺由库恩（KhuangAphaiwong）接任，另由辛宋格兰（Luang Kovid Abhai-wongse）出任国防大臣，帕洪（Phraya Phahon Phon Phayuhasena）为武装部队最高司令。这使得受泰王阿南达马喜道（Ananda Mahidol）任命的摄政普里迪（PridiBanomyong），以及秘受普里迪保护的自由泰有了活动的空间。[①]

虽中泰两方有所默契，维持了一段时间的和平，"自由泰"亦复派员前往重庆联系，且在銮披汶指示下，泰军亦有派员与国军秘密往来的记录，但泰军在什南地区续存，对国军总是一个威胁。九十三师就在盟军回师，以及泰国内政变动的局面下，配合缅北反攻，趁势逆袭泰军。国军此次攻势的目的，是要将泰军逐远，以驻扎大猛龙的二七八团为主力，二七七团第一营（欠第二连）协同，向据守南累河南岸猛育、猛累的泰军第三师第七团出击。作战命令于

---

① 陈鸿瑜:《泰国史》,台湾商务印书馆,2015年,第247~248页。

1945年1月26日下达，发起行动的时间在31日傍晚。或因泰军战志不高，截至2月1日清晨，数小时间泰军已被驱离，退至南累河以南。①

此后，一直到抗战结束，国军没有再与泰军交火的记录。而二战结束后，九十三师奉命留一营兵力于车里，其余进至北纬16度线以北法属印度支那的老挝，代表盟军实施军事占领。泰国在二战行将结束前，透过"自由泰"等渠道与联合国接触，背弃日本。②因而二战结束之后，泰国参与轴心国之举，为联合国视为是遭胁迫的结果，除与轴心国间所签署之约款废弃，泰国夺占的领土必须全数归还外，基本不受任何国际裁罚，仍得保有其政治独立，甚至在1946年12月16日便加入了联合国为会员国，为前轴心国中最早重回国际社会的一员。③

五、结语

中泰之间并不接壤，抗战期间中泰在滇缅边境爆发的武装冲突，是泰国为满足泛泰主义，视入缅国军为"复土"路上的障碍所致。

首先，就泰国论，泰国需要日本。日军偷袭珍珠港前，在英、法所属殖民地包夹下，泰国效法日本发展军国主义，向同是君主立宪、同持"反共"立场的日本寻求协助，在政、军、经等方面展开紧密合作。泰国对英美宣战后，亟欲签署三国同盟条约加入轴心国集团，却因德国阻挠没能实现，然仍积极整军，要求出兵。④在日本的首肯下，高举泛泰主义旗帜，试图以"雪耻复土"的目的出兵掸邦，这与銮披汶为逃避战犯审判于1945年10月而撰

①《陆军第九十三师占领蛮景坑猛瓦附近地区战斗详报》(1945年3月6日)，国防部史政局及战史编纂委员会档案，档号：七八七-11627，中国第二历史档案馆藏；《陆军第九十三师抗战纪实》(1945年12月)，国防部史政局及战史编纂委员会档案，档号：七八七-6759，中国第二历史档案馆藏。

② 关于"自由泰"在战争期间的作为及其功能，参见 E. Bruce Reynolds, *Thailand's secret war: The Free Thai, OSS, and SOE during World War II*, Cambridge University Press, 2004。

③ 联合国网站，http://www.un.org/zh/member-states/。

④「タイ、満州国、南京国民政府の三国同盟参加につきリッベントロップより照会について」(1942年1月27日)，「日本外交文書：太平洋戦争」(第二冊)，外務省，2010年，第1077~1080頁；「タイの三国同盟参加を暫時保留の旨独国へ回答方訓令」(1942年2月19日)，「日本外交文書：太平洋戦争」(第二冊)，外務省，2010年，第1084~1085頁。

写的回忆录，以及《大东亚战争下的泰军史》一书中所称，泰国因日本以日泰同盟胁迫不得不宣战，且为了避免与日军在泰国冲突而技巧性地北进掸邦，借此与国军接触的托词不符。[①]泰国积极仿效日本，参与日本主导的"大东亚共荣圈"，不仅能正当化其收复西方帝国主义侵夺之"失土"的行动，也能有一个靠山助其完成夙愿，北进掸邦与国军的冲突，就是这一意图的实践。至战局对轴心国不利后，也能刻画日本借日泰同盟压迫泰国的印象，使日本背负欺压泰国出兵的恶名，进而摆脱战罪的究责，于同盟国与轴心国间游走，争取国家利益的最大化。

其次，就日本论，日本也需要泰国。日本一心拉拢泰国，盼泰国能充其南向跳板，在珍珠港事变爆发前后皆是如此，不仅试着满足泰国泛泰主义的情感需求，同意泰军出境进击英属缅甸的掸邦，与驻防掸邦的国军九十三师正面交锋，也在明知泰军作战能力不强的情况下，以整体战略考量为断，要日军南方军退让，逐渐将掸邦东部一带防御与行政管理权交与泰国，满足泛泰主义向北扩张的夙愿，都是为了将泰国牢牢拉拢，稳固这个在东南亚陆地上的盟邦。即便泰军于1943年年初以后，在中国边境南缘已不再有威胁国军的可能，日方在中国远征军反攻之际，也没有断然收回泰国对掸邦的控制权，仍图以此安泰国的欲与心。日泰的相互需要，或能说是相互利用，诱发泰国民族主义的膨胀，是促成泰军与国军冲突的根本因素。

再则，就中国论，抗战期间重庆当局最大的对手是日本，无意与泰国为敌，这能从蒋介石自1942年4月开始草拟的《告泰国军民书》过程中见得。[②]中泰武装冲突前后，重庆都没有和泰国交战的打算，之所以在国境南

---

① กรมยุทธศึกษาทหารกองบัญชาการทหารสูงสุด, *ประวัติศาสตร์การสงครามของไทยในสงครามมหาเอเชียบูรพา*, pp. 110-115, 117-118, 176; แปลกพิบูลสงคราม, "การร่วมมือและต่อต้านญี่ปุ่นสมัยสงคราม," จัดพิมพ์โดยสมาคมนักข่าวแห่งประเทศไทย, *เบื้องแรกประชาธิปตัยบ์นทึกความทรงจำ ของผู้อยู่ในเหตุการณ์สมัยพ.ศ.2475-2500*, กรุงเทพฯ: จัดพิมพ์โดยสมาคมนักข่าวแห่งประเทศไทย, 1973, pp. 159-160.

② 蒋介石对泰广播，初始透过驻英大使顾维钧与驻美大使胡适于1942年4月间征询英美双方，皆表示欢迎，美方还参加了内容的修订，然而我方认为泰国必受日方胁迫才对英美宣战，应视为被占领国而非敌国一词，美国并不认同，但我方不愿修改，为免美方不快，蒋介石乃指示缓办对泰广播，直到1943年2月才正式透过广播发布，初稿之基调与最后发表的内容相差甚微。参见《顾维钧呈向英方接洽对蒋中正拟发表对泰国宣言表赞同，王世杰函陈布雷请采择一对泰广播稿另附宣传方针文告等文电稿及各方对此之意见》，1942年4月11日，蒋档002-080106-00076-002，台湾"国史馆"藏。

缘爆发冲突，不仅是因为泰军冲过了国军所设以南累河为界的警戒区，更是因为泰军侵入了中国国土而不得不反攻。然国军逐泰军出境后，并未追击，而是维持对峙并接受密使来往，尔后随着中国远征军反攻缅甸，国军亦仅驱离泰军，恢复以南累河为界的缓冲，都能看出重庆无意和泰国敌对。不过，泰军毕竟证明过其有进袭中国领土的能力，加以西双版纳地区不仅是重庆当局在陆地上能控制的最南端，也夹在法属印度支那与英属缅甸之间，战略地位重要，因而国军九十三师一直驻防该地未撤，在此牵制日泰，直到战争结束，奉派前往老挝接收为止。

中泰间的武装冲突从整个抗日战争来说，并不是关键性的对抗，然若以中日泰三方为背景，却能看出这场冲突背后，中泰和日泰间的角力与博弈，丰富抗战史在大国之外的另一个面相。

本文原刊载于《抗日战争研究》2021年第4期，系2019年度国家社科基金项目"抗战时期的中泰关系研究"（项目编号：19BZS071）中期成果之一。

作者简介：

王文隆，男，1976年生，中国台湾新北市人。南开大学历史学院副教授，台湾政治大学历史学博士（2011）。曾任台湾"中研院"近史所博士后研究员，辅仁大学全人中心兼任助理教授，中国国民党文传会党史馆主任，东京大学东洋文化研究所客员研究员。专长为国民党史、国际关系史。

编后记

　　值兹南开大学历史学科成立百年之际，由南开大学历史学科编纂出版"南开史学百年文存"丛书，梳理南开史学发展的历史脉络，无论从学术发展史的角度而言，还是从总结南开史学的代际传承角度来看，均有着不可忽视的历史意义与现实关怀。中国现代史作为中国史的二级学科，虽然发展时间相对较短，但自现代史学科开创之始，以魏宏运为代表的老一辈南开学人就曾对中国的"中国现代史学科"整体发展发挥着重要影响，并经过数代学人的不断努力，逐渐形成了特色鲜明、全面发展的整体面貌，在华北区域史、乡村社会史、新革命史、中国抗日战争史、交通史等诸多领域不断有突破性的研究成果，长期在国内外享有盛誉。

　　自2022年10月开始，在学院统一安排与要求之下，由中国现代史教研室负责对《南开史学百年文存——中国现代史卷》展开编纂工作。因编纂者对中国现代史学科的历史发展脉络所知有限，加上在中国现代史教研室工作过的老师有的已经调离、退休，甚至去世，与他们本人或者家属的联系遇到各种困难，文存又必须于2023年10月百年庆典之前出版，并且还需要对选用文章重新录入、校对。时间紧、任务重，无奈之下，其中部分老师的文章唯有经过与教研室的老师协商后，代为选取，也使得最终收录难免有遗漏，敬请各位师友包涵。并且，根据当前出版制度的规定，部分文章不得不忍痛割爱，亦是需要各位师友谅解之处。此外，作者简介由文章作者本人或其家人、学生提供，只对形式做简单处理，内容未强制统一，以全文存之目的；受各种客观条件所限，难以及时与部分作者或其家属取得联系，唯由编纂人员根据现有信息，对作者的研究方向进行概括，难免疏漏，请大家见谅。

　　《南开史学百年文存——中国现代史卷》作为南开史学中国现代史学科数

代学人学术成果的集中呈现，凡曾在南开大学中国现代史教研室工作过的老师的相关研究成果，均在本卷收录范围之内。收录的学术成果以正式学术刊物发表的论文为准，共收录27篇文章。这20余篇文章某种程度上也是整个中国的现代史学科发展的缩影，由此可以管窥到南开学人在问题意识、史料搜集、叙述逻辑、现实关怀等方面不断变化与演进的过程，其中议题涉及现代中国的政治、经济、社会、文化、城市、乡村等多个面相，相信读者诸君透过丰富多样的议题，亦能感受到中国现代史学科各位老师在学术研究的过程中，求真求实的努力与不断突破自我的科学精神。

最后，谨以此书向南开史学的各位学术先贤表示最真诚的敬意！期待新的百年，中国现代史学科的各位同人在接续传统的同时，能够不断开拓创新，创作出更多特色鲜明、具备广泛国际影响的学术佳作。

南开大学历史学院中国现代史教研室

2023年8月29日